Theories of Basic Jurisprudence Theories of Basic Jurisprudence

개정판

법학 기초론

육종수 | 김효진

博 英 社

개정판을 내면서

최근 사법부의 판결에 대하여 법조계에 대한 국민의 불신과 법에 대한 국민의 감정을 다시 한번 생각해 보게 된다. 법이란 사회질서유지를 위한 사회구성원들의 공통된 최소한의 도덕이며, 이를 실천하기 위하여 일정한 절차를 마련해 둔 것이다. 법관은 헌법과 법률에 의하여 그 양심에 따라 독립하여 심판을 하여야 하며, 그 심판이 다수국민의 공감을 얻지 못하였다면 다시 정하여진 절차에 따라야 하는 것이 기본원칙이다. 따라서 법조계에서는 법질서수호를 위하여 법을 엄정하게 적용하여야 하며, 국민들도 판결이 국민의 법감정과 상식에 동떨어졌다면 무조건적인 비판보다는 정해진 절차를 통하여 법을 아름답게 다듬어 가는 노력을 하여야 한다. 이런 자세가 법률의 생활화에 발전적 미래를 위한 밑거름이 될 것이다.

개정판에서는 기존 법학기초론의 틀을 유지하면서, 제Ⅰ편 '법학이론의 기초'에서는 법률의 생활화를 추구하는 최근 동향의 법이론을 추가하였으며, 제Ⅱ편 '한국법학의 기초'에서는 인권의 기본정신을 반영하여 제정 또는 개정된 주요 법률들을 중심으로 수정·증보하였다. 양성평등원칙 구현을 위하여 호적부가 사라지고 새로운 가족관계등록부제도가 시행되었으며, 피고인·피의자와 불가분의 관계에 있는 변호인, 특히 개정형사소송법에서 강화된 국선변호인제도, 검사의 수사종결의 방식, 국민배심원제도 등을 추가하였으며, 정치자금법·공직선거법·정당법·방송법 기타 노동관계법 및 국제관계법의 최근 동향을 살펴 새롭게 반영하였다.

본 개정판에서는 법학을 체계적으로 공부하려는 법학도에게는 기초이론을 제공해 주기 위하여, 또한 일반 독자에게는 법에 쉽게 접근하여 이해할 수 있도록 어려운 법률용어는 가능하면 풀어쓰려고 노력하였다. 이 책이 법률의 생활화를 위한 기본지침서가 되었으면 하는 바람이다.

본 개정판의 수정·증보에 바쁜 시간을 할애하여 도움을 준 경운대학교 엄응용 교수, 김이기 교수, 박정성 교수에게 감사의 뜻을 표한다.

그리고 본 개정판의 편집을 맡아 주신 박영사 이일성 편집위원과 편집부 여러분께 깊은 감사를 드린다.

2010년 1월
연구실에서
저 자 씀

보정판을 내면서

이 「법학기초론」이라는 책을 세상에 선을 보인 지 어언 4년이 되었다. 그 동안 국내외의 질서변화에 따라 주어진 과제도 있었고, 민주화시대의 요청에 따라 개혁입법과 민주제도의 변화도 많았다. 즉 안으로는 민주개혁과 남북한 관계의 재정립이라는 과제가 있었고, 밖으로는 국제화시대에 능동적으로 대응할 수 있는 힘(경쟁력)을 길러야 하는 명제가 있었다. 이러한 당면 과제를 해결하고자 우리 국민은 고뇌하며 민주개혁과 남북관계정상화의 틀을 짜는 데 최선을 다하였으며, 치열한 국제질서 안에서 생존을 위한 경쟁력을 높여 왔다. 그러나 지금 우리는 부정과 부패, 그리고 무질서로 얼룩진 국가사회적 현실을 직시하며 민주개혁, 특히 정치개혁을 통한 未完의 민주제도를 재정립하고 정치발전과 국가발전의 근본이라 할 수 있는 민주질서확립에 국민적 공감대가 형성되어 가고 있다. 따라서 국민으로부터 불신과 비판의 대상이 되고 있는 국회의원은 민주개혁입법과 남북관련관계입법, 그리고 국제관련관계입법 등을 서둘러 재정비하고 제도화하여 민주화시대와 국민정서에 부응하는 민주개혁에 앞장서야 할 것이며, 또한 위정자는 조국의 민주개혁과 통일기반을 조성하는 데 최선을 다해야 할 것이며, 국민의 안전과 평화, 그리고 번영의 길을 모색하는 데 지도력을 발휘해야 할 것이다.

이 책은 본서가 세상에 나온 후 제정 또는 개정된 주요 법률을 중심으로 수정 증보한 보정판이다. 그래서 "법원리학의 기초"부분과 헌법분야는 약간의 문맥수정과 보완에 그쳤고, 헌법학을 제외한 행정법, 민법, 상법, 형법, 소송법, 국제법, 국제사법, 사회법 등의 개정조항을 중심으로 수정 증보하였으며, 특히 민주개혁입법으로 지칭되는 정치관계법률, 즉 공직선거및부정선거방지법, 정치자금에관한법률, 정당법 등과 양성(남녀)의 평등권과 관련한 법률, 즉 가족법, 여성발전기본법, 가정폭력방지및피해자보호등에관한법률, 모자보건법 등, 그리고 기타 국제관계법 등의 최근 동향을 살펴 수정 증보하였다.

이 책은 법학도에게는 "법원리학의 기초"와 "한국법학의 기초"를 체계적으로 이해하는 데 많은 도움이 될 것이며, 법학도가 아닌 일반 국민에게는 법을 쉽게 이해하고 법을 생활화하는 데 지침서가 될 것으로 확신한다.

이 보정판의 수정·증보작업은 경운대학교 김효진 교수가 맡아 수고하였기에 공저로 출간하게 되었음을 밝혀 둔다.

서기 2004년 2월

저 자 씀

머 리 말

우리는 20세기 권위주의시대를 마감하고 21세기 민주화시대를 맞이하였다. 새 천년대 우리는 민주질서를 확립하고 통일조국을 이룩하여 복지국가를 건설하는 것이 소망이 아닐 수 없다. 이 2000년대의 꿈을 실현하기 위하여는 먼저 이 땅에 건전한 법문화의 형성 및 법치질서의 확립이 선행조건이 아닌가 싶다.

지난 20세기 우리는 일본 제국주의 식민통치 아래 36년간 굴욕의 삶을 살았고, 1945년 일본의 패전으로 우리는 조국광복과 국권은 회복되었으나 승전국인 미국을 비롯한 자유진영과 소련을 비롯한 사회주의 진영의 이해관계에 얽혀 타의에 의해 조국이 분단되고, 1950년 6.25 동족상잔은 국가의 존립과 국민의 생존권마저 위협받는 지경에 이르렀으며, UN의 도움으로 1953년 휴전이 되어 위기는 모면하였으나 아직도 그 상처는 아물지 않고 있다.

1948년 우리 헌법이 제정·공포되고 대한민국 정부가 수립된 지 반세기가 지났지만 분단된 조국통일은 기약이 없고, 과거 정치지도자들의 권위주의적 행태와 민주헌정질서의 문란, 국가권력과 재벌과의 유착으로 인한 부정부패, 그리고 국민의 민주의식 결여와 물질만능주의적 사고 등은 민주적 법치질서를 문란케 하였으며, 급기야는 경제질서를 파행으로 이끌어 1997년 선진국 문턱에서 국가부도라는 위기를 자초하고 말았으니 이 어찌 통탄할 일이 아니겠는가. 마침내 우리는 IMF에 구제금융을 요청하여 가까스로 위기를 극복하였다. 이제 우리는 21세기 새 천년, 새 역사 창조의 주역으로서 하루속히 IMF 경제체제를 극복하는 데 지혜를 모아야 할 것이며, 또한 통일조국 건설의 역군으로서 책무를 다하기 위해서는 사명감을 가지고 민주적 법치질서 및 사회적 시장경제질서를 확립하는 데 최선의 노력을 다해야 할 것이다.

저자는 1981년 "신법학개론"을 세상에 내놓은 이래 1983년 "법학통론," 1985년 "법학원론," 1988년 "신법학원론"을 출간하여 법학도 및 법학에 관심이 있는 독자들로부터 법의 기초이론 및 우리 나라 실정법을 이해하는 데 매우 유익한 법학입문서라는 호평을 받은 바 있다. 이후 저자는 실정법 개폐에 맞춰 보정판 및 중판을 거듭하면서 독자들의 호의에 보답코자 노력한 바 있다. 그러나 1990년대 민주화의 열기 속에 권위주의 법질서가 무너지고 21세기 정보화사회를 대비한 많은 법이 홍수처럼 쏟아져 새로운 법질서의 정립이 불가피하게 되었고, 새 천년 새로운 법문화형성에 길잡이가 될 법학입문서가 요청되는 시점이라고 보아 새롭게 엮은 「법학기초론」을 세상에 내놓게 된 것이다.

이 책은 이미 출간된 저자의 "법학원론"의 기본 틀을 유지하면서 제Ⅰ편 '법학이론의 기초'에서는 법학에 입문하는 독자들의 이해를 돕기 위하여 법이론을 보다 쉽게 요약하여 서술하였고, 제Ⅱ편 '한국법학의 기초'에서는 우리나라 현행 실정법에 맞춰 전면 수정·보완하였다. 그러나 저자의 능력 부족으로 미흡한 부분이 많으리라 생각한다. 앞으로 더욱 노력하여 보완할 것을 다짐하면서, 이 책이 21세기 우리의 새로운 법질서 및 법문화를 창조하는 데 기여할 수 있기를 기대한다.

이 책을 엮는 데 바쁜 시간을 할애하여 도움을 준 경운대학교 김효진 박사와 김이기 박사, 대구대학교 김명준·박정성 강사, 그리고 방대한 원고정리를 맡아 수고한 대학원생 이은영 양 등의 노고에 감사의 뜻을 표한다.

그리고 이 책의 출간을 서둘러 주신 박영사 안종만 사장님과 편집부 여러분께 깊은 감사를 드린다.

2000년 1월
21세기 새 천년의 문턱에서
저 자 씀

목　　차

제Ⅰ편　법학이론의 기초

제 1 장　법의 의의 및 본질

제 2 장 법의 연원

제 3 장 법의 체계와 분류

제 4 장 법의 효력

제 5 장 법의 적용 및 해석

제 6 장 권리와 의무

제 7 장 법사상과 법학의 진로

제Ⅱ편 한국법학의 기초

제1장 헌 법

제 2 장 행 정 법

제 3 장 민 법

제 4 장 상　　법

제5장 형 법

제 6 장 소 송 법

제 7 장 국 제 법

제 8 장 국제사법

제 9 장 사 회 법

제 I 편

법학이론의 기초

제 1 장

법의 의의 및 본질

제 1 절 법의 의의

Ⅰ. 인간사회와 법의 존재의의

인간은 자기혼자 고립하여 생활할 수 없으며, 여러 사람들과 어떠한 관계를 유지하면서 생활을 하게 된다. 사람이 둘 이상 모여 서로 어떠한 관계를 가지면서 살게 되면 반드시 거기에는 사회가 형성되고 더불어 사회생활을 하게 된다. 즉 사회생활은 사람이 막연히 모여 생활하는 것이 아니고 각자가 어떤 목적을 가지고 사회활동을 하며 사회생활을 하게 되는 것이다. 사람이 사회생활을 하면서 목적을 달성하려고 할 때에 거기에는 인간 상호간에 이해관계가 생기게 되어 사회질서가 혼란스러워지기 마련이며, 그 결과 사람은 생활공동체로서의 사회질서의 유지가 요청되게 된다. 따라서 사회구성원은 누구나 사회적 활동을 하면서 다소의 제약을 받지 않을 수 없고 규범에 복종하지 않으면 안 된다. 즉 사람은 사회를 떠나서 존재할 수 없고, 사회규범을 벗어나서 존재할 수 없기 때문이다.

고대 미개사회에서는 개인의 자아의식이 희박하여 종교라든가 관습이나 도덕 등과 같은 규범으로서도 사회의 질서를 유지할 수 있었으나, 사회가 진보·발달하여 그 규모가 확대되고 개인의식과 사회의식이 높아짐에 따라 과거의 단순한 사회규범으로써는 그 질서유지가 어렵게 되었다. 여기에 사회의 진전에 따라 그 국가권력(사회공동체의 중심권력)이 확립되고, 여러 가지의 사회규범에서 법이 분화하여 사회의 질서유지를 확보하기에 이르렀던 것이다. 따라서 "사회가 있는 곳에 법이 있다"(ubi societas ibi ius)라고 하는 법격언은 사람이 모여 사회생활을 하는 곳에는 그 질서를 유지하기 위하여 반드시 규범, 즉 법이 필요하다는 것을 표현한 것으로 보는 것이다.

법학을 연구하거나 이해하려는 사람에게 당연히 제기되는 것은 "법이란 무엇인가"라는 문제이다. 따라서 법의 실체를 이해하기 위해서는 "이념을 회피하는 자는 결국 개념도 파악할 수 없다"는 괴테(Goethe)의 말에서 보듯이 먼저 법이념이 무엇인가를 정확하게 알지 않으면 안 된다.

Ⅱ. 법의 보편적 이념 및 가치

현대 복지국가는 자유민주주의 헌법질서 아래에서 국가권력에 의하여 통치되고 있다. 이러한 통치권력은 주권재민의 원칙과 법치주의에 의하여 형성된다. 그리고 법규범이란 이러한 조직적인 통치권력에 의하여 강제되는 사회규범이다. 이와 같은 법규범은 자연의 법칙처럼 하나의 법칙이다. 그러나 필연적인 세계의 인과율을 나타내게 되는 자연의 법칙과는 달리 당위의 법칙이다. 당위는 일정한 가치나 목적을 설정하고 있고 의지의 자유를 가지는 사람으로 하여금 목적달성을 위하여 일정한 행위에 대하여 의무를 지워 사회생활 안에서 실현시키고 있는 것이다. 그러므로 사람은 자연법칙에 위반할 수는 없으나 현실사회 안에서는 '당위'인 법규범 내지 사회규범에 위반하는 현상이 발생할 수 있는 것이다.

법은 개별적인 입법목적 이외에 법으로서의 근원적인 고유이념을 가지고 있어야 하며, 그것은 개개의 법률이 가지는 목적을 포괄할 수 있는 공통의 법이념이어야 한다. 법의 이념에 대해서는 가치관에 따라 여러 견해가 대립되어 왔으나 일반적으로 라드브루흐가 제시한 정의·합목적성·법적 안정성이 그 타당성을 인정받고 있다.

1. 정 의

법은 정의의 실현을 기본적 사명으로 하는 사회규범이며, 정의는 법을 특정지우는 결정적 기준인 동시에 인간사회에 있어서의 최고가치의 하나이다. 정의의 핵심은 평등의 사상이다. 평등은 정의의 본질이고, 보편성은 정의의 형식이다.

정의를 '각자에게 그의 것을 귀속시키려는 항구적이고 중단 없는 의지'

(constans ac perpetua voluntas ius suum cuique tribuendi)로 보아 윤리적인 선의 한 형식적인 현상으로 보는 견해도 있었으나, 정의는 온전한 주관적 법원리라기보다 법의 개념규정에 표준을 주는 특수한 법원리라고 할 수 있다. 아리스토텔레스는 정의를 평균적 정의와 배분적 정의로 구분하여 설명함으로써 정의개념을 최초로 이론화하였다. 그에 따르면 배분적 정의는 공법상의 정의이며 정의의 근원적 형식이고, 평균적 정의는 사법상의 정의로서 정의의 파생적 형식이다. 평균적 정의는 급부와 반대급부 사이의 등가관계를 요구하는 산술적 정의로 형식적・기계적 평등을 추구하는 반면, 배분적 정의는 각자의 능력 및 공적에 따라 공정하게 그 몫을 인정하는 기하학적 정의로 비례적 평등을 의미한다. 오늘날에는 정의의 원리가 실정법에 내재하는 현상은 평균적 정의로부터 배분적 정의로 그 초점이 바뀌어 가는 경향에 있다.

2. 합목적성

법이 추구하여야 할 두 번째의 이념은 합목적성(Zweckmässigkeit)이다. 이것은 언제나 법은 가치관에 합치되어야 한다는 것이다. 법이 가치관에 충실하도록 하는 것은 법 그 자체의 가치를 보존하게 하는 것이므로 법의 합목적성은 정의와 함께 법의 이념으로 되는 것이다.

법규범은 위반 또는 침범의 가능성을 전적으로 배제하고 있지는 않고 오히려 그 가능성을 예견하고 있으면서, 한편으로는 아무리 강요하더라도 지킬 수 없는 무리한 내용을 그 당위(Sollen)로 할 수는 없는 것이다. 아무리 이상이 높고 화려한 문자로 표현되었다고 하여도 현실적으로 지켜지지 아니하면 실정법으로서의 존재가치를 상실하게 되는 것이다. 법규범이 추상적인 당위로서 요구되는 규범이 아니라 국민의 사회생활에서 실제로 행하여지는 실제규범(Wirksam)일 수 있게 하는 것이 바로 합목적성의 이념이라고 할 것이다. 역사적으로 보면 개인주의와 단체주의, 공공의 복지와 개인의 권리, 이데올로기와 이데올로기의 대립 사이에 과연 무엇이 가치관에 따른 합목적적인 것인가를 결정하는 것은 매우 곤란한 일이 아닐 수 없다.

개인주의적 가치관에서는 가치의 주체는 개인이고 국가는 개인의 생명・자유・재산을 보전・증대하기 위한 수단에 불과한 것이나, 단체주의적 가치관에서는 가치의 주체는 국가이고 개인의 사적 이익이 희생되더라도 국가의 공적 이익이 보존・발전되어야 한다고 본다.

홉스(Thomas Hobbes)는 인간의 자연상태는 '만인의 만인에 대한 투쟁'이라고 하여 사람의 본성을 비사회적·이기적이라고 보고, 사람은 원시투쟁의 상태에서 탈출하기 위하여 개개인이 각자의 계약에 의해 국가를 형성하게 된 것이라고 하면서 현실사회 안에서 선·악을 구별하는 일반적 기준은 오로지 국가 안에서만 가능하다고 본다. 따라서 선과 악, 정의와 부정의를 구별하는 기준은 영구불변하는 진리 속에 있는 것이 아니라, 국가권력의 의지결정에 의해 나타난다고 보아 "진리가 아니라 권력이 법을 만든다"(auctoritas, non veritas, facit legem)라고 한다. 반면 로크(John Locke)는 생명·자유·재산 등의 자연권을 보호하는 것이 법의 목적이라고 보고, 법은 자유를 억제하는 것이 아니고 자유를 보전하고 증대하는 데 그 목적이 있다고 한다.

또한 19세기에는 자유주의가 유일한 가치관으로 되어 법은 국가의 권력에 대하여 개인의 권리를 보장하는 것을 목적으로 하였다. 그러나 개인주의적 자유주의의 가치관은 결과적으로 대중을 빈곤으로 몰아 넣었으므로, 20세기에 이르러서는 평등을 배분적 정의에 입각하여 사회적으로 실현하려는 복지주의가 대두하여 가치관이 종래의 자유주의로부터 복지주의로 바뀌었다.

3. 법적 안정성

법적 안정성(Rechtssicherheit)은 법에 의하여 보호되는 사회생활의 안전을 말한다. 즉 현행 법질서가 동요됨이 없이 어떤 행위가 옳고, 어떤 권리가 보호되며, 어떤 책임이 생기는가를 일반 사람들이 확실히 알아 법의 권위를 믿고 안심하고 행동할 수 있는 상태를 말한다. 법적 안정성을 유지하기 위하여서는 법이 명확하여야 하고, 법이 함부로 변경되어서는 아니 된다. 법이 명확하지 아니하면 국민은 불명확한 법에 의하여 단속을 받거나 처벌되어 안심하고 생활할 수 없으며, 또한 법이 함부로 변경되면 사람들은 법을 믿지 못하게 되고, 또 법의 변경을 몰라 사회질서에 혼란이 생기게 되기 때문이다.

또한 법의 실효성이 있어야 하며, 법의 내용이 국민의 법의식에 합치하는 것이어야 한다. 대다수의 국민이 무시하고 회피하여 있으나마나 한 법이 존재한다면 법은 사회질서를 유지하는 기능을 발휘할 수 없을 것이며, 대다수의 국민의 정의감에 반하거나 또는 너무 준엄함 법은 국민의 지지를 받기 어렵기 때문이다.

법적 안정성을 유지하기 위하여서는 법이 명확하여야 하므로, 법의 의미를 성문의 법규에 의하여 확정하고 성문법을 정확하고 조리 있는 논리에 의하여 해석하는 것이 필요하다. 그러므로 법적 안정성의 요구는 성문법의 발달을 가져오고 또한 법해석학에 있어서 개념법학의 우위를 가져온다. 그러나 사회생활은 끊임없이 유동·변화하므로, 법을 너무 고착시키면 법이 사회생활과 유리되어 결과적으로 법을 무시하고 사회정의를 실현하려는 움직임이 나타나 오히려 법적 안정성을 파괴할 우려가 크다. 그러므로 사회의 실정에 순응하고 정의의 요구에 따라 변화할 수 있는 정도의 탄력성을 법에 부여하는 것이 오히려 법적 안정성을 유지할 수 있는 관건이 되는 것이다.

4. 정의·합목적성·법적 안정성의 관계

라드브루흐에 따르면 법의 이념은 시대에 따라 각각 달리 적용된다고 한다. 즉 자연법시대에는 정의의 이념이 강조되고, 경찰국가시대에는 합목적성의 이념이 강조되며, 법실증주의시대에는 법적 안정성의 이념이 강조된다고 한다. 또한 법체계에 있어서도 형법에는 정의의 이념이 강하게 작용하고, 행정법에는 합목적성의 이념이 강하게 작용하며, 민법이나 소송법에서는 법적 안정성의 이념이 강하게 작용한다고 한다.

그러나 법적 안정성은 기능에 관한 이념인 데 대하여 정의와 합목적성은 법의 내용에 관한 이념이고, 또한 정의는 윤리와 결부되는 이념인 데 대하여 합목적성은 공리와 결부되는 이념이다. 이와 같이 3자는 각각 그 이념의 기초를 달리 하므로 상호 모순·갈등이 있을 수 있다. 이른바 '악법도 법'(Dura lex, sed lex)인가 라는 문제도 이 3자의 모순·갈등에서 오는 것이다.

정의와 합목적성은 상반하는 요구를 제기한다. 정의란 평등이며, 법의 평등은 법규의 일반성을 요구한다. 그러나 평등은 현실에 존재하는 것이 아니다. 평등이란 항상 현존하는 차이를 '일정한 관점'에 서서 판단한 것에 지나지 않는다. 한편 합목적성의 견지에서 본다면 모든 차이 자체를 본질적으로 인정할 때에만 합목적성의 판단이 가능하다. 즉 합목적성은 가능한 한 개별화되지 않으면 안 되는 것이다. 이리하여 정의와 합목적성은 서로 모순관계에 서게 된다.

다른 한편 정의와 법적 안정성도 상호 모순관계에 있는 경우가 있다. 법적 안정성은 실정법을 요구한다. 그리고 이 실정법은 그 내용이 정의 및 합목적성을 고려하지 아니하고 효력을 가질 것을 요구한다. 실정성은 사실(Faktum)이고, 실정성은 법을 제정하는 실력(Macht)을 전제로 한다. 그러기에 법과 사실, 법과 실력이라고 하는 것은 원래는 반대되는 것이지만 다시 밀접하게 결합하게 되는 속성이 있다. 이처럼 법적 안정성의 고려에서 위법한 사실이 법을 폐지하고, 다시 창조하는 경우가 있는 것과 마찬가지로 권리도 또한 법적 안정성을 위하여 위법한 사실을 원인으로 하여 발생하고 소멸할 수 있다. 예컨대 소멸시효·사법상의 점유보호 등은 법생활을 안정시키려는 고려에서 위법한 상태의 존속이 권리득실의 작용을 가지게 하려는 좋은 예라고 할 것이다.

이러한 정의·합목적성·법적 안정성의 세 가지 사이의 상호 모순되는 관계에 대해서 라드브루흐(Radbruch)는 "법질서가 존재한다고 하는 것은 법질서의 정의성이나 합목적성보다 중요하며, 따라서 정의나 합목적성은 법의 제2의 과제이나 법적 안정성, 즉 질서·평화는 제1의 과제이다"라고 평가하였다.

Ⅲ. 법의 개념 및 본질

법(ius, law, Recht, droit)이란 무엇인가 라는 문제는 실로 법학의 최초의 과제임과 동시에 최종의 과제로서 옛부터 많은 사람들에 의하여 여러 가지의 주장이 있었으나, 아직도 그 개념이 확정되어 있지 않고 있다. 그러나 법을 합목적성의 견지에서 사람의 행동을 규제함으로써 질서와 조화 있는 사회생활의 실현을 도모하기 위한 것이라고 보면, 법은 사람의 사회생활의 규범으로서 국가권력에 의하여 강제되는 것이라고 할 수 있을 것이다. 이것을 나누어 설명하면 다음과 같다.

1. 법은 규범이다

법은 규범(rule, norm, Norm, régle)이며, 이것은 자연법칙(natural rule, Naturregel)과 구별된다. 즉 "사람은 죽는다"든가, "물체는 낙하한다"든가 하는 것은 자연법칙이며, 필연(Müssen)을 의미하는 것으로 인과율(Kausalgesetz)이며 존재(Sein)의 세계이다. 이에 반하여 "사람을 살해하여서는 안 된다"든가, "남의 물건을 훔쳐서는 안 된다"든가 하는 것은 규범으로서 당위

(Sollen)를 의미하며, 그것은 목적률(Zweckgesetz)이고 목적(Zweck)의 세계이다. 전자는 반드시 실현되는 필연성을 가지고 있어 실현이 없는 자연법칙은 존재하지 않는 것인 데 대하여, 후자는 어떤 경우에는 실현되지 않을 것을 예상하면서 일정한 사항을 지시하는 것이다. 따라서 전자는 발생하는 일과 반드시 부합하며 법칙에 반하는 현상이 발생할 수가 없으나, 후자는 발생하는 일과 언제든지 꼭 부합하는 것은 아니어서 규범에 반하는 사실의 발생을 예상할 수가 있다.

규범은 자연법칙과 같이 어떤 일이 꼭 발생하지 않으면 안 되는 것, 즉 원인의 필연적 결과로서 인과율이 아니고, 이성에 따라 스스로의 행위를 스스로가 통제할 수 있는 자유의사를 가지고 있는 사람에 의하여 사회생활의 질서유지와 그 조화라는 목적 달성을 위하여 복종되는 목적률이다. 그러므로 사람의 자유로운 의사에 따른 위배의 가능성이 없는 곳에서는 규범은 성립할 수가 없다. 이와 같이 규범과 자연법칙은 전연 다른 성질을 가지고 있는 것으로서 법은 자연법칙이 아니고 규범의 일종이다.

2. 법은 사회생활을 하는 데 필요한 규범이다

아리스토텔레스(Aristoteles)는 "사람은 사회적 동물이다"라고 하였으며, 또한 예링(Jhering)은 사람은 자기의 생활을 유지·발전시키기 위하여는 자기를 위한 생활 이외에 '타인에 의한 생활과 타인을 위한 생활'을 하지 않으면 안 된다고 말하였듯이, 사람은 선천적으로 타인과 공동으로 사회생활을 하는 본성을 가지고 있다.

사람이 사회생활을 함에 있어서 법은 사람의 행위를 규제하는 규범으로서 당위 또는 부당위—"하여야 한다", "하여서는 안 된다"—를 규정하여 사회생활에 있어 사람들을 조화롭게 질서지움으로써 사람의 합목적적 생활의 실현을 꾀하고 있다. 이러한 의미에서 법은 사람의 사회생활의 규범이라 할 수 있는 것이다.

3. 법은 국가권력에 의하여 강제되는 규범이다

법은 사회생활의 규범이지만 다른 규범과는 달라 국가권력에 의하여 강제(enforce, Zwang, contrainte)되는 규범이다. 사람의 공동생활이 발생한 당시에는 단순한 사회규범으로서도 사회생활의 질서유지가 가능하였으나, 사회가 발전함에 따라 그 생활이 복잡해지자 많은 사람들의 이해관계가 복잡하게 교차하여 사회의 질서유지를 위한 조치가 필요하게 되었다. 이러한 사회의 질서유지를 위한 조치는 조직적 사회단체의 통합력, 특히 국가권력에 의하여 조직적·통일적으로 강제되었고, 따라서 제2차적 사회규범으로서 본래적인 법이 형성되게 된 것이다.

법이 사회생활의 규범으로서 그 기능을 충분히 발휘하여 질서 있는 사회생활의 실현을 꾀할 수 있는 것은 법에 강제성이 있기 때문이다. 그리하여 예링(Jhering)은 "강제를 수반하지 않는 법은 타지 않는 불, 비추지 않는 등불과 마찬가지로 모순"이라고 하여 법을 강제규범으로서 파악하였다.

이와 같은 점에서 볼 때 법과 강제는 불가분의 관계에 있다고 볼 수 있을 것이다.

제 2 절 법과 다른 규범과의 관계

Ⅰ. 법과 도덕

1. 법과 도덕의 구별

법과 도덕과의 구별 및 관계의 문제는 예링(Jhering)이 '법철학의 희망봉'이라고 말한 바와 같이 모든 법이론에 있어서의 하나의 큰 문제이다. 근대의 법이론에 있어서 그것은 법의 개념규정을 둘러싼 여러 가지 문제와 관련하여 최대의 문제라고 하여도 과언이 아니다. 법과 도덕과의 구별에 관하여 가장 널리 알려진 학설은 다음과 같다.

(1) 법의 외면성과 도덕의 내면성

법은 오로지 외부에 나타난 사람의 행위를 규율하려는 것인 데 반하여, 도덕은 어떤 행위를 하게 된 사람의 내면의 의사를 규율하려는 것이라 한다.

가령 국가와 사회에 대하여 위험스러운 사상을 가지고 있더라도 그것이 외부에 행동으로 나타나지 않는 한 법적으로는 처벌되지 않으나, 이와 반대로 '마음 속의 간음'은 법적으로는 문제가 되지 않지만 도덕적으로는 용납될 수 없다. 이 구별은 사상과 양심의 자유를 보장하여 사상에 대한 탄압을 막을 수 있다는 데 실제적인 가치가 있으나, 베버(Weber)가 주장한 바와 같이 '행위는 그것의 주관적 의미와 결부되는 한 사람의 태도'이며 외부적 행위는 내면적인 의사와 절단할 수 없을 만큼 깊은 관련이 있는 까닭에 법은 외면에 나타난 행위만을 규율의 대상으로 하는 것이 아니라, 내면적인 의사까지도 규율하며(가령 형법에서는 범행의 동기와 범행 후의 정황을 크게 참작하여 형의 양을 정한다), 또한 도덕이 규율한다는 내면적인 의사는 외부에 나타나지 않는 한 평가의 대상이 될 수 없고, 또한 내면적인 의사가 외부에 어떻게 나타났느냐에 따라 가치가 달라질 수도 있다. 그러므로 이러한 법의 외면성과 도덕의 내면성이라는 구별은 타당하다고 할 수 없다.

(2) 법의 타율성과 도덕의 자율성

칸트(Kant)는 법은 '타율성'이 있는 규범인 데 반하여, 도덕은 '자율성'이 있는 규범이라고 하였다. 즉 법은 외부에서 강요당하는 규범인 데 반해, 도덕은 강요받지 않더라도 자기 스스로 지키는 규범이라 하였다. 그러나 사실에 있어서는 법이나 도덕은 모두 외부에서 강요되며, 그 실효성은 모두 타율적인 것이므로 이 견해도 타당한 것이 못 된다.

(3) 강제가능성의 유무

법은 그 실현이 국가의 강제력에 의하여 보장되는 데 반하여, 도덕은 그러한 강제력이 없다는 견해가 있다. 다시 말하면 법은 국가권력과 같은 물리적 강제력에 의하여 그 위반자에 대한 제재를 할 수 있는 강제가능성을 가지고 있으나, 도덕은 그 위반자에 대하여 사회적 비난은 있을지라도 법과 같은 강제력이 없다는 것이다. 이를테면 살인을 하면 형벌이라는 제재가 따르지만 부모에게 불효한다고 하여 국가가 처벌하지는 않는 것이다. 도덕규범에 위반한 경우에 사회의 비난·압력 등이 있으나 그것은 법에 뒤따르는 물리적·강제적이 아니라 심리적 강제에 지나지 않기 때문에 역시 양자는 이 점에서 구별될 수 있을 것이며, 이 견해가 오늘날의 통설이다. 따라서 법과 도덕은 강제가능성이 있는가 없는가에 따라 구별될 수 있다.

2. 법과 도덕의 관계

법과 도덕은 위에서와 같이 서로 구별될 수 있으나, 한편 양자는 밀접한 관련성을 가지고 있다. 우선 법의 내용이 되어 있는 것 중에는 도덕적인 요소가 많이 있다. 즉 "사람을 죽이지 말라," "남의 것을 훔치지 말라," "약속은 지켜야 한다"는 등의 도덕규범은 형법·민법 등에서 법규범의 내용으로 되어 있다. 그러한 의미에서 도덕과 법은 그 내용에 있어서 서로 중복하고 있다 할 것이다.

옐리네크(Jellinek)는 '법은 최소한도의 도덕'이라 하여 법은 도덕 중에서 특히 사회에 필요한 것만 추출한 것이라고 지적하고 있다. 그러나 언제나 법과 도덕이 일치하는 것은 아니다. 법에서도 순전히 기술적 규범, 예컨대 다수결의 규정 등은 도덕에 속하지 않는다. 따라서 법과 도덕은 서로 교차하는 두 개의 둥근 원과 같은 관계를 가지고 있다 할 것이다.

Ⅱ. 법과 관습

법과 관습의 구별에 대하여는 양자가 다같이 사회생활에 관한 규범이지만, 전자는 국가권력(사회단체의 중심권력)에 의하여 강제되는 것인 데 대하여 후자는 그 국가권력에 의하여 강제되는 것이 아니고 그 준수는 각 개인의 자유로운 규범의식에 의한다는 것이다. 물론 관습에 있어서도 그 적용을 받는 개인은 강제적 압박을 느끼는 경우도 있지만, 이것은 사회단체의 확립된 국가권력에 의하여 강제되는 것이 아니고 위반자에 대하여 단순한 일반적 사회세력, 즉 비조직적·비권력적인 사회의 비난에 의한 압박인 것이다.

그러나 사회규범인 점에 있어서는 법과 관습은 차이가 없다. 따라서 관습이 발전하여 법적 가치관념에 터전을 두고, 또한 사회질서에 위반하지 않을 때 여기에 비로소 관습법이란 불문률이 생긴다.

Ⅲ. 법과 종교

고대의 원시사회에서는 법과 종교가 혼동되어 "법학은 신이 하는 일과 사람이 하는 일에 대한 지식이다"(로마의 법학자 Ulpianus)라고 하여 양자가 분리되지 못한 상태에 있었으나, 사회가 조직화되어 국가권력이 확립됨에 따라 점차 법규범과 종교규범이 분화되기에 이르렀다.

종교는 주관적으로는 사람이 신의 존재를 믿고 이에 귀의한다고 하는 개인적인 내심적 신앙을 의미하는 것이므로, 그것이 개인의 내심에만 머물러 있는 한 외부적으로는 아무런 영향이 없는 것이다. 그러나 사회적 사실에서 고찰할 때에 종교가 사람의 사회생활을 규제하고 있는 경우가 많으며, 따라서 종교는 객관적으로는 사람이 자기의 내심적 신앙에 터전을 두고 요구되는 규범이라고 할 수 있고, 이러한 의미에서 종교도 사회규범의 일종이라 할 수 있는 것이다.

법과 종교와의 차이점은 전자는 국가권력에 의하여 강제되는 규범인 데 대하여, 후자는 이처럼 강제되는 것이 아니라 종교를 믿는 사람들 각 개인의 신앙을 기초로 하여 성립하며 유지되는 규범이라는 것이다. 또한 종교도 단순한 개인의식이 아니고 법이나 도덕과 같이 사회의식이지만, 종교는 궁극에 있어서 신이라는 절대자에 귀의한다는 일종의 신비적인 세계에의 몰입을 의미하는 점에 그 특질이 있는 것이다.

Ⅳ. 법과 정치 및 경제

1. 법과 정치

법은 사회의 질서유지를 주목적으로 하므로 법이 가장 먼저 규율하는 그 대상은 정치생활이다. 따라서 법은 가장 먼저 정치와 결부되어 "정치의 목적을 달성시킴과 동시에 정치의 이념을 실현하고자 한다. 따라서 정치란 무엇인가?"라고 할 때, 사회생활의 통일성을 보장하는 기능이라고 말할 수 있다. 즉 정치란 이해를 서로 달리하는 여러 사람이 사회생활을 함에 있어서 그 행동이 일치되지 아니할 때, 하나의 통일성을 확보하고자 하는 것이다. 그런데 모든 정치수단은 공통된 통로인 법을 통하게 된다. 따라서 학자에 따라서는 법과 정치는 아무런 관계가 없다고 주장하는 경우도 있기는 하나, 법과 정치는 불가분하게 결합되어 있음이 분명하다.

2. 법과 경제

본래 법은 사회의 질서유지를 주목적으로 하는 규범이므로 법이 가장 먼저 규율하는 대상은 정치생활이다. 그러나 사회생활이라는 것은 정치생활로서 그치는 것이 아니다. 왜냐하면 정치라는 것은 하나의 수단에 불과할 뿐이고, 정치는 정치가 아닌 다른 생활에 봉사하는 것을 목적으로 하는 까닭이다. 환언하면 정치생활이라는 것은 다른 생활을 영위하기 위한 하나의 터전을 제공할 뿐이지, 정치생활 그 자체가 사회생활의 목적은 아니다. 그런데 정치가 봉사하고자 하는 다른 생활 가운데 하나가 경제생활이며, 이 경제생활은 가장 핵심적인 비중을 차지하는 것으로서 인간생활의 대부분이 경제생활인 것이다.

따라서 자유주의적 법사상에 의하면 법은 이와 같이 정치를 규율함으로써 이미 간접적으로 경제생활을 규율하는 것이므로 법이 또다시 직접적으로 경제생활을 규율할 필요는 없게 될 것인데, 자유주의라 함은 본래 국가의 기능을 최소한으로 축소시키는 반면 국민의 자유활동의 범위를 최대한으로 확대시키고, 국가의 법이 부득이 정치에 관여한다고 하더라도 최소한도에서 그쳐야 하며, 경제생활과 같은 정치생활 밖의 영역에는 법이 개입할 여지가 없다고 한다. 그러므로 이와 같은 자유주의사상에 의하면 법과 경제는 서로 무관한 것으로서 경제는 국가와는 관계없이 법의 테두리 밖에 서게 될 것이다.

제 2 장

법의 연원

법의 연원(sources)이라는 말은 법원이라고도 부르며, 로마법의 '법의 원천'(fontesjuris)이라는 말에서 유래한다.

그러나 이 법원(sources of law, Rechtsquellen)이라는 말은 그 자체가 하나의 비유적인 표현으로서 여러 가지 의미로 사용되어 왔다. 첫째, 법이란 어떤 기초(basis)에 입각하여 성립하며 어찌하여 구속력을 갖는가 하는, 즉 법을 제정하는 힘을 의미한다고 하여 법원을 신·군주·국가·국민 등으로 보는 견해, 둘째, 법의 실정적 기초가 성립하게 된 원인(Cause), 즉 법의 내용을 이루고 있는 규범의 타당성의 근거를 의미한다고 하여 법원을 신의 의사·자연의 법칙·국민의 합의·사물의 합리성을 드는 견해, 셋째, 법의 인식을 돕는 자료를 법원이라고 보아 법전·판례집·저서·논문 등을 드는 견해, 넷째, 법원이란 법이 존재하는 형식, 즉 법의 발현형식이라고 보는 견해 등이 그 것이다.

그러나 오늘날 널리 사용되고 있는 법원의 의미는 마지막에 말한 법의 존재형식을 의미하는 것이며, 여기에서의 법원도 이러한 뜻으로 사용하고자 한다.

법원은 크게 성문법과 불문법의 두 가지로 나눌 수 있다.

제 1 절 성 문 법

성문법(written law, geschrienbenes Recht)이란 문서로 작성되어 일정한 절차와 형식에 의하여 공포된 법을 말한다. 성문법은 법의 제정을 목적으로 하는 행위, 즉 입법행위에 의하여 제정되어 성립하는 법이므로 이를 제정법이라고도 한다.

법원으로서 성문법에는 헌법(성문헌법)·법률·명령·자치법규·조약 등이 있는데, 현대 문화국가의 법은 대체로 성문법으로 되어 있으며, 성문법은 법원으로서 가장 중요한 지위를 차지하고 있다. 불문헌법국가로서 대표적인 영국에 있어서도 근래에는 많은 특별법을 성문법화하는 경향이 현저하며 그 수는 해마다 늘어나고 있다.

성문법은 (i) 합목적적으로 제정되므로 법의 이념이 구체화될 수 있고, (ii) 그 제정·변경이 비교적 용이하며 제도의 개혁에 편리하며, (iii) 법의 존재와 그 내용이 명백하여 법의 생활의 안정을 기할 수 있는 장점이 있으나, (i) 문자로 표현되기 때문에 고정화되어 유동하는 사회에 빨리 적응하지 못하고, (ii) 입법이 복잡하고 기술적이어서 일반 국민이 이해하기 곤란한 단점이 있다.

I. 헌 법

헌법은 국가의 통치조직 및 작용의 원리를 정한 최고법이다. 따라서 하위법인 법률·명령·규칙 등이 헌법에 저촉되는 경우에는 무효가 된다. 즉 헌법은 모든 국가행위의 궁극적 근거가 되며, 그 내용에 관해서 어떠한 법규범에도 구속되지 않는 '법 가운데 근본의 법'이다. 헌법에도 불문헌법과 성문헌법이 있다. 영국을 제외하고는 대개의 국가가 성문헌법을 가지고 있다. 우리 헌법도 1948년 7월 12일에 제정되어 같은 해 17일에 공포·시행된 이래, 그 동안 아홉 차례의 개정을 거쳐 오늘에 이르고 있다. 그 내용은 전문 및 본문(10장 130조)과 부칙으로 구성되어 있다.

II. 법 률

법률에는 실질적 의미의 법률과 형식적 의미의 법률이 있다. 법률의 내용에 관하여 생기는 개념인 실질적 의미의 법률은 넓고 좁은 두 가지의 의미가 있다. 넓은 의미에 있어서는 성문법·불문법을 포함한 법과 같은 의미로 사용된다. 좁은 의미의 법률은 국가와 국민 사이의 통치작용에 국한되며, 따라서 불문의 관습법은 포함하지 않는다. 형식적 의미의 법률은 통치작용의 일정한 형식으로서의 법률을 의미한다. 이 의미에서의 법률의 제정은 정부 또는 국회의원이 법률안을 제출하여, 국회가 의결하고 대통령이 공포한 성문법을 말한다.

Ⅲ. 명 령

국회의 의결을 거치지 않고 행정기관이 발하는 법규를 명령이라고 하며, 법률의 하위에 있다. 명령에는 그 목적으로 보아 어느 법률에서 일정한 범위를 정하여 위임한 사항에 관하여 구체적 사항을 정하는 위임명령(또는 보완명령)과 법률을 실시하기 위하여 필요한 사항을 정하는 집행명령(또는 실시명령)의 두 가지가 있다. 다만 행정기관에 대한 일반적 위임은 하지 못한다.

헌법이 인정한 법규명령에는 긴급재정경제명령 · 긴급명령, 대통령령, 총리령 · 부령, 중앙선거관리위원회규칙 등이 있다.

Ⅳ. 자치법규

자치법규는 지방자치단체가 법령의 범위 안에서 제정하는 자치에 관한 법규를 말한다. 여기에는 조례와 규칙이 있다. 조례는 법령의 범위 안에서 지방의회의 의결을 거쳐 제정되는 것이고, 규칙은 역시 법령의 범위 안에서 지방자치단체의 장이 제정하는 것을 말한다. 자치법규는 관련 지방자치단체의 관할구역 내에서만 효력을 가진다는 특징이 있다.

Ⅴ. 조약과 국제법규

조약은 국가와 국가와의 사이의 문서에 의한 합의를 말하는데, 국제법의 주요한 법원이다. 여기에는 협약 · 헌장 · 협정 등이 있다.

헌법 제6조 제1항에 「헌법에 의하여 체결 · 공포된 조약과 일반적으로 승인된 국제법규는 국내법과 같은 효력을 가진다」라고 규정하고 있으므로 조약은 국내법의 법원이 된다.

일반적으로 승인된 국제법규란 국제관습법과 우리 나라가 당사자가 아닌 조약으로서 국제사회에서 그 규범성이 일반적으로 승인된 것을 말한다.

제2절 불 문 법

불문법(unwritten law, ungeschriebenes Recht, droit nonécrit)이란 성문법 이외의 법, 즉 그 내용이 문서로 작성되어 일정한 절차와 형식에 의하여 공포된 법 이외의 법을 말한다. 불문법으로는 관습법·판례법·조리 등이 있다.

불문법은 역사적으로 성문법보다 앞선 것이나, 사회가 진보하고 복잡해짐에 따라 오늘날에는 질서의 명확화라는 요청에서 성문법이 중요시되고 있다. 그러나 성문법으로써 모든 생활관계를 규율할 수도 없고, 또 성문법으로 규율하기에 적당하지 않은 분야도 있으므로 이에 불문법의 존재이유가 있는 것이다.

I. 관 습 법

1. 의 의

관습법(Gewohnheitsrecht, droit coutumier)이란 국가 기타의 입법기관의 법정립행위를 기다리지 아니하고 사회생활 속에서 관행적으로 행하여지고 있는 법을 말한다.

관습법이 법으로서 효력을 가지는 근거에 관하여 관행설·법적 확신설 및 국가승인설 등이 대립해 있다. 관행설은 오랜 세월을 두고 계속 반복하여 관행된 사실이 있으면 관습법으로 된다고 한다. 이것은 관습법의 내용을 설명하는 데 그치고, 관습법이 법으로서 강행성을 가진 이유를 설명하지 않고 있다. 또한 법적 확신설(Savigny 등의 역사학파의 주장)에 의하면 관습법이 성립함에는 관습에 대한 다수인의 법적 확신, 즉 관습을 법으로 확신하는 것이 필요하다고 한다. 이에 의하면 관습법은 그 관습에 대하여 법적 확신을 가지는 사람들에 한하여 법적 효력이 있고, 그렇지 아니한 사람들을 포함한 국가사회에서 일반적으로 법적 효력이 있는 것을 설명할 수 없다. 그리고 국가승인설은 국가가 관습을 법으로서 승인함으로써 관습법으로 성립한다고 한다.

원래 법은 국가에 의하여 승인되고 그 국가권력에 의하여 강제되는 규범이므로 이러한 관점에서 볼 때에 성문법이나 관습법은 차이가 없는 것이고, 다만 성문법은 국가가 입법이라고 하는 적극적인 법정립행위에 의하여 그것을 승인한 것인 데 대하여, 관습법은 사회의 관행에 의하여 정하여진 규범을 국가가 법으로서의 효력을 인정한 점에 그 차이가 있는 것이다. 그러므로 관습법이 법으로서의 효력을 가지는 근거에 관하여는 국가승인설이 타당하다.

2. 관습법의 성립요건

관습법이 성립하기 위하여는 다음의 요건을 갖추어야 한다.

1) 관행이 있어야 한다. 관행이란 사회 내부에서 오랜 세월에 걸쳐 계속·반복됨으로써 널리 승인되어 있는 사실적인 행위양식을 말한다. 이것을 행위의 측면에서 보면 관행으로 되지만, 규범의 측면에서 보면 관습으로 된다. 관행에까지 이르지 아니하였으나 얼마간 계속·반복된 사례를 관례라고 한다. 관행에 의하여 관습법이 성립하므로 관행이 없으면 관습법이 성립할 수 없는 것이다.

2) 관행이 법적 확신에 의하여 지지되어야 한다. 관행에 따르는 것이 법을 준수하는 것으로 생각되고, 따라서 그 관행이 법률적으로 일반 사회인을 구속하는 것으로 관념되어야 한다. 이러한 관념이 없는 관행이라면 그것은 의례적인 관행에 불과한 것이다. 이렇게 법적 확신에 의하여 지지되지 아니한 관습은 이른바 사실인 관습으로서, 법률행위의 내용을 결정하는 데 있어서 표준으로 될 수 있을 따름이다.

3) 관습이 사회질서에 위반하지 아니하여야 한다. 관습법은 법률과 동일한 효력을 가지므로 그 기초가 되는 관행도 선량한 풍속 기타 사회질서에 위반되지 않는 사항을 내용으로 하여야 한다는 것은 당연하다.

선량한 풍속이란 사회의 일반적 도덕관념을 의미하는 것이고, 사회질서란 국가사회의 일반적 이익을 의미하는 것이나, 양자는 대체로 그 내용과 범위가 일치하여 구별하기 곤란하므로 사회질서를 중심개념으로 하고 선량한 풍속을 그 한 모습으로 파악한다. 결국 사회질서란 공정하게 생각하는 보통 사람이 건전한 사회생활을 함에 있어서 타당하다고 승인하는 것, 즉 사회적 타당성을 말하는 것이다.

3. 관습법의 효력

관습법의 효력이란 관습법이 법규범으로서 효력이 있느냐 없느냐에 관한 것이 아니고, 성문법과 관습법의 관계에 그 효력의 우열에 관한 것을 의미한다.

로마에 있어서 공화정시대에는 법은 국민의 총의에 터전을 둔 것으로 생각되었으므로, 관습법은 국민의 총의의 직접적 표현으로서 존중되어 관습법은 일반적으로 성문법을 개폐할 수 있는 것으로 생각되었다. 그러나 제정시대에는 군주의 권력의 증대에 따라 법은 군주의 의사라고 생각되어 군주의 명령으로서의 성문법이 관습법에 대해 우선적 효력이 있는 것으로 인정되었다. 그러다가 18세기 말에서 19세기 초엽에 이르러 국가권력이 강대화·중앙집권화되고, 또 근세 자연법론의 영향으로 각국에 성문법주의가 채택되고, 특히 법전편찬이 행하여져 성문법의 통일·명확화를 꾀하기에 이르렀다.

이와 같이 성문법과 관습법의 효력에 관하여 어떤 때에는 관습법에 대하여 또 어떤 때에는 성문법에 대하여 우선적 효력을 인정하여 왔지만, 순수한 이론으로 본다면 양자 사이에 우열을 가릴 수 없고 양사는 서로 폐지 또는 변경할 수 있는 효력을 가지는 것으로 보아야 할 것이다.

그러나 성문법주의 국가에 있어서 관습법에 대하여 성문법의 폐지 또는 변경의 효력을 인정하는 것은 법의 통일·명확화를 목적으로 하는 입법정책과 서로 다르므로 관습법에 일정한 제한 또는 조치가 필요하다.

민법 제1조는 「민사에 관하여 법률에 규정이 없으면 관습법에 의하고 관습법이 없으면 조리에 의한다」라고 하여 민사관습법에 대하여 민법전을 보충하는 효력(관습법의 보충적 효력)을 인정하고 있다. 그러나 상법 제1조는 「상사에 관하여 본법에 규정이 없으면 상관습법에 의하고 상관습법이 없으면 민법에 의한다」라고 하여 상관습법에 대하여 상법전을 보충하는 효력을 인정하고, 아울러 민법전에 우선하는 효력을 인정하고 있다.

상관습법은 상법전을 보충하는 효력을 가지지만, 상법전에 반하는 상관습법(예를 들면 기명주식의 백지위임장)이 형성되면 상법전이 상관습법에 의하여 변경되기도 한다(관습법의 변경적 효력). 환언하면 상관습법은 상법전에 대하여 원칙적으로 보충적 효력을 가지지만, 상관습법이 명백하고 합리적이며 또 실생활에 적절한 것이면 예외적으로 상법전에 대하여 변경적 효력을 가진다.

Ⅱ. 판 례 법

판례법이라는 것은 법원이 일정한 법률문제에 관하여 같은 취지의 판결을 되풀이하여 내림으로써 성립되는 법규범을 말한다. 그런데 이 판례법(Case Law, Judge-made Law)에 대해서는 판례기속의 원칙(doctrine of stare decisis)이 처음부터 확립되어 있어서 판례가 보통법(common law)을 이루고 있는 영미법계의 국가에 있어서는 그 법원성을 분명히 인정할 수 있으나, 성문법주의 국가에서는 이를 인정하기 곤란하다(우리 나라와 대륙법계의 성문법주의 국가에서는 최고법원은 자기의 판례를 변경할 수 있으며, 최고법원의 판례는 하급법원을 구속하는 법적 효력을 가지지 아니하고 있어 판례 그 자체로서의 법원성을 부인하고 있다).

그러나 실제에 있어서 법원은 사실상 자기판례에 추종하는 경향이 강하다. 그 이유는 판례란 첫째, 법적 경험의 저장소와 같은 것이며, 둘째, 법원이 법이라고 생각한 것을 구현한 것이며, 셋째, 판례의 존중은 질서 있는 법운용의 본질인 계속성과 안정성에 공헌한다고 보기 때문이다.

우리 나라는 법원조직법 제8조에서 「상급법원의 재판에 있어서의 판단은 당해 사건에 관하여 하급심을 기속한다」고 규정하고 있다. 따라서 대법원의 재판에서 판시한 법령의 해석은 당해 사건에서만 하급심을 기속할 수 있고 같은 성질을 가진 같은 종류의 사건까지 기속할 수는 없다.

그러나 같은 사건이 아니더라도 하급법원이 대법원의 판례와 배치되는 판결을 할 경우에 상고를 하면 파기될 가능성이 크다. 따라서 대법원 판례는 하급법원에 대한 사실상의 구속력을 가짐으로써 판례의 법원성을 어느 정도 보장하고 있다고 하겠다.

Ⅲ. 조 리

조리(Natur der Sache, nature des choses)란 법의 모든 체계에 일관하여 내재하고 있는 객관적인 정의·공평의 관념, 즉 법에 내포되어 있는 객관적 타당성을 가지는 근본이념이다.

조리의 법원성에 관하여 19세기 후반에서 20세기 초에 걸쳐 법실증주의가 지배하던 시대에는 이를 부정하는 경향이 강하였으나, 그 후 자연법사상이 대두함에 따라 조리를 하나의 법원으로 인정하게 되었다.

어떤 구체적 사건을 재판하는 경우에 적용할 법이 없을 때 재판관은 법의 흠결을 이유로 재판을 거절할 수는 없는 것이므로, 이 때에는 부득이 조리에 의하여 재판할 수 밖에 없다.

우리 민법 제1조에 「민사에 관하여 법률에 규정이 없으면 관습법에 의하고 관습법이 없으면 조리에 의한다」라고 하여 조리의 법원성을 명문으로 인정하고 있다. 조리는 성문법 및 관습법을 개폐하는 효력은 없지만, 성문법·관습법·판례법 등이 없는 경우에 보충적으로 법원이 되는 것으로 볼 수 있다.

또한 조리는 특히 행정법관계에서 대단히 중요한 의의를 갖는다. 조리에 위반한 행정처분은 비록 그것이 자유재량행위인 경우라 할지라도 재량권의 남용으로 위법이 된다. 즉 행정기관이 행정처분을 함에 있어서 그것이 자유재량행위인 경우에도 자의에 의한 처분을 할 수 없고, 일정한 원칙(예를 들면 신의성실의 원칙, 신뢰보호의 원칙, 비례·평등의 원칙)에 따라야 한다는 것이다.

제 3 절 불문법에서 성문법으로

세계에서 가장 오래된 법전은 함무라비법전(code of Hammurabi, 기원전 약 2천년에 제정)으로 그 뒤 로마시대에 와서는 12표법(lex duodecim tabularum, 기원전 450년 무렵에 제정)과 동로마제국의 황제 유스티니아누스(Justinianus 1, 483~565)가 제정한 로마법대전(Corpus Juris Civilis)등이 있었지만, 예전에는 대개 관습법이 지배하였으며, 그것은 중세 봉건시대까지 계속되었다.

근대에 와서 프랑스혁명 후 프랑스에서 나폴레옹이 민법(1804년)을 비롯하여 많은 법전을 편찬하였고, 한편 프러시아 보통국법(1794년)을 비롯하여 독일에서도 근대적 입법사업이 활발히 진행되었다. 이리하여 독일과 프랑스를 중심으로 성문법주의가 확립되었고, 영·미의 불문법주의와 대립하게 되었다. 그런데 영·미에서도 차차로 성문법을 많이 제정하는 경향이 있으며, 기타 후진국에서도 대개 성문법을 제정하고 있으므로 한마디로 법의 발달은 불문법에서 성문법으로 변화되고 있다.

제 3 장

법의 체계와 분류

제 1 절 법체계의 원리

Ⅰ. 규칙으로부터 법으로

법은 특정사회를 규율하는 법규범으로서의 가치를 가져야 한다. 일정한 규칙이 법으로서의 가치를 갖기 위해서는 그 사회에서 승인된 법체계 안에 위치를 차지해야 한다. 이 경우에 있어서는 법이라고 말하는 것은 입법기관이 제정하는 법(법률) 및 법관이 적용하는 법(판결)을 포함한다.

법의 세계에서는 옛부터 "사회가 있는 곳에 법이 있다"라고 한다. 사람들이 공동생활을 하는 곳에서는 그 행동에 관한 어떤 규칙이 없이는 집단 및 개인으로서 안정된 생활을 할 수 없고, 또한 질서 있는 인간관계를 맺을 수 없게 된다. 위에서 말한 '사회'란 여러 가지 의미에서 사람의 모임을 가리키는 것이고, 그 곳에서의 규율이나 행동의 기준을 법이라고 표현한 것이다.

현대사회에서 일상생활에 쓰는 말로 표현하면, "사회가 있는 곳에 법이 있다"라고 표현하는 사실은 "사회가 있는 곳에 규칙이 있다"라고 표현하는 것이 보다 적절하다. '법'이라는 말이 의미하는 실체는 현대사회에 있어서 국가의 실정법과 같이 일정한 가치체계를 내포하고 있다. 그것은 법이 특정한 체계성·논리성·이상성을 내포하고 있음을 뜻한다. 이에 대하여 '규칙'은 법에 비하여 일반적·추상적이며 소박한 개념이다. 규칙은 존재해도 법은 존재하지 않는다는 상황이 있다. 예를 들어 자연상태에 있어서의 인간집단, 즉 법적인 사회 이전의 사회가 그것이다. 그와 같은 사회의 '법 이전의 규칙'이 '법의 규칙'으로 바뀐 것이 법학의 기초적인 문제의 하나가 된다.

Ⅱ. 법체계의 원점

인류의 역사에 있어서 '법'을 가지지 않았던 사회로서의 인간집단이 존재한 사실을 부정할 수 없다. 그러나 이 시대에 있어서도 사람의 행동을 구속하고 규율하는 규칙이 있었다. 이러한 규칙은 그 사회의 규칙이 되며, 사회 구성원의 행동기준으로서 사회적으로 승인된다. 그 규칙은 행동에 의하여 실현되고 사회에서 보장된다. 여러 가지 규칙은 상호관련성을 갖고 하나의 체계를 이룬다. 이러한 체계의 존재와 기능(현실)이 사회적으로 승인되고 보장되는 규칙체계를 사회가 가졌을 때 그 사회에 법이 있다고 한다. 규칙체계로서의 법, 즉 '법체계'의 사례는 한국의 법체계에서 보면 알 수 있다. 우리사회의 기본이 되는 사회조직의 목표 내지 이념으로서 '인간의 존엄과 가치와 행복추구'·'양성의 평등'·'기본적 모든 권리' 등 인간관계에 관한 가치체계를 사회적으로 중요시하고, 사회적으로 현실화를 위한 방법원리로서 국민주권·대통령의 권한행사에 대한 통제, 평화통일 등이 사회적으로 승인되어 있다. 우리 사회에서 이러한 기초적 규칙은 우리들의 행동·태도에 작용하고 있다. 사회조직의 이념으로서의 사회의 기초적 규칙은 헌법을 기초로 하여 형성된 법체계의 구성에서 볼 수 있고, 바로 그것이 법체계의 원점이라고 할 수 있다. 법체계의 원점이란 여러 법체계를 구성하는 법규범이 법으로서의 기능을 하는 것 중의 제1원인이 되는 것을 의미한다.

Ⅲ. 우리 나라의 법체계

우리 나라의 법 전체는 수많은 법규범으로 구성되고 있는데, 그 법규범은 종합적 통일성을 가진 법체계(legal system, Rechtssystem)를 이룬다. 가령 형법·민법 등의 법규범은 단순한 조문의 집합체가 아니라 하나의 형법전·민법전으로서 통일적인 법체계를 이루고 있으며, 또 형법은 헌법·행정법과 더불어 공법의 체계를 이루고, 민법은 상법과 더불어 사법의 체계를 이룬다.

법체계가 국가를 단위를 하고 국가 안에서 행해지는 법규범의 통일적 체계를 가리킬 때에는 국내법체계라고 하고, 국제사회에서 행해지는 법규범이 통일적 체계를 가리킬 때에는 국제법체계라고 한다. 물론 국제사회는 이질적인 사회·경제의 구조를 갖는 여러 국가로 구성되므로 국가 안에서 행해지는 법규범의 체계처럼 뚜렷한 통일성을 갖는다고 할 수는 없다.

국내법체계는 공법·사법·사회법 등의 3법체계로 나누어지고, 그것들은 다시 부분적인 법분야로 나뉜다. 즉 공법의 체계는 다시 부분적인 법분야로 나뉜다. 즉 공법의 체계는 다시 헌법·행정법·형법·형사소송법·민사소송법 등의 분야로 구성되고, 사법은 다시 민법·상법 등의 분야로 나뉘고, 사회법은 노동법·경제법·사회보장법 등으로 구성된다.

제 2 절 자연법과 실정법

I. 자 연 법

자연법(natural law, Naturrecht)이란 실정법과 비교되는 의미에서 법은 마땅히 이렇게 되어야 한다는 당위법으로서, 인위적인 법이 아니라 어떠한 선험적인 근거에서 시대·민족·사회 등을 초월하여 보편타당성을 지니는 이성에 의하여 인식되는 법이라 할 수 있다.

자연법의 존재를 인정하고 자연법이 실정법의 기반으로 되어야 한다고 주장하는 이른바 자연법론은 고대 그리스로부터 시작된 것이다. 즉 자연법론은 그리스의 플라톤(Platon)과 아리스토텔레스(Aristoteles)에 의하여 이론화되었고, 그 후 스토아(Stoa)학파를 거쳐 중세의 스콜라(Schola)학파에 이르러 가톨릭 신학과 종교철학을 기반으로 하여 그 이론체계가 완성되었다. 이것을 전통적 자연법론이라고 하는데, 전통적 자연법론자들의 주장을 요약하면 다음과 같다.

전통적 자연법론자들은 첫째, 사람의 권위에 의해 좌우될 수 없는 영구·불변한(aeterna et perpetua) 질서가 어딘가에 존재한다고 인정하여 이것을 자연 또는 신의 질서라고 생각하였다. 둘째, 이러한 질서에 맞추어 살아가는 것이 사람에 있어서의 본래적·자연적인 경향이 된다고 생각하였으며, 인간이 자신을 영구·불변한 질서에 맞추어 나갈 수 있는 것은 인간이 이성적 존재이기 때문이며, 그러한 의미에서 이 이성을 자연의 이성(naturalis ratio) 또는 정당한 이성(recta ratio)이라고 불렀다. 셋째, 자연법의 내용에 관해서 로마의 법학자들은 '각자에게 그의 것을 주는 것'이라고 하였으며, 토마스 아퀴나스(Thomas Aquinas)는 '선을 행하라'라고 하였다. 마지막으로, 자연법은 실정법에 대한 평가기준이 된다고 하였다. 즉 실정법은 자연법에 맞추어 제정되고 해석되어야 하며, 그렇지 않은 실정법은 법이 아니며, 따라서 그 정당한 효력을 가질 수 없다고 보았다.

그러나 17세기 이후 개인주의·합리주의 및 공리주의의 이상이 대두됨에 따라 종래의 전통적 자연법론에서 신학적 유대를 끊고 이성적 사고와 변론에 스스로 만족하는 논리 위에 새로운 자연법을 구축하였다. 이것을 근대적 자연법론이라고 한다.

근대의 자연법론자들은 자연법(ius naturale)을 자연적 권리(ius naturale)의 뜻으로서, 다시 말하면 모든 인간이 인간으로서 가지고 있는 인권 또는 국민의 기본적 권리의 뜻으로 해석한다. 그리고 인간이 이러한 인권을 가지고 있다는 것은 인간이 이성적 존재인 점을 고려할 때에 지극히 당연하고 명백한 것이라고 주장하며, 인권은 국가의 실정법보다 우선하여 존재한다고 생각한다. 이는 자연법이 실정법보다 시간적으로 먼저 생겨났다는 것이 아니라, 자연법은 실정법에 대한 가치기준으로서 논리적으로 전제되어 있다는 뜻이다.

오늘날에도 자연법에 위반된 실정법을 무효라고 주장하는 사람이 있는가 하면, 실정법 해석에 있어서 하나의 기준이 되어야 한다는 사람도 있다. 그러나 오늘날의 자연법의 역할은 법을 정립하는 권력에 대한 비판적 기능에 그치고 있다.

Ⅱ. 실 정 법

실정법(positive law, positives Recht)이라 함은 국가기관이 제정하는 제정법과 관습법·판례법 등과 같이 경험적인 사실에 기하여 성립되고 현실로 행하여지고 있는 법이다. 여기에서 그 역사성을 무시하면 현행법과 같은 뜻이 된다. 실정법은 시대와 국가·민족에 따라 다르고 사람이 만든 법(인정법)이므로 불완전성을 면할 수 없다.

법을 인식하고 설명함에 있어서 사람이 생각하는 한계 밖에 있는 자연적 질서의 힘을 빌어서 실정법에 관한 여러 문제를 해결하는 태도를 거부하고,

법의 실질적 내용이 정당한가 부당한가는 상대적으로 논의될 수 있을 뿐이라고 주장하는 법실증주의자들은 실정법의 독자성(Selbständigkeit)을 강조한다. 즉 선한 법만이 법인 것이 아니라 악한 법도 또한 법의 구실을 할 수 있다는 것이다.

제 3 절 공법과 사법

I. 공법과 사법의 구별

오늘날 사람은 국가생활을 하며 사는 한편 사회생활을 하며 살기도 한다. 그러므로 국가생활을 규율하는 법을 공법(öffentliches Recht)이라고 하며, 사회생활을 규율하는 법을 사법(Privatrecht)이라고 한다(이것을 생활관계설이라고 한다). 국가생활은 국가가 국민을 지배하고 국민은 국가에 복종하므로 상하의 수직적인 관계가 형성되고, 사회생활에서는 대등한 개인들의 관계가 이루어지므로 좌우로 퍼지는 수평적인 관계를 이룬다. 근대국가에 있어서는 원칙적으로 사법상의 사적 자치(Privatautonomie)가 인정된다.

로마 사람은 소송기술상의 구별을 위하여 일찍부터 사법과 공법을 구분하였으며, 독일인은 로마법을 계수하기 전까지는 공법·사법의 구별을 하지 못하였다. 동양사회에서는 관제 및 형법은 일찍이 발달하였으나 개인의 권리가 보장되지 않는 전제정치가 계속된 탓으로 사법의 발전을 보지 못하였다. 과격한 사회주의 국가에서는 국민 생활의 구석구석에까지 통제를 하기 때문에 사법이 존재할 여지가 거의 없었다.

그러므로 공법에서 사법이 분리되어 발달하게 된 것은 근세에 와서 개인의 지위가 향상되고 그 권리가 법적 보장을 받게 되어 사유재산이 인정되며, 계약의 자유가 확대되고, 사적 자치가 원칙적인 것으로 인정된 것과 대응하는 것이다. 그러나 요즈음에 와서는 수정자본주의의 단계에 대응하여 소유와 계약의 자유를 제한하고 사적 자치도 통제로 전환하게 되자, 사법의 영역이 공법화되는 경향을 보이게 되었다. 이처럼 사법이 공법화되어 가는 과정에 있어서 중간적인 법의 영역이 발전되었는데, 이것이 곧 사회법(Sozialrecht)이라는 것이다.

법체계의 발전을 본다면 근대 이전에는 공법만이 지배하다가 근세에 와서 공법에서 사법이 분리·독립하여 공법과 사법이 대립하게 되었다. 최근에 와서는 사법의 분야가 다시 공법화되는 경향을 보이며, 여기에서 사회법의 발전을 보게 되었다. 라드브루흐(Radbruch)는 사회법의 발전으로 공법과 사법과의 관계에 있어서 제3시대가 시작되었다고 말한 바 있다.

Ⅱ. 학 설

1. 이 익 설

이 설은 법의 보호이익이 공익인가 또는 사익인가를 표준으로 하여 구별하는 견해로서 공법은 공익의 보호를 목적으로 하는 법이고, 사법은 사익의 보호를 목적으로 한다고 한다. 일찍이 울피아누스(Domitius Ulpianus)는 "공법은 로마에 관한 법이며, 사법은 개인의 이익에 관한 법이다"라고 하였다. 그러나 법의 보호이익, 즉 법익을 명확히 공사의 어느 것으로 결정·구분하기가 곤란하며, 어떠한 법이든지 공익과 사익의 한 쪽만을 목적으로 하고 다른 쪽을 전혀 도외시하는 일은 있을 수 없다.

2. 주 체 설

이 설은 법률관계의 주체를 표준으로 하여 구별하는 견해로서, 공법은 국가 기타 공법인의 쌍방 또는 일방이 주체가 되어 있는 관계를 규율하는 법이고, 사법은 사인 상호간의 관계를 규율하는 법이라고 한다. 그러나 국가와 사인 간의 법률관계에서도 국가의 국고적 지위에서의 법률행위(예 : 판매계약, 운송계약)에는 양 당사자가 평등한 법적 지위에서 사법의 지배를 받으므로 이 경우를 설명할 수 없다.

3. 법률관계설

이 설은 법률관계의 성질에 따라 권력적 지배 복종의 관계, 즉 불평등관계를 규율하는 것이 공법이고, 평등관계를 규율하는 것이 사법이라고 한다. 그러나 이 견해는 국제법을 사법으로 만들고 친족법을 공법화하는 결과를 가져온다.

4. 통치관계설

이 설은 법이 통치권의 발동에 관한 것이냐 아니냐에 따라 구별하는 견해로서, 국가통치권의 발동에 관한 법이 공법이고, 그렇지 않은 법이 사법이라고 한다. 이 설은 유력한 학설이긴 하지만, 원래 통치권의 발동이란 국가권력의 대내적 발동만을 의미하는 것이므로 국제법이 사법이 되는 것이라는 비난을 면할 수 없다.

5. 생활관계설

이 설은 생활관계를 표준으로 하여 구별하는 견해로서, 사람의 생활관계를 국민으로서의 공적인 국가생활관계와 사인으로서의 사적인 사회생활관계로 나누어 공법은 국가관계를 규율하는 법이고, 사법은 사회관계를 규율하는 법이라고 한다. 이 설은 통치권설·법률관계설 등이 내포하고 있는 비난을 면하기 위하여 주장되는 학설이다.

이상 설명한 바와 같이 공법과 사법의 구별에 관하여는 여러 학설이 있으나, 공법에 속하는 것으로서는 대체로 헌법·행정법·형법·형사소송법 등이 있고, 사법에 속하는 것으로서는 민법·상법 등이 있다.

그러나 공법과 사법의 구별은 절대적인 것이 아니고 민법 등 사법 가운데에도 공법적인 각종의 벌칙규정이 있다.

그리하여 공·사법구별 부인설이 대두되었다. 켈젠(Hans Kelsen)은 법을 역사·정치·윤리·경제 등의 모든 분야에서 분리하려는 순수법학의 견지에서 공법·사법의 구별은 근대법학에 대한 정치의 침입을 옹호하는 것이라고 하여 이의 구별을 반대한다. 또한 듀기(Léon Duguit)도 그의 권리부인의 법이론에서 권리의 내용, 즉 이익 같은 것을 표준으로 하는 공법·사법의 구별에 대하여 반대하고 있다.

그리하여 공법과 사법의 중간적인 것으로서 양자를 통합 내지 혼합한 제3의 법 영역의 존재를 인정하고 있다. 근대자본주의의 발전이 고도화됨에 따라 모든 법률관계는 평등한 인격자의 자유로운 소유와 자유로운 계약을 원동력으로 하여 이루어진다는 자유주의적 개인주의의 법률제도는 여러 가지 폐해를 노정시켜 여기에 문화국가적 견지에서 새로운 수정이 불가피하게 되어 사회법이란 새로운 법영역이 형성되었다. 사회법은 아직 그 체계가 확립되어 있는 것은 아니나, 일반적으로 경제법과 노동법 등이 이에 포함된다. 전자는 주로 기업의 조직 및 활동에 관한 법이고, 후자는 노동관계에 관한 법이다.

제 4 절 사 회 법

근대 자본주의 사회에 있어 국가는 이른바 야경국가로서 시민적 생활에는 직접 간섭하지 않고 자치를 허용하였다. 이것을 사법자치의 원칙이라고 한다. 근대법에서는 개인의 자유평등 · 소유권의 존중 · 계약의 자유 · 과실 없이는 책임이 없다는 과실책임 등의 원칙이 확립되었고, 자유경쟁과 무한의 이윤추구를 허용하며, 그리고 '보이지 않는 손(invisible hand)'의 조직으로 예정조화를 이루게 되어 사회 · 경제는 균형 있게 발전할 것으로 낙관하였다.

그러나 이러한 낙관은 꿈에 지나지 않았다. 자본주의가 고도로 발전되는 과정에서 한편에서는 대기업이 소기업을 병합하여 몇 개의 대기업이 기업을 독점하여 자본의 왕자로서 군림하게 되고, 또 한편에서는 대다수의 노동자와 농민은 빈곤화하였고 실업이 증가하게 되어 빈부의 차가 증대하고 계급적 대립이 격화하여 사회적 병폐가 증대하여 갔다.

이러한 사회적 병폐를 없애지 않는다면 자본주의 사회는 연명할 수 없으며, 그것이 요구하는 근대법의 제원칙들도 공론에 불과한 것으로 되었다. 그러므로 국가는 시민적 생활관계를 방임하던 태도를 변경하여 적극적으로 이에 통제를 가하는 복지국가의 임무를 수행하려고 나서게 되었다. 즉 독점기업과 노동자와의 이해를 조절하여 부자와 빈자 간의 소유와 이용의 조화를 꾀하는 등 경제 · 사회의 전면에 걸친 국가적 통제를 강화하게 되었다.

이러한 기업의 독점에서 파생되는 병폐를 막고, 노동자의 노동조건을 유리하게 보장해 주며, 사회적 약자의 구제를 위한 새로운 국가 정책의 수행을 위해서는 종전의 법제도만 가지고는 불가능했기 때문에 이 방면에서 새로운 법체계가 발전하게 되었다. 이 새로운 법체계는 종전에는 사법에 속하였던 분야에서 분리된 영역이긴 하지만, 이것을 사법이라 할 수는 없고 그렇다고 이것을 순전히 국가생활을 지배하는 공법에 속한다고 할 수도 없으므로 따로 제3의 법의 계통에 속하는 것임을 명시하기 위하여 사회법(Sozialrecht)이라고 부르게 되었다. 사회법에는 노동법 · 경제법 · 사회보장법 · 사회복지법 등이 있다.

제 5 절 법의 분류

I. 국내법과 국제법

국내법은 한 국가에 의하여 인정되고 그 국가의 통치권이 미치는 범위 안에서만 효력을 가지는 법으로서, 국가와 국민 간의 관계와 국민과 국민 간의 권리의무관계를 규율하는 법이다.

국제법은 국제사회에 있어서 주로 국가와 국가와의 권리 · 의무관계를 규율하는 법인데, 조약과 국제관습법이 주요한 법원이 되어 있다. 국제연합헌장은 국제사회에 있어서의 헌법과 같은 위치를 차지하고 있다. 국제법을 국제공법이라고도 하는데, 이로 말미암아 국제법이 국제공법과 국제사법으로 나누어지는 것처럼 생각하기 쉽다. 그러나 국제사법은 국제법이 아니고 국내법에 속하며, 한 국가 안에 있어서의 자국인과 외국인 사이의 법률관계를 정하는 데 있어서 어느 나라의 법을 적용할 것인가를 정하는 법을 말한다. 따라서 국제법과 국제사법(우리 나라에서는 개정 전에 섭외사법이라 칭했다)은 전혀 다른 법이다.

II. 실체법과 절차법

법의 규정내용을 표준으로 하여 실체법과 절차법을 구별한다.

실체법은 권리 · 의무의 성질 · 종류 · 내용 및 그 발생 · 변경 · 효과 등의 법률관계의 실체를 규정한 법이다. 실체법상의 권리의 실질적 내용을 재판에 의하여 구체적으로 실현하는 절차를 규정한 법을 절차법이라 한다. 이러한 관점에서 실체법을 주가 되는 법, 절차법을 보조하는 법이라고 한다.

형법은 국가와 개인 간의 형벌관계의 실체적 사항을 규정한 실체법이며, 형사소송법은 형벌의 실현을 위해서 국가기관이 취해야 할 방법 · 형식 등을 규정한 절차법이다. 또 민법과 상법은 사권 · 사의무의 법률관계를 규정한 실체법이며, 민사소송법은 사권을 실현하기 위한 절차법이다. 사회생활에 있어서 법의 목적을 달성하기 위해서는 실체법은 절차법과 밀접한 관련을 가지며, 두 개의 법이 구체화되어야만 비로소 권리와 의무는 완전한 기능을 발휘할 수 있다.

절차법 가운데는 직접 소송에 관한 원칙적인 절차법 외에 단지 법률 관계를 실현하기 위한 특수절차법이 있다. 민사상의 절차법으로는 비송사건절차법·부동산등기법·파산법·호적법 등이 있고, 넓게는 각종의 중재·알선·조정 등에 관한 절차법으로서 노동쟁의조정법·가사소송법 등도 이에 속한다. 형사보상법·소년법은 형사상의 절차법이 된다. 그리고 행정소송법은 행정사건에 관한 절차법이지만, 일반적으로 행정사건은 행정소송법 외에 민사소송법의 규정이 준용된다.

Ⅲ. 일반법과 특별법

법의 효력의 범위를 표준으로 일반법(또는 보통법)과 특별법으로 구분할 수 있는데, 이 구분에는 다시 다음과 같은 세 가지를 들 수 있다. 즉 첫째로 법의 적용을 받는 사람을 표준으로 하는 구분과 둘째로 법의 규정사항을 표준으로 하는 구분 및 셋째로 법이 적용되는 장소를 표준으로 하는 구분이다.

1. 사람을 표준으로 하는 구분

일반 국민에 대하여 적용되는 법이 일반법이고, 국민의 일부에만 적용되는 법이 특별법이다. 예컨대 일반 국민에게 적용되는 민법·형법 등은 일반법이고, 특정의 신분을 가지는 사람, 즉 국가공무원에게만 적용이 되는 국가공무원법이라든가 군인에게만 적용이 되는 군형법은 특별법에 속한다.

2. 사항을 표준으로 하는 구분

법이 적용되는 사항의 범위에 있어서 널리 일반적인 사항을 적용하는 것이 일반법이고, 특별한 사항을 적용하는 것이 특별법이다. 예컨대 국민의 일반적 사생활을 규율하는 민법은 일반법이고, 사생활 가운데 상사에 관한 사항을 규정하는 상법은 특별법이다. 그러나 이 구분은 절대적인 것이 아니고 상대적이다. 예컨대 상법은 민법에 대하여는 특별법의 관계에 있으나 보험업법에 대하여는 일반법이다. 즉 상법과 보험업법의 관계를 볼 때 상법이 일반법이고 보험업법이 특별법이다.

3. 장소를 표준으로 하는 구분

법이 적용되는 지역적인 범위에 있어서 전국에 걸쳐 적용되는 법이 일반법이고, 일부지역에만 적용되는 법이 특별법이다. 예컨대 국내 전반에 적용되는 정부조직법, 지방자치법 등은 일반법이고, 서울특별시에만 적용되는 서울특별시행정에 관한 특별조치법 등은 특별법이다.

일반법과 특별법의 구분은 법전과 법전 사이에만 인정되는 것이 아니라 동일법전 속의 조문과 조문 사이에도 존재한다.

이와 같이 법을 일반법과 특별법으로 구분하는 실익은 "특별법은 일반법을 깨뜨린다"는 원칙에 의하여 우선 특별법을 적용하고 그 보충으로 일반법을 적용하는 점에 있다.

또한 일반법과 특별법의 구분과 혼동하기 쉬우나 엄격히 구별하여야 하는 것으로서 원칙법과 예외법의 구분과 기본법과 부속법의 구분이 있다. 원칙법은 일정한 사항에 관하여 일반적으로 적용하는 법이고, 예외법은 그 사항에 대한 예외적인 사항에 대하여 원칙법을 배척하여 특수하게 적용되는 법이다. 예를 들면 민법 제3조는 「사람은 생존한 동안 권리와 의무의 주체가 된다」고 하고 있고, 민법 제1000조 제3항은 「태아는 상속순위에 관하여는 이미 출생한 것으로 본다」고 규정한다. 여기에서 민법 제13조는 원칙법이 되고 민법 제1000조 제3항은 예외법이 되는 것이다. 이 구분은 법의 적용사항에 본질적인 차이가 있기 때문에 특수한 사항에 대하여 원칙법을 적용한다면, 오히려 불합리한 결과가 발생하므로 그 취급을 달리하고자 하는 입법정책에 의한 것이다.

따라서 일반법과 특별법의 관계와 같은 보충적 관계는 없다. 예외법은 어디까지나 원칙법에 대한 예외적 법규이며, 적용범위의 여하에 구애됨이 없으므로 일반법이나 특별법 어느 쪽에도 존재한다. 이는 대체로 동일 법전 또는 동일 조문 속에 포함되어 있으며, 법조문 가운데의 「단서」, 즉 우리 나라 법조문에서의 「…. 다만…」이라고 표현된 것은 거의 모두가 예외법이다.

부속법은 어느 법의 적용에 관한 법으로서 시행세칙을 정하는 법이며, 그 '어느 법'을 기본법이라 한다. 예컨대 공직선거 및 선거부정방지법 · 주민등록법은 기본법이고, 공직선거및선거부정방지법시행령·주민등록법시행령은 부속법이다.

Ⅳ. 강행법과 임의법

강행법(imperative law, zwingendes Recht)은 당사자 의사의 여하를 불문하고 적용되는 법이며, 임의법(dispositive law, nachgiebiges Recht)은 당사자 의사로 그 적용을 배제할 수 있는 법이다. 원래 법은 국가권력에 의하여 강행되는 것이지만, 공적 질서에 관계되지 아니하는 개인적 관계에 대하여는 당사자의 의사를 존중하여 그 자치에 맡기는 것이 오히려 개인의 이익과 사회질서의 유지에 적합하고 또 법의 목적에도 합치하므로 임의법의 존재를 인정하는 것이다.

대체로 헌법·행정법·형법·형사소송법·민사소송법 등의 공법은 강행법에 속하고, 민법·상법 등의 사법은 임의법에 속한다. 그러나 강행법과 임의법의 구별은 법문의 표현 기타 법규가 가지는 가치 등을 고려하여 구체적으로 판단하여야 한다. 공법이라도 민사소송의 합의관할에 관한 규정(민사소송법 제29조)과 같은 것은 임의법이고, 사법이라도 물권의 종류나 내용에 관한 규정(민법 제185조)·신분관계에 관한 규정(민법 제767조 이하)·사회적 약자를 보호하고자 하는 규정(민법 제339조) 등은 강행법이다.

임의법에는 당사자의 의사표시가 결여된 경우에 이를 보충하는 작용을 하는 보충규정과 당사자의 의사표시가 불명확한 경우에 이를 해석하는 해석규정이 있다.

Ⅴ. 고유법과 계수법

고유법과 계수법은 법의 성립 또는 제정자료를 표준으로 하여 나누어진다. 고유법이란 특정국가의 전통적인 고유의 관습·도덕 기타 사회적 여러 가지 조건을 기초로 하여 형성된 법이다.

계수법이란 외국으로부터 계수한 법, 혹은 그것을 자료로 하여 제정한 법을 말한다. 계수법에는 직접계수법과 간접계수법이 있는데, 전자는 외국법을 그대로 번역하여 자국법으로 한 것이며, 후자는 외국법을 자료로 하고 자국의 특수사정을 참작하여 만든 법이다. 이 경우에 계수법의 근원이 된 외국법을 모법이라고 하고, 그것을 계수한 법을 자법이라고 한다. 계수법은 관습법적 계수법과 입법적 계수법으로 나눌 수도 있다. 전자는 외국에서 발달한 법이 옮겨 들어와서 그것이 관습법으로 행하여지는 경우의 법을 말한다. 로마법이 독일에 계수되어 13, 4세기 이후에는 관습법이 되고, 이어서 이른바 보통법으로 결실된 것은 그 예가 된다. 후자는 외국의 법을 본받아 제정한 법을 말한다.

무릇 한 나라의 문화의 발달은 타국의 문화와 밀접한 관련을 가지며, 특히 오늘날 국제사회의 긴밀화는 벌써 한 나라의 고유의 문물제도의 고립적인 발전을 불가능하게 하고 있다. 이와 같은 현상은 법률제도면에서도 동일하고, 앞으로 더욱 법제의 교류융합이 활발하게 될 것이다.

제 4 장

법의 효력

법은 사회생활을 지배하는 규범이므로 법의 생명은 사회에서 실현되는 데 있다. 이와 같이 사회에서 법이 실현되는 것을 법의 효력이라고 한다.

법의 효력의 문제는 두 가지로 나누어 생각할 수 있다. 하나는 법이 사회에서 실현되고 있다는 것인데, 이를 '법의 실질적 효력'의 문제라고 하며, 또 하나는 법을 해석·적용하기에 앞서서 법의 효력 범위를 정하는 문제인데, 이를 '법의 형식적 효력'이라고 한다.

제1절 법의 실질적 효력

법은 행위규범과 강행규범과의 양면성을 가지는 복합체를 이루고 있다. 가령 "사람을 살해하여서는 안 된다"라는 규범은 행위규범의 측면이고, "살해한 자는 사형·무기 또는 5년 이상의 징역에 처한다"라는 규범은 강제규범의 측면이다. 따라서 법이 사회에서 실제로 행해진다는 의미도 당연히 두 가지로 나누어 생각할 수 있다. 즉 법이 행위규범으로서 사회에서 행해진다는 것은 법의 타당성의 문제이고, 법이 강제규범으로서 발동되는 것은 법의 실효성의 문제이다.

이와 같은 법의 타당성과 실효성은 서로 긴밀한 관계가 있다. 가령 사람을 살해한 자가 있음에도 불구하고 그 자가 처벌되지 않는다면, 결국 강제규범이 발동되지 못하여 실효성을 잃게 된다. 그 결과 사람을 살해하여서는 안 된다라고 하는 행위규범도 행해지지 못하게 되고, 따라서 타당성도 존재할 수 없게 된다. 이와 반대로 "악법도 법이다"(Dura lex sed lex)라는 법격언이 있는 것과 같이 타당성이 없는 법도 현실적으로는 강제규범에 의하여 실효성을 거두고 있는 경우도 있다. 그러나 타당성이 없는 법은 국민의 지지를 잃게 되어 오래 지속될 수 없으므로 결국 실효성을 잃게 마련이다. 따라서 법의 타당성과 실효성은 상호 밀접하게 관련되어 불가분의 결합관계에 있다. 그러나 이러한 관계를 부정하는 학자도 적지 않다. 켈젠(Kelsen)은 "법은 타당성만 갖는다면 법으로서의 효력이 있으며, 실효성의 유무는 따질 것이 못되고 설혹 한 사람의 복종자가 없다 하더라도 법으로서의 효력을 갖는다"라는 주장을 하고 있다.

제 2 절 법의 형식적 효력

I. 법의 시간적 효력

1. 법의 시행

법의 유효기간은 시행일부터 폐지일까지 계속된다. 법은 이 기간 내에 발생하는 사항에 대해서만 적용되는 것이 원칙이다. 이 기간을 법의 시행기간이라 한다. 모든 법은 시행과 더불어 그 효력이 발생한다.

법은 시행에 앞서 공포하여야 한다. 공포는 제정된 법을 시행하는 전제로서 법의 내용을 국민에게 널리 알리기 위한 것으로 관보(전자관보 ; www.gwanbo.korea.go.kr)에 게재하는 방법에 의한다. 공포일로부터 시행일까지의 기간을 법의 주지기간 또는 시행예비기간이라 한다. 특별한 규정이 없는 한, 법률은 공포한 날로부터 20일을 경과하면 그 효력이 발생하는 것이 원칙이다(헌법 제53조 제7항). 경우에 따라서는 공포와 동시에 시행하는 법도 있다. 이러한 경우에는 대개 그 법의 부칙에 「본법은 공포한 날로부터 시행한다」고 규정한다.

2. 법의 폐지

법은 폐지에 의하여 그 효력이 상실된다. 법의 폐지에는 명시적 폐지와 묵시적 폐지가 있다.

(1) 명시적 폐지

첫째, 내재적 폐지 원인으로서 그 법이 그 유효기간·시행기간을 미리 정하였을 때, 그 기간의 만료로 당연히 폐지되는 경우이다. 이러한 기한부 입법을 한시법(Zeitgesetz)이라 한다.

둘째, 외재적 폐지 원인으로서 신법의 명시규정에 의하여 법의 일부 또는 전부가 폐지되는 경우이다. 이러한 경우에는 신법은 구법을 대신하여 효력을 갖는다. 그리고 구법의 일부만 폐지된 경우에는 폐지되지 아니한 부분은 신법과 함께 그 효력을 갖게 된다.

(2) 묵시적 폐지

첫째, 동일한 사항에 대하여 신법과 구법의 규정이 서로 저촉되고 모순되는 경우에는 그 저촉되는 범위 안에서 구법은 묵시적으로 당연히 효력을 상실한다. '국가의 의사는 통일적'인 것이어야 하기 때문에 구법은 신법의 실시에 의하여 당연히 폐지된다. 그러나 이 원칙은 신법과 구법이 같은 순위에 있을 경우에 한하며, 일반법과 특별법과의 관계에 있어서는 적용되지 않는다. "일반신법은 특별구법을 개폐하지 못한다"라고 하는 것이 원칙이다.

둘째, 법이 처음부터 일정한 조건의 성취·목적의 달성 등 특정사항을 목적으로 제정된 때에는 그 목적사항이 소멸하면 당연히 폐지된다. 이와 같은 일정한 목적을 위하여 제정된 법률도 한시법에 해당하는 것으로 해석한다.

3. 법률불소급의 원칙

(1) 의　　의

법의 효력은 그 시행 이전에 발생한 사항에 대하여 소급하여 적용하지 못하며, 시행기간 중에 발생한 사항에 관해서만 적용되는 것이 원칙이다. 이것을 법률불소급의 원칙이라 한다. 만약 법의 소급효를 인정하여 실시한다면 기득권을 상실하는 등 국민의 법적 생활의 안정성과 행동기준이 흔들리게 된다. 불소급의 원칙이 특히 중요성을 갖는 것은 사람의 생명·자유·재산에 가장 밀접한 관계가 있는 형법에서이다. 헌법 제13조 제1항에서 형벌법규의 소급효를 금지한 것은 형사책임에 관한 원칙을 선언한 것이다. 형법 제1조 제1항에서는 「범죄의 성립과 처벌은 행위시의 법률에 의한다」라고 규정하여 형사재판에 있어서 법 적용은 행위시법을 적용하여야 함을 명백히 하여 형법의 불소급원칙을 천명하고 있다. 또한 소급입법에 의한 참정권의 제한이나 재산권의 박탈을 금지하는 것이 원칙이다(헌법 제13조 제2항).

위와 같은 취지는 법률불소급의 원칙과 죄형법정주의가 토대로 되어 있다. 죄와 벌에 관련하여 법정주의를 고집한 것은 국가의 형벌권에 의하여 국민의 자유가 함부로 침범되는 것을 막기 위한 것이다. 죄형법정주의는 다음과 같은 다섯 가지의 파생원칙이 그 내용을 이루고 있다. (i) 법률주의, (ii) 소급효금지의 원칙, (iii) 명확성의 원칙, (iv) 유추해석금지의 원칙, (v) 적정성의 원칙 등이 그것이다.

(2) 소급효를 인정하는 예외

법률불소급의 원칙은 절대적인 것은 아니다. 사회의 현실적인 요구와 정의·형평의 관념에 부합될 경우에는 입법 정책상의 필요에 의하여 소급효를 규정하는 예외가 있다. 형법 제1조 제2항, 제3항, 민법 부칙 제2조, 상법시행법 제2조 제1항 등에서 신법의 소급효를 인정하고 있다.

형법에 있어서는 법률불소급의 원칙이 가장 엄격하게 적용되나, 신법이 구법보다 형사피고인에게 형벌이 경할 때에는 신법을 적용한다고 규정하고 있다. 4·19 및 5·16 이후에 제정된 반민주행위자 공민권제한법(4·19 후의 입법)·부정선거관련자처벌법·정치활동정화법·부정축재처리법(5·16 후의 입법)·정치풍토쇄신법(10·26 이후의 입법) 등의 소급입법이 있다. 그리고 제1공화국 헌법 제110조는 1945년 8월 15일 이전의 악질적인 반민족행위를 처벌하는 특별법을 제정할 수 있다고 규정함으로써, 법률불소급의 원칙의 예외를 낳게 하는 근거를 열어 놓기도 했다.

법률의 소급효는 법규범 본질론의 문제이므로 이를 죄형법정주의와 혼동해서는 안 될 것이다. 따라서 법률의 소급효는 국민의 자유·권리 및 이익 등의 존중을 위한 것이라면 가능한 것이고, 반대로 그러한 법익을 박탈하는 것이라면 인정할 수 없다.

4. 경 과 법

법령이 새로 제정 또는 개폐된 때에 구법 시행시에 발생한 사항에는 구법을 적용하고, 신법 시행 후에 발생한 사항은 신법에 의해 규율되는 것이 원칙이다. 그러나 구법과 신법 시행시에 걸쳐진 사항, 즉 구법 시행시에 발생한 사항이 신법 시행 후에도 계속되고 있는 사항에 관하여는 구법을 적용하는냐 또는 신법을 적용하느냐가 문제된다.

이런 경우를 해결하기 위한 것이 경과법(Zwischenzeitsrecht)이며, 법령을 개폐할 때 명문으로 규정한다. 대개 신법의 부칙(예 ; 민법 부칙 5조)에 규정하는 경과규정이 그것에 속한다. 같은 경과법인 상법시행법과 같이 별도로 규정하는 경우도 있다.

Ⅱ. 법의 장소적 효력

법의 장소적 효력이란 법이 현실적으로 시행되는 지역적 범위의 문제이다. 그러나 법이 지배하는 것은 그 지역 그 자체보다도 거기에서 살고 있는 사람의 행동이므로, 이 문제는 결국 법의 인적 효력 범위의 문제로 돌아간다. 다만 지역적 범위에 중점을 두어 고찰하는 점이 다르다.

1. 원 칙

한 나라의 법은 그 나라의 모든 영역에 걸쳐 효력을 미치게 하는 것이 원칙이다. 나라의 영역은 주권이 미치는 범위로서 영토·영해·영공을 포함하며, 이러한 영역 안에서는 국적 여하를 불문하고 모든 사람들에게 일률적으로 적용된다.

우리 나라의 영토는 한반도와 그 부속도서이며, 영해는 현재 12해리로 하고 있고, 대한해협은 3해리로 하고 있다. 영해 외에 접속수역, 경제수역, 대륙붕, 군도수역 등은 그 수역에 적용되는 관할권의 한도 내에서 그 나라의 법규범이 적용된다.

2. 예 외

한 나라의 영역 안에서도 사회적·경제적 사정에 의해 일정한 지역에서만 시행되는 법령이 있다. 광역시·도·시·군·구청이 제정한 조례와 규칙은 그 목적상 그 지방의 자치단체 안에서만 효력이 인정되며, 국제법상의 예외로서 치외법권에 의하여 영토 내에서 타국의 법이 시행되는 경우가 있다. 예를 들면 외교사절의 관사(대사관·공사관 및 이들의 주택) 안에서는 본국법이 적용되며, 주재국의 관헌은 허가 없이 들어갈 수 없다.

또한 기국주의에 따라 선박·항공기·우주물체의 경우에 그 장소 여하를 불문하고 그 내부에서 발생하는 법률관계에 대하여는 그 등록국가의 법이 적용된다.

Ⅲ. 법의 인적 효력

1. 속지주의와 속인주의

법을 적용할 때에 어떠한 범위의 사람에게 적용하여야 하느냐의 문제가 법의 인적 효력의 문제이다. 이에 관하여 속지주의와 속인주의가 법의 적용문제에 있어 서로 충돌하게 된다.

속지주의란 한 나라의 영역을 기준으로 그 안에 거주하는 사람이면 국적여하를 불문하고 그 소재국의 법의 지배를 받게 하는 것을 말한다. 이에 대하여 속인주의란 사람을 기준으로 자기 나라 안에 사는 자국민은 물론 타국에 거주하는 자국민에 대하여서도 자국법을 적용하는 것을 말한다.

그러나 오늘의 국제사회에서는 서로 타국의 영역을 존중한다는 의미에서 속지주의를 원칙적으로 채용하고, 그것만으로 불편하다거나 모순이 되는 경우에는 이를 보충하기 위하여 속인주의를 병용하고 있다. 이리하여 참정권·청원권·병역의무 등의 헌법상의 권리·의무와 국제사법상의 행위능력(섭외사법 제6조 제1항)·혼인의 효력(섭외사법 제16조 제1항·제18조 제1항)·상속문제(섭외사법 제26조) 등은 본국법에 의한다.

2. 예 외

(1) 치외법권

치외법권이란 국제법상 특정한 사람의 현재 주재하고 있는 국가의 과세권·경찰권·재판권 등에 복종하지 않는 특권이다. 국제관례상 인정된 이러한 특권은 외국원수(대통령·국왕), 외교사절(대사·공사 기타) 및 그 가족·수행원 그리고 타국의 영해상의 군함의 승무원 등이 갖게 된다.

외국에 거주하는 군대에 관해서는 양국간의 협정에 의하여 그 지위가 결정된다. 예를 들면 1953년 한국과 미국과의 상호방위조약 제4조에 의한 시설과 구역 및 한국에서의 미국 군대의 지위에 관한 협정에서 상세한 규정을 두고 있으나 이는 치외법권을 인정한 것은 아니다.

(2) 대통령과 국회의원의 특권

대통령은 내란 또는 외환의 죄를 범한 경우를 제외하고는 재직중 형사상의 소추를 받지 아니한다(헌법 제84조)는 규정이 대통령의 형사상의 특권이다. 그러나 대통령직을 그만 둔 뒤에는 소추될 수 있으며, 재직 중의 민사상의 책임까지 면제받는 것은 아니다.

국회의원은 불체포의 특권이 있고(헌법 제44조), 또한 국회에서 직무상 행한 발언과 표결에 관하여 국회 외에서 책임을 지지 아니한다(헌법 제45조)는 면책특권이 있다. 이것이 헌법의 평등 정신에 위배되지 않느냐 하는 문제도 생길 수 있으나, 임기중 안심하고 직무를 수행할 수 있도록 하기 위한 정치적인 배려에 의한 것이라고 볼 것이다.

(3) 보호주의

보호주의란 범죄인의 국적 및 범죄지에 관계 없이 자국 또는 자국민의 법익을 침해하는 범죄에 대해서는 자국법이 적용되는 원칙이다. 우리 형법은 제5조와 제6조에서 보호주의를 규정하고 있어 외국에 있는 타국민에 대해서도 국내법에 적용될 수 있도록 하고 있다.

제 5 장

법의 적용 및 해석

제 1 절 법의 적용

Ⅰ. 법의 적용의 의의

법의 적용이라 함은 법의 내용 내지 효력을 구체적 사실에 대하여 실현시킴을 의미한다. 법의 내용 또는 효력은 추상적이며 일반적이므로 이를 실제의 사회생활에서 발생한 현실적이고 구체적인 사실에 대하여 어떻게 실현시키느냐 하는 문제는 매우 중요하고 또한 곤란한 일이다. 법의 추상적 규정이 아무리 잘 되어 훌륭하다 하더라도 이를 구체적 사실에 실현시키는 작업이 졸렬하다든지 그르치는 경우에는 그 법의 실제적인 작용은 무의미하게 된다.

법을 적용하기 위해서는 먼저 구체적 사실이 어떠한가를 확정한 다음, 그 확정된 구체적 사실에 적용될 법규가 어떤 것이냐를 찾아 그 법규가 가지는 의미나 내용을 명백히 확정해야 한다. 전자에 관한 문제를 사실문제라 하고, 후자에 관한 문제를 법률문제라 한다.

법을 적용함에 있어서는 우선 발생한 사실이 어떠한 사실이냐를 확정하고, 다음에 이에 해당하는 법의 규정을 찾아 이의 해석을 내리고, 이 법의 규정을 대전제로 하고 발생한 사실을 소전제로 하여 3단논법에 의하여 논리적으로 추리하여 결론을 찾는 것이 원칙이 되어 있다. 예컨대 "타인의 재물을 절취한 자는 6년 이하의 징역 또는 5만원 이하의 벌금에 처한다"는 법규범을 대전제로 하고, "타인의 재물을 절취하였다"는 사실을 소전제로 하여 "징역 3년에 처한다"는 판결을 내리게 된다.

Ⅱ. 사실의 확정

법을 적용하려면 먼저 큰 전제가 되는 법을 찾아내는 것도 중요하지만, 그보다 앞서 작은 전제가 되는 구체적 사실을 확정하는 것이 보다 중요하다. 구체적 사실을 명확하게 확정하지 못한다면, 이에 대하여 어떠한 법조문을 적용하느냐 하는 것이 어렵게 된다.

사실을 확정하는 데는 다음과 같은 방법이 있다.

1. 입 증

사실을 인정한다는 것은 이른바 사실문제이며, 사실의 인정은 증거에 의하지 않으면 안 된다. 왜냐하면 사실관계에 관하여 당사자간에 다툼이 없거나 누구에게나 명백한 것인 때에는 그대로 판결의 기초로 할 수 있어 별문제가 없으나, 다툼이 있는 경우에는 법원이 그 존재 여부를 확정하여야 하는데 이 때에 당해 법원의 자의적인 확신이 아니라 객관적·합리적인 것으로 널리 승인될 수 있는 것이 아니면 재판의 신용은 유지될 수 없으므로 이러한 객관성·합리성의 보장을 위하여 사실인정의 자료로서 증거(evidence, Beweis)가 요구된다. 객관적인 증거에 의하여 사실의 존재 및 내용을 확정하는 것을 증거재판주의라고 한다(형소법 제307조). 증거에 의하여 그 사실의 존부를 확정할 수 없는 경우에 법원은 그 사실의 존부를 당사자 중 어느 한쪽 편에게 불이익하게 가정하여 재판하는데, 이 때 법원으로부터 불이익한 법률상 판단을 받게 되는 당사자의 지위를 거증책임 또는 입증책임이라고 한다. 형사소송에서는 원칙적으로 검사가 거증책임을 부담하지만, 민사소송에서는 그 사실을 주장하는 자가 부담한다.

2. 사실의 추정

당사자의 입증의 번거로움을 덜기 위해 법은 때로는 어떤 사실을 추정하는 일이 있다. 가령 민법 제200조에서 '점유자가 점유물에 대하여 행사하는 권리는 적법하게 보유한 것으로 추정하는' 것이 그 예이다. 그러므로 추정이란 일정한 사실이 명확히 되지 아니 하는 경우에 입증의 번거로움을 피하기 위해 보통의 상태를 기준으로 하고, 우선 사실을 결정하여 거기에 일정한 법적 효과를 인정하는 것이다. 위의 예에서 점유자는 입증을 하지 않더라도 점유물을 적법으로 점유한다고 우선 인정한다는 것이다.

그러나 입증을 기다리지 않고 인정하는 것이므로 추정이란 잠정적인 결정에 불과하며, 이와 다른 사실을 주장하는 자가 반증을 들어 언제나 이 효과를 전복시킬 수 있다. 가령 '갑'이 책가방을 점유할 때 그 위에 행사하는 소유권은 잠정적으로 적법인 것으로 추정하지만, 이에 대하여 '을'이 그 책가방이 자기가 도난당한 물건임을 입증하여 그 소유권을 주장한다면 '갑'의 소유권의 적법성은 전복되고 만다.

3. 사실의 간주

간주란 사실의 진부를 불문하고 법에 의하여 일정한 효과를 부여하는 것을 말하며, 법문에서 "간주한다" 또는 "본다"고 표현하고 있는 것이 그것이다. 가령 민법 제28조에 「실종선고를 받은 자는 실종기간이 만료할 때에 사망한 것으로 본다」고 규정한 것이 그 예이다. 즉 간주는 법이 공익 또는 그 밖의 이유로 사실의 존재 또는 부존재를 확정하는 것이기 때문에 이에 대한 반증이 있어도 그 의제를 깨뜨리지 못한다. 이 점에서 추정과 다르다. 위의 예에서 실종선고를 받은 자가 생존하고 있다 하더라도 반증만으로 당장에 실종선고의 효과를 전복시키지 못하며, 따로 실종선고 취소의 법적 절차를 밟아야 한다.

제 2 절 법의 해석문제

Ⅰ. 법해석의 필요성

법은 사물의 합리성의 표현으로서 일반적 및 추상적인 규범내용을 가지는 것이므로, 그가 예정하는 구체적인 사실에 대하여 법률효과가 생기기 위해서는 법의 적용이라는 과정을 거치지 않으면 아니 된다.

여기에서 이른바 법의 적용에 관한 문제가 발생한다. 법의 적용은 법의 규범적 의미의 타당성을 구체적인 사회적 생활관계 속에 확보시키기 위하여 법규와 구체적인 생활관계를 연관해서 구체적인 법률적 가치판단을 끌어내는 과정이며, 그것은 법원이 구체적인 생활관계에 대하여 법의 지배력을 실현하는 결과로서 법률효과를 확정하는 과정으로서 나타난다. 법의 적용에 대해서는 먼저 증거에 관한 규정의 정한 바에 의하여 문제가 되는 생활관계의 존재 및 내용이 확정되어야 한다. 요컨대 사실이 확정되지 않으면 법을 적용하지는 못하기 때문이다. 이것을 사실문제라 한다.

사실의 판단은 가치판단의 기초가 되고 가치판단을 좌우하는 것이므로 매우 중요하고 미묘한 문제이다. 따라서 이는 여러 가지 증거방법에 의할 것이나 사실의 존부는 원칙으로서 그 존재를 주장하는 사람이 이것을 입증하여야 한다.

그런데 법은 가끔 입증의 번거로움을 피하기 위하여 또는 공익상의 이유에 의하여 사실의 존재 또는 부존재를 추정하고 의제하는 일이 있다. 민법 제844조의 「처가 혼인중에 포태한 자는 부의 자로 추정한다」와 같이 "추정한다"는 것은 일단 사실의 존재 또는 부존재를 잠정적으로 결정하는 것이며, 그가 추정되었기 때문에 불이익을 입을 우려가 있는 자가 반대의 사실을 입증한 것에 의하여 전복되는 것을 예정한다. 이에 반하여 민법 제1000조 제3항의 「태아는 상속순위에 관하여는 이미 출생한 것으로 본다(간주한다)」와 같이 "간주한다"는 것은 법의 일종의 의제이며, 이것은 진실과 서로 다르든, 않든간에 관계 없이 법의 의제라는 사실을 기초로 하여 적용되는 것이므로 반증을 들어 이를 전복시킬 수는 없는 것이다.

요컨대 확정된 생활관계는 판결규범인 법의 하위에 있고, 3단논법에 있어서의 대전제·소전제의 관계에 있게 되는 것이다. 이를 의율이라 한다.

그러나 법의 적용에 있어서는 문제가 되는 생활관계의 확정 후 의율에 앞서 반드시 법규의 내용이 밝혀지고 그 타당 범위의 정밀한 한정이 있어야 한다. 즉 법의 해석은 법의 내용이 현실화되는 과정이며 법적용의 전제이나, 이는 적용과는 별개의 문제인 것이다. 법의 해석은 과학의 문제이며, 정책의 문제나 기술의 문제는 아니다. 따라서 법의 적용은 반드시 이 과학적 조작의 과정을 수행되지 않으면 안 된다.

몽테스키외(Montesquiei)가 지적한 "재판관은 입에 불과하다. 다만 성문법에 정한 바를 선언할 뿐이다. 재판관은 무생물이다"라는 말은 절대로 긍정할 수 없으며, 앞으로도 긍정되어서는 아니 될 것이다. 즉 법의 적용에 있어서는 문제가 되는 생활관계의 확정 후 이른바 의율에 앞서서 반드시 법규의 내용이 명백히 되어야 한다. 왜냐하면 법규는 그냥 그대로 있어서는 모든 생활관계를 규율할 수 없고 반드시 해석이라는 과정을 통하여 비로소 그 내용이 명확히 되기 때문이다.

이와 같이 법을 해석하고 다음으로 의율을 하고, 이에 의하여 법률효과를 확정하는 행위, 즉 이미 언급한 바 있는 사실문제를 법률문제라고 한다.

그리고 해석을 요하는 것은 비록 성문법 뿐만 아니라 관습법도 역시 해석되는 것을 요하는 것이지만, 현행법의 대부분이 성문법이며 관습법은 그 대부분이 민족생활의 인습에 기인한 것이므로 구체적 색채가 농후하고, 따라서 해결에 있어서는 곤란이 없기 때문에 법의 해석은 전혀 성문법에 관해서만 전개되었던 이유가 여기에 있다.

성문법 해석은 필요성의 문제에 앞서 먼저 문제가 되는 사항은 과연 성문법은 모든 생활관계에 관한 규범을 빠짐 없이 포함하고 있는 것인가의 문제이다. 즉 성문법의 불완전성의 문제이다. 과거의 입법자는 성문법의 완전성을 맹신했던 것이다.

로마의 유스티니아누스(Justinianus)는 그 법전을 완전한 것으로 판정하고 그 주석서가 세상에 나타남을 금하였으며, 근세에 있이시는 오스트리아의 1786년의 요셉(Joseph) 2세의 법전에도 같은 취지의 규정이 있고, 프로이센(Preussen)의 토지법(Landrecht) 제정에 있어 프리드리히(Friedrich) 2세도 이와 같은 규정을 만들었으며, 나폴레옹(Napoléon)은 그가 제정한 민법전이 공포된 지 얼마 되지 않아 그 법전의 주석서가 출간되었을 때 “짐의 법전은 상실되었다”라고 한탄하였으며, 일본의 구 헌법도 ‘불마의 대전’이라 하여 위엄을 떨쳤던 것이다. 그러나 문제는 입법자가 무엇을 생각하고 무엇을 규정하고 있는가의 점에 있는 것은 아니다. 바꿔 말하면 성문법의 불완전성의 문제는 사물의 성질을 기초로 하여 논할 일이다.

왜냐하면 사물의 성질만이 오로지 문제의 모든 것에 대하여 해석을 주기 때문이다. 다시 말하면 사물의 성질을 기초로 하여 어떤 사물을 논한다면, 성문법의 불완전성을 면치 못하기 때문이다.

성문법이 이 불완전성을 단적으로 인식하는 것이 법률 그 자체의 인식을 타당하게 할 것이다. 성문법이 사람의 지능과 의사의 산물인 이상 사람의 힘의 한도에 의하여 제한된 것에는 불완전한 것이 있어야 할 것이다. 바꾸어 말하면 입법자는 복잡한 사회생활관계의 전부를 예견하는 것은 불가능한 것이며, 또한 가령 그것이 그 당시의 모든 사회생활관계를 예견했다 하더라도 사회적 발전에 수반한 사건의 추이는 성문법이 예견치 못한 사후의 경험을 체험케 될 것이요, 타면에 있어서는 입법자의 의사표현인 성문법이 일정한 형식에 알맞은 경우에 있어서의 입법기술이 과연 입법자가 의도하는 그 자체를 표현할 수 있는 것인가는 심히 의문이다. 이러한 의미에서 성문법은 그 성질상 불완전성을 면치 못하는 것이다. 그리고 이 성문법의 불완전성은 곧 그 법전의 불완전성을 설명할 수 있고, 여기에 성문법의 결함을 보충하고자 성문법으로 하여금 사회적 발전의 사상에 적합시켜야 한다는 사회적 요청이 필요한 것이다.

성문법 해석의 필요성은 설사 성문법에 결함이 없고 완전한 것이라 할지라도 그 필요가 결코 없어지는 것은 아니다. 법규 중에는 그 포괄력을 증대하기 위하여, 다시 말하면 법규에 탄력성을 갖게 하기 위하여 극히 추상적이고 막연한 윤곽만을 지시하고 어떠한 내용을 갖게 하는가는 구체적 경우의 사정에 따라 해결하는 자의 자유에 위임되는 것이 있다. 이른바 자타규정이라는 것이 이것이다. 예시하면 '정당한 사유'·'부득이한 사유'·'상당한 이유'·'불가항력' 등의 표현을 가진 것이 이것이며, 이러한 표현이 사용되는 규정의 적용은 그 해석을 떠나서는 무의미하다. 왜냐하면 이러한 규정 그 자체가 포괄한다고 생각되는 구체적 범위는 각각의 경우에 대하여 구체적으로 결정되는 것 이외에는 적용방법이 없기 때문이다.

이리하여 신의성실의 원칙이 백지규정에 현실성을 갖게 하기 위하여 기능하는 것이 된다. 실로 백지규정은 그 내용을 어떻게 이해하고 어떠한 내용을 만드는 가는 전혀 해석하는 자의 자유에 맡기고 있으나, 그 해석의 자유는 결코 해석하는 자의 자의에 맡기는 것이 아니라, 면책시정의 이유 또는 법률관계의 발생·변경·소멸의 사유를 신의칙의 적용범위 안에서 발생하게 하는 자유를 의미하는 것이다.

따라서 백지규정 자체가 포괄한다고 하는 범위는 구체적 경우에 대하여 신의칙에 비추어 결정되는 것이다. 뿐만 아니라 법규는 비록 그것이 백지규정이 아닐지라도 결국 추상적이기 때문에 추상적인 것을 그대로 구체적인 실제적 생활관계에 적용하는 것은 기계적이라 할 수 있으나, 법의 적용은 기계적이어서는 안 된다. 왜냐하면 법은 실생활로부터 발생하고, 실생활에 있어서 이상을 실현하기 위한 역할을 하고, 실생활을 지도해 나가지 않으면 아니되기 때문이다. 여기에서 기존의 법률을 출발점으로 하여 현재의 법률관계를 타당하게 처리하고, 장래에 향하여 적당한 보장을 주는 것으로서 법의 해석이 요청되는 것이다.

그리하여 재판이 구체적 타당성을 견지하기 위해서는 법규의 의미나 특정의 법규가 법률질서의 한 구성분자로 요구되는 것 등이 해석을 통하여 명백히 되지 않으면 아니 된다.

Ⅱ. 법해석의 방법

법의 해석방법은 이를 유권해석과 학리해석의 두 가지로 크게 나누어 고찰할 수 있다.

1. 유권해석

유권해석(authentic interpretation)이란 법규의 의미를 국가의 권한 있는 기관이 확정하고 설명하는 것을 말한다. 이것은 유권적 해석 또는 공권적 해석이라고도 한다. 유권해석은 다시 해석하는 국가기관에 따라 입법적 해석·사법적 해석 및 행정적 해석의 세 가지로 나눠진다.

(1) 입법적 해석

입법적 해석(legislative interpretation)은 법령으로써 법령의 용어를 해석하는 것이다. 즉 민법 제98조에서 「본법에서 물건이라 함은 유체물 및 전기 기타 관리할 수 있는 자연력을 말한다」라고 규정하고 있는데, 이것은 같은 법령 중에서 해석 규정을 두고 있는 것이다.

이러한 해석규정은 독립된 법규를 이루고 있으므로, 이를 법규해석 또는 법정해석이라고도 한다. 물론 이러한 해석규정도 법규로서 해석의 대상으로 된다. 입법해석은 해석이라고도 하지만 본래적 의미에서의 해석이 아니고 그 자체가 법이므로 다른 법해석과는 달리 절대적인 강제력을 가진다.

(2) 사법적 해석

사법적 해석(judicial interpretation)은 법원에 의하여 행하여지는 법의 해석으로서, 이는 판결의 형식으로 이루어지며, 당해 사건에 대해서만 구속력을 가진다. 그런데 대륙법계에 속하는 독일이나 프랑스 또는 우리 나라에서는 판례가 법원에 대하여 완전한 구속력을 가지지 아니하므로 사법적 해석을 유권적 해석에서 제외하여야 한다는 사람도 있으나, 여기에서도 상급법원에 의하여 내려진 유권적 해석으로 보는 것이 타당하다. 사법적 해석은 법원에서 하는 것이므로 재판해석이라고도 한다.

(3) 행정적 해석

행정적 해석(administrative interpretation)은 행정관청에 의하여 행하여지는 해석으로서 법의 집행의 형식으로 또는 상급관청의 하급관청에 대한 회답·훈령·지령의 형식으로 이루어진다. 행정적 해석도 최종적인 권위가 있는 것은 아니다. 잘못된 법의 집행은 법원에서 판결에 의해 가려지는 것이다. 이러한 점에서 볼 때 사법적 해석이 행정적 해석의 우위에 있다고 보아야 할 것이다.

2. 학리해석

학리해석(doctrinal interpretation)이란 학리에 기하여 법규의 의미내용을 명확히 하는 것을 말한다. 이것이 본래적 의미의 해석이다. 이것은 개인이 그 학리적 사고를 기초로 하여 행하는 해석으로서 강제력이 없다는 점에서 무권해석이라고도 한다. 학리해석에는 문리해석과 논리해석의 두 가지가 있다.

(1) 문리적 해석

문리적 해석(grammatical interpretation)은 법문의 문자와 문장의 의미를 확정하는 것을 말한다. 성문법은 문자와 문장으로 표시되므로 문리적 해석은 중요한 해석방법이며, 다른 해석방법에 비하여 1차적·전단계적으로 사용된다. 그러나 법문은 그 형식·내용에 있어서 완전한 것이 못 되고 또 법률용어는 특수한 의의를 가지고 있으므로 법문의 의미를 법목적에 합치하도록 유의하여 해석하여야 할 것이다.

문리해석이 법의 해석에 있어서 불가결한 전단계적 방법이지만, 자의에만 구애되어 목적론적 해석을 잃으면 법해석으로서의 의미를 가질 수 없는 것이다. 따라서 해석의 시간적 기준은 해석 당시가 되어야 하며, 해석방법은 통상의 의미로 해석되어야 한다.

(2) 논리적 해석

논리적 해석(logical interpretation)은 논리적 법칙에 따라 법규의 의미를 확정하는 것이다. 즉 법규의 문자나 문장의 문법적 의미에 구애받지 아니하고 법문의 논리적 의의에 안목을 두어 법규의 의미를 확정하는 것으로 입법의 목적, 사회의 실제상황 등을 고려하여 해석하여야 하며, 문리해석의 전제하에서 이루어져야 한다.

이것은 법규의 주관적 의의를 초월한 객관성의 보장에 이바지하지만, 지나친 형식논리에 편중되면 개념법학의 폐단, 즉 법이 실제사회에 적합하지 않게 되는 모순이 발생하게 된다. 논리해석에는 다음과 같은 여러 가지가 있다.

1) **확장해석** 확장해석이란 법규의 문자나 문장의 언어적 표현의 의미보다 확장하여 해석하는 것이다. 즉 문리해석에 의한 법문의 단순한 해석으로는 너무 좁아 법규의 진정한 의도를 실현할 수 없는 경우에 논리적 방법으로 법문의 의미를 확장하여 해석하는 것이다.

예컨대 형법 제366조에서는 재물손괴죄를 규정하고 있는데, 일반적으로 손괴란 '물건의 물리적 형태를 파괴하는 것'으로 사용되지만 형법상 재물손괴죄에서의 손괴에는 물리적 형태의 파괴뿐만 아니라 그 효용가치를 해하는 것도 포함하는 의미로 사용된다.

2) **축소해석** 축소해석이란 법규의 문자나 문자의 언어적 표현의 의미보다 축소하여 해석하는 것이다. 즉 문리해석에 의한 법문의 해석으로서는 너무 광범위하여 법규의 진정한 의도를 실현할 수 없는 경우에 합리적 방법으로 법문의 의미를 축소하여 해석하는 것이다. 예컨대 형법 제329조의 절도죄의 객체인 재물에는 부동산이 포함되지 아니한다고 해석하는 것이다.

3) **반대해석** 반대해석이란 법문에 명시되어 있지 아니한 경우에는 그와 반대로 해석하는 것이다. 예컨대 민법 제832조에 부부의 일방이 일상의 가사에 관하여 부담한 채무에 대하여 다른 일방은 연대책임을 진다고 규정하고 있는 것으로부터 딸이 일상의 가사에 관하여 부담한 채무에 대하여는 부모가 책임을 지지 아니한다고 해석하는 것이다.

반대해석은 형식적으로는 당연한 것처럼 보이나, 반드시 그러한 것은 아니다. 반대해석은 법의 일반목적에 따라 목적론적 해석에 의하여야 하는 것이므로 언제든지 가능한 것이 아니라 법의 목적에 비추어 허용될 수 있는 경우에만 가능하다.

4) **물론해석** 물론해석이란 유추해석이나 확장해석이 상식상 명백하고 당연한 것으로 생각되는 경우를 말한다. 예컨대 교량붕괴 위험으로 인한

우마차통행금지라고 하는 정찰이 있는 경우에는 탱크도 통행할 수 없다는 것이다.

5) **보정해석** 보정해석이란 법규의 문자나 문장이 법규의 의도에 명백히 반하는 경우에 문자나 문장을 보정하여 그 법규의 진의에 맞도록 해석하는 것이다.

6) **연혁해석** 연혁해석이란 법제정의 연혁·법안 이유서·입안자 의견·의사록 등의 자료에 따라 법규의 의미내용을 보충하여 그 법문의 진의를 해석하는 것이다.

7) **유추해석** 유추해석이란 법령에 규정이 없는 사항에 관하여 이와 성질이 유사한 다른 사항의 법령을 적용하는 것이다. 즉 유사한 갑·을 두 개의 사실 중 갑에 관하여서만 규정이 있는 경우에 을에 관하여서도 될 수 있는 대로 갑에 근사한 결과를 인정하는 것이 유추이다. 예컨대 권리능력이 없는 사단의 법률관계에 관하여는 민법에 규정이 없으므로 법인의 규정을 유추적용하여야 한다고 해석하고 있다. 유추를 인정하는 것은 동일한 법이유가 존재하는 사항은 동일한 법적 취급을 받는 것이 타당하기 때문이다. 유사한 갑·을 두 개의 사항 중 갑에 관해서만 규정이 있는 경우에 을에 대해서도 갑과 동일한 결과를 인정하는 것이 유추인 데 대하여, 이 경우에 을에 관하여 갑과 반대의 결과를 인정하는 것이 반대해석이다. 반대해석으로 할 것이냐 유추를 할 것이냐는 법의 일반목적에 따라 목적론적 해석에 의하여 결정하여야 할 것이다.

유추와 비슷한 것으로는 준용이 있다. 유사한 사항에 관하여 법규를 제정하는 경우에 입법기술상 별개의 규정을 중복적으로 규정하는 번잡을 피하고 법률을 간결하게 하기 위하여 다른 유사한 법규를 그에 적용하도록 규정하는 것이다. 유추가 법해석의 한 방법인 데 대하여, 준용은 입법기술의 한 방법이다.

Ⅲ. 법해석의 태도 및 변천

법해석의 태도는 시대에 따라 변천되어 왔다. 근래 성문법이 제정되던 시대에는 법의 형식이론적 해석에 시종하는 개념법학이 지배하였으나, 그 후에는 법의 목적적 고찰을 중요시하는 목적법학이 대두하였고, 최근에는 법학의 자유로운 탐구를 제창하는 자유법론이 대두하였다.

1. 개념법학

근대에 들어와서 자유주의가 대두됨에 따라 인간의 자유와 권리를 보장하기 위해서는 영구불변하는 성문법체계를 구축하고, 이것으로써 국가권력의 남용을 방지해야 한다는 생각을 하게 되었다. 이에 따라 19세기의 유럽 각국은 옛 로마법을 본따 성문법을 제정하였으며, 이 성문법규를 가장 충실하게 사건에 적용할 수 있는 해석이론의 발달을 보게 되었다.

이 때에 발달한 논리법칙으로서는 첫째, 법을 운영하는 자의 주관적 호악을 배제하고 법의 규범의미에 맞추어 객관적인 법적용을 하기 위해서 법규를 큰 전제로 하고, 사건을 작은 전제로 하여 그 필연적인 결론으로서 판결을 끄집어 내는 형식이론학상의 3단논법과 법규에 나타난 자구를 해석함에 있어서는 엄격한 모순율(A is not non-A)이었다. 그리고 이러한 태도는 법규의 해석·적용에 있어서 유추해석(Analogie)을 해서는 안 된다는 것을 의미하였다.

이처럼 실정법을 스스로 만족하는 흠결 없는 완결된 체계로 보고, 3단논법과 모순율에 의하여 오로지 형식논리적으로 도출된 결론만을 위주로 법률문제를 처리하려고 하는 법해석의 태도를 예링(Jhering)은 개념법학(Begriffsjurisprudenz)이라고 하였다. 개념법학에서는 실정법을 유일·절대적인 영속불변의 금과옥조로 보기 때문에 법조만능의 사상이 만연되었고, 여기서는 법관은 실로 윗 구멍에 사건을 넣어 아랫구멍에서 판결을 빼내는 자동기계에 불과하였다.

물론 성문법주의를 채택하는 이상 성문법규를 전제로 하는 개념구성이나 논리적 타당성을 무시하고서는 법질서의 안정이 보장될 수 없는 것이며, 개념법학에 내재하는 법적 안정성의 요구는 법해석에 있어서 하나의 근본적 제약으로서 존중되어야 하는 것이다. 실로 19세기에 있어서 개념법학은 절대군주의 자의적인 정치에 제동을 가하고 국민의 권리를 보장하는 시대적 역할을 하였다.

2. 목적법학

목적법학(Zweckjurisprudenz)은 법을 목적의 소산으로 보고 법해석도 법의 목적에 의하여야 한다고 하면서, 목적개념을 법학 내지 법해석의 지도이념으로 하는 것이다. 법이 목적에 의하여 창조되는 것을 인식하고 법의 해석도 목적이념에 의한다고 하는 사상은 한편으로 법의 의식적 창조의 면을 경시하는 역사법학에 대립하고, 또 다른 한편으로는 모든 가치목적을 배제하여 법의 순수구조를 고찰하는 순수법학과 대조된다.

법의 목적은 개별적인 법의 목적도 있지만, 이 외에 법의 전체계에 일관하는 보편적인 최고의 법목적이 있다. 보편적인 최고의 법의 목적은 인간성의 존중이라고 하는 것이다. 인간성의 존중이란 개인성의 존중을 뜻하는 것으로서 공공의 복지라고 하는 사회성의 확보와 대립되는 것이다.

헌법에서는 개인의 재산권은 보장된다(헌법 제23조 제1항)고 하여 개인성의 존중을 규정하면서, 동시에 재산권의 행사는 공공의 복리에 적합하도록 하여야 한다(헌법 제23조 제2항)고 하여 사회성의 확보도 규정하고 있다. 그러므로 법해석에 있어서는 개인성의 존중과 사회성의 확보를 조화하는 것이 중요한 것이다.

목적법학을 수립한 자는 예링(Jhering)이지만, 리스트(Franz von Liszt)의 목적형론, 벤덤(Jeremy Bentham)의 공리주의 법학, 헤크(Philipp von Heck)의 이익법학도 목적법학의 계열에 포함되는 것이다. 목적법학이 법을 통하여 도덕·정치·경제 등의 객관적인 목적이념이 실현되는 관계를 명확히 하고, 또 개념법학의 논리주의를 타파하는 목적론적 방법을 확립한 점에서는 그 공적이 큰 것이다.

3. 자유법론

성문법은 비록 제정 당시에는 완전에 가까운 것이었다고 할지라도 시대가 바뀌고 사회가 달라짐에 따라 법과 실제생활과의 사이에는 불가피하게 간격이 생긴다. 이 때에 만일 성문법의 적용만을 고집한다면, 그것은 법의 일반화·확실화를 도모하는 데에는 도움이 될지 모르나(소위 법적 안정성), 사회생활의 개성을 몰각하고 그 유동·발전에 대한 적응성을 결여하는 중대한 결함이 생길 수 있다. 그러므로 조문의 문맥과 정면으로 충돌하는 것은 해석상 취할 수가 없지만, 그렇지 않는 한 될 수 있는 대로 규정의 의미를 탄력성 있게 해석하여 그 폭넓은 규범의미의 테두리 안에서 '살아 있는 법'을 발견해나가야 할 필요가 있다. 그리하여 반개념법학의 법사상으로서 자유법론(Freirechtslehre)이 대두되었다.

자유법론에서는 실정법의 완전성과 자족성을 믿는 형식론리적인 개념법학의 폐단을 비판하고 이른바 살아 있는 법(lebendes Recht)의 탐구와 법관의 법창조적 기능을 강조한다. 즉 자유법론은 첫째로, 고정적인 법규가 유동적인 현실사회에 적응하지 아니한다는 사실을 인정하고 실정법을 획일·절대적인 금과옥조로 삼는 형식논리에 의한 법해석을 비판하고, 둘째로, 법원을 실정법에 한정하지 아니하고 사회관습이나 문화규범 또는 정의·형평의 이념이나 조리 등에서 구하며, 셋째로, 법관의 자유재량과 학자의 과학적인 법원탐구에 의한 법의 발견을 인정한다.

자유법론의 대표자는 프랑스의 제니(François Jény), 독일의 에얼리히(Eugen Ehrlich)와 칸토르비치(Herman Kantorowicz) 등이 있다. 자유법론은 개념법학의 결점을 시정하고 법사회학의 기운을 일으키는 데 중요한 역할을 하였다. 우리 민법 제1조에서 조리를 법원으로 인정한 것은 법관에게 자유재량권을 폭넓게 인정한 것으로서 자유법론을 채택한 것이다. 그러나 자유법론은 법의 운영을 법관의 주관적 감정에 맡겨 법적 안정성을 해하고 또 법학의 논리적 과학성을 부인하는 경향이 있음을 인정하지 않을 수 없다.

제 6 장

권리와 의무

제 1 절 법률관계

사람이 사는 사회에 있어서의 여러 가지의 생활관계는 대단히 복잡하다. 이를 법률의 측면에서 보면 법률의 지배의 대상이 되는 생활관계는 정치·경제·사회·매매·양도·임차 등에 관하여 법적으로 평가되고 규제되는 측면에서 법률관계가 발생한다. 법률의 세계 외에서도 여러 각도에서 평가할 수 있으나, 그것이 법률이라는 프리즘을 통하여 법적으로 평가되면 법률관계가 된다. 법률관계는 법률상 의미가 있는 것을 법적으로 평가한 생활관계이므로 추상적인 법률의 구체화라 할 수 있다. 법률은 사회적인 공동생활에 관하여 규율하는 것이므로 법률이 취급하는 대상이 되는 생활관계는 당연히 사회적으로 의미가 있는 것이라야 한다. 법률관계를 형성하는 주체를 기점으로 볼 때, 가족·친족 등의 신분관계나 채무자의 채권자에 대한 채권관계인 재산법관계 등은 사람과 사람과의 법적 관계이다.

사람이 물건에 대하여 가지는 물건관계나 발명을 하여 특허를 얻는 무체재산관계 등 사람과 물건 또는 지능적 산물과의 법률관계도 있다.

이와 같이 법률관계는 권리의무로 이루어지고 있으므로 법과 권리는 밀접한 관계에 있다. 우선 용어에 있어서 ius(나), Recht(독), droit(불), diritto(이), derecho(서), pravo(노)(영어에서는 law와 right가 다르다)는 모두 법의 의미와 권리의 의미를 가지고 있다.

중세 봉건사회에 있어서 백성은 지배자를 위하여 부역을 하여야 하고 군역에 봉사하여야 하는 등의 의무만을 부담하였으므로 의무 본위의 시대라 할 수 있고, 여기에서 법률구조의 형식은 공법 위주로 나타났다. 그러나 근세에 이르러 자연법학파가 사람은 출생과 동시에 자연법에 기한 권리, 즉 자연권을 가진다고 주장하여 권리 본위의 사상이 대두되었다.

근대의 법제도는 원칙적으로 권리 본위의 사상을 기반으로 하여 형성된 것이고, 의무는 다만 권리의 반사에 불과한 것으로 생각되었다. 여기에서 법률구조의 형식은 사법 위주로 나타나고 권리 본위로 이루어져 있다.

오늘날에 이르러서는 이러한 권리 본위의 사상은 새로운 측면에서 비판을 받게 되고, 다시 의무를 중요시하는 경향이 있다. 특히 독일의 바이마르 헌법은 「소유권은 의무를 부담한다. 그 행사는 공공의 이익에 따라야 한다」고 규정하였고, 또한 우리 헌법에서도 「재산권의 행사는 공공복리에 적합하도록 하여야 한다」(헌법 제23조 제2항)고 규정하여 권리는 동시에 의무를 수반하는 것으로 하였다. 그러나 이러한 의무화 현상은 다시 중세의 의무 본위의 사상으로 후퇴함을 의미하는 것은 아니다. 오늘날의 의무는 중세 봉건시대의 의무와는 전혀 그 성질과 기반을 달리한다. 여기에서 지배하는 법률구조의 형식은 공법적인 것도 사법적인 것도 아닌 이른바 사회법적인 것으로서 공공의 복지라고 하는 현대의 법이념이 구체화된 것이다.

제 2 절 권 리

I. 권리의 본질

권리(ius, rights, subjektives Recht, droit)의 본질에 관하여는 일찍부터 여러 가지의 학설이 주장되었으나 아직도 보편타당한 견해란 없다고 말할 수 있다. 주요한 학설을 소개하면 다음과 같다.

1. 권리의사설

권리의사설(Willenstheorie)은 의사를 권리의 본질이라고 보는 견해로서 주로 칸트(Kant)나 헤겔(Hegel) 등이 중시한 '의사의 자유'를 기반으로 하는 학설이다. 빈트샤이트(Bernhard Windscheid)는 권리를 의사의 힘(Willensmacht) 또는 의사의 지배(Willensherrschaft)라고 하였다.

그러나 권리의사설에 의하면 의사를 가지는 사람만이 권리를 가지고 의사능력이 없는 태아나 심신상실자는 권리를 가질 수 없게 된다는 비난을 면할 수 없다. 이 학설은 권리주체가 권리행사를 하는 경우의 의사, 즉 권리의 동적 상태와 권리 그 자체를 혼동하고 있는 것이다.

2. 권리이익설

권리이익설(Interessentheorie)은 이익을 권리의 본질이라고 하는 견해로서, 예링이 주장한 이익법학과 목적법학의 이론을 토대로 하는 학설이다. 예링은 사람에게는 목적이 있으며 인간이 어떤 목적을 지향할 때에는 반드시 어떤 이익을 목표로 한다고 하고, 권리는 법에 의하여 보호되는 이익(rechtlich geschütztes Interesse)이라고 하였다.

권리이익설에 의하면 의사무능력자도 권리를 가질 수 있으므로 권리의사설이 받는 비난을 면할 수 있다. 그러나 권리이익설은 권리의 목적과 본질을 혼동하고 있다. 즉 이익은 권리의 목적이지만 이익은 권리 그 자체가 아닌 것이다. 뿐만 아니라 이 학설에 의하면 권리주체와 수익주체가 언제나 같아야 하며, 따라서 반사권도 권리로 취급하여야 한다. 반사권은 법률규정의 반사적 효과로서 각자가 향수하는 이익을 말한다. 따라서 법률이 일정한 규정을 하였기 때문에 각 개인이 반사적으로 일정한 이익을 받는 경우가 있다면 각 개인은 반사권을 가지고 있는 것이다. 예컨대 형법 제185조에는 「육로, 수로 또는 교량을 손괴 또는 불통하게 하거나 기타 방법으로 교통을 방해한 자는 10년 이하의 징역…」이라 하여 교통방해의 죄를 규정하고 있는데, 이것은 교통안전이라는 사회일반의 이익을 보호하려는 데 목적이 있고 이로 인하여 개인은 안전하게 통행할 수 있는 반사적 이익을 받는다. 이러한 경우에 권리이익설에 의하면 이것도 권리라고 보아야 하는 것이다.

3. 권리법력설

권리법력설(rechtliche Machttheorie)은 권리의사설과 권리이익설을 종합 발전시킨 학설이다. 레겔스베르거(Ferdinand Regelsberger)는 권리는 일정한 이익의 향수를 가능하게 하는 법률상의 힘이라고 한다. 즉 이 학설은 권리의 본질을 권리의 목적인 생활이익의 향수 내지 보호를 달성하기 위한 수단으로서 법에 의하여 인정된 힘이라고 보는 것이다. 결국 이 권리법력설은 권리의 실질적인 요소인 이익에 형식적 요소의 법률상의 힘을 결합한 것이다. 이 권리법력설이 오늘날의 지배적인 학설로 되어 있다.

Ⅱ. 권리의 의의

권리란 권리법력설이 주장하는 것처럼 일정한 이익의 향수를 가능하게 하는 법상의 힘이라고 할 수 있다. 이를 나누어 살펴보면 다음과 같다.

첫째, 권리는 법상의 힘이다. 권리는 법상의 힘, 즉 법에 의하여 주어진 힘으로서 법이 사람의 이익보호의 수단으로 특정인의 특정이익의 실현을 위하여 법이 허용한 것이다. 따라서 권리는 법의 존재를 전제로 하는 것이며 법의 존재를 전제로 하지 아니하는 권리, 예컨대 자연법학자의 이른바 천부인권 내지 자연권은 여기에서 말하는 권리가 아니다. 그리고 법상의 힘(rechtliche Macht)은 법에 의하여 주어지는 힘이므로 사실상의 힘, 즉 실력(Gewalt)과는 다르다. 실력은 각자에 따라 강약의 차이가 있지만 권리는 각자에 대하여 평등하다.

특정인에게 법상의 힘을 인정하는 것은 타인을 구속하고 타인에 대하여 특정의 작위·부작위를 강제하는 것을 전제로 한다. 따라서 권리는 이 작위·부작위, 즉 의무에 대응하는 것이다.

둘째, 권리의 내용은 이익이다. 법은 일정한 조건하에 이익의 향수를 보호하여 각자에게 이익의 향수를 가능하게 한다. 따라서 법에 의하여 보호되는 이익——일반적으로 이를 '법익'이라고 한다——은 법상의 이익으로서 주장할 수 있는 것이고, 이것이 권리의 내용을 이루고 있다. 여기에서 말하는 권리의 내용이 되는 이익은 사람의 사회생활의 유지 및 발전을 위한 법익일반에 대하여 말하는 것으로서 반드시 재산적 이익에 한하는 것이 아니고 생명·신체·자유·명예 등과 같은 비재산적 이익도 포함하며, 또한 권리자의 개인적·주관적인 이익뿐만 아니라 국가 내지 사회에서 객관적으로 인정되는 이익, 즉 일반적으로 인정되는 관념상 법적 이익도 포함된다.

Ⅲ. 권리와 구별되는 용어

우리는 권리와 법을 구별하여 사용하고 있으나, 프랑스·독일에서는 권리와 법을 구별하지 않고 droit, Recht 등 같은 용어를 사용하고 있다. 이런 점에서도 법과 권리는 밀접한 관계를 가지고 있다는 것을 알 수 있다. 이러한 권리와 비슷한 말이지만 그것과 구별되어야 하는 것으로는 권한 · 권능 · 권력 · 반사적 이익 등이 있다.

'권한'이라 함은 타인을 위하여 일정한 사람에 대하여 일정한 법률효과를 발생케 하는 행위를 할 수 있는 법률상의 자격을 말한다. 예컨대 대리인의 대리권, 법인의 대표권, 국가의 기관(장관 · 처장 · 지사 등)의 권한 등이 그것이다.

'권능'은 권리 속에 포함되어 있는 하나하나의 작용을 말한다. 예컨대 소유권에는 사용 · 수익 · 처분이란 개개의 권능이 포함되어 있는데, 이를 하나하나 말할 때 사용의 권능 · 수익의 권능 · 처분의 권능 등으로 말하게 된다. 그러나 때로는 사용권 · 수익권 · 처분권이라고 쓰기도 한다.

'권력'은 일정한 개인이나 집단(국가기관)이 공익을 달성하기 위하여 다른 사람들을 강제 내지 지배할 수 있는 법에 의한 힘을 말한다. 예컨대 국가권력이라고 말하는 것과 같다.

'반사적 이익'은 일정한 사회적 공동이익을 보호하기 위한 법의 규정으로 말미암아 저절로(반사적으로) 개인이 누리게 되는 이익을 말한다. 따라서 이것은 사람에게 적극적으로 어떠한 법상의 힘을 부여하는 것이 아니고 공익을 목적으로 하는 어떤 법의 규정의 덕택으로 자연히 이익을 누리게 되는 경우이다. 그러므로 그 이익의 향유를 다른 사람이 방해하더라도 권리로서 주장할 수 없는 것이다. 예컨대 시민에게 자유로이 출입할 수 있도록 한 공원에의 출입은 출입할 수 있는 권리가 있어서가 아니라 반사적 이익에 의하여 출입할 수 있는 것이다.

제 3 절 권리의 종류

권리는 여러 가지 표준에 따라 분류할 수 있다. 그 중에서 가장 중요한 분류는 공법과 사법의 구분에 대응하는 공권과 사권의 구분이다. 그러나 최근의 사회법의 대두에 주목하여 여기에 새로이 사회권을 넣어야 할 것이다.

1. 공 권

공권이란 공법관계에서 존재하는 권리, 즉 공법상의 권리로서 이는 국내법상의 공권과 국제법상의 공권으로 구분할 수 있다.

(1) 국내법상의 공권

국내법상의 공권은 국가 또는 공공단체가 가지는 공권과 국민이 가지는 공권으로 구분할 수 있는데, 전자가 국가적 공권이며 후자가 국민적 공권(개인적 공권)이다.

1) 국가적 공권 국가적 공권이란 국가·공공단체 또는 국가로부터 권리를 수임한 자가 지배권자로서 국민에 대하여 가지는 권리이다. 국가적 공권은 그 작용상으로 입법권·행정권·사법권으로 구분할 수 있고, 목적상으로 조직권·처벌권·경찰권·군정권·재정권·공기업특권 등으로 구분할 수 있으며, 또한 내용상으로 하명권·강제권·형성권 기타 공법상의 지배권으로 구분할 수 있다. 이러한 국가적 공권은 원칙적으로 권리의 내용을 국가가 일방적으로 정할 수 있고, 자력으로 강제할 수 있다는 데 특색이 있다.

2) 국민적 공권 국민적 공권(개인적 공권)이란 국민이 지배권자에 대하여 가지는 공권이다. 국민적 공권은 그 작용상으로 참정권·수익권·자유권 등으로 구분할 수 있다. 국민적 공권은 사권과 달라 국가적·공익적 견지에서 인정되는 권리이므로 일반전속적 성질을 가지며, 그 이전성이 제한되고 포기가 제한되는 경우가 많다. 국민적 공권은 행정소송에 의하여 보호를 받는다.

(2) 국제법상의 공권

국제법상의 공권이란 국가가 국제법의 주체로서 가지는 권리이다. 국가는 대내적으로 최고의 지배권을 가지고 있는 통치단체임과 동시에 대외적으로 독립적인 인격자로서 국제법상의 권리의무의 주체가 된다. 국가가 국제법의 주체로서 가지는 권리로서는 주권·독립권·평등권·명예권·교통권·자위권 등이 있다.

2. 사 권

사권이란 사법관계에서 존재하는 권리, 즉 사법상의 권리이다. 사권은 그 효력의 범위에 따라 절대권·상대권, 그 내용인 이익으로 보아 재산권·

친족권 · 상속권 · 사원권 · 인격권, 그 작용으로 보아 지배권 · 청구권 · 형성권 · 항변권, 권리의 주체와의 관계로 보아 일신전속권 · 비일신전속권 등으로 구분할 수 있다.

(1) 권리의 효력범위에 근거한 분류

1) **절 대 권** 절대권(absolutes Recht)은 모든 사람에 대하여 대항할 수 있는 권리로서 대세권이라고도 한다. 이에는 물권 · 인격권 · 무체재산권 등이 있다. 절대권은 배타성이 있는 것이 그 특색이다.

2) **상 대 권** 상대권(relatives Recht)은 특정인에 대하여서만 대항할 수 있는 권리로서 대인권이라고도 한다. 이에는 채권이 대표적인 예이다. 상대권에는 배타성이 없다.

(2) 권리의 내용에 근거한 분류

1) **재 산 권** 재산권(Vermögensrecht)은 경제적 가치를 목적으로 하는 사권. 즉 재산상의 사권으로서 여기에는 물권 · 채권 · 무체재산권 등이 있다.

물권은 특정의 물건을 직접 지배하는 배타적 권리이다. 물권에는 소유권 · 점유권 · 지상권 · 전세권 · 지역권 · 유치권 · 질권 · 저당권 등이 있다.

채권은 특정인(채권자)이 다른 특정인에 대하여 일정한 행위(채무)를 청구하는 것을 내용으로 하는 권리이다. 예컨대 대주가 차주에 대하여 대금의 반환을 청구하는 권리라든지, 사용인의 노무자에 대하여 노무를 청구하는 권리 등이다. 물권과 채권의 근본적 차이는 물권은 물건에 대한 지배권으로서 배타성을 가지나 채권은 사람에 대한 청구권으로서 배타성이 없으며, 또한 물권은 그 종류가 한정되어 있으나 채권은 그 종류가 무한하다. 채무자가 채무를 이행하지 아니하는 때에는 채권자는 강제이행을 구하거나 손해배상을 청구할 수 있다. 채권은 주로 계약이나 불법행위에 의하여 발생하나 사무관리나 부당이득에 의하여서도 발생한다.

무체재산권은 비유체적 이익에 대한 배타적 지배권이다. 무체재산권은 배타적 지배권이라는 점에서 물권과 같으나, 유체물에 대한 것이 아니고 비유체적 이익에 대한 것이라는 점에서 물권과 다르다. 무체재산권에는 저작권 · 특허권 · 실용신안권 · 상표권 · 의장권 등이 있다.

2) **친 족 권** 부모와 자 · 부와 처 · 호주와 가족 등과 같이 신분상 특정의 지위에 있는 자가 가지는 권리이다. 부모의 친권 · 부의 부권 · 호주의

호주권 등이다. 친족권 중에는 순수하게 신분적인 것도 있고 부양청구권·재산관리권 등과 같이 재산적인 것도 있다. 친족권은 일신전속적인 권리로서 원칙적으로 양도나 대리행사가 허용되지 아니한다. 친족권은 의무적인 색채가 강하므로 그 부당한 행사는 권리남용으로 되기 쉽다.

3) **상 속 권** 상속권은 사람이 사망한 경우에 그 사자(피상속인)에 속하였던 모든 재산상의 지위(또는 권리의무)를 포괄적으로 승계하는 것을 말한다. 우리 민법상 상속에는 재산상속만을 인정하고 있다.

4) **사 원 권** 사원권은 사단법인을 구성하는 사원이 사원의 지위에 기하여 그 법인에 대하여 가지는 권리이다. 주식회사에 있어서는 이를 주주권이라고 한다. 사원권에는 자익권과 공익권이 있다. 자익권은 사원 자신의 경제적 이익을 위하여 존재하는 권리로서 영리법인에 있어서의 이익배당청구권·잔여재산분배청구권 등이다. 공익권은 법인 자체 또는 사원공동의 이익을 위하여 존재하는 권리로서 의결권·소수주주권·각종의 감독권 등이다.

5) **인 격 권** 인격권은 권리자의 인격에서 분리할 수 없는 이익, 즉 신체·자유·명예·생명·정조·신용·성명·초상 등을 목적으로 하는 권리이다.

(3) 권리의 작용에 근거한 분류

1) **지 배 권** 지배권은 권리의 객체를 직접적으로 지배하는 권리이다. 지배권은 청구권과 달라서 타인의 행위의 개입을 필요로 하지 아니한다. 물권·무체재산권 등이 이에 속한다. 지배권을 침해하는 경우에는 손해배상청구권과 방해제거청구권이 생긴다.

2) **청 구 권** 청구권은 타인의 행위(작위·부작위)를 요구하는 권리이다. 채권이 그 주요한 것이지만, 물권적 청구권·혼인 외의 출생자의 인지청구권·부부 상호간의 동거청구권 등도 이에 속한다.

3) **형 성 권** 형성권은 권리자의 일방적인 의사표시에 의하여 법률관계의 변동(발생·변경·소멸)을 발생시키는 권리이다. 취소권·추인권·해제권·해지권·인지권 등이 이에 속한다. 형성권을 행사하는 경우에는 보통 권리자의 의사표시만으로 하는 것이 원칙이지만, 사해행위취소권·이혼청구권·인지청구권·혼인취소권 등에는 권리자의 일방적인 의사표시 외에 법원의 판결이 있어야 법률관계가 변동된다.

4) **항 변 권** 항변권은 상대방의 청구의 존재는 인정하나 상대방의

청구의 목적인 급부를 거절할 수 있는 권리이다. 동시이행의 항변권·최고의 항변권·검색의 항변권 등이 이에 속한다.

(4) 권리의 주체와의 관계를 표준으로 하는 분류

1) 일신전속권 일신전속권이란 권리의 향유·행사가 권리자의 일신에 전속하여 권리자와 분리할 수 없는 권리이고, 따라서 양도나 상속이 허용되지 않는 권리이다. 인격권·신분권 등이 이에 속한다.

2) 비일신전속권 비일신전속권은 권리의 향유·행사가 권리자에 전속하지 아니하고, 따라서 양도나 상속이 자유로이 허용되는 권리이다. 재산권은 원칙적으로 이에 속한다.

3. 사회적 기본권(생활권)

사회권은 국민이 사람다운 생활을 영위하는 데 필요한 조건의 형성을 국가에 대하여 요구할 수 있는 권리이다. 개인이 사람다운 생활을 영위하는 것을 보장할 책임이 국가·사회에 있다고 하는 관념에서 발생한 권리이다. 이것은 대체로 생활권적 기본권과 동일한 관념이다.

제 4 절 권리의 행사

1. 의 의

권리는 법상의 힘이고 권리의 내용은 이익이므로, 권리의 내용인 이익을 하기 위하여는 법상 주어진 힘을 실현하여야 한다. 권리의 내용의 실현, 즉 권리의 내용인 이익을 실현하는 것을 권리의 행사라고 한다. 권리의 행사는 물권과 같은 지배권에 있어서는 주로 사실행위이고, 채권과 같은 청구권에 있어서는 급부를 청구하고 수령하는 행위이며, 또한 형성권에 있어서는 의사표시를 하는 것이다.

2. 권리행사의 자유

근대적 개인주의·자유주의하에서는 권리자가 권리를 행사하느냐 행사하지 아니하느냐 하는 것은 오로지 권리자의 자유였고, 또한 권리를 행사하는 데 있어서는 제한이 없다고 생각하였다. 즉 로마법 이래 "자기의 권리를 행사하는 자는 어느 누구도 해하지 아니한다"(Nemo damnum facit qui iure utitur)든지 "권리의 행사는 침해를 수반하지 아니한다"(Iuris executio non habet injuriam)고 하여 권리행사의 절대성의 관념이 지배하였다. 그러므로 모든 권리행사는 적법하고 권리행사로 인하여 타인에게 손해가 되어도 이는 결코 불법행위로 되지 아니한다고 생각하였다.

3. 권리행사의 제한

봉건적 구속에서의 해방이 강조되었던 근대초기에는 권리행사의 자유가 강하게 주장되었다. 그러나 권리는 사회적으로 상호적 승인이 있기 때문에 권리인 것이다. 그러므로 권리행사의 자유는 어느 사회에 있어서나 절대적일 수는 없다. 권리행사의 자유는 다른 권리행사의 자유와의 접촉면에서 어떤 한계를 가져야만 한다. 여기서 "권리의 근거는 사회적 승인이다. 따라서 권리는 본래 사회적으로 시인되는 범위에서만 존재하는 데 지나지 않는다"고 보아 권리 그 자체에 객관적 한계를 인정하게 되었다.

(1) 재산권의 제한

우리 헌법은 모든 국민의 재산권을 보장하고 있지만(헌법 제23조 제1항 전단), 그 내용과 한계는 법률로 정하며(헌법 제23조 제2항 후단), 재산권의 행사는 공공복리에 적합하도록 하여야 한다(헌법 제23조 제2항)고 정하고 있다. 우리 헌법은 사유재산권을 천부·신성불가침의 권리로서 그 행사에 무제한한 자유를 인정하지 아니하고, 공공복리를 위하여는 제한할 수 있음을 정하고 있는 것이다.

(2) 신의성실의 원칙

우리 민법은 권리의 행사는 신의에 좇아 성실히 하여야 한다(민법 제2조 제1항)고 정하고 있다. 신의성실(Treu und Glauben)이란 모든 사람은 사회공동생활의 일원으로서 서로 상대방의 신의를 헛되지 않도록 성실하게 행동하여야 한다는 것이다. 이것은 선량한 풍속 기타 사회질서와 함께 법과 도덕의 조화를 도모한 것이다. 권리의 행사가 신의성실의 원칙에 위배된 때에는 선량한 풍속 기타 사회질서의 위반으로 되어 무효가 될 것이며, 또는 권리남용에 의한 불법행위의 책임이나 채무불이행으로서의 책임이 발생하는 경우도 있을 것이다.

(3) 권리남용의 금지

우리 민법은 「권리를 남용하지 못한다」(민법 제2조 제2항)고 규정하고 있다. 권리남용(Rechtsmissbrauch)이란 「형식적으로는 권리행사의 외형을 가지고 있으나, 실질적으로는 법이 권리를 인정한 사회적 목적에 위반하였기 때문에 이것이 위법으로 평가되는 것」을 말한다.

권리남용의 판단기준은 주관적 기준에서 객관적 기준으로 변천되어 왔다. 즉 종전에는 권리행사가 권리남용으로 되느냐 아니냐를 권리행사자에게 있어서 가해목적의 유무를 기준으로 판단하였으나(주관적 기준), 오늘날에는 권리행사의 결과가 권리를 인정한 목적에 반하는지의 여부에 따라 판단한다(객관적 기준). 독일 민법 제226조에서 「권리의 행사는 타인에게 손해를 가할 것만을 목적으로 하는 경우에는 허용되지 아니한다」고 규정한 것은 전자에 해당하고, 스위스 민법 제2조에서 「권리의 행사는 신의성실에 좇아 하여야 하며 권리의 명백한 남용은 법의 보호를 받지 못한다」고 규정한 것은 후자에 해당한다. 우리 민법 제2조 제2항의 규정도 후자에 해당된다.

권리를 남용한 경우에는 권리의 종류에 따라 다르나, 일반적으로는 권리행사의 효과가 없고 남용자의 요구에 따르지 않더라도 책임이 발생하지 않으며, 오히려 남용자의 행위가 불법행위로 되어 손해배상의무를 부담한다.

제 5 절 의 무

I. 의무의 개념

의무(duty, Pflicht, devoir)의 개념에 관하여도 권리의 개념에 관한 경우와 같이 학설이 대립해 있다. 즉 의무는 법에 의하여 정해진 의사의 구속이라고 하고, 법상의 책임이라고 하며, 또한 일정한 작위·부작위를 하여야 할 법상의 구속이라고도 한다. 이 중 최후의 학설은 권리의 개념에 관한 법력설에 대응하는 것으로서, 이것이 오늘날의 지배적인 학설로 되어 있다.

위에서 살펴본 바와 같이 의무란 일정한 작위 또는 부작위를 하여야 할 법상의 구속을 말한다. 여기에서 법상의 구속은 의무자가 일정한 작위 또는 부작위를 하여야 하는 것이 법에 의하여 구속된다는 것이며, 국가 또는 개인의 강제적 제재를 말하는 것은 아니다. 기술한 바와 같이 권리와 의무는 대체로 표리적으로 대립하여 존재하지만 반드시 그런 것은 아니다.

2. 의무의 종류

의무의 종류는 권리와 같이 공법·사법의 분류를 표준으로 구분할 수 있고 또 의무의 내용을 표준으로 구분할 수도 있다.

(1) 공법·사법의 구분을 표준으로 하는 분류

1) 공 의 무 공의무란 공법관계에서 존재하는 공법상의 의무이다. 이에는 국제법상의 공의무와 국내법상의 공의무가 있다.

2) 사 의 무 사의무란 사법관계에서 존재하는 사법상의 의무이다. 이에는 금전채무와 같은 재산법상의 의무가 있고, 또한 부부간의 동거의무와 같은 신분법상의 의무도 있다.

(2) 의무의 내용을 표준으로 하는 분류

1) 작위의무(적극적 의무) 작위의무란 의무자가 어떤행위를 하여야 하는 의무, 즉 의무자가 어떤 의무를 이행하는 경우에 적극적인 행위를 필요로 하는 의무이다. 예컨대 매도인의 목적물인도채무·매수인의 대금지급채무·피용인의 노무제공채무와 같은 것이다.

2) 부작위의무(소극적 의무) 부작위의무란 의무자가 일정한 행위를 하지 아니하여야 할 의무, 즉 의무자가 의무를 이행하는 경우에 그 소극적 행위를 필요로 하는 의무이다. 예컨대 상업상의 경쟁을 하지 않은 의무, 조망을 방해하는 건축을 하지 않을 의무가 같은 것이다.

제 6 절 권리와 의무와의 관계

일정한 이익을 위하여 특정인에게 법에 의하여 부여된 힘인 권리가 주어진다면, 반드시 이에 상당한 법률상의 구속이 다른 사람에게 과해진다. 의무는 대개 권리와 대응하는 관계에 있거나, 권리의 다른 면으로서 존재하고 있다. 예를 들면 물건을 판 사람은 대금의 지급을 청구할 수 있는 권리를 가지는 데 대응하여 그 물건을 산 사람은 대금을 지불해야 할 의무가 있다. 그러나 권리와 의무의 관계는 반드시 대응하는 것은 아니다. 형성권·취소권과 같이 권리에 대응하는 의무가 없는 경우도 있고, 감독의무(민법 제755조)와 같이 의무만 있고 권리가 없는 경우도 있다.

의무의 이행은 신의성실의 원칙을 좇아 하여야 한다. 의무를 지면서 그 이행을 하지 아니하는 자는 법적 책임을 지고 일정한 불이익을 받거나 손해배상을 하여야 한다.

법률관계는 그 배후에 있는 사회의 존재양식에서 영향을 받는다. 중세봉건사회의 법률관계와 근대 자본주의사회의 그것과는 성격이 다르다.

대체로 본다면 중세사회의 법률관계는 '의무본위'의 것이었으나, 근대에 와서 비로소 개인의 존엄성이 인정됨에 따라서 '권리본위'의 법률관계로 전환되었다가 오늘날에 와서는 다시 권리와 의무의 중요성을 인정하려는 방향으로 나아가고 있다.

제 7 장

법사상과 법학의 진로

제 1 절 법의 발전

법은 오랫동안의 역사 속에서 많은 변천을 겪으면서 발전·형성된 것이다. 물론 과거에도 고대의 법에 관한 연구가 많았지만, 법의 역사적 변화과정이 학문적 연구의 대상이 된 것은 19세기 초 역사법학파가 대두된 이후이다.

법의 발전은 각 법계에 따라 상이하므로 그 각각에 대하여 따로 고찰하여야 할 것이다. 여기에서는 구미의 법의 역사적 발전단계에 대하여 개관하기로 한다.

Ⅰ. 고 대

세계 최고의 법으로서는 함무라비법전(code of Hammurabi)과 마누법전(code of Manu)이 있다. 함무라비법전은 고대 바빌로니아의 함무라비왕 때(BC 1728~1688) 제정한 법전으로서 높이 2.25m의 석주에 새겨져 있다.

여기에는 샤마슈 신으로부터 법전을 받은 그림이 조각되어 있는데, 이것은 고대법의 특징인 법신수사상을 뜻하는 것이다. 함무라비법전은 전문과 후문을 갖추고 있으며, 본문은 설형문자로 기록되어 있고 282개조로 구성되어 있다. 또한 함무라비법전은 단계적 법제도·신판·동해형 등의 고대적 잔재가 있지만, 사회의 법 외에 상업사회의 거래법을 규정하고 있고, 실체적 규정, 특히 사법규정이 대부분을 차지하고 절차적 규정이 적으며, 종교적 색채의 규정이 적은 것은 고대 법보다 진보한 것이라고 할 수 있다.

마누법전은 인도 고대의 계율집으로서 장기간에 걸쳐 성립한 규범이 BC 2,000년 경부터 AD 200년 사이에 수집된 것이다. 마누법전에도 신이 법전을 마누에게 전하고, 또 마누가 이것을 사람들에게 전하였다는 것을 기록하고 있으므로 법신수사상의 산물이라고 볼 수 있다. 인도의 신화에 의하면 법의 전수자 마누는 최초의 인간으로서 인류의 조상이라고 한다. 마누법전은 시가체로 쓰여져 있으며, 전 12장의 제8장과 제9장에 법적 규정을 두고 있다. 그 내용은 종교적 색채가 강하다.

로마에서는 초기에 관습법이 존재하였으나, BC 450년 경에 12표법(lex duodecim tabularum)이 편찬되었다. 12표법은 당시의 귀족과 평민의 계급투쟁의 산물로서 12개의 표에 규정되어 있었다. 12표법은 주로 기존의 관습법을 성문화한 것으로서, 이에는 소송법 · 사법 · 형법 · 신법의 규정 등이 포함되어 있었다. 특히 소송법에 있어서 엄격형식주의를 취하고 있고, 사법에서는 상린관계 기타 토지를 둘러싼 법률관계에 관하여 많은 규정을 두고 있으며, 형법에 있어서는 탈리오의 법칙을 채택하고 있다.

그 후 로마에는 고래의 관습 · 12표법 · 법학자의 해석 등으로 시민법(ius civile)이 형성되었다. 시민법은 로마 시민권을 가진 자에게만 적용되었으며, 그 내용은 주로 신분법에 의한 것이었고 엄격형식주의에 기초했다. 또한 이러한 시민법에 대응하여 로마 시민뿐만 아니라 외인에게도 적용되는 만민법(ius gentium)이 형성되었다. 만민법은 신의의 사상을 기초로 하고 있으며, 그 내용은 주로 거래법으로서 자유로운 비형식주의의 경향을 띠고 있으며, 세계적인 의의를 가지는 로마 채권법의 중심을 형성하였다.

그리고 6세기 유스티니아누스(Flavius Petrus Sabbatius Justinianus)황제는 당시의 학설법 · 제칙법 등을 통일 · 정리하여 이른바 로마법대전(Corpus Iuris Civilis)을 제정하였다. 이것은 후세에 대륙법계의 기초가 되었는데, Jhering의 표현에 의하면 로마는 세계를 세번이나 지배하였는데, 처음에는 무력에 의하여, 두번째는 종교에 의하여, 세 번째는 법률에 의하여 지배하였다고 한다.

Ⅱ. 중 세

중세의 법으로서는 먼저 교회법(canon law)을 들지 않을 수 없다. 크리스트교가 크게 보급됨에 따라 로마 법왕의 교서와 종무협의회의 결의에 기한 교회법이 제정되었다. 교회법에는 교회의 조직이나 교회와 신도와의 관계를 규율하는 내부적 또는 고유의 교회법과 국가와 교회와를 규율하는 외부적 또는 국가적 교회법이 있다. 내부적 교회법에는 이자금지 등의 규정이 포함되어 있었다.

그러나 교회법은 사회의 경제생활을 규정하는 법으로서는 불편이 있었으므로 후에 상인단체의 자치법규가 제정되었다. 그리고 지중해·대서양·북해 등의 항구를 중심으로 상사 및 해사에 관한 관습법이 발달하였으며, 또한 이탈리아 각 도시에서는 그 자치법규로서 도시법(Stadtrecht)을 제정하였다.

중세에 있어서 게르만 민족은 일찍부터 그 고유의 관습법을 가지고 있었으므로, 이들이 유럽에 많은 부족국가를 건설하면서 그 고유의 관습법을 이러한 국가들에 실시하여 관습법이 널리 지배하였다.

법과 다른 사회규범, 즉 종교·관습·도덕 등의 분화는 과거에 비하여 크게 발전하였으나 국가가 아직도 근대국가적인 중앙집권을 확립하지 못하였고, 각 상인단체와 도시가 자치입법권을 가지고 있었으며, 각 지방에 따라 각각 상이한 관습법이 지배하였으므로 법의 동일을 이루지 못하였다. 당시의 사회제도는 신분적·봉건적인 토지영유 및 상공업의 독점적 길드제에 그 기초를 두고 있었으며, 이 시대의 법은 신분적·고정적인 것으로서 엄격한 형식주의에 의하였다.

Ⅲ. 근 대

근대에는 이른바 근대 국가적 중앙집권이 확립되어 법은 중세에 있어서의 지방적·도시적 입법 또는 관습법에서 탈피하여 국가의 입법으로 제정되고, 모든 법은 점차 법전으로 정비되어 현대와 같은 법체계로 발전하였다.

이러한 근대 법으로서의 최초의 입법은 프랑스 루이 14세 시대의 상사속령(Ordonnance sur le commerce, 1673)과 해사속령(Ordonnance de la marine, 1681)이 있다. 그 후 나폴레옹 1세 때에 프랑스 민법(Code civil des Fransais, 1804)과 프랑스 상법(Code de commerce, 1807)이 제정되었다. 프랑스 민법은 3편(인·물권·재산취득) 2281개조로 구성되어 있으며, 자유·평등의 사상으로 일관하고 있어 근세 자유주의 입법의 선구로서 많은 나라의 민법의 모범이 되었다. 프랑스 민법은 제정 이후 100회 이상의 개정을 거쳐 아직도 시행되고 있다. 프랑스 상법은 상사속령과 해사속령을 기초로 제정된 세계 최초의 상사법전으로서 이는 4편 648개조로 구성되어 있다.

독일에는 강력한 중앙집권으로 발달이 늦었으므로 근세 초에 이르러서도 통일적 사법을 제정하지 못하고 각 지방에는 그 지방적 특별법이 시행되고 있었다. 이를 극복하기 위하여 이른바 주석학파·후기주석학파에 의하여 수정·변용된 로마법대전을 계수하여 시행하였다. 이 계수로마법을 독일 보통법(gemeines Recht)이라고 한다. 그 후 정치적 결속의 목적과 경제생활의 편의를 위하여, 유명한 이른바 법전논쟁을 거쳐 독일 민법(Bürgerliches Gesetzbuch für das deutsche Reich BGB 1896)을 제정하였다. 독일 민법은 5편 2385개조의 대법전으로 용어가 세련되고 논리가 정교하여 실로 19세기 독일 법률문화의 집대성으로서 법률문화사상에 길이 빛나는 존재다. 그리고 19세기 중엽에 상법 통일의 필요성을 절실히 느껴 보통어음 조례(1847)와 보통독일 상법(독일 구 상법, 1861)이 제정되었으나, 그 후 제국법으로서 독일 상법(Handelsgesetzbuch für das deutsche Reich, HGB, 1897)을 제정하여 오늘에까지 시행하고 있다.

영국에서는 노르만디공 윌리엄이 영국을 정복하자 국왕재판소를 설치하고 또 순회재판소제도를 채택하여 순회재판관이 각 지방을 순회하면서 그 지방의 관습법을 기초로 하여 재판을 하였다. 그러나 순회재판관들은 각 지방의 관습을 잘 몰라 대부분 중앙의 관습법에 의하여 재판을 하였으므로 오랜 세월이 지나자 은연 중 전국 공통의 '왕국의 일반관습법'이 형성되었다. 이것이 이른바 보통법(Common law)인데, 이는 선례를 존중하는 관습법인 것이다. 그리고 보통법의 고정성·획일성에 대하여 사회의 진보에 따라 그 법의 진화가 요구되기에 이르렀고, 여기에 보통법을 보충·완화하는 역할을 가진 법으로서 '형평법'(Equity)이 나타났다.

대륙법계는 성문법을 제1차적 법원으로 하는 데 대하여, 영국법은 판례법을 제1차적 법원으로 하여 독·불 등의 이른바 대륙법계와는 다른 독자적인 법계를 이루고 있다. 최근에는 영국에서도 점차 성문법의 제정이 증가하는 경향이 있으나, 오늘날에 있어서도 성문법은 아직 보충적 법원에 불과하며 제1차적 법원은 판례법이다.

미국은 영국의 판례법을 계수하였으므로 영국의 법계에 속하지만, 최근에는 성문법의 제정이 대단히 현저하여 영국과는 다른 독자적인 방향으로 발전하는 경향이 있다. 그러나 미국도 영국과 같이 기본적으로 판례법을 제1차적 법원으로 하고 있으므로, 대륙법계에 대하여 영국과 미국의 법계를 영미법계라고 한다. 영 · 미 및 그 식민지의 법 등이 이에 속한다.

제 2 절 법학의 방법

Ⅰ. 법학의 개념

법학이 무엇인가? 라는 문제는 옛부터 오늘에 이르기까지 많은 학자들에 의하여 해명이 시도되어 왔지만 아직도 일치하는 바가 없다. 실로 이것은 법학에 있어서 최초의 과제임과 동시에 최후의 과제로서 한 마디로 해답하기 어려운 문제이다. 그리하여 칸트(Kant)는 "법학은 오늘날 아직도 법의 개념을 찾고 있다"고 비난하였지만, 이것은 부인할 수 없는 사실이다. 그러나 구태여 말하자면, '법학이란 법에 관한 학문의 총칭으로서 사회현상 중 법현상을 대상으로 연구하는 학문'이라고 표현할 수 있겠다.

역사적으로 보면 로마시대부터 법해석학이 법학의 중심으로 되어 왔다. 오늘날에도 우리의 법생활이 실정법을 실제생활에 적용하는 형식으로 운용되고 있는 한 실천법학으로서의 법해석학이 법학의 중심으로 되지 않을 수 없다. 그러나 19세기 독일의 키르히만(Julius Heinrich von Kirchmann)이 실정법의 자의성 · 가변성을 들어 "2 · 3개 조문의 개정으로 전 법학의 문헌이 휴지화된다"고 하여 해석법학의 학문으로서의 무가치성을 주장하였다. 그리하여 종래의 법해석학에 대한 반성이 일어났고, 아울러 이론법학으로서 법철학 연구의 필요성을 크게 자각하게 되었다.

법해석학이 실천법학으로서 법을 실천적인 면에서 구명하고자 하는 법학이라면, 법철학은 이론법학으로서 법을 순수한 이론적인 면에서 구명하고자 하는 법학이다. 그러나 법해석학도 '학'으로 인정하는 한 그 이론성을 전혀 도외시 할 수 없으며, 또한 법철학도 법실천을 전혀 도외시할 수는 없는 것이다. 그러므로 법해석학과 법철학은 법학에 있어서 2대지주로서 서로 보완하는 관계에 있다고 할 수 있는 것이다.

Ⅱ. 법학의 대두

그리스 시대에 있어서 아리스토텔레스(Aristoteles)는 정의론을 주장하여 정의를 최고의 덕이라고 하고, 이는 국가공동체의 행복을 강조한다고 하였다. 또한 그는 정의를 배분적 정의와 평등적 정의로 나누어 후세 정의론의 기초가 되었다. 당시 이러한 논의는 주로 철학의 입장에서 행하여졌고, 또 법사상적으로도 후세에 영향을 미쳤으나 법해석학은 존재하지 아니하였다.

로마시대에 이르러서는 법학이 크게 융성하였고, 법학(iuris prudentia)이라는 말도 이 때에 생겼던 것이다. 공화정의 말기까지는 신관과 법학자가 당사자 · 정무관 · 심판인 등의 요구에 따라 특정의 행위가 재판상 유효하기 위하여 이행하여야 할 방식을 교시하고, 사건을 검토하여 소권의 유무와 법률 · 법률행위의 해석에 관한 의견을 진술하였다.

그러나 제정의 전기에는 법학자가 법의 발전을 전담하였다. 특히 황제는 법학자의 영향을 고려하여 이들을 자기의 통제하에 두기 위하여 특정의 유력한 법학자에게 '원수의 권위에 기하여 해답을 하는 권한'을 부여하였고, 해답권을 가진 법학자의 학설의 권위는 대단히 높았다. 당시의 유명한 법학자로는 사비누스(Massurins Sabinus), 프로쿨루스(Sempronius Proculus), 폼포니우스(Sextus Pomponius), 가이우스(Gaius), 파피니아누스(Aemilins Papinianus), 울피아누스(Domitius Ulpianus), 파울루스(Iulius Paulus) 등이 있었다. 그러나 제정 후기에 이르러서는 법규해석권이 황제에게 전속되었고, 따라서 법학은 점차 쇠퇴하였다.

12 · 13세기에는 이탈리아에 주석학파와 후기 주석학파가 생겼다. 주석학파(Glossatorem)는 11 · 12세기 북이탈리아의 볼로냐에서 일어나 중세에서 최초로 로마법의 연구를 부활시켰다. 이들은 로마법대전을 신성로마제국에 적용하여야 할 보통법으로 보고 법문의 주석에 전념하였다. 주석학파는 이르넬리우스를(Irnelius)를 학조로 한다. 13세기 중엽에 이르러서는 후기주석학파가 주석부 로마법을 스콜라학파의 영향 하에 자연법 중심으로 체계화하였다. 로마법은 후기 주석학파에 의하여 실용화되어 실제 적용이 가능한 보통법으로 되어 근세 초기의 유럽 제국에 널리 계수되었다.

제 3 절 법사상과 법학의 진로

I. 자유법학과 이익법학

19세기 말부터 20세기 초기에 있어서 독일 및 프랑스를 중심으로 하여 발생하고 오늘날 법학의 동향에 중대한 영향을 준 것은 자유법 운동이다. 자유법 운동 또는 자유법학이라 함은 하나의 확립된 적극적인 체계를 가진 법학파는 아니며, 오히려 종래의 학설에 대한 비판적이고 공격적인 제학설의 총칭이다. 즉 19세기의 개념법학에 대하여 비판 및 공격을 가하고 법의 해석에 있어서 넓은 범위를 인정코자 하는 운동이다.

자유법 운동은 독일에 있어서 19세기 후반에 예링(Rudolf v. Jhering)을 선구자로 하여 발생하고 20세기 초두에 최절정에 달하고 제1차대전 후에 어느 정도 승인을 얻은 것과 동시에 표면화하는 일은 적게 되었는데, 이와 같은 학설은 이익법학이라는 명목 아래 제2차 대전 직전까지 계속되었던 것이다.

또 자유법 운동은 프랑스에 있어서도 강력한 세력을 얻었고, 일본에서도 진보적인 유력한 학자에 의하여 주창되고 어느 정도 일반의 승인을 받고 있었다.

이 자유법 운동 및 이익법학은 현대의 법해석학에 중요한 영향을 주고 있으므로 이에 대하여 좀더 상세한 설명을 하고자 한다.

자유법 운동의 선구자는 전술한 예링(Jhering)이며, 그는 1884년의 저서에서 당시의 법학을 개념법학(Begriffsjurisprudenz)이라 칭하고, 개념법학은 '법의 논리적 자족성'을 전제로 하며, 모든 법률문제의 해결은 단순한 형식적 3단논법에 의하여 성문법으로부터 연역된 것이라 한다. 즉 재판관을 '위쪽 구멍에서 사건을 삽입하여 아랫구멍에서 판결을 끄집어 내는 자동기계'라고 보았던 것이며, 예링은 이 개념법학에 대한 결정적으로 반대하고 법학과 생활과의 접촉, 법학에 있어서의 목적론적 고찰의 필요성을 주장하였다. 예링 이외에도 법의 논리적 자족성 및 개념법학에 대하여 많은 유력한 학자가 반대했던 것이다.

20세기에 이르러 프랑스의 제니(Geny)가 「법해석방법론」이란 명저를 통하여 사법해석론에 대하여 상세한 연구를 발표하고, 실정법의 법규 이외에 과학적 자유탐구에 의하여 사물에 관한 자연적 성질에 의한 법을 발견하여야 할 것을 주장하고, '민법전에 의하여 민법전의 위에'로 나갈 것을 주창하였다.

이 제니의 사상적 근거는 신자연법에 있다고 생각되며, 이것은 독일의 여러 학자에게 영향을 주어 20세기 초기에 있어서 많은 자유법 문헌을 발표하게 되었다.

자유법 운동은 제1차대전의 발생과 더불어 중단되어 한 때 침체되었으나, 일반적으로 보급되어 현재에 있어서는 켈젠(Kelsen)과 같은 순수법학의 일파를 제외하고는 그 공격목표가 된 개념법학은 소멸하게 되었다. 그러나 극단적인 자유법 운동의 주장이 법의 안정성에 끼친 폐해가 인정되고, 자유법학에 대하여 어느 정도 제한을 가하고, 이와 구별하기 위하여 이익법학이라는 이름의 학파가 생기고, 또는 자유법학과 개념법학과의 절충파라고 말하는 학자가 나타났다.

이익법학이라 함은 자유법 운동이 개념법학의 비판이라는 파괴적 의의를 가진 데 대하여 건설적 의의를 갖게 하기 위함과 또 자유법 운동이 법적 안정성을 해하는 우려가 있기 때문에 될 수 있는 한 법적 안전을 고려하기 위하여 자유법 운동과는 다른 것이라고 제창된 학설이다. 그 대표적 학자는 류멜른(Max Rümelin), 허크(Heck), 뮬러(Müller), 에르쯔바하(Erzbach) 등이다. 특히 허크에 의하면 이익법학은 생활관계의 탐구 및 생활평가에 의하여 규범을 발견하고 재판관의 임무를 경명하는 데 있다는 것이며, 이와 같은 방법에 의한 규범발견에 대하여는 법의 가치판단이 규정되어 있지 않은 사항에 대해서도 생활에서의 이익충돌을 이익비교형량에 의하여 결정하여야 한다는 것이다. 자유법 운동 및 이익법학은 하나의 정돈된 사상체계를 내용으로 하는 것이 아니므로 자연법학파 및 역사법학파와 같이 여러 학자의 학설에 공통한 기본원리에 대한 비판을 하지 못한다.

그러나 이것이 법해석학에 미친 영향은 크고 개념법학의 오류를 지적하고 교정하여 법해석의 정당한 방법, 즉 법학의 정당한 방법을 분명히 하고, 재판관의 바른 지위를 인정케 한 공적을 승인하여야 할 것이다. 그러나 자유법 운동 중 극단적인 주장, 특히 실증법에 반하여 재판관은 자유판단을 할 수 있다는 주장은 도저히 채택할 수 없는 것이며, 어디까지나 법적 안전을 고려하지 않으면 아니될 것이다.

Ⅱ. 사회학적 법학파

여기에서 말한 사회학적 법학파라 함은 사회학에 중점을 둔 법학의 일파를 지칭한 것이다. 사회학적 법학파도 19세기 후반에 발달하여 현재에 이르기까지 더욱 확대되고 미국에 있어서는 제2차 대전중에 있어서도 열심히 연구되었다. 사회학적 법학파는 여러 가지 경향으로 세분할 수 있으나, 그 주요한 구별은 법해석학에 사회학적 연구의 성과를 도입하려고 하는 일파, 즉 법사회학파가 있다. 이 사회학파는 전술한 자유법 운동 또는 이익법학 중의 일부학파로서 주장되어 여기에서는 이에 대한 설명을 생략하고, 다만 자유법 운동과 같이 현대 법학에 끼친 영향이 큰 법사회학파에 대하여 간단히 서술하기로 한다.

19세기 말 및 20세기 초기에 있어서 법사회학파를 대표하는 학자는 오이겐 에얼리히(Eugen Ehrlich), 칸토르비치(Kantorowicz), 막스베버(Max Weber) 등이다.

에얼리히는 실증파의 특색을 가지고 형이상학적이요 방법론적인 고찰을 금하고 사회조직과 사회규범의 실체로 관찰과 조사에 의하여 파악하려하나, 이처럼 계통적·논리적으로 학문적 체계를 전개하는 것은 실패라고 아니할 수 없다. 그러나 그에 의하면 법사회학은 법에 대한 존재의 법칙을 관찰에 의하여 발견하는 이론적 과학이라 하며, 그 방법으로는 '살아 있는 법'의 연구를 주요한 것으로 삼고 조사와 관찰에 의하여 이를 발견하는 것을 주장하고, 그의 임지인 오스트리아의 체루노비츠에서 실제로 '살아 있는 법'(Das lebende Recht)의 연구를 열심히 하여 성과를 올리고 귀중한 보고를 발표하였다. 그 학설 및 연구업적은 그의 조국 오스트리아보다도 미국 및 일본에 있어서 영향을 주어 이에 유사한 연구를 촉구하였다.

그러나 그의 결점으로서는 체계적·논리적인 법적 체계를 전개하는 데 있어서의 불비를 들 수 있다.

그 결점을 보충하고 법사회학의 학문적 성격 및 체계를 분명히 한 자가 칸토르비치(Kantorowicz)이다. 종래에는 법사회학적 방법론의 문제는 법해석학의 사회학적 방법 내지 자유법 운동과 혼동되어 논의 되어 왔으나, 그는 이 혼돈으로부터 탈퇴하여 순수한 사회학적 방법의 건설에 대하여 상당한 공헌을 하였던 것이다.

그는 새로운 의의의 총합사회학의 개념을 기초로 하고 법해석학은 법을 제외한 사회구역을 법에 대한 관계에 있어서 연구하는 보편화된 문화과학으로 삼고, 그 내용도 계통적으로 논술하고 있으므로 본서에 있어서의 법사회학에 대한 것은 거의 이 학설을 기준으로 삼았다.

칸토르비치의 학설에는 아직 불완전한 점이 있는 동시에 법사회학의 구체적 연구성과는 불충분하나, 그 공적으로서는 법사회학의 방법론이 유추하였을 때 솔선하여 그가 리케르트 철학에 의하여 독특한 견해를 발표하고 법사회학방법론 및 체계화를 위한 길을 개척한 점은 높이 평가하여도 남음이 있다.

칸토르비치 학설의 기초가 되고 이에 유사한 학설을 주창한 자가 베버(Max Weber)이다. 그는 법학자·경제사학자인 동시에 사회학자를 겸하였고, 그 외의 사회과학 일반에 미친 영향이 큰 바 있어 법사회학에 대해서도 현대 대부분의 진보적 법학자에게 큰 영향을 주었다.

베버에 의하면 사회학이란 사회적 행위에 대하여 그 의미를 설명하고, 이해하며, 이에 의하여 그 경과와 작용에 대하여 인과적으로 설명하는 과학이며, 문화적 제현상의 복합적 관계를 하등의 가치판단을 가하지 않는 순객관적 태도로서 설명하는 것이며, 새로운 의미의 총합적 사회학이라고 한다.

이는 콩트(Comte)나 스펜서(Spencer) 등의 묵은 백과전서적 총합사회학과는 다른 동시에 심멜(Simmel)이나 휘르칸뜨(Vierkandt) 등의 형식적·분석적 사회학과도 다른 것이다. 베버의 사회학은 이러한 것이었으므로 법적 사실에 대한 인과관계적 고찰은 사회적 행위에 관한 것으로서 사회학의 일부문으로 법사회학의 대상이 되어 법사회학이 성립하는 것이며, 법사회학은 법규를 특정한 행위의 경험적이고 인과관계적인 경과에 결부시켜서 설명하는 과학이라 한다. 그리고 베버는 실질적으로는 법적 현상에 그 풍부한 경제사의 지식을 경주하여 법사회학의 내용적인 연구를 시도하였던 것이며, 그 영향은 법학의 영역에 있어서든지 현재에 있어서든지 매우 크다.

원래 베버는 법학자가 아니라 법률가로서의 경험과 소양에 있어서 부족한 바 있어 이 면으로 보아서 불충분한 점이 있음은 부득이한 일이나, 법과 경제와의 관계를 구명하고 거기에 일정한 유형적 관계를 명백히 하려고 한 것은 현대의 법사회학 및 법해석학의 방향 및 방법에 지대한 영향을 준 것이다.

Ⅲ. 신칸트(Kant)학파

신칸트법학파(Neukantische Rechtsschule)는 주로 법철학 및 법학방법론에 관한 것이나, 현대의 법학에 대해서도 그 법학방법론 및 법가치론 등에서 중요한 영향을 주고 있다. 이 학파는 19세기 말 당시의 경험적·실증적 사상에 대하여 신칸트파를 기초로 하여 법철학 및 법학방법론을 건설하려는 것이다. 그 대표자로서는 신칸트철학파 중 마르부르크학파의 철학적 사상 위에 법철학을 건설하려고 한 것이 슈탐믈러(Stammler)이며, 서남독일학파의 철학 위에 법철학을 건설하려고 한 것이 라스크(Emil Lask)이다.

슈탐믈러의 저술 및 그의 사상은 난해하고 초학자를 목표로 하는 이 책에서 상세히 설명하기는 곤란하나, 그 주요한 점은 칸트학파의 방법을 법철학 및 사회철학의 영역으로 선개하고 그 중심문제에 대하여 독자적인 해결을 준 것이라고 본다.

슈탐믈러에 의하면 사회철학은 일체의 사회과학적 고찰에 있어서 전제가 되는 보편타당적 모든 관념 및 모든 원칙을 분명히 한 것이라 하며, 이는 사회의식의 내용에 대하여 비판적 고찰을 함으로써 이루어진 것이다. 고찰의 결과 사회생활은 외부적으로 규정된 인류의 공동생활이라 하여 인류사회의 개념에는 두 가지 결정요소가 있는데, 첫째는 인간협동의 외부적 규정이며, 둘째는 외부적으로 규정된 인간의 협동이고 전자는 사회생활의 형식이며 후자는 사회생활의 실현이라 하고 사회생활의 형식을 이룩하는 외부적 규칙의 대표적인 것으로서는 법이 있으며, 그 실질을 이룩하는 것은 경제라 한다.

따라서 마르크스(Marx)에 의하여 주창된 유물사관은 경제를 생활의 중심으로 삼고 사회생활의 합법칙성은 경제현상의 합법칙성에 불과하다는 것이며, 이것은 법이 사회생활의 형식을 이루고 형식적인 법만이 사회경제를 가능케 한다는 것을 보아 넘긴다는 것이며 정당하지 않다고 한다. 또한 사회생활의 이념은 자유로 의욕하는 사람들의 공동체(Gemeinschaft freiwollender Menschen)라고 하고, 이는 법개념인 동시에 무내용의 순형식적인 것이라고 한다. 법의 개념도 내용적으로서가 아니라 순형식적으로 확립하여야 하고, 법이란 불가침적이며 자주적인 결합의사라고 한다.

슈탐믈러학설에 대해서는 그가 보편타당성을 구하였기 때문에 무내용인 형식주의에 흐르고 법개념의 발견방법으로서 같은 의미에 있어서의 범주를 지향하고 있으나, 칸트(Kant) 철학의 방법을 용감히 법철학 및 사회철학의 분야에 철저하게 응용하여 대체계를 구성시킨 것 또한 이에 의하여 법철학에 대한 관심을 학계에 호소한 공적은 위대한 것이며, 또 현대의 사회과학계에 큰 영향을 주었다.

신칸트학파의 또 하나의 대표자는 라스크(Lask)이다. 라스크는 서남독일학파의 철학에 의하여 법학의 학적 성질을 명백히 하려 한 것인데, 슈탐믈러가 법가치론의 체계를 수립한 것에 대하여 라스크는 법학방법론의 면에서 우수한 업적을 세운 것이다. 라스크는 철학자이며 법학자는 아니었으나 법학에 대해서도 깊은 이해를 가지고 협의의 법철학 및 그 방법론에 대해서도 확고한 기초를 만든 것이다. 라스크는 협의의 법철학으로서는 법의 가치에 대한 주요한 제학설을 연구하고 법의 궁극적 목적은 논리적 인격의 완성에 있는가, 그렇지 않으면 그 이외의 고유의 가치를 가진 것인가라는 문제를 연구하고 또 법철학의 방법론으로서는 가치와 실재와의 이원론의 인식에 의하여 자연법학 및 역사법학을 비평하고 정당한 방법론을 시사하고 있으며, 이것 등은 그 후의 법학학설에 지대한 영향을 주고, 특히 라드브루흐(Radbruch)의 가치체계론에 중대한 영향을 주었다. 그리고 법학방법론에 있어서는 리케르(Rickert)의 문화과학적 방법론에 관한 학설을 법학방법론에 관해서 발전시키고 서남독일학파의 사상에 의한 법학방법론을 확립시켰으나, 리케르의 학설은 지금에 있어서도 문화과학적 방법론에 대한 유력한 학설로서 인정되고 있으므로 이에 의하여 이론적으로 구성된 라스크의 학설도 권위 있는 것이라 할 수 있다.

Ⅳ. 상대주의의 법사상

법학에 있어서의 상대주의설이라 함은 최종적인 당위법칙은 학문적으로는 증명할 수 없으며, 다만 신앙을 가질 수 있다는 점에 그친다는 것이다. 베버나 칸트로비치도 이 설과 같은 입장에 입각하고 있으나, 상대주의 법학설의 대표자는 라드브루흐(Radbruch)이며 그 사상은 현대 법학에 큰 영향을 주고 있다, 서남독일학파의 영향하에서 전술한 라스크의 영향을 받고 있으나, 신칸트학파의 형식주의를 벗어나서 내용적이거나 실제의 입법에 사용될 것을 기도하고 있으며 순수한 신칸트학파라고는 인정할 수 없다.

라드브루흐의 사상의 특색은 법학상 상대주의적이요 주의주의적이며 또한 반이지주의적인 것이다. 이런 점에서 논리적·형식주의적 경향의 슈탐믈러 등의 마르부르크파의 신칸트파 법철학과 대립하고 있는 것이다. 그리고 정치적 이데올로기(ideology)를 채택하여 법철학에 있어서 새로운 국면을 개척한 점이다.

그런데 라드브루흐의 주요한 공적은 법의 개념 내지 법학방법론에 있는 것이 아니라 법의 이념, 특히 법의 목적인 면에 있어 새로운 체계를 세우고 이것과 정당의 이데올로기와의 관련을 밝힌 점이며, 법이념론에 있어서 후세의 학설에 많은 영향을 준 것이라 할 수 있다. 라드브루흐의 설은 신칸트 법학파의 형식적인 결점을 보충하기 위하여 여러 가지의 독창성을 주장하고, 특히 법의 목적관에 대한 개인주의·초개인주의 및 초인격주의라는 세 가지 주의와 그 정당개념과의 관계를 논하고 있는 점은 흥미가 많고 독일 뿐만 아니라 여러 나라의 법학에 큰 영향을 주고 있으며, 현대의 법학의 동향을 고찰하기 위하여는 라드브루흐의 사상을 제외하고는 생각할 수 없는 것이다.

Ⅴ. 신자연법의 사상

19세기 후반부터 20세기에 걸쳐서 실증주의적 법학설에도 만족할 수 없고, 또 20세기 초두에 있어서 정점에 달한 신칸트파법학설에도 그 형식적이며 실정법의 지표가 되지 못했다는 점에 만족치 않던 법학자 중에는 새로운 의미의 자연법이란 것을 생각하게 되었으니, 이것이 20세기 초두부터 현재까지에 나타난 자연법의 재생 내지 신자연법이라고 말하는 것이다. 이 사조의 경향은 현대의 주요 법사조의 하나를 이루고 있는 것이니, 그 중에는 여러 가지 입장을 포함하고 있기 때문에 애매한 점을 면치 못한다. 미국의 유명한 법철학자 파운드(Pound)는 이를 세 가지 관점에서 구분하여 신칸트파, 신스콜라파 및 실증주의적·사회학적인 입장으로 파악하고 있다.

첫째 입장의 대표자로는 루마니아(Rumania)의 철학자 듀바라(Djuvara),

둘째 입장의 대표자로서는 제니(Geny), 셋째 입장의 대표자로서는 듀기(Duguit)를 들 수 있다. 이 학설 중에서 가장 상세하고 확고한 것은 제니의 학설이며, 그가 현대법학에 미친 영향이 매우 크므로 이를 요약하여 기술하고자 한다.

이미 설명한 바와 같이 파운드에 의하면 제니는 신스콜라파라고 하는데, 이것은 중세 자연법의 영향을 받고 있는 점을 말하는 것이며, 그 철학적 입장은 이른바 '진보적인 상식의 철학'이며, 이를 보전하기 위하여 벨그손파의 직관의 철학과 듀겜파의 사회학을 가지고서 중점을 삼고 있다. 제니의 학설의 중심은 법의 방법을 소여(donnee)와 구성(construit)의 두 가지로 구별하고, '소여'도 실증법의 발견에 대하여 중요시되어야 할 것을 설명하는 점에 있다. '소여'는 과학 또는 신앙에 의하여 파악할 수 있으며, 자연법·역사적·합리적·이상적이라는 4종으로 구분할 수 있으나, 이는 인간행위의 규율을 위하여 일정한 규범을 포함하는 것으로 이는 광의의 자연법이라고 볼 수 있으며, 사물자연의 성질에 적합한 합리적인 법에 불과하다.

그리고 협의의 자연법으로서는 이것 중의 합리적 소여와 자연적 소여에 한정되는 것 같다. 이와 같은 자연법은 일반적인 막연한 규범을 제공한 것에 불과하므로 법적 기술에 의하며, 이를 가공하여 '구성'이라 하고 실정법을 발견하는 것이다. 이를 '소여'의 탐구라고 칭하고 있으나, '구성'을 이룩하기 위해서는 인식 대신에 행위를, 지성 대신에 의사를 사용한 것이라고 하여 양자는 크게 다르다는 것이다. 그러면 과학적 분자와 기술분자가 충돌한 경우에는 어느 쪽이 우선하느냐 하면 적어도 '구성'이 국가 등의 권력의 개입, 특히 성문법의 존재가 없이 이루어지게 되는 한 소여는 구성에 우선하고 과학적 분자에 우선한다고 해석하지 않으면 아니 된다. 이 '구성'은 더욱 고도한 목적을 달성하기 위한 방법에 불과하므로 이 목적에 배반한 것, 즉 '소여'에 충돌하는 것은 허용되지 않기 때문이다.

이상이 제니의 유명한 학설의 관점이다. 이 신자연법 또는 과학적 자유탐구의 사상은 현대의 법학 전반에 걸쳐서 영향을 주고 있으며, 특히 사법학에 있어서는 사법학의 방법 또는 법원으로서 성문법을 지나치게 중시하는 것을 그만 두고 법률관계의 실질을 탐구하고 이에 적합할 수 있는 법규를 발견하는 데 노력하고 있는 것이다.

Ⅵ. 실리주의의 법사상

실리주의의 법사상은 주로 영미에 있어서 널리 채용된 것인데, 그 대표적 학설은 미국의 유명한 법철학자인 파운드(Pound)의 설이며, 법의 목적에 관한 부분 및 법사관에 관한 부분에 대해서는 각각 법의 목적에서 후술하기로 한다.

파운드는 실리주의(Pragmatism)를 기본적 입장으로 삼기 때문에 법의 개념 및 법의 목적결정에 대해서는 시대 및 장소에 의하여 상대적인 것으로 생각하고 유용성을 기준으로 하여 그 법학방법론은 사람의 요구 또는 이익을 출발점으로 하여 법은 그것을 충족시키기 위한 수단이라 하고, 특정된 시와 장소에 있어서 그 사회의 법에 의하여 보호가 요청되는 이익 또는 요구가 거의 전부의 전제를 이루고 있는 근본원칙을 구하고, 이를 법적 공리라 말하여 이를 기초로 하여 이익의 계열을 만들어 상세한 이익표를 작성한 것이다.

그리고 특정한 법률문제해결에 관해서는 먼저 어떠한 이익충돌이 있는가를 조사하고, 어떠한 이익을 보호할 것인가를 전술한 이익표에 직합하도록 해결한다.

다시 말하면 특정한 사회의 요구를 될 수 있는 한 많이 충족시키도록 결정한다는 것이다. 법사관에 있어서는 파운드가 사회공학적 입장으로 취하는 것은 앞서 말한 바와 같으나, 이 생각과 밀접한 관계를 가지고 있기 때문에 그 설은 철저한 실리주의(Pragmatism)라고 한다. 그리고 그는 사회공학적 입장으로부터 미국에 있어서 근래 유력한 법학파의 하나라고 하는 리얼리즘(Realism)법학, 즉 법은 경제적 요인 또는 심리적 요인에 의하여 결정되는 것이라는 생각에서 반대하고 있다.

Ⅶ. 마르크스주의(Marxism)의 법사상

마르크스주의 법학은 마르크스주의의 이론을 기초로 하는 법학이며, 근래 일본에서도 상당히 연구되고 있으며, 마르크스주의는 모든 과학 중에서도 가장 연구가 부진할 뿐만 아니라 학자에 의하여 주창되는 설이 각각 다르고 구구한 학설이다.

일반적으로 인정된 바에 의하면 국가는 계급사회에 있어서 지배계급이 다른 계급을 억제하기 위하여 만들어진 권력기관이라 하고, 법은 피지배계급을 억압하려고 하는 의사를 국가권력과 결합하여 규범화한 것이라 한다. 그리고 입법에 대해서도 또는 법의 해석에 대해서도 모든 지배계급의 계단적 이익에 의하여 이루어진 것이라고 생각하는 것이다.

그러나 법에 대한 이러한 의의는 자본주의국가의 법에 관한 것이며, 사회주의 국가의 법에 대해서는 '사회주의적 관계와 공산주의 사회의 건설을 수호·강화하고 발전시키기 위하여 공산당이 선두에 선 노동자 계급이 지도하는 사회주의 국가의 전 인민의 의사를 표현하고 그 노동자 국가에 의하여 입법으로써 제정된 규범의 체계'라고 비슨시키에 의하여 정의되고 있다. 즉 법의 의의는 자본주의 국가와 공산주의 국가에 있어서는 전연 다른 것이다.

마르크스(Marx)주의 법학이 법의 근거로서 실력설의 일종을 채택하는 것, 그리고 법사관으로서 유물변증법을 취하는 것은 이미 설명한 바와 같거니와 여하튼 막스주의 법학에 관해서는 아직도 의문이 많고, 또 그 전제가 되는 막스주의 자체에도 비난이 많으므로 하물며 법학의 기초이론에 있어서는 말할 나위도 없다.

제 4 절 현대법학의 진로

현대 법학의 주요 경향은 이를 보는 사람들의 견해에 의하여 여러 가지로 달라질 뿐더러 이를 간단히 요약하기도 곤란한 일이다. 그렇기 때문에 여기에서는 주된 경향의 대표적인 것만을 요약하여 설명하기로 한다.

먼저 넓은 의미의 법학에 대해서, 즉 법철학 내지 법학의 기초이론의 범위에 있어서는 신자연법학설 및 파운드(Pound) 등의 실리주의적 학설이 유력하며, 일시 융성을 보였던 신칸트파학설 또는 켈젠(Kelsen)의 순수법학설은 그것이 형식에 불과하다는 점에서 신봉자를 많이 잃고 있다.

그러나 법학방법론, 즉 법학의 법적 성질을 설명하는 범위에 있어서는 신칸트파학설, 특히 라스트의 학설은 여전히 유력시되고 있으며, 다만 법해석학의 성질에 대해서도 그 법정책학으로의 접근경향에 기인하여 약간의 수정이 가해지고 있다. 신자연법학설 중에서 제니(Geny)와 같은 새로운 과학적 탐구의 성과를 채용하여 가는 학설이 유력하고 또한 파운드의 학설은 사회적 수요의 탐구를 강조하는 입장에 있으며, 이러한 양 학설은 현대의 법해석학의 기초를 이루고 있다.

그리고 이러한 영향에 의하여 법사회학의 연구가 왕성하다. 그러나 법사회학의 연구는 그 자체로서도 열심히 연구되고 있으며, 이 때문에 법해석학을 경시하는 경향이 더욱 증가되고 있다.

이러한 관점에서 법정책학의 연구도 활발히 진행되고 있다. 결국 과학적 연구나 실증적 연구를 충분히 다룬 신자연법학설 및 사회적 수요의 비교에 중점을 두는 파운드(Pound)의 학설이 현대 법철학의 주요 경향이며, 또한 법해석학과 비교하여 법사회학 및 법정책학연구의 융성함이 현대에 있어서 넓은 의미의 법학의 특징이다.

다음으로 좁은 의미의 법학에 대해서, 즉 법해석학의 주요 경향으로서는 근대의 제법사상 중에서 자유법 운동 내지 이익법학 · 법사회학 · 신자연법학 및 파운드의 사상의 경향을 강력히 받고 있으며, 그 연구방법에 대한 근대에 있어서의 변화는 큰 관심의 대상이 되고 있다.

그 가장 중요한 점은 문제를 결정하는 데 있어서 구학설과 같이 전적으로 성문법의 조문에 치중하고 형식적으로 논리적 결론을 내는 태도를 취하지 않고 당해 법률관계의 실질에 착안하고 사적 · 비교법적으로 고찰하며, 또한 보조과학(주로 법사회학 · 사회학 · 경제학 · 경영학)의 연구, 그리고 사회사실의 관찰에 의거하여 당해 법률학의 사물자연의 성질 혹은 이에 대한 사회적 요구를 발견하여 여기에 중점을 두고 실질적으로 논리적 결론을 내는 태도를 취하고 있다. 한마디로 말하면 새로운 경향은 형식적인 이유 및 추론을 피하고 사실적인 이유 및 추론에 치중한다는 것이다.

제 II 편

한국법학의 기초

제 1 장

헌 법

제 1 절 헌법이론의 기초

Ⅰ. 헌법의 개념 및 특성

1. 헌법의 개념

헌법(constitution, Verfassung)은 국가의 통치조직 및 작용의 원리를 정한 최고법(혹은 근본법)이다. 이러한 헌법의 개념은 양면성을 가지는바, 헌법을 국가의 정치적 통일 및 사회질서의 구체적 상태로서 파악하는 사회학적 개념과 국가의 통치형태를 규정하는 법규범으로 파악하는 법학적 개념이 있다. 전자는 헌법의 사실적 측면을 강조하며, 후자는 헌법의 규범적 측면을 강조한다.

또한 근본법으로서의 법적 의미에 있어서 헌법은 그 역사적 발전으로 보아 고전적 의미의 헌법, 근대 입헌주의적 의미의 헌법, 그리고 현대 복지주의적 의미의 헌법으로 나눌 수 있다.

(1) 헌법개념의 양면성

1) 사회학적 개념(사실로서의 헌법) 헌법은 국가의 정치적 통일 및 사회질서의 구체적 상태로서 파악된다. 이러한 학설의 대표자는 라잘레(Lassalle), 쇼믈로(Felix Somlo), 스멘트(Rudolf Smend), 그리고 칼 슈미트(Carl Schmitt) 등이다. 라잘레는 "헌법의 본질은 국가에 존재하는 사실적 권력관계이다"라고 말하고, 스멘트는 "헌법이란 근본에 있어서 작용하는 모든 힘(역)과 에네르기에서 정치적 통일이 부단하게 새로이 형성되고 성립하여가는 과정의 원리"라고 말하며, 칼 슈미트는 "헌법이란 헌법제정권력의 행

위에 의한 국가의 정치생활의 종류와 형태에 관한 근본결단이다"라고 말하고 있다. 이 근본결단은 정치적 사실이다.

2) **법학적 개념**(법규범으로서의 헌법) 헌법을 사실적 권력관계로서 파악하는 사람들도 법규범으로서의 헌법의 의의를 부인하지 못하고 있다. 헌법은 현실과 대립하여 현실을 규제하고, 정치생활·국민생활의 있어야 할 모습을 실현하기 위한 법규범으로 파악되어야 할 것이다. 칼 슈미트는 "법규범으로서의 헌법은 최고궁극의 규범의 통일적이고 완결된 체계를 의미한다"고 말했으며, 이러한 당위로서의 헌법은 개별적인 중요한 법률이나 규범이 아니고 국가생활의 총체를 규율하고 폐쇄된 통일체로서의 '법률의 법률'인 근본법을 의미한다고 말했다.

켈젠(Kelsen)은 헌법을 넓은 의미의 헌법과 좁은 의미의 헌법으로 나누고 있는데, 좁은 의미의 헌법은 기본법 또는 기본질서라고 하고, 넓은 의미의 헌법은 국가조직법과 인권보장법으로 구성된다고 말했다.

쾨기(Kägi)는 헌법을 국가최고법규범의 체계로 파악하고 있다. 그는 규범적 헌법이 국가관계의 질서를 위하여 노력하고 국가와 국가권력의 제한을 의도하여 국가에서의 자유(소극적 자유)만을 보장하는 것이 아니고, 국가에로의 자유(적극적 자유)를 보장한다고 말하고 있다. 이러한 법규범으로서의 헌법을 Verfassungsrecht Constitutional law 또는 droit Constitutionnel 이라고 하며, 헌법의 형식성을 강조하고 있다. 슈테른(Klaus Stern)은 "헌법은 국가의 통치질서와 가치질서의 기본원칙에 관한 최고위의 규범적 표현"이라고 표현하고 있다.

(2) **헌법개념의 변천**

1) **고전적 의미의 헌법** 헌법이란 국가의 통치체제를 정한 근본법을 의미한다. "사회가 있는 곳에 법이 있다"는 법언과 같이 어떤 사회가 형성되려면 그 사회를 규율하는 법질서가 존재하지 않으면 안 된다. 국가도 그와 같은 사회의 일종이며 따라서 국가체제가 법에 의하여 규율되는 경우는 존재하는 것이며, 그와 같은 법은 반드시 성문법으로 존재하는 것이 아니고 불문법으로도 존재한다. 이러한 의미에 있어서의 헌법을 고전적 의미의 헌법이라고 하며, 이 의미에 있어서의 헌법은 어느 국가든지 가지고 있다.

2) **근대 입헌주의헌법** 근대 입헌주의의 헌법은 국가권력을 조직하는 측면보다는 국가권력을 제한하는 측면에 중점을 두었다. 그리하여 봉건적

전제군주에 대항하여 국민의 기본권이 쟁취되었고, 국민의 기본권을 보장한 헌법에 의하여 전제군주의 통치권이 제한되게 되었으며, 이것은 입헌군주제에서 비롯된 것이다.

근대 입헌주의의 헌법은 그 구성원리로서 첫째 국민주권주의, 둘째 기본권존중주의, 셋째 권력분립주의, 넷째 성문헌법주의, 다섯째 의회주의를 필수적인 요소로 한다. 이상의 원리를 수용하고 있는 헌법을 근대 입헌주의의 헌법이라고 한다.

3) 현대 복지주의헌법 근대 입헌주의적 헌법이 재산권의 신성불가침과 경제활동의 자유에 입각하고 있다면, 현대 복지주의의 헌법은 사회적 약자의 사람다운 생활을 보장하는 사회적 법치국가의 원리에 입각하고 있다. 그리하여 '균형 있는 국민경제의 성장 및 안정과 적정한 소득의 분배를 유지하고 시장의 지배와 경제력의 남용을 방지하여 경제주체간의 조화를 통한 경제의 민주화를 위하여' 국가의 경제에 관한 규제와 조정을 예상하고 있다. 근대 입헌주의의 헌법이 자유와 형식적 평등을 중요시하고 있다면, 현대 복지주의의 헌법은 실질적 평등의 보장을 더욱 중요시하고 있다.

현대 복지주의의 헌법은 첫째 국민주권주의의 실질화, 둘째 기본권보장과 사회정의의 실현, 셋째 권력행사의 통제와 합리적 조정, 넷째 사회적 시장경제질서체제의 보장을 주요 내용으로 하고 있다.

(3) 실질적 의미의 헌법과 형식적 의미의 헌법

1) 실질적 의미의 헌법 실질적 의미의 헌법이라 함은 형식 여하에 관계 없이 그 내용이 국가의 구성·조직 및 작용에 관한 근본원칙은 물론이고 국민의 기본적 인권을 규정한 근본법의 전부를 말한다. 그러므로 헌법이라는 법전 이외에 국적법·공직선거및선거부정방지법·국회법·정부조직법·법원조직법 등과 같은 법률도 포함되는 것이며, 성문법 이외에도 헌법에 관한 관습법 및 조리까지도 헌법개념에 포함된다.

따라서 일정한 역사상의 이념이나 어떤 특정한 원리에 지배될 필요는 없으며, 고대국가나 중세국가에도 헌법은 존재하였고, 성문헌법이 없는 영국에 헌법이 없다고 보지 않는 것처럼 불문헌법국가도 실질적 의미의 헌법은 가지고 있다고 보는 것이다.

2) 형식적 의미의 헌법 형식적 의미의 헌법은 헌법전이라는 형식으로써 제정·공포되고 보통의 법률과는 구별하여 취급하는 법을 말한다. 이러

한 성문헌법은 보통의 법률보다 우위에 있으며, 따라서 보통의 법률보다 개정절차도 엄격하다.

옐리네크(Jellinek)는 "헌법의 본질적인 법적 특징은 오로지 그 고양된 형식적인 법적 효력에 있다. 헌법의 제정과 개정을 하는 데 있어서 특별히 곤란한 형식을 갖지 않는 나라의 헌법은 실질적·법적 의미를 전혀 갖지 않는다"라고 주장하였다. 그리고 그는 영국과 같이 국가통치에 관한 일련의 법령을 헌법이라고 부르는 것은 헌법의 혼란이라고 배척하였다.

켈젠(Kelsen)에 있어서도 헌법이란 순수한 법형식이며, 어떤 특정한 내용을 가져야만 하는 것은 아니라고 하였다. 즉 "헌법은 그 변경과 폐지를 위하여 보통의 입법절차와는 다른 보다 곤란한 절차를 정하여 두지 않으면 안 된다" 라고 하여 개정절차의 차이에서 헌법과 다른 법률을 구별하고 있다.

3) 양 헌법의 관계 형식적 의미의 헌법은 대체로 실질적 의미의 헌법과 그 내용을 같이하나 반드시 완전하게 일치하는 것은 아니다. 때로는 실질적 의미의 헌법사항이 아닌 것이 형식적 의미의 헌법에 포함되는 경우가 있다. 예를 들면 스위스 헌법에서는 미리 마취하지 않는 한 식육동물을 도살해서는 안 된다는 것을 규정하고 있는데, 이러한 것은 실질적 의미의 헌법이라고는 말할 수 없다.

2. 헌법의 특성

헌법은 형법이나 민법과 같은 법의 한 형식이지만 형법이나 민법은 법률인데 반하여, 헌법은 법률보다 고도의 가치를 가지며 법률이 헌법에 위반되면 효력을 가질 수 없다. 따라서 헌법은 법의 단계구조에서 최고성을 가진다. 또 헌법은 법률과는 달라서 추상적이고 일반적인 것이 특징이며, 헌법의 위반에 대한 직접적 강제성이 적고 강령적·계몽적인 성격을 가졌다고 할 수 있다.

또한 헌법은 고도로 정치적인 성격을 띠고 있으며, 그것은 정책의 기본방향을 지시하는 정책선언적인 성격을 지니고 있고 국가의 최고기관을 구성하는 점에서 조직규범이라고 볼 수 있다. 그러나 헌법은 다른 법과는 달리 그 규범대상자가 일반 국민이라기보다는 국가기관인 점에서 국가권력에 대한 제한규범적인 성격을 가지는 근본규범이라고 말할 수 있다.

(1) 헌법의 정치성

사실적 특성으로서의 헌법규범은 그 근저에 있어서 실력적인 지배관계와 불가분의 관계에 있기 때문에 고도의 정치성을 띠고 있다. 특히 헌법의 생성과 변혁, 제정과 파괴라는 중대한 헌법현상은 정치 그 자체라고 말할 수 있다. 헌법의 제정행위는 한 정치세력의 승리의 결과이든 여러 가지 정치세력의 타협의 결과이든간에 정치투쟁의 소산이다. 헌법이 정치투쟁의 소산이기 때문에 필연적으로 헌법의 내용도 정치적이다. 헌법은 결과적으로 정치투쟁 결과의 문서화·공증화라고도 할 수 있다. 이 점에서 칼 슈미트(Carl Schmitt)가 말한 바와 같이 헌법이란 국민의 정치적 통일의 형성과 종류에 관한 결정이라고 할 수 있다.

헌법에는 군주제를 택할 것인가, 공화제를 택할 것인가, 자본주의를 택할 것인가, 사회주의를 택할 것인가, 의원내각제를 택할 것인가, 아니면 대통령제를 택할 것인가 등등 정치적 근본결단을 요청하고 있는 요소가 많다. 또한 비교적 안정된 사회에 있어서도 정치문제가 헌법에 의하여 완전히 해결되는 것은 아니다. 헌법의 정치에 대한 규제력은 안정된 사회에서는 기능을 발휘하나 격동하는 정치무대에서는 헌법이 유린되는 경우가 많다.

(2) 헌법의 이념성·역사성

사실적 특성으로서의 헌법규범은 이념성, 역사성을 가진다. 헌법에 의하여 실력이나 정치를 규제하려고 하는 것이 입헌주의의 근본취지이다. 헌법은 정치적 통제규범으로서 역사적 조건과 지배상황에 따라서 제약된 역사적 가치이며, 따라서 이데올로기적 성격을 면할 수는 없다.

헌법의 역사성 문제는 헌법이 역사적인 제조건, 즉 정치·경제·사상 등의 상황과 밀접한 관련성을 갖는다는 것을 의미한다. 헌법은 단순한 사실이 아니고 또 '청원'이나 '희망'·'요구' 또는 '선언'이 아니고 '당위'이기 때문에 정치적 권력관계의 규제라는 측면을 지나치게 경시해서는 안 될 것이다.

헌법은 정치권력을 제한·통제하며 국가에 통일성을 부여하고 국가의 목적 및 기본조직을 확정하는 중요한 의의를 가지고 있다.

(3) 헌법의 규범성

규범적 특성으로서의 헌법규범은 근본규범이요, 조직규범이며, 인권보장규범의 성격을 가진다. 이러한 헌법규범의 특성 때문에 헌법이 강제규범으로서의 기능을 다한다는 것은 어려움이 있을 수 있다. 즉 헌법에서 국가기관에 대하여 일정한 행위를 명하거나 금지하는 경우, 그 위반에 대하여 처벌 또는 의무의 이행을 강요하는 것 등은 매우 어려우며 심지어 헌법규정이 단순한 방침규정에 불과한 것도 있기 때문이다. 이와 같이 헌법이 재판규범으로서의 역할을 다하지 못한다고 하여 그 규범성을 부인할 수는 없다. 따라서 오늘날 헌법의 규범성은 헌법재판소의 헌법보장제에 의하여 확보되고 있는 것이다.

Ⅱ. 헌법의 분류

1. 성문성 여부에 따른 분류

헌법이 성문화되었느냐 되지 않았느냐에 따라 성문헌법과 불문헌법으로 나누어진다. 성문헌법이라 함은 성문화된 형식적 헌법전을 말하는데, 세계 각국은 대개 성문헌법을 가지고 있다. 이에 대하여 영국을 비롯하여 캐나다·뉴질랜드 등의 국가에서는 단일 성문헌법전으로 되어 있지 않고 여러 가지 헌법적 법률에 의하여 이루어지고 있는데, 이들 헌법을 불문헌법이라고 한다.

2. 제정주체에 따른 부류

헌법의 제정주체에 따라 분류하는 것으로서 군주가 독단적으로 제정하였느냐, 군주와 국민의 협약에 의하여 제정하였느냐, 아니면 국민이 직접 또는 대표자를 통해서 제정하였느냐에 따라 흠정헌법·협약헌법 그리고 민정헌법 등으로 나눌 수 있다. 군주가 단독으로 제정한 헌법이 흠정헌법이고, 국민과 협의하여 제정한 것이 협약헌법이고, 국민이 직접 또는 대표자를 통해서 제정한 것이 민정헌법이다. 또 국가간의 협약에 의하여 만들어진 헌법을 국약헌법이라고 한다.

3. 개정절차에 따른 분류

헌법의 개정절차가 법률의 개정절차에 비하여 보다 엄격한 요건과 절차를 충족하도록 정해져 있는 헌법을 경성헌법이라고 하고, 헌법개정이 법률개정과 같은 절차로 되는 헌법을 연성헌법이라고 한다. 성문헌법은 대개 경성헌법이다. 다만, 1948년의 이탈리아 헌법, 1940년의 뉴질랜드 헌법과 같은 예외가 있다. 그리고 경성헌법 중에는 헌법개정 자체를 금지하고 있는 헌법도 과거에는 있었다.

4. 독창성 여부에 따른 분류

헌법이 독창적인가, 모방적인가에 따라 독창적 헌법과 모방적 헌법으로 나눌 수 있다.

독창적 헌법이란 새로이 창조되고 다른 것에서 유래되지 않은 원천적인 헌법을 말한다. 독창적 헌법으로서는 영국의 의회주권주의 헌법, 프랑스의 나폴레옹 헌법, 구 소비에트 연방헌법, 5권분립을 규정한 1931년의 중화민국 헌법 등이 있다.

모방적 헌법이란 국내외에 이미 존재하고 있는 헌법을 대폭적으로 모방하여 만든 헌법을 말한다. 모방적 헌법은 영연방의 제헌법, 남미의 여러 제헌법, 아시아 제국가의 헌법이 이에 속한다. 일본·터어키 등의 헌법과 한국헌법은 모방적 헌법이라고 할 수 있다.

5. 헌법의 존재론적 분류

헌법의 존재론적 분류란 헌법규범이 규율하고 있는가, 헌법상의 권력행사가 헌법절차에 따르고 있는가에 따른 구분으로서, 뢰벤슈타인(Karl Loewenstein)은 규범적 헌법·명목적 헌법·가식적 헌법 등으로 분류하고 있다.

(1) 규범적 헌법

규범적 헌법이란 영국·미국·서독 그리고 스위스 등과 같이 헌법규범과 헌법현실, 특히 권력행사의 현실이 일치하는 헌법을 말한다. 이것은 맞춤양복과 같은 것으로서, 그 국가의 체제에 맞게 헌법을 제정한 것을 말한다.

(2) 명목적 헌법

명목적 헌법이란 헌법규범이 아직까지 현실을 규율하지 못하고 교육적인 효과만을 가진 것을 말한다. 즉 헌법은 이념적으로 만들었으나 사회여건이 헌법의 이상을 따를 수 없는 것을 말하며, 멕시코 헌법 등 남미의 제헌법·아시아의 헌법들이 대체로 이에 속한다.

(3) 가식적 헌법

가식적 헌법이란 어의만이 헌법일 뿐 현실을 규율하려는 목적에서가 아니고, 헌법을 가졌다는 것을 외국에 과시하기 위하여 만들어진 것을 말한다. 비유적으로 보면, 이것은 입기 위한 의복이 아니고 가장무도회용의 장식복에 불과한 것이다. 공산주의국가나 독재주의국가의 헌법은 대부분이 가식적 헌법이다.

6. 국가체제에 따른 분류

현대의 헌법은 국가형태와 사회체제에 따라 이를 분류할 수도 있는데, 자본주의국가의 헌법과 사회주의국가의 헌법, 입헌주의국가의 헌법과 전제주의국가의 헌법 등으로 나눌 수 있다.

(1) 자본주의헌법과 사회주의헌법

자본주의 헌법은 자본주의경제를 기초로 하는 국가의 헌법을 말하며, 사회주의 헌법은 사회주의경제를 기반으로 하는 헌법을 말한다. 사회주의 헌법은 프롤레타리아의 계급독재, 전인민의 프롤레타리아화를 규정하고 있는데, 그 과도적 헌법으로서 인민민주주의 헌법이 있다. 사회주의 헌법으로서는 구 소비에트연방·동구의 헌법 등이 있다.

(2) 입헌주의헌법과 전제주의헌법

입헌주의 헌법은 국가권력이 분립되어 있고, 복수정당제도가 보장되고 있으며, 헌법이 규범적 효력을 가지고 있는 헌법을 말한다. 이에 대하여 전제주의 헌법은 국가권력이 통합되어 있고 일당전제제가 행해지고 있으며, 헌법이 규범력을 발휘하지 못하는 헌법 등을 말한다.

Ⅲ. 헌법의 제정권력 및 개정권력

1. 헌법의 제정권력

헌법의 제정은 헌법제정권력자가 헌법제정권력을 행사하여 성문헌법을 제정하는 것을 말한다. 헌법은 헌법제정권력자의 일방적인 정치적 결단으로써 성립될 수 있으며, 또한 복수의 주체에 의하여 쌍방적인 협의에 의하여서도 성립될 수 있다. 헌법제정권력자의 권력행사방법, 즉 흠정의 방법에 의하는 것, 민정의 방법에 의하는 것, 국가간의 협약에 의하는 것 등에 따라 흠정헌법·민정헌법·협약헌법 그리고 국약헌법 등으로 나누어지고 있다.

헌법제정권력은 국가의 최고법이며 근본법인 헌법을 창조하는 권력이다. 그러나 헌법제정권력은 사실적 힘만이 아니고 헌법을 정당화시키는 권위 또는 가치를 아울러 갖지 않으면 안 된다. 칼 슈미트의 표현에 따른다면 '헌법 제정권력이란 고유의 정치적 실존의 종류와 형태에 관하여 구체적인 근본결단을 내릴 수 있는 권력이나 권위를 가진 정치적 의사'라고 주장했다. 이것은 칼 슈미트의 결단주의에서 나온 설명이나, 헌법제정권력의 권력적 측면과 가치적 측면을 잘 지적한 것이라고 본다.

이러한 헌법제정권력은 헌법 이전에 존재하는 시원성, 항구성, 유일 불가분성을 가진 권력으로서 헌법제정권력은 국가의 최고법인 헌법을 제정할 수 있는 권력이라고 말할 수 있다. 따라서 헌법제정권력은 헌법에 의하여 비로소 나오는 창조적 권력이므로 헌법제정권력에 의하여 제도화된 권력, 즉 헌법개정권력과는 구별된다.

현대 민주국가에서는 전체 국민이 헌법제정권력의 주체가 되며, 국민이 직접·간접적으로 참여하여 행사할 수 있기 때문에 헌법의 제정은 헌법제정권력자인 국민에 의해서 이루어질 수 있는 것이다.

2. 헌법의 개정권력

헌법의 개정이란 일반적으로 헌법전이 정한 개정절차에 따라 의식적으로 헌법전 중의 어떤 조항을 수정·삭제하거나, 혹은 증보하는 것을 의미한다. 헌법개정은 의식적인 개정인 점에서 헌법변천과 다르고, 헌법개정절차에 따른 합헌적인 개정인 점에서 헌법의 침훼나 정지와 다르다.

헌법개정권력은 헌법을 개정하는 권력이다. 헌법개정권력은 헌법에 의하여 제도화된 권력이라 할 수 있으며, 그것은 입법권보다 우위에 있는 권력이다.

헌법개정권력에 의한 헌법개정의 절차는 경성헌법과 연성헌법이 서로 다르다.

경성헌법은 헌법의 안정성과 존엄성을 위하여 그 개정에 특별한 절차가 요구된다. 주요 개정방법의 유형을 보면, 첫째, 국회에서 헌법개정을 하되 가중한 특별의결 등 그 절차와 요건 등을 엄격히 하는 방법, 둘째, 헌법개정을 위하여 특별히 구성되는 헌법회의에서 처리하는 방법, 셋째, 의회의 의결과 국민투표를 병용하는 방법, 넷째, 연방국가에서 연방의회의 의결과 지방의 비준을 요하는 방법 등이 있다.

연성헌법은 헌법과 일반법률을 형식적으로 구별하고 있지 않기 때문에 그 개정에 있어서도 별도의 절차를 요구하고 있지 않으며, 국회에서 일반법률의 개정과 동일한 절차에 의하게 된다.

그런데 헌법을 개정함에 있어서는 실정법적 제한이 없는 한 어떤 조항도 개정이 가능하다는 한계부인론과, 헌법개정의 한계에 관한 명문규정의 유무에 불구하고 그 한계를 인정해야 한다는 한계긍정론으로 나누어지고 있다. 그러나 슈미트(C. Schmitt)는 한계긍정론을 지지하면서 그 근거로서 헌법규범은 헌법핵(근본규범) ── 헌법개정규범 ── 헌법률의 단계구조가 있으며, 헌법개정권력은 '제도화된 권력'으로서 헌법제정권자의 근본결단은 변경할 수 없다고 하였다.

우리 나라의 통설은 한계긍정론의 입장을 취하고 있지만, 그 한계의 기준을 어디에서 구할 것인가에 대하여는 실정법적 한계(헌법 자체에 명문규정을 두어 헌법개정을 금지한 경우)·헌법 내재적 한계(헌법의 실질적 핵심인 기본요소들은 개정할 수 없다는 주장)·헌법 초월적 한계(외적 한계라고도 하는데, 초월법적인 인간의 존엄과 가치 등 자연권은 헌법개정권력에 의해서도 개정할 수 없다는 주장) 등으로 나누어 설명할 수 있다.

우리 헌법은 실정법적 한계를 규정하고 있지 않으나 학자들은 헌법의 동일성과 계속성이라는 헌법개정의 내재적 한계에 의하여 규율되어야 한다고 한다. 이 헌법내재적 한계는 헌법제정권자의 근본결단이 헌법핵일 것이나 구체적 내용에 대하여는 학자마다 약간의 차이가 있다.

결론적으로 생각할 때 우리 헌법의 정치적 기초가 되는 민주공화국으로서 국가형태, 국민주권의 원리, 민주적 기본질서라든가 자유민주적 기본질서로부터 필연적으로 도출되는 기본적 인권의 보장 및 자유주의적 경제질서의 기본원칙 등은 개정이 불가능하다고 보는 것이 타당하다. 그리고 현행헌법 제128조 제2항의 「대통령의 임기연장 또는 중임변경을 위한 헌법개정은 그 헌법개정제안 당시의 대통령에 대하여는 효력이 없다」라고 규정한 것은 헌법개정의 실정법적 한계라기보다는 헌법개정권력의 소급적용제한규정이라고 해석하는 것이 타당하다.

제 2 절 대한민국헌법의 제정과 개정

Ⅰ. 대한민국헌법의 제정 및 경과

1948년 2월 27일 UN총회는 한반도의 가능한 지역 내에서의 총선거를 실시하여 대한민국 정부를 수립할 것을 결정하였고, 미군정은 같은 해 5월 10일에 총선거를 실시하였다. 5·10총선거에서 선출된 198명의 국회의원이 1948년 5월 31일에 국회를 구성하고, 헌법제정작업에 들어가 동년 6월 3일에는 헌법기초위원 30명과 전문위원 10명으로 헌법기초위원회를 구성하였으며, 이 위원회는 같은 해 6월 3일부터 22일까지 초안을 토의·결정하였다. 이렇게 결정된 헌법초안이 같은 해 6월 23일 국회에 상정되었고, 같은 해 7월 12일에 국회를 통과하게 되었으며, 당시 국회의장인 이승만 박사가 국회에서 통과된 헌법에 서명하고 같은 해 7월 17일 공포함으로써 시행되게 되었다.

이 제정헌법은 기본권보장·권력분립·단원제국회·대통령중심제·통제경제정책 등을 주요 내용으로 한 것이었다.

이 제헌헌법에 따라 1948년 8월 15일 대한민국 정부가 탄생하게 되었으며, 같은 해 12월 9일 유엔총회는 대한민국 정부를 46대 6으로 승인함으로써 미국을 비롯한 자유우방이 명실공히 대한민국을 한반도의 유일한 합법정부로 인정하게된 것이다.

Ⅱ. 대한민국헌법의 개정 및 경과

1. 제1차 헌법개정

헌법이 제정된 지 2년을 넘기지 못하고 1950년 2월과 1951년 11월에 개정안이 제안되었으나 실현되지 못하고, 1952년 4월의 국회의 내각책임제를 골자로 하는 개헌안과, 같은 해 5월의 정부측의 정부통령직선제, 양원제를 골자로 하는 개헌안이 절충된 소위 발췌개헌안이 동년 7월 4일 국회를 통과하여 같은 해 7월 7일 공포되었는데, 이것이 제1차 헌법개정이다. 개헌의 주요내용은 정부통령직선제·양원제·국무위원불신임제·국무총리의 국무위원

임명제청권 등이었다.

2. 제2차 헌법개정

제2차 헌법개정은 1954년 11월 29일에 공포된 것으로서, 그 표결에서 국회재적의원 203명 중 찬성 135표로 가결에 필요한 2/3에 미달하였으나 사사오입으로 가결 번복하였다. 이 개헌의 주요 내용은 주권제한·영토변경에 대한 국민투표제의 채택, 국무위원·국무총리 불신임제 폐지, 특별법원에 대한 헌법적 근거의 부여, 초대 대통령의 중임제한 철폐, 자유경제체제로의 경제조항의 개정 등이다.

3. 제3차 헌법개정

제3차 헌법개정은 4·19의거로 인한 실질적인 제2공화국 헌법의 제정으로서, 1960년 6월 15일 국회를 통과, 같은 날로 공포되었다. 개정의 내용은 헌법전반에 걸친 광범위한 것으로 주요 내용은 기본권에 포괄적인 유보만을 두는 등 기본권보장의 강화·의원내각제의 채택·헌법재판소의 설치·정당조항의 신설·법관의 선거제·중앙선거관리위원회의 헌법기관화·지방자치단체장의 주민에 의한 선거제 등이다.

4. 제4차 헌법개정

제4차 헌법개정은 1960년 11월 29일에 공포·시행된 것으로서, 반민주행위자의 처벌을 위한 헌법개정이었으나 소급입법금지의 법리를 무시한 경우였다. 그 내용은 3·15부정선거책임자의 처벌·반민주행위자의 공민권 제한·부정축재자처벌 등을 위한 법을 제정할 근거를 마련한 것이다.

5. 제5차 헌법개정

5·16 사태와 더불어 군이 정권을 장악하면서 국가재건비상조치법이 헌법적 효력을 대신하게 되고 이에 군사정부는 민정이양의 전 단계로써 헌법개정을 단행하였는데, 이것이 곧 제5차 헌법개정이다. 1962년 11월 5일 국가재건최고회의에 의하여 발의된 헌법개정안은 같은 해 12월 6일 국가재건최고회의를 통과하였으며, 같은 해 12월 17일 국민투표에 의하여 확정되고 같은 해 12월 26일 공포되었다.

이 개헌은 헌법전반에 걸친 전면적인 개정이었을 뿐만 아니라 실질적으로는 구 헌법의 개정절차에 따른 것이 아니기 때문에 새로운 헌법제정이라고 말할 수 있으며, 이것이 곧 제3공화국헌법이었다. 개헌의 주요 내용은 헌법전문의 개정(4·19 의거 및 5·16 혁명의 이념을 삽입하는 등)·기본권보장의 강화·정당정치의 확립·대통령제로 환원·국회의 단원제·사법권의 독립과 민주화(법원의 위헌법령심사권·법관추천회의)·헌법개정에 있어서 국민투표제의 채택 등이다.

6. 제6차 헌법개정

제6차 헌법개정은 1969년 9월 14일 제7대국회에서 격심한 진통 끝에 통과하여 같은 해 10월 17일 국민투표로 확정되고, 같은 해 10월 21일 공포된 헌법개정이다. 그 주요내용은 국회의원 정수의 증가(150인 이상 250인 이하), 국회의원의 국무총리·국무위원 겸임허용, 대통령에 대한 탄핵소추의 엄격화, 대통령의 계속재임을 3기에 한하도록 완화한 것 등이었다.

7. 제7차 헌법개정

제8대 국회에서 여야의 대립은 극한에 달하였으며, 대통령은 1971년 11월 비상사태를 선포하였으며, 나아가 1971년 12월 27일에는 '국가보위에 관한 특별조치법'이 국회에서 통과되었다.

1972년 10월 17일 대통령은 남북대화의 적극적인 전개와 급변하는 주변정세에 능동적으로 대처하기 위하여 헌법의 일부조항의 효력을 중지시키는 비상조치를 선포하였다. 이 선포에 의하여 국회가 해체되고 정치활동이 중지되어 국회의 권한은 비상국무회의가 수행하도록 되었다. 비상국무회의는 1972년 10월 26일 새로운 내용의 헌법개정안을 의결하고, 동년 11월 21일 국민투표에 의하여 이 헌법개정안이 확정되고, 같은 해 12월 27일 공포·시행하게 되었다. 이것이 곧 10월 유신에 의한 제7차 헌법개정이나, 실질적으로는 제4공화국헌법의 제정이라고 말할 수 있다.

8. 제8차 헌법개정

1979년 10월 26일 18년 동안 집권한 박대통령의 시해사건이 있은 후 민주성을 경시한 유신헌법개정론이 활발히 전개되었다. 그리하여 각계각층에서 헌법안이 많이 제시되었으나 1980년 5월 17일 이후에는 정부가 설치한 헌법개정심의위원회가 헌법초안작성을 주도하였으며, 동 위원회는 헌법개정안을 같은 해 9월 9일에 확정·통과시켰다. 이어서 동년 9월 29일 대통령이 이를 제안·공포하여 즉일로 실시하게 되었다. 이것이 제8차 헌법개정이며 곧 제5공화국헌법이다.

제5공화국헌법의 주요내용은 기본권의 상대적 강화·대통령선거에 있어서의 간접선거제의 채택과 동 선거의 자유화 및 중임금지를 통한 평화적 정권교체·대통령권한의 조정·국회와 법원의 권한의 상대적 향상·경제조항의 현실화 및 보완 등이다.

9. 제9차 헌법개정

제5공화국헌법은 제4공화국헌법 즉, 유신헌법에 비해서 다소 민주적인 모습으로 되었다고 할 수는 있지만 대통령의 우월적인 형태에 형식적으로 의원내각제적 요소를 가미시킨 변형된 대통령제를 채택하였다. 즉 대통령은 선거인단을 통한 간선으로 선출되어 광범위한 비상조치권과 국회해산권을 가지도록 되어 있었다.

특히 대통령의 간선제에 대한 국민들의 불만은 1985년의 2·12총선에서 직선에 의한 대통령선출을 줄기차게 주장한 야당을 크게 부상시킴으로써 표면화되었으며, 정부도 1986년 4월 30일 현대통령의 임기 중의 개헌을 공식적으로 밝혔다. 이후 여야는 의원내각제와 직선의 대통령제로 첨예하게 대립하여 개헌에 관한 여야협상은 거의 진전되지 못하였으며, 1987년에 여당이 분당사태에 이르게 되자 정부는 같은 해 4월 13일 개헌유보를 선언하였다.

그러나 이에 대한 국민적 저항이 같은 해 6월 10일의 사태로 발전하여 전국이 시위로 휩쌓여 혼란에 빠지게 되자 정부와 여당은 소위 「6·29선언」에 의해서 대통령직선제를 수용하려는 자세를 취하였다. 이에 여야는 대통령직선제를 전제로 한 개헌협상을 개시하였으며 우여곡절 끝에 정치일정이 촉박하다는 공동인식 아래 극적으로 타결을 보았다.

이에 헌법개정안은 여야간에 합의된 내용을 기초로 하여 국회 내의 모든 교섭단체대표들이 참여한 헌법개정특별위원회에서 만장일치로 기초·성안된 것을 그대로 제안하여 같은 해 10월 12일 국회를 통과·의결하였다. 이어 10월 27일 국민투표에서 동 헌법개정안은 총유권자 25,619,648명 중 78.2%인

20,028,672명이 투표하고 투표자의 93.1%인 18,640,625명이라는 절대적 다수의 찬성으로 가결·확정되었으며, 정부는 같은 해 10월 29일 이를 공포하였으니 이것이 제9차 헌법개정이다.

이로써 참다운 민주화 시대의 전개를 향한 국민적 여망과 정치인의 시대적 사명이 함께 담긴 제6공화국헌법이 성립되었으니 그 주요 내용은 다음과 같다.

첫째, 대통령직선제의 채택으로 국민의 직접선거에 의한 정부선택을 보장함과 아울러, 대통령단임제에 입각한 평화적 정권교체의 전통을 계승·확립함으로써 민주국가 발전의 기틀을 더욱 확고히 하였으며,

둘째, 대통령의 비상조치권·국회해산권의 폐지를 통하여 대통령의 권한을 합리적으로 조정하고 국정감사권을 부활하는 등 국민의 대표기관인 국회의 권한을 강화하여 그 기능을 활성화함으로써 국가권력의 균형과 조화를 도모하였으며, 법관의 임명절차 개선과 헌법재판소의 신설 등을 통하여 사법권의 독립을 실질적으로 보장하고 헌법의 실효성을 제고하였다.

셋째, 구속적부심사청구권의 전면보장, 형사보상제도의 확대, 범죄피해자에 대한 국가구조제 신설 등 국민의 신체와 생명에 대한 보호를 강화하고, 언론·출판·집회·결사에 대한 허가·검열의 금지 등 표현의 권리를 최대한 보장하며, 노동3권의 실질적 보장과 최저임금제의 실시 등 근로자의 인간다운 생활을 할 권리를 확충하여 기본적 인권을 대폭 신장하였으며,

넷째, 경제질서에 관하여는 자유경제체제의 원리를 근간으로 하면서 적정한 소득의 분배, 지역경제의 균형발전, 중소기업과 농·어민 보호 등을 통하여 모든 국민의 복리를 증진시키고, 국민생활의 기본적 수요를 충족시키는 사회정의를 실현하도록 한 것이다.

제6공화국 헌법은 전문·본문 10장·부칙으로 구성되어 있다. 즉 대한민국의 헌법제정과 개정의 유래·헌법의 이념 또는 목적 등을 규정한 전문, 제1장 총강(헌법 제1조~제9조), 제2장 국민의 권리와 의무(헌법 제10조~39조), 제3장 국회(헌법 제40조~65조), 제4장 정부(헌법 제66조~100조), 제5장 법원(헌법 제101조~110조), 제6장 헌법재판소(헌법 제111~113조), 제7장 선거관리(헌법 제114조~116조), 제8장 지방자치(헌법 제117조~118조), 제9장 경제(헌법 제119조~127조), 제10장 헌법개정(헌법 제128조~130조) 및 부칙 6개조로 되어 있다.

Ⅲ. 현행헌법상 개정절차

1. 헌법개정의 제안

헌법개정은 국회 재적의원 과반수 또는 대통령의 발의로써 한다(헌법 제128조 제1항).

국회의원에게 이를 인정한 것은 국회의 국민대표기관성에서 유래하며 대통령에게 제안권을 부여한 것은 대통령이 행정권의 수반인 동시에 국정의 제1인자인 지위에 있기 때문에 인정된 것이라 하겠다.

2. 헌법개정안의 공고

제안된 헌법개정안은 대통령이 20일 이상의 기간 이를 공고하여야 한다(헌법 제129조). 이는 개헌안의 내용을 국민에게 주지시키려는 것이며, 그 법적 효과로써 국회의 의결과 국민투표에서는 가부택일만이 인정되고 내용의 수정은 인정되지 아니한다.

3. 헌법개정안의 국회의결

국회의원제안이든 대통령제안이든 제안된 개헌안은 공고된 날로부터 60일 이내에 국회가 의결하여야 하며, 의결은 재적의원 3분의 2 이상의 찬성을 얻어야 하고(헌법 제130조 제1항), 의결을 얻지 못하면 당연히 폐기된다.

4. 헌법개정안의 국민투표에 의한 확정

국회에서 의결된 개헌안은 국회가 의결한 후 30일 이내에 국민투표에 붙여야 하며, 국민투표에서 국회의원선거권자 과반수의 투표와 투표자과반수의 찬성을 얻으면 헌법개정이 확정된다(헌법 제130조 제2항).

5. 헌법개정의 공포

국민투표에 의하여 헌법개정이 확정되면 대통령은 즉시 이를 공포하여야 한다(헌법 제130조 제3항).

6. 헌법개정의 효력

헌법개정은 시행일에 개정내용대로 효력을 발생하지만 헌법 제128조 제2항은 대통령의 임기연장 또는 중임변경을 위한 개정은 그 제안 당시의 대통령에게는 효력이 없음을 특별히 규정하고 있는 바, 이는 새 헌법이 신설한 중요한 내용 중의 하나이다.

제3절 대한민국의 기본이념 및 기본질서

Ⅰ. 대한민국의 기본이념

1. 헌법전문의 의의

헌법전문(Preamble, Präambel, Eingangs formel)이란 체계적으로 개개의 조문으로 구성되어 있는 법규 앞에 서문으로 붙여져 그 헌법의 제정유래·목적·취지 등을 선언하는 문장이다. 따라서 헌법전문은 그 헌법성립을 추진 또는 지지한 사람들의 공통된 정신의 표현이며, 헌법성립 당시의 역사적 상황을 반영하는 면을 가지고 있다. 우리 헌법전문은 헌법본문의 제조항과 같이 헌법전의 일부를 구성하고 있는 것으로서 그 내용을 보면, 우리 헌법의 성립유래·헌법제정권력자·제정목적 그리고 헌법의 기본원칙 등을 명시하고 있다.

2. 헌법전문의 주요 내용 및 정신

헌법전문은 형식적 절차 이외에도 실질적 내용면에서 (i) 대한민국의 건국이념과 임시정부의 법통계승, (ii) 민족단결과 정의·인도·동포애의 실현, (iii) 자유민주적 기본질서의 확립, (iv) 국민의 기본권보장, (v) 자유와 권리에 따르는 책임과 의무의 강조, (vi) 자유와 권리에 따르는 항구적 국제평화의 추구 등을 규정하고 있다.

(1) 한국의 건국이념 및 임시정부의 법통계승

헌법전문은 글머리에서 '우리 대한민국은 3·1운동으로 건립된 대한민국 임시정부의 법통과 불의에 저항한 4·19 민주이념을 계승하고, 조국의 민주개혁과 평화적 통일의 사명에 입각하여'라고 규정하여 대한민국의 건국이념을 선언하고 있다. 이것은 우리 민족의 자주독립정신과 민주이념을 천명한 것이고, 대한민국이 단일민족으로서 통일조국의 진정한 민주공화국을 염원하는 국민적 의지가 표현된 것으로 해석된다. 우리 국민은 3·1 운동의 숭고한 독립정신과 4·19 민주정신을 계승하여 통일된 민주 대한민국을 건설하는 데 총력을 경주해야 할 것이다.

(2) 민족단결과 정의·인도·동포애의 실현

헌법전문은 '정의·인도와 동포애로써 민족의 단결을 공고히 하고, 모든 사회적 폐습과 불의를 타파하며'라고 하여 민족의 단결과 정의사회의 구현을 강조하고 있다.

(3) 자유민주적 기본질서의 확립

헌법전문은 '자유민주적 기본질서를 더욱 확고히 하여'라고 함으로써 대한민국이 자유민주주의에 입각한 민주정치질서를 확립할 것을 다짐하고 있음을 명시하고 있다.

(4) 국민의 기본권보장

헌법전문의 자유민주적 기본질서는 형식에 그쳐서는 안 되며 실질적 내용이 민주적이어야 한다. 그러기 위해서는 국민의 실질적 평등과 자유를 확보하여야 한다. 전문도 계속하여 '정치·경제·사회·문화의 모든 영역에 있어서 각인의 기회를 균등히 하고 능력을 최고도로 발휘하게 하며… 안으로는 국민생활의 균등한 향상을 기하고'라고 하여 실질적인 평등을 보장하며, 또 '우리들과 우리들의 자손의 안전과 자유와 행복을 영원히 확보'할 것을 다짐함으로써 자유와 안전과 행복을 추구할 것을 보장하고 있다.

(5) 책임과 의무의 강조

국민이 '자유와 권리에 따르는 책임과 의무를 완수하게 하며'라고 하여 권리에 따르는 책임과 의무 등을 강조하고 있다.

(6) 항구적 국제평화유지의 추구

헌법전문은 '밖으로 항구적인 세계평화와 인류공영에 이바지함으로써'라고 함으로써 항구적인 세계평화가 유지되어야만 국민의 안전과 자유와 행복을 영원히 확보할 수 있음을 강조하고 있다. 이는 침략전쟁의 부인, 국제평화주의 등의 이념으로써 헌법총강에 구체화시키고 있는 것이다.

Ⅱ. 대한민국의 기본질서

대한민국의 기본원리 및 질서는 우리 헌법의 전문과 본문에 규정되어 있다. 이러한 것들은 헌법조항을 비롯한 모든 법령의 해석의 기준을 제공할 뿐만 아니라, 입법이나 정책결정의 방향을 제시하며, 공무원을 비롯한 국민·국가기관이 헌법을 존중하고 수호할 지침이 되고 있다. 또한 헌법의 개정에 있어서 헌법의 기본원리 및 질서의 근본규정은 헌법개정의 한계를 이룬다고 본다.

구체적으로 헌법의 기본원리 및 질서는 헌법이 직접 밝히지 않는 한 헌법의 전문이나 본문에서 추론할 수밖에 없는데, 우리 헌법의 기본이념 및 질서에 대한 관점에 따라 이를 분류하는 학자들의 견해 차이가 있다. 생각건대 우리 헌법의 기본원리 및 질서는 헌법전문에서 개괄적으로 선언하고 있고, 그 외에도 헌법총강과 개별조항 등에서 명시되고 있는데, 기본원리로서 (i) 국민주권주의, (ii) 권력분립주의, (iii) 기본권존중주의, (iv) 법치주의, (v) 문화국가주의, (vi) 복지국가주의, (vii) 사회적 시장경제주의, (viii) 국제평화주의 등을 비롯하여 기본질서로서 정당제도, 선거제도 등의 정치질서, 공무원제도, 지방자치제도 등의 법치행정질서, 복지경제제도와 관련한 사회적 경제질서 등이 주요 내용을 이루고 있다.

1. 국민주권주의

우리 헌법은 제1조 제2항에서 「대한민국의 주권은 국민에게 있고 모든 권력은 국민으로부터 나온다」라고 하여 국민주권의 원칙을 선언하고, 또한 헌법전문에서 국민이 헌법을 제정하고, 그 헌법을 국민투표에 의하여 개정하였음을 선언하고 있으며, 제1조 제1항은 「대한민국은 민주공화국이다」라고 하여 국민주권의 원칙의 채택을 간접적으로 규정하고 있다. 이와 같이 대한민국의 주권자는 국민이며, 또 모든 권력이 국민으로부터 연원되는 민주공화국이기 때문에 주권자인 국민이 참정권(공무담임권 제25조, 선거권 제24조)을 가지며, 또한 대통령과 국회의원의 선거권을 가지는(헌법 제67조 제1항, 제41조 제1항) 동시에 국민투표권(헌법 제72조, 제130조 제2항)을 가진다.

우리 헌법은 간접민주정치를 원칙으로 하면서도 국민투표제도를 채택함으로써 직접민주정치의 요소를 어느 정도 가미하고 있다.

2. 권력분립주의

권력분립주의는 국가권력의 남용을 방지하고 국민의 자유를 확보하기 위하여 입법·행정·사법의 각 작용을 분리·독립시켜 이들을 별개의 기관에 담당케 하여 기관상호간의 견제를 인정하고 균형을 유지하기 위한 것을 내용으로 하는 통치조직의 원리이다. 이 원리의 가장 이상형을 대체로 3권분립주의라고 말한다. 우리 헌법은 전문에서 '자유민주적 기본질서를 더욱 확고히 하는'이라고 하여 자유민주주의에 입각하고 있음을 강조하고 있다. 이 자유민주주의는 권력분립주의를 또한 내포하고 있다.

또한 헌법은 주권이 국민에게 있으며, 이 주권에 내포된 통치권이 국가기관에 분립되어 행사되고 있음을 인정하고 있다. 행정권은 대통령과 정부에, 입법권은 국회에, 사법권은 법원에 위탁하여 이를 행사케 하고 있으며, 국회는 국무총리임명동의권, 예산심의권, 국무총리·국무위원 해임건의권, 행정에 관한 입법권, 탄핵소추권, 국정감사권·조사권, 대법원장·대법관임명동의권, 일반사면동의권 그리고 긴급재정경제처분 및 명령·긴급명령승인권, 계엄해제요구권 등을 통하여 행정부를 견제할 수 있다. 또한 행정부는 임시국회집회요구권·법률안제출권·법률안거부권·국회출석발언권 등으로서 입법부를 견제할 수 있다. 그리고 법원은 위헌명령·규칙·처분심사권과 헌법재판소재판관 지명권 그리고 중앙선거관리위원회위원 지명권 등으로 행정부를 견제할 수 있다. 정부는 법원에 대하여 대법원장과 대법관임명권·예산안제출권 그리고 사면권 등으로 법원을 견제할 수 있다. 국회는 사법에 관한 입법권과 예산심의권·대법원장 및 대법관임명동의권 그리고 탄핵소추권 등으로써 사법부를 견제할 수 있다. 헌법재판소는 위헌법률심사권, 탄핵결정권, 정당해산결정권 그리고 헌법소원에 관한 인용결정 등을 갖고 입법부·행정부·사법부를 견제할 수 있다.

3. 기본권 존중주의

기본권의 보장은 근대 입헌주의의 특징을 이루는 것이며, 오늘날 헌법은 기본권보장규범으로서의 의의를 가지고 있다. 우리 헌법도 기본권보장을 헌법전문에서 선언하고 있으며, 헌법 제2장에서 이를 개별적으로 보장하고 있다. 특히 헌법 제10조는 기본권보장의 대원칙을, 제37조는 기본권의 존중과 제한을 각각 규정함으로써 기본권보장의 일반원칙을 선언하고 있다.

우리 헌법상의 기본권은 헌법 제10조의 인간의 존엄과 가치·행복추구권을 주기본권으로 파악하고, 이러한 인간의 존엄과 가치·행복추구권은 개별적인 기본권으로 분화한다고 보아야 할 것이다. 이러한 개별적인 기본권으로는 협의에 있어서의 인간의 존엄권·평등권·자유권·사회권·청구권 그리고 참정권 등이 있고, 이 밖에 기본적 의무가 있다. 또한 기본권은 직접적으로 국가권력을 구속하는 규범이며, 이 규정은 민법의 공서양속의 규정에 따라 사법관계에도 간접적으로 적용된다고 보아야 할 것이다.

4. 법치주의

법치주의는 국민의 의사의 표현인 헌법이나 법률에 의한 통치를 말하는 것으로 헌법과 법률에 의한 국가권력의 제한을 의미한다. 법치주의가 민주주의의 요소로 인정될 수 있는 것은 입법권의 우월사상, 국민총의의 표현인 법에 의한 지배라는 점이 강조되기 때문이다.

그러나 법치주의는 자유주의의 원리로서 발달한 것이며, 오늘날에도 권력분립주의와 함께 자유민주주의의 구성요소로 인정되고 있다. 우리 헌법은 법치주의의 요소로는 입헌주의·자유와 법적 평등·권력분립과 권력통제·법의 구속과 법의 지배·권리의 사법적 보장·손실보상제도·과잉처분금지 그리고 행정처분의 비례성의 원칙 등을 들 수 있다. 그러나 여기서 중요한 것은 헌법과 법률의 지배, 권리의 사법적 보장 그리고 법치행정의 원칙이라고 하겠다.

5. 문화국가주의

헌법전문은 '유구한 역사와 전통에 빛나는'에서 출발하고 있으며, 대통령의 취임선서에서 「민족문화의 창달에 노력한다」(헌법 제69조)고 하였으며, 헌법 제9조에서도 「국가는 전통문화의 계승발전과 민족문화의 창달에 노력하여야 한다」고 명시하여 국가의 의무를 보다 강력히 다짐하고 있다. 또 교육조항에서는 「국가는 평생교육을 진흥하여야 한다」(헌법 제31조 제5항)고 하여 국가의 문화책임을 강조하고 있다. 이들 제조문을 종합·검토하여 볼 때, 우리 나라는 문화국가(Kulturstaat)를 지향하고 있음을 알 수 있다.

6. 복지국가주의

기본권보장에 있어서 자유권의 보장에만 그치는 것이 아니라 사회권(생활권)의 보장에 중점을 두어 복지국가의 건설을 지향하고 있다.

복지국가(Welfare state, Wohlfahrtsstaat)란 기본적으로 개인의 정치적·경제적·사회적 활동의 자유를 허용하는 자유주의에 입각하면서 경제적 자유경쟁의 결과가 미치는 여러 가지 모순을 국가권력의 적극적 활동에 의하여 해소하는 것을 목적으로 하는 국가이다. 즉 사회적·경제적 원인에 의한 실업, 질병, 그리고 빈곤 등을 제거하여 인간으로 하여금 '인간다운 생활'을 하도록 하기 위하여 재산권이나 경제활동을 규제하고, 또는 적극적으로 경제정책, 사회정책을 실시하는 국가이다.

근대사회에 있어서 사회악의 근원은 빈곤이었다. 이 빈곤을 해소하는 데에 복지국가의 목적이 있었다. 그러나 광·공업의 발전은 필연적으로 인간의 생활환경의 파괴를 가져왔기 때문에 이러한 생활환경의 파괴에서 인간을 보호하는 것이 복지국가의 또 다른 하나의 목적으로 추가되기에 이르렀다.

우리 헌법은 전문에서 '국민생활의 균등한 향상'을 선언하고 있으며, 기본권조항에서 모든 '국민의 인간다운 생활'을 보장하고, '사회보장·사회복지에 관한 국가의무'를 규정하고 나아가 '건강하고 쾌적한 환경에서 생활할 권리'를 보장하여 복지국가건설을 그 목적으로 하고 있음을 천명하고 있다. 또한 복지국가의 달성을 목적으로 사회적 시장경제주의의 원칙을 도입하여 경제조항을 마련하고 있다.

우리 헌법은 '근로자의 고용의 증진과 적정임금을 보장'하고 근로조건의 기준을 '인간의 존엄성을 보장하도록 법률로 정할 것'을 규정하고 있다. 나아가 상이군경과 전몰군경 및 국가유공자의 유가족에 대한 우선취업권을 부여하고, 혼인과 가족생활이 '개인의 존엄과 양성평등'에 기초하도록 규정하고 있다.

7. 사회적 시장경제주의

사회적 경제질서의 기본원칙을 규정한 제119조는 「국가는 균형 있는 국민경제의 성장 및 안정과 적정한 소득의 분배를 유지하고 시장의 지배와 경제력 남용을 방지하며 경제주체간의 조화를 통한 경제의 민주화를 위하여 경제에 관한 규제와 조정」을 할 수 있도록 하고, 「대한민국의 경제질서는 개인과 기업의 경제상의 자유와 창의를 존중함을 기본으로 한다」라고 규정하고 있다. 이것은 대한민국의 사회경제질서가 모든 국민의 인간다운 생활의 보장에 그 목적이 있는 것을 천명한 것이며, 우리의 경제질서의 원칙이 빈익빈 부익부를 허용하지 않고 균등한 향상을 기하는 사회적 복지주의에 근거하고 있음을 강조한 것이다.

원칙적으로는 '자유와 창의'를 바탕으로 하는 자본주의적 경제질서가 그 본바탕이 될 것이나, 사회적 약자를 보호하기 위한 경제사회정책에 따라 어느 정도의 경제계획이 행해지고 있다. 즉 소비자보호운동을 보장하고, 경제적 약자의 자조조직을 육성한다. 농지의 소작제도는 원칙적으로 금지되며, 국가는 국민 모두의 생산 및 생산의 기반이 되는 국토의 효율적이고 균형있는 이용·개발과 보전을 위하여 필요한 제한과 의무를 과할 수 있고 농업 및 어업을 보호·육성하기 위하여 농·어촌 종합개발과 그 지원 등 필요한 계획을 수립·시행하며, 지역사회의 균형 있는 발전을 기하고, 중소기업을 보호·육성하고, 대외무역을 육성하며 이를 규제·조정할 수 있고, 사영기업의 국유 또는 공유로의 이전이나 경영의 통제와 관리를 예외적으로 할 수 있다. 따라서 국민경제의 발전과 이를 위한 과학기술진흥에 관련된 정책수립의 자문기관을 둘 수 있다.

8. 국제평화주의

우리 헌법은 전문에서 '밖으로는 항구적인 세계평화에 이바지함으로써'라고 하여 국제평화주의를 선언하고 있으며, 그 구체적인 표현으로는 제5조에서 침략전쟁의 부인을, 제6조 제1항에서 국제법존중주의를, 그리고 동조 제2항에서 외국인의 법적 지위의 보장을 각각 규정하고 있다.

이러한 세계평화주의의 선언은 국민의 '안전과 자유와 행복'이 국가권력에 의해서 위협될 뿐만 아니라 국제분쟁과 전쟁에 의해서도 침해될 우려가 있기 때문에 이를 특별히 헌법에 선언함으로써 고도의 보장을 하고 있는 것이다.

(1) 국제평화주의와 침략전쟁의 부인

헌법 제5조는 헌법전문의 평화사상을 전제로 하여 「대한민국은 국제평화의 유지에 노력하고 침략전쟁을 부인한다」라고 규정하고 있다. 국제평화의 유지를 위하여서는 국제협조적인 국제활동에 참여하고 국제법질서를 존중해야만 한다.

본조에서 침략전쟁을 부인하고 있는 것은 자위를 위한 전쟁을 제외하고는 어떠한 전쟁도 하지 않아야 한다는 것을 뜻한다.

(2) 국제법존중주의

헌법 제6조 제1항은 「헌법에 의하여 체결·공포된 조약과 일반적으로 승인된 국제법규는 국내법과 같은 효력을 가진다」라고 규정하여 우리 나라가 국제법을 존중하며, 국제사회질서에 대하여 협조할 것을 과시하고 있다.

(3) 외국인의 지위보장

제6조 제2항에서 「외국인은 국제법과 조약에 정한 바에 의하여 그 지위를 보장한다」라고 하고 있는데, 외국인도 특별한 경우를 제외하고는 내국인과 평등한 대우를 받는다. 그러나 외국인에 대해서는 국제관습상 출입국의 허가를 받아야 하며, 외국인 등록을 하여야 하고, 선거권·피선거권이 없고, 토지소유권·광업소유권, 특수회사·특수은행 등의 주식취득에 제한이 있다. 그러나 외국인도 인간으로서의 존엄과 자유권 등을 향유하고, 특별한 경우가 아니면 내국인과 같이 평등한 보호를 받을 권리를 가진다.

제 4 절 대한민국의 구성요소 및 국가형태

Ⅰ. 국가의 의의

국가(State, Staat, Etat)의 개념에 관하여는 많은 학설이 대립하고 있기 때문에 한 마디로 표현할 수 없겠으나, 대체로 국가란 '일정한 지역을 지배영역으로 하는 고유의 통치권력 아래 결합된 인류의 단체'라고 할 수 있다. 그러나 국가의 발생 및 본질에 관한 제학설이 입증하듯이 그 개념 및 본질 등을 명확히 한다는 것은 보통 어려운 일이 아니다. 국가의 기원을 설명하는 데도 신의 의사에 의하여 성립하였다는 신의설, 가족의 발전에서 성립하였다는 가족설, 강자의 약자에 대한 지배에서 성립하였다는 실력설, 인간상호간의 계약에서 성립하였다는 계약설(복종계약설 : 홉스(T. Hobbes), 위임계약설 : 로크(J. Locke), 국가위탁설 : 룻소(J. J. Rousseau), 칸트(I. Kant)) 및 재산설·심리설 등이 있으나, 어느 것도 충분한 설명을 하지 못하고 있다. 국가의 본질에 대하여도 실력설·유기체설 그리고 윤리적 이념의 실현으로서 객관적 정신의 최고의 발전단계라는 도덕설(F. Hegel) 등이 있다. 또 국가를 사회학적 입장과 법학의 입장으로 나누어 보면, 전자의 입장에서는 국가란 원시적 통치권을 갖는 정주하는 인간의 단체적 통일체라고 하고, 후자의 입장에서는 원시적 통치권력을 가진 정주하는 국민의 사단이라고 하는 국가양면설(G. Jelinek) 등이 있다.

옐리네크의 이 국가양면설에 대하여는 켈젠에 의한 예리한 비판도 있으나, 오늘날 가장 널리 채택되고 있는 학설이다. 이러한 입장에서 국가를 정의해 본다면, 국가란 일정한 지역을 지배영역으로 하는 고유의 통치권력하에 결합된 인류의 단체라고 할 수 있다.

(1) **국가는 단체이다**

여기서 단체라고 하는 것은 단순한 개인의 집합체가 아니라 통일적 조직체로써 독립적으로 존재하는 것을 말한다. 따라서 구성원의 변동이 있더라도 단체로서의 동일성 유지에는 변함이 없다.

(2) **국가는 지역단체이다**

국가는 일정한 지역과 그 지역에 정주하는 주민을 본질적 구성요소로 한다.

(3) **국가는 고유한 통치권을 갖는 단체이다**

국가의 통치권은 국가에 내재하는 시원적인 권력이다.

(4) **국가는 법적·강제적 단체이다**

국가는 법에 의하여 그 목적을 실현하고, 법은 국가에 의하여 실현을 보장받는다. 또한 국가는 강제적·권력적 단체로서 임의적인 일반단체와 구별된다.

Ⅱ. 국가의 구성요소

국가는 일정한 지역을 존립요건으로 하고, 나아가 주민을 지배하는 통치단체이기 때문에 국가는 국민과 영역과 주권을 필수적인 요소로 하고 있다. 이 국민과 영역과 주권을 국가의 3요소라고 한다.

우리 헌법도 대한민국의 3요소로서 국민과 영역과 주권(통치권)을 규정하고 있다. 헌법 제2조 제1항은 국민의 요건을 법률로 정하도록 규정하고, 제3조는 한반도와 그 부속도서를 영토로 규정하였으며, 제1조 제2항은 주권이 국민에게 있음을 규정하고 있다.

이러한 국가의 구성요소에 관하여 좀더 구체적이고 일반론적인 입장에서 살펴보기로 한다.

Ⅰ. 국 민

(1) 국민의 의의

국민(nation, Staatsvolk)이란 국가의 인적 요소 내지 항구적 소속원으로서, 국가의 통치권에 복종할 의무를 가진 개개인의 전체집합을 의미한다.

국민은 그 국가 내에 있더라도 그 국가의 국적을 가지지 않은 무국적인과 구별되며 법률상 차이가 있다. 또한 법학적 개념으로서의 국가적 질서를 전제로 한 개념이기 때문에 '혈연을 기초로 한 문화적 · 사회학적 개념'인 민족 및 '국가 이전의 사회의 구성원'을 의미하는 인민과 구별된다.

국민이 되는 요건을 국적이라 하며, 국적의 취득 · 상실로써 국민 여부가 결정된다. 우리 나라는 국적법이라는 단행법을 두고 있다. 국적의 취득에는 출생에 의한 선천적 취득과 이외의 원인에 의한 후천적 취득이 있다. 선천적 취득에는 부모의 국적에 따라 출생자의 국적을 정하는 혈통(속인)주의와, 출생지에 의해 정하는 출생지(속지)주의가 있으나, 우리 나라는 전자를 원칙으로 한다. 후천적 취득에는 혼인 · 귀화 · 인지 그리고 국적회복 등이 있다. 국적상실의 원인으로는 혼인 · 입양 · 이혼 그리고 국적이탈 등이 있다.

(2) 국민의 헌법상 지위

일찍이 옐리네크는 개개 국민의 국가에 대한 지위를 다음과 같이 4분하였다. 첫째는 국민의 국가권력으로부터 침해를 받지 아니하는 소극적 지위이며, 여기서 자유권이 발생한다. 둘째는 국민이 국가에 대하여 적극적으로 어떤 것을 해 줄 것을 청구할 수 있는 적극적 지위이며, 여기서 수익권이 발생한다. 셋째는 국민이 능동적으로 국가의 의사형성에 참여할 수 있는 능동적 지위이며, 여기서 참정권이 발생한다. 넷째는 국민이 국가권력에 복종하는 수동적 지위이며, 여기서 의무가 발생한다.

그러나 오늘날은 단체로서의 국민의 지위를 인정하여 다음과 같이 분류하는 것이 일반적이다.

1) **주권자로서의 지위** 이러한 의미의 국민은 연령·성별의 구별 없이 이념적 통일체로서 일체의 자연인을 포함하는 총체이며, 헌법 제1조 제2항, 제7조의 국민은 이러한 의미로 이해되고 있다. 주권자로서의 국민은 헌법상 어떤 구체적 권리를 가지고 있지는 아니하나, 이 지위를 바탕으로 하여 다른 모든 구체적·직접적 권리가 부여된다.

2) **국가기관으로서의 지위** 여기서의 국민은 선거권을 가진 국민의 집단, 즉 유권자의 총체로서 헌법상 조직된 권력체이다. 국가기관으로서의 국민은 대통령의 부의에 의하여 국가의 중요정책에 대하여 국민투표를 하며(헌법 제72조), 대통령 또는 국회의원이 제안한 헌법개정안에 대하여 국민투표로 확정하며(헌법 제130조 제2항), 또 국회의원과 대통령을 선출한다(헌법 제41조 제1항·제67조 제1항).

3) **개인으로서의 지위** 여기서의 국민은 기본권보장의 대상, 국가권력의 객체로서 주권자로서의 지위와 함께 국민의 자기지배의 원리를 의미하게 된다. 헌법 제2장에서의 국민은 이러한 개념으로 쓰인다.

2. 영 토

영토란 국가의 영토고권(국가영역 안의 모든 사람과 물건을 지배하는 국가권력)이 배타적으로 행사되는 공간을 말하며, 국가의 권력은 원칙적으로 이러한 영역에만 미친다. 국가는 인간의 집단이며, 인간은 일정한 토지에 정착하며 살고 있으므로 토지, 곧 좁은 의미의 영토는 국가의 본질적 요소인 것이다. 우리 헌법은 제3조에서 「대한민국의 영토는 한반도와 부속도서로 한다」라고 규정하여 한국의 영토는 북한지역에도 미치고 있음을 선언하고 있다.

영토에는 영해·영공이 포함된다. 영토란 토지로 이루어지는 국가의 영역을 의미하며 지표 및 지하를 포함한다. 영해란 영토에 접속하여 있는 일정한 수역을 말하며, 그 범위는 종래 3해리설이 가장 유력하였으나 오늘날 해양자원의 중요성이 인식되어 점차 그 폭을 확대하자고 주장되어 오던 중 드디어 해양법회의에서 12해리의 범위 안에서 각국이 정할 수 있게 되었고, 이에 따라 우리 나라도 원칙적으로 영해가 12해리임을 규정하고 있다. 영공이란 영토 및 영해의 상공으로서 그 범위는 지배가능한 상공에 한한다.

3. 주 권

(1) 개 념

주권(Souveränifät, Sovereignty)이라는 말은 여러 가지 의미로 사용되고 있는데, 그것은 주권이 근대의 이데올로기적 · 정치적 요청에 의해 정립된 개념이기 때문이다. 주권은 다음과 같은 의미로 쓰인다.

1) 주권은 국가권력의 최고 · 독립성이라는 뜻으로 쓰인다. 주권은 대외적으로는 다른 국가의 지배와 간섭을 받지 아니하는 절대성 · 독립성을 가지며, 대내적으로는 최고성을 가진다. 주권국가라 할 때의 '주권'은 이러한 의미이다.

2) 주권은 국가의사를 결정하는 최고의 원동력이라는 뜻으로 쓰인다. 여기서의 주권은 국가권력이 발생해 나오는 근본적인 연원을 의미하게 되는데, 그것은 곧 헌법제정권력인 것이다. 국민주권이라 할 때의 '주권'은 이러한 의미이다.

3) 주권은 국가권력 그 자체 혹은 통치권의 의미로 쓰인다. 국가의 구성요소로서의 '주권'은 이러한 의미로 쓰인다.

(2) 주 권 론

주권론은 주권이 누구에게서 유래하는가, 즉 주권이 최종적으로 누구에게 귀속하는가의 문제이다. 주권개념과 더불어 정치적 상황에 따라 역사적으로 변천하여 왔다.

1) **군주주권론** 주권론을 맨 처음 주창한 보댕(Jean Bodin)은 16세기 말 교회권력 및 신성로마제국 그리고 봉건제후의 권력 등으로부터 국왕의 권력을 보호하기 위하여 절대적인 최고권력으로서 주권을 주장하였으며, 이는 군주에게 귀속한다고 주장하였다. 보댕의 이러한 사상은 영국의 홉스에게 계승되었다. 홉스는 인간의 본심은 이기심에 있다고 하고, 따라서 이를 자연상태에 방임하면 만인의 만인에 대한 투쟁(bellum omnium contra omnes)이 되므로 평화상태의 유지를 위해서는 인간은 계약에 의하여 국가통치권력에 복종해야 하며, 이 복종은 절대적인 것이라고 주장하였다. 보댕과 홉스의 이러한 군주주권론은 근대 전제군주정의 성립에 이론적 근거로서 크게 공헌하였다.

2) **국민주권론** 군주주권론에 대항하여 항의적 이데올로기로서 일어

난 것이 국민주권론이다. 국민주권론은 사회계약설에 근거를 두고 주권은 국민, 즉 이념적 통일체로서의 전체 국민에게 있다고 한다. 이러한 국민주권론은 알투지우스(Althusius)에 의하여 주창되어 로크, 룻소에 이르러 확립되었다. 이들에 의하면, 국민은 그들의 자연권을 국가권력에게 절대적·전면적으로 이양하여 국가권력에 절대적으로 복종하는 것이 아니라 사회계약에 의하여 자유로이 복종하는 것이라고 한다. 룻소는 국가권력의 기초는 총의(Volonte, générale)에 있으며, 총의는 곧 국민의 의사이므로 주권자는 국민이라고 주장하였다. 국민주권론은 그 후 자유민주주의국가의 필수적인 요소로 발전하였다.

3) **국가주권론**　　국가주권론은 주권은 군주에게도 국민에게도 귀속하는 것이 아니라 국가 그 자체에 귀속한다고 하며, 19세기 후반 독일의 법실증주의자들의 국가법인론에 근거를 두고 있다. 이것은 국민주권론에 반대하는 보수적인 제한 또는 입헌군주국가를 역사적 배경으로 하며, 옐리네크에 의하여 대표된다.

(3) **통 치 권**

통치권(Herrschaft Gewalt)이란 국가가 그의 목적을 달성하기 위하여 가지는 여러 가지 권력을 총괄한 개념이다. 주권도 때로는 통치권의 의미로 쓰이는 경우가 있으나 주권은 최고·독립·유일불가분·불가양의 성질을 가지는 데 반하여, 통치권은 여러 권력의 총괄체로서 가분적이며 양도가 가능한 점에서 구별된다. 통치권의 내용은 다음과 같다.

1) **영토고권**　　영토고권이란 국가가 그 영역 내에 있는 모든 물건과 사람에 대하여 직접 지배할 수 있는 권력을 말한다. 영토고권은 일정한 토지에 대하여 직접 지배할 수 있다는 의미에서 토지물권적인 성질을 가지나 국법 및 국제법에 의하여 제한을 받는다(예 : 사유재산의 치외법권).

2) **대인고권**　　국가는 그 나라의 국민이 자국 내에 있는 경우는 물론 해외에 거주하는 경우에도 그를 지배하는 권한을 가지는데, 이를 대인고권이라 한다. 그러나 대인고권도 절대적인 것은 아니며, 국제법에 의한 제한을 받는다.

3) **자주조직권**　　국가는 자주적으로 독립하여 국가기관을 조직하고 국가권력을 수권하는 권한을 가지는데, 이를 자주조직권이라 한다.

4) **국제법에 의한 권한**　　국가는 외국과의 조약 또는 일반 국제법에

의하여도 권한을 가질 수 있다. 피보호국에 대한 권리, 조차지에 대한 권리, 전시점령지 및 신탁통치영역에 대한 권리가 그 것이다.

Ⅲ. 대한민국의 국가형태

국가형태란 국가의 조직에 관한 유형적 형태, 다시 말하면 국가의 정치적 통일의 형식과 모양을 의미한다. 그러나 이러한 국가형태의 분류 및 그의 기준에 대하여는 학설이 일치하지 않고 있다.

1. 국가형태의 분류

국가형태를 분류하는 방법에는 단일의 표준에 의하는 방법과 두 개의 표준에 의한 방법이 대립하고 있다. 단일의 표준에 의하는 방법에는 일찍이 고대 그리스의 아리스토텔레스가 국가최고기관의 조직형태를 기준으로 하여 1인이 지배하는 군주국·소수귀족이 지배하는 귀족국, 그리고 국민이 지배하는 민주국 등으로 분류하였으며, 중세의 마키아벨리(Niccolo Machiavelli)도 국기권력 담당자의 세습 여부를 기준으로 군주국과 공화국으로 분류하였다. 그러나 옐리네크는 국가의사의 구성방법에서 기준을 구하여 국가의사가 1인의 자연적 의사에 의하여 결정되는 군주국과 다수인에 의한 기술적 방법으로 결정되는 공화국으로 분류하였다. 그는 이를 세분하여 세습군주국과 선거군주국, 전제군주국과 제한군주국, 귀족공화국과 민주공화국으로 나누었다.

두 개의 표준에 의한 분류방법은 렘(Rehm)에 의하여 대표된다. 렘은 국가권력의 담당자에 의한 분류와 국가권력의 최고행사자에 의한 분류로 나누었는데, 전자는 협의의 국가형태(국체)이며, 후자는 정부형태(정체)를 의미한다. 그러나 렘의 국가권력의 담당자와 국가권력의 최고행사자와는 엄격히 구별되는 것이 아니고, 양자는 결국 같은 것이다. 그러나 종래의 통설적인 분류방법은 헌법현실과 일치하지 않는 점이 있어 비판을 받게 되었고, 동태적인 새로운 분류방법이 등장하였다. 대표적인 학자인 뢰벤슈타인(Löwenstein)은 국가권력이 통합되어 행사되는 국가를 전제정체라 하고, 국가권력이 분산되어 행사되는 국가를 입헌정체라고 하고 있는데, 이는 우리에게 많은 시사를 준다.

2. 국　체

국체의 분류란 주권이 누구에게 있는가(주권의 소재)에 의한 국가형태의 분류이다. 그러나 이러한 구분은 후술하는 바와 같은 모순을 지니게 되므로 오늘날은 형식적인 군주제도의 유무에 의하여 구분하고 있다. 좁은 의미의 국가형태(국체)는 군주국과 공화국으로 대별된다.

(1) 군 주 국

군주국이란 주권이 특정의 1인, 즉 군주에게 있는 국가를 가리키는 것이 원칙이다. 그러나 오늘날 모든 국가는 국민주권주의를 취하여 주권이 군주 한 사람에게 귀속하는 국가는 없다. 그리하여 오늘날 군주국이라 함은 형식적으로 군주제도를 가진 나라를 지칭하게 된다. 군주국은 다시 군주의 결정방법에 따라 세습군주국과 선거군주국으로 나누어지고, 군주의 권능의 범위에 따라 군주가 국가의사를 결정하는 데 아무런 제약도 받지 않는 전제군주국과 제약을 받는 제한군주국으로 나누어진다. 오늘날 전제군주국은 거의 존재하지 않으며, 제한군주국은 입헌군주국, 의회주의적 군주국으로 변모하여 왔다.

(2) 공 화 국

공화국이란 종래는 주권이 국민에게 있는 국가를 가리켰으나, 오늘날은 군주제도가 없는 국가를 말한다. 공화국은 주권귀속자에 따라 귀족공화국·인민공화국·민주공화국으로 나누어 볼 수 있고, 또한 구 소비에트연방의 노동공화국·북한의 인민공화국과 같은 전제공화국과 대한민국·서구의 입헌민주주의국가와 같은 입헌공화국으로 나누어 볼 수 있다.

3. 정　체

정체란 주권으로부터 유래하는 국가권력을 어떻게 행사하느냐(행사방법)에 의한 국가형태이다. 따라서 국체가 고정적·항구적 성질을 가짐에 비하여 정체는 시대적 요청, 즉 헌법개정을 통하여도 변화될 수 있다. 정체는 다음과 같이 분류할 수 있다.

(1) 전제정과 제한정

이는 국가권력의 행사에 있어 다른 국가기관의 관여 여부에 의한 분류이다. 전제정이란 주권자가 국가권력을 행사함에 있어서 다른 기관과 관계 없이 자신의 의사만에 의하여 행사하는 정부형태를 말하며, 제한정이란 독립된 다른 국가기관의 관여에 의하여 행사하는 정부형태를 말한다. 이러한 분류는 종래 군주국의 정부형태의 분류이나, 오늘날 전제정의 대표적인 형태인 전제군주정은 존재하지 아니한다. 군주의 권한행사를 제한하려는 제한정은 국가권력의 행사를 헌법에 의하여 입법·사법·행정으로 나누어 제도적으로 제한하는 입헌정에 의하여 대표되고 있다.

(2) 민주정과 독재정

이는 치자와 피치자의 자동성 여부에 의한 분류로서 민주정이란 국가권력의 행사가 국민의 의사에 의하는, 즉 치자와 피치자의 자동성이 유지되는 정부형태를 말한다. 독재정이란 전제정과 유사한 점이 있으나, 이는 공화국의 정부형태의 분류로서 국가권력의 행사에 있어서 주권자의 의사를 무시하여 실력으로 국민을 타율적으로 지배하는 정부형태를 말한다. 공산주의정·나찌스 독재정 그리고 후진국에서 흔히 볼 수 있는 소위 신대통령제정 등은 바로 이러한 독재정의 유형이다.

(3) 직접민주정과 간접민주정

민주정에는 두 가지가 있는데, 주권자가 직접 국가권력의 행사에 참여하는가의 여부에 의하여 직접·간접의 민주정으로 분류된다. 군주국·귀족국 등에서도 직접민주정·간접민주정이 있을 수 있으나, 대개 직접민주정을 취하고 있으므로 별문제가 없다.

주권이 다수국민에게 있는 공화국은 간접민주정이 원칙이며, 특히 민주공화국은 거의 간접민주정을 취하고 있다. 그것은 통치지역의 광역화, 인구의 격증, 현대행정의 고도의 기술성으로 인하여 국민이 직접 국정에 참여한다는 것은 거의 불가능하기 때문이다. 그러나 오늘날 대의제에 의한 간접민주정은 많은 병폐를 가지고 있으며, 이의 시정을 위하여 각국은 직접민주정적 요소인 국민표결(referendum)·국민발안(initiative)·국민소환(recall) 등을 도입하고 있다. 이를 혼합민주정이라 한다.

(4) 단일정과 연방정

국가권력이 단일의 중앙정부에 귀속하는 정부형태를 단일정이라 하며, 연방과 지방으로 나누어지는 정부형태가 연방정이다. 물론 단일정에 있어서도 지방자치단체가 있으나 이것은 국가가 인정한 실체에 불과하며, 연방정에 있어서의 지방과 같이 자주조직권 등 광범한 권한을 가지지 않는 점에서 구별된다.

(5) 우리 헌법상의 국가형태

우리 헌법은 제1조 제1항에서 「대한민국은 민주공화국이다」라고 규정하여 우리 나라의 국호가 '대한민국'이라는 것과 대한민국의 국가형태가 민주공화국임을 선언하고 있다. 첫째, 우리 나라의 국호는 '대한민국'인바, 이것은 우리 나라가 3·1운동의 결과 수립된 '대한민국의 임시정부'의 전통을 이은 것이라는 뜻에서이다.

둘째, 민주공화국이란 국체냐 정체냐에 관해 학설의 대립이 있으나, 우리 헌법이 민주공화국이라고 하고 있음은 권력분립주의적인 공화국임을 강조한 것이다. 그러므로 우리는 민주공화국 자체를 국가형태로 파악하면 되는 것이지 국체와 정체를 엄격히 구별할 필요는 없다. 오늘날 뢰벤슈타인과 같이 정치체계를 분류하는 경우, 그 구별의 실익은 더욱 없다고 보기 때문이다. 셋째, 우리 나라에서는 어떠한 명목으로서도 군주제도의 도입을 불허한다는 뜻이 깃들여 있다고 하겠다. 그리하여 대한민국의 국가형태의 특색으로서는 간접민주정치를 원칙으로 한 직접민주정치의 가미, 정당제민주정치의 도입, 민주주의를 말살하려는 적으로부터 민주주의를 수호하기 위하여 방어적 민주정치를 채택하고 있다.

제5절 국민의 기본권 및 의무

Ⅰ. 기본권의 의의 및 성격

1. 기본권의 의의

기본권은 인권 또는 인간의 권리를 의미한다. 인권이란 인간이 인간이기에 가질 수 있는 권리이다. 이러한 인권의 개념은 계몽주의적 자연법론과 사회계약설 등 근대적 사상의 전개과정에서 나타난 천부인권론에 사상적 기초가 있다고 볼 것이다. 존 로크(J. Locke)는 국가성립 이전의 자연상태에서 인간은 누구나 생명·자유·재산을 내용으로 하는 인간에게 고유한 천부인권을 가지고 있으며, 이러한 자연권의 보장을 위하여 인간상호간에 체결된 계약이 사회계약이라고 주장하였다.

근대 자연법론자들은 대부분 천부인권론을 주장하였는데, 그 대표적인 학자로는 몽테스키외(Montesquieu), 룻소(Rousseau) 그리고 토마지우스(Thomasius) 등을 들 수 있다. 천부인권론은 근대 각국의 인권선언과 권리장전 등에 성문화되어 나타났다. 1776년 미국 버지니아주 권리장전의 제3조에 있는 '천부적 권리 또는 생래의 권리'라는 말과 1789년 프랑스 인권선언 제2조의 '자연권'이라는 말은 이러한 사상을 나타낸 것이다. 프랑스 인권선언은 인간의 권리와 시민의 권리를 구분하여 규정하고 있다. 이에 대하여 독일에서는 인권 내지 인간의 권리를 기본권이라는 말로 표현하고 있고, 바이마르 헌법과 서독기본법도 기본권이라는 말을 쓰고 있다. 독일의 영향을 받은 우리 나라에서도 기본권이라는 용어를 사용하고 있다.

기본권이란 헌법이 보장하는 국민의 기본적 권리를 말한다. 인권이 인간의 본성에서 나오는 생래적 자연권을 의미하는 데 비하여, 기본권 중에는 생래적인 권리도 있지만, 국가내적인 사회권적 기본권·청구권적 기본권 그리고 참정권 등이 있는 까닭에 인권과 기본권은 그 내용에 있어서 반드시 일치하는 것은 아니다. 따라서 엄격히 말한다면, 두 개념은 동일한 것은 아니나, 각국 헌법에서 보장하고 있는 기본권은 인권사상에 바탕을 두고 인간의 권리를 실현하려고 하는 것이므로, 대체로 기본권은 인권을 의미한다고 볼 수 있다.

2. 기본권의 법적 성격

(1) 주관적 공권성

기본권은 개개인을 위한 주관적 공권으로서의 성격을 갖는다. 따라서 기본권은 개인이 자기 자신을 위하거나 타인과 결부됨에 있어서의 개인적 권리 또는 국가에 대해서 부작위나 작위를 요청할 수 있는 개인의 권리를 의미한다.

기본권이 현실적이고 구체적인 권리인가 아니면 기본권 규정은 다만 입법방침적 규정에 불과한 것인가에 관하여는 견해가 나누어져 있지만, 헌법에 규정된 기본권이 입법권·행정권·사법권 등 국가권력 일반에 대한 직접적 구속력을 갖는다고 보며, 기본권은 직접적 효력을 갖는 현실적인 주관적 공권이라고 할 수 있다.

(2) 전 국가적 자연권성

기본권이 자연권이냐 실정권이냐 하는 문제에 관하여는 견해가 갈라져 있다. 기본권을 자연권으로 보는 경우에는 헌법은 이를 확인하고 선언하는 데 불과하나, 실정권으로 보는 경우에는 헌법에 규정되어야 비로소 권리로서 창설되는 것이라고 보게 된다. 그러나 기본권은 전국가적 자연권으로서 헌법에 의하여 확인되는 것으로 보는 것이 타당하다. 따라서 제6공화국 헌법은 인간의 존엄과 가치·행복추구권이 천부인권임을 선언하고, 「국가는 개인이 가지는 불가침의 기본적 인권을 확인하고 이를 보장할 의무를 진다」(헌법 제10조)고 명시하여 천부인권성, 전국가적 자연권성을 보다 강조하고 있다.

Ⅱ. 기본권의 분류

1. 기본권의 전통적 분류

옐리네크(G. Jellinek)는 국가의 구성원으로서 국민의 지위는 국가로부터의 자유, 국가에의 급부, 국가에 대한 청구 및 국가를 위한 급부를 각각 그 내용으로 한다고 하였다. 이와 같은 설명에 의하면 자유권은 소극적 지위에서, 수익권은 적극적 지위에서, 참정권은 능동적 지위로부터, 국민의 기본의무는 수동적 지위로부터 각각 유래하는 것이 된다. 옐리네크의 이러한 분류는 법실증주의적인 바이마르 헌법학의 통설이 되었고, 일본이나 우리 나라에서도 많은 지지자를 가지게 되었다.

2. 기본권분류의 기준과 방법

기본권의 분류방법은 그 법적 성격을 기준으로 하여 구분하는 방법, 실질적인 내용면에서 구분하는 방법, 그리고 형식적인 효력면에서 구분하는 방법 등 여러 가지가 있다.

(1) 성질에 따른 분류

기본권은 그 성격에 따라서 (i) 초국가적인 기본권과 국가내적인 기본권, (ii) 진정한 기본권과 비진정한 기본권으로 나눌 수 있다.

(2) 내용에 따른 분류

기본권의 내용에 따른 분류는 옐리네크의 전통적 분류방법 이래로 다양한 분류론이 있지만, 대체로 (i) 인간으로서의 존엄과 가치·행복추구권, (ii)

평등권, (iii) 자유권적 기본권, (iv) 사회권적 기본권, (v) 청구권적 기본권, (vi) 참정권 등으로 분류한다.

(3) 효력에 따른 분류

기본권의 효력이 전체 국가권력을 구속하느냐 않느냐에 따라 (i) 현실적인 기본권과 프로그램(Programm)적 기본권으로 구분하고, 효력이 미치는 범위가 대국가적인 기본권이냐 대사인적인 기본권이냐에 따라 (ii) 대국가적인 기본권과 대사인적인 기본권으로 분류된다.

(4) 한국헌법상 기본권의 분류

우리 헌법상의 기본권을 분류함에 있어서는 그 내용에 따라 분류하는 것이 바람직하다. 그러므로 기본권을 내용에 따라 아래와 같이 분류할 수 있다.

1) 포괄적 기본권

(가) 인간의 존엄과 가치·행복추구권

(나) 평등권

2) 개별적 기본권

(가) 자유권적 기본권

(나) 사회권적 기본권

(다) 청구권적 기본권

(라) 참정권적 기본권

Ⅲ. 국민의 기본권

1. 인간의 존엄과 가치·행복추구권

(1) 의 의

기본권의 불가침은 인간의 존엄을 승인하고 인간이 개인으로서 존중되어야 한다는 공통의 확신에 기인하고 있음은 주지의 사실이다. 이러한 의미에서 개인의 인격에 가치를 부여하고 있는 근대 개인주의의 가치관이 헌법의 근본원리가 되고 있는 것이다. 이와 같은 인간의 존엄성의 인식은 근세 계몽주의·인문주의에서 비롯되었으며, 근대민주주의에서 기본적 인권은 '국가로부터의 자유'를 의미하는 자유권을 의미하였다. 그러나 자본주의의 발달에 따른 병폐에 의한 경제적 불평등은 생존권을 위협하게 되어 생존권의 보장만이 인간의 존엄과 가치를 보장할 수 있다고 생각하게 되었다. 우리 헌법도

제10조에서 「모든 국민은 인간으로서의 존엄과 가치를 가지며 행복을 추구할 권리를 가진다. 국가는 개인이 가지는 불가침의 기본적 인권을 확인하고 이를 보장할 의무를 진다」라고 규정하고 있다. 넓은 의미에 있어서의 인간의 존엄과 가치·행복추구권은 주기본권으로서 국민의 기본적 인권 전반을 말하는 것이라고 하겠다. 이러한 의미에 있어서의 존엄·행복추구권은 주기본권으로서 개별적인 기본권으로 분화되는데, 그 중에서도 중요한 것은 평등권·자유권적 기본권·사회권적 기본권·청구권적 기본권 그리고 참정권 등이라고 하겠다. 그러나 좁은 의미에 있어서의 인간의 존엄권은 인격권을 말한다. 이 인격권은 명예권·성명권·초상권 등을 포함하는 것이며, 인격형성권·인격유지권 등과 관련하여 알 권리, 읽을 권리, 들을 권리 그리고 생명권 등이 포함된다고 할 수 있다.

(2) 내 용

1) **생 명 권** 생명권에 대해서는 우리 헌법상 명문화된 규정이 없다. 독일 기본법에서는 제2조 제2항에서 「누구든지 생명에의…권리를 가진다」고 명시하고 있으며, 제102조에서는 사형을 폐지하고 있는데, 우리 헌법에는 이에 관한 규정이 없다. 그렇다면 우리 헌법에는 생명에의 권리(Recht auf Leben)가 인정되지 않는가 하는 것이 문제된다. 혹자는 인간의 존엄과 가치를 규정한 헌법 제10조에서, 혹자는 헌법 제12조의 신체의 불가침규정에서 생명에의 권리를 인정하기도 하지만, 혹자는 헌법 제37조 제1항에서 이를 인정하려고 하고 있다.

그러나 우리 헌법은 인간의 가치에 관해서 헌법 제10조에서 규정하고 있기 때문에 인간으로서의 생존의 가치가 인정되어야 한다고 보는 것이 타당할 것이다. 생명에의 권리는 인간의 본질적 가치에 해당하는 것이며, 따라서 생명을 박탈하는 것은 인간의 존엄성을 침해하는 것이라고 하겠다. 생존할 가치가 없는 생명의 말살, 예를 들면 안락사라든가, 우생학적인 면에서의 멸종 등과 같은 것은 일반적으로 허용되지 않는다고 보아야 할 것이다. 또 생명에의 권리는 소극적으로 국가에 의한 침해의 배제청구권뿐만 아니라 적극적으로 국가에 대한 보장청구권(Leistungsan spruch)을 포함하고 있다.

2) **일반적 인격권** 일반적 인격권은 명예권·성명권 그리고 초상권 등을 포함하고 있다. 모든 인간은 사회적 명예를 침해당하지 않을 권리를 가진다.

명예권은 정치인에게도 인정되기는 하나 정적에 대한 공격은 사실을 적시하여 공익을 위한 경우에는 가능하다. 이에는 학문적 명예에 관한 존중권도 요청된다. 모든 국민은 초상권을 가지는데, 만약에 당사자의 동의 없이 신문·잡지·선전팜프렛·영화 그리고 TV 등에 초상 사진을 게재하는 것은 일반적 인격권의 침해가 된다. 그러나 현대사의 역사적 인물의 초상을 대중의 알 권리를 충족시키기 위하여 공표하는 것은 허용된다. 모든 국민은 성명권을 가지는 데, 타인에 의한 이름의 남용도 성명권의 침해이며 일반적 인격권의 침해로 된다.

3) 알 권리·읽을 권리·들을 권리 알 권리란 개인의 자기실현을 가능케 하기 위한 개인적인 권리로서 존엄권의 전제가 되고 있다. 듣고·보고·읽을 자유와 권리를 말한다. 독일 기본법 제5조 제1항 2단은 「일반적으로 입수할 수 있는 정보원으로부터 방해됨이 없이 알 권리를 가진다」고 규정하고 있으나, 우리 헌법은 따로 규정하고 있지 않다. 따라서 우리 헌법 제10조에서 알 권리·읽을 권리·들을 권리를 보장하고 있다고 보아야 하겠다.

4) 본질적 내용의 침해문제 헌법이 보장하는 인간의 존엄·행복추구권도 구체적으로는 보다 큰 법익을 위해서 제한될 수 있으나, 그 본질적 내용은 침해할 수 없다. 우리 헌법 제37조 제2항에는 이에 관한 명문규정이 있으며, 세계 각국의 입법과 판례가 이를 인정하고 있는 것이다. 따라서 법률로써도 인간의 존엄과 가치·행복추구권의 본질적 내용은 침해할 수 없다.

2. 평 등 권

(1) 의 의

모든 인간에게 인격의 존엄을 인정한다는 것은 필연적으로 평등의 원칙을 그 전제로 한다. 헌법이 제11조에서 법 앞의 평등과 그 원칙에 따른 평등규정을 둔 것은 개인의 인격존중의 원리의 표현이며, 그러한 의미에서 평등원칙은 개인의 기본권과 병행하여 헌법에서 가장 중요한 기본원리를 이루고 있는 것이다. 평등권은 국가에 의하여 불평등한 대우를 받지 아니함과 동시에 국가에 대해서 평등한 대우를 요구할 수 있는 공권이다. 근대적인 평등사상에 의하면, 국가권력의 구성에 평등하게 참가하고 국가권력에 차별 없이 취급되는 것에 중점을 두었으나, 현대적인 평등사상이 요청하는 것은 경제적·사회적·실질적 평등이다. 이러한 의미에서, 평등권도 정치적 평등권에서 경제적 평등권으로 전환되고 있다고 보아야 할 것이다.

(2) 법적 성격

1) 주관적 공권성　　평등권은 평등한 취급을 받고 불평등한 취급을 받지 않을 개인의 국가에 대한 주관적 공권이다. 불평등한 입법에 대하여는 위헌심사를 요청하고, 불평등한 행정처분이나 재판에 대하여는 행정소송 또는 상소를 할 수 있다.

2) 초실정법적 자연권성　　평등권은 국가에 의해서 보장되며, 법률에 의하여 그 구체화가 행하여지는 일종의 실정권, 즉 국가 내적인 권리라고 보는 실정권설과, 평등권도 전국가적인 성격을 가지는 자연권이라고 보는 자연권설로 갈라진다. 그러나 평등권은 인간의 자연상태로부터 있었던 생래적 기본권인 천부인권으로 보는 것이 타당할 것이다. 헌법이 이를 선언한 것은 국가에게 그 보장의 의무를 강조한 것이요, 천부인권이 헌법에 규정됨으로써 실정권화되는 것은 아니라고 할 것이다.

3) 평등권과 자유권의 관계　　평등권과 자유권의 상호관계에 대해서는 평등권을 자유권의 일종이라고 보는 설과 자유권과 구별하여 제4종의 기본권이라고 보는 설이 대립되고 있다. 전설은 평등권 역시 자유권과 마찬가지로 국가로부터 특별대우를 받지 않는다고 소극적 의미를 가지는 점을 강조한다. 이에 대해 후설은 평등권은 자유권·사회권·참정권을 보장하기 위한 기본권에 모두 공통적으로 적용되어야 할 권리이기 때문에 평등권을 자유권의 일종으로 보는 것은 잘못이라고 주장한다.

따라서 자유권은 국가의 부작위를 요청하는 소극적 권리인 데 대하여, 평등권은 국가의 평등보호를 청구하는 권리이며, 다른 모든 기본권에 적용되는 것이므로 자유권과는 구별된다고 보아야 한다.

(3) 헌법상의 평등권

우리 헌법은 전문에서 '정치·경제·사회·문화의 모든 영역에 있어서 각인의 기회를 균등히 하고… 국민생활의 균등한 향상을 기하고'라고 선언하고, 헌법 제11조는 제1항에서 법 앞의 평등, 성별·종교·사회적 신분에 의한 차별금지와 정치·경제·사회·문화의 각 생활영역에 있어서의 차별금지를, 제2항에서 사회적 특수계급의 부인을, 제3항에서 훈장 등의 영전은 이를 받은 자에게만 효력을 인정하고 있으며, 그 밖에 제31조의 교육의 기회균등에 관한 규정, 제36조의 혼인과 가족생활에 있어서의 양성의 평등에 관한 규정, 제41조와 제67조의 선거에 있어서의 평등에 관한 규정, 제119조 제2항의 균형 있는 국민경제의 발전에 관한 규정 등을 두어 평등권을 헌법적 보장으로 인정하고 있다.

다만 평등권이 헌법 제37조 제2항의 '자유와 권리'에 포함되는가에 대하여는 견해가 대립되어 있으나, 모든 '자유와 권리'라고 표현하고 있어 기본권 전반으로 보아 포함된다고 본다. 따라서 법률에 의한 평등권의 제한은 국가안전보장·질서유지·공공복리를 위하여 필요불가결한 경우에 한하여 인정된다고 하겠다.

평등권에 대한 법률의 제한이 합리적으로 인정되는 것은, 첫째, 공무원에 대한 제한으로서 공무원법은 공무원의 복무의무를 규정하고, 또한 정치활동제한을 규정하고 있다. 둘째, 군인·군무원에 대하여는 영내거주를 명할 수 있고, 특별한 복무의무가 부과된다. 셋째, 국가공무원법·선거법 등에서는 전과자 등에 대해 공무담임권을 제한하고 있다, 넷째, 교육법 등은 피교육자에 대하여 일정한 평등권을 제한하고 있다. 다섯째, 행형법은 재소자 등에 대하여 서신의 검열·교화 등 신체의 자유에 대한 제한을 규정하고 있다. 이 밖에도 각종 법규로 평등권을 제한하는 경우는 얼마든지 있다.

3. 자유권적 기본권

(1) 의 의

자유권적 기본권이란 국민이 그의 자유영역에 대해서 국가권력으로부터 침해를 받지 않을 소극적인 권리이다. 따라서 자유권은 국가의 부작위를 요청할 수 있는 권리일 뿐 적극적으로 국가의 작위를 요청할 수 있는 권리가 아니다. 국민은 국가의 자유권 침해시 그 침해의 배제를 청구할 수 있다. 이 점에서 자유권은 대국가적인 침해배제청구권이라고 말할 수 있다.

(2) 법적 성격

1) 자연권성 자유권을 국가와 관계없이 존재하고 있는 개인의 자유를 확인하고 선언하는 권리라고 보는 자연권설과 자유권을 전국가적일 수 있으나 권리는 국가내적인 것이라는 면에서 실정법상의 권리로 보는 실정권설로 갈라지고 있는데, 천부인권인 자유권이 헌법과 법률에 의하여 제한될 수 있다는 사실에서 기본권이 실정법상의 권리라고는 확정할 수 없을 것이며, 자연권도 실정법에 고착됨으로써 다소간 상대화될 수 있으므로 자유권은 자

연권으로 보되 상대적인 권리라고 보는 것이 타당하다.

우리 헌법이 해석상으로는 제10조와 관련하여 자유권을 자연권으로 보되, 헌법 제37조 제2항에 따라 상대적인 자유권설을 채택하고 있는 것이 다수설이다.

2) **소극적 공권성** 자유권은 적극적으로 국가의 작위를 청구하는 권리가 아니라, 국가권력의 침해시 그 침해의 배제를 요청하는 소극적 권리이다. 이러한 소극성이 있으므로 자유권에 권리성이 있는냐가 문제된다.

이에 관해서는 자유권의 권리성을 부인하는 견해와 자유권을 진정한 기본권으로서 권리성을 인정하려는 견해로 대별할 수 있다. 그러나 자유권은 비록 적극적인 효과는 없다고 하더라도 국민의 자유가 부당하게 국가권력에 의하여 침해된 경우, 그 침해의 제거를 요구할 수 있는 소극적·금지적 효과를 가지는 일종의 소극적 공권이라고 보아야 할 것이다. 따라서 자유권은 국가권력에 대한 방어적 성격을 갖는 방어권으로서 중요한 의의를 갖는다.

3) **포 괄 성** 실정권설의 입장에서는 헌법의 자유권규정을 개별적인 자유권을 열거한 것으로 보고 헌법에 규정되지 아니한 자유권을 인정하지 않으며, 자연권설의 입장에서는 자유권이란 일반적인 행동자유권을 말하고 헌법에 규정된 개별적인 자유권을 예시적인 것에 불과하고 헌법에 열거되지 아니한 자유권도 인정하려고 한다. 우리 헌법은 제37조 제1항에서 「국민의 자유와 권리는 헌법에 열거되지 아니한 이유로 경시되지 아니한다」라고 규정하여 그 포괄성을 명시하고 있다.

그러나 우리 헌법 제37조 제1항의 규정의 유무에 관계 없이 자유권은 전국가적 권리로서 포괄적인 일반적 행동자유권이 있고, 이에 개별적인 자유권이 헌법에 예시된 것으로 보아야 할 것이다.

(3) 내 용

1) **신체의 자유** 신체의 자유는 인간생활에 있어서 제1차적인 요소이며, 민주주의의 존립에 불가결한 기본적 자유이다. 신체의 자유가 자의적인 권력이나 폭력으로부터 보호되지 않으면 인간의 존엄과 민주주의 또한 존재할 수 없는 것이다. 이러한 자유는 전제시대의 인격무시의 경험, 즉 정당한 이유 없이 체포나 감금을 행하고, 잔학한 고문을 자행하였던 것을 상기하여 볼 때 입헌민주국가의 가장 기본적인 자유라 할 수 있는 것이다. 이 자유는 사상의 자유와 더불어 모든 자유의 근원으로서 일찍이 영국의 대헌장·권

리청원 · 권리장전 등에 규정된 후 세계 각국의 헌법에 빠짐 없이 규정되어 있다.

우리 헌법은 신체의 자유에 대하여 제12조 이하에서 상세히 보장하고 있다. 헌법 제12조 제1항에서는 신체의 자유 일반을 선언한 다음, 죄형법정주의와 체포 · 구금 등의 법률주의를 규정하고, 제2항은 고문금지와 묵비권의 보장, 제3항은 영장제도, 제4항은 변호인의 조력을 받을 권리, 제6항은 구속적부심사제, 그리고 제7항은 자백의 증거능력의 제한을 각각 규정하고 있다. 그리고 제13조는 일사부재리와 소급입법의 금지 및 친족의 행위로 인한 불이익처우금지 등을 규정하고, 그 이외도 제27조 · 제28조는 형사피고인으로서의 권리를 규정하고 있다.

본래 신체의 자유는 모든 자유권 중에서 기초가 되는 것이며, 신체의 자유를 자유권의 모두에 규정한 것도 이러한 이유에서 비롯된 것이다. 그러면 신체의 자유를 보장한 헌법상의 기본문제를 다음과 같이 살펴보기로 한다.

㈎ 죄형법정주의 또는 법률주의 죄형법정주의는 「법률 없으면 범죄 없다」와 「법률 없으면 형벌 없다」의 두 명제로 성립하고 있으나, 보통은 후자로 표현되고 있다. 이를 법률주의라고도 한다.

우리 헌법 제12조 제1항 후단은 「누구든지 법률에 의하지 아니하고는 체포 · 구속 · 압수 · 수색 또는 심문을 받지 아니하며, 법률과 적법한 절차에 의하지 아니하고는 처벌 · 보안처분 또는 강제노역을 받지 아니한다」라고 규정하고 있는데, 이는 근대형법의 원리인 죄형법정주의 또는 법률주의가 선언되어 있는 규정으로 볼 수 있다. 따라서 국민을 처벌하거나 보안처분을 하거나 또는 강제노역을 부과하는 경우에는 반드시 법률과 적법한 절차에 의하도록 하고 있다.

또한 '법률에 의하지 아니하고는'의 '법률'은 원칙적으로 국회가 제정한 형식적 의미의 법률을 말하며, 예외적으로 긴급재정경제명령 · 긴급명령도 포함된다. 또 이 경우의 법률은 기본권의 본질적 내용을 침해하지 않는 한도 내에서 국가안전보장 · 질서유지와 공공복리를 위하여 필요한 것이어야 한다(헌법 제37조 제2항).

㈏ 영장제도 법률로써 체포 · 구금 · 압수 · 수색하는 경우에는 검사의 청구에 의하여 법관이 발부한 영장을 제시하여야 한다(헌법 제12조 제3항). 이는 범죄수사로 인한 부당한 인권침해와 신체의 자유에 대한 침해를 막도록 하는

데 그 의의가 있다.

영장제도는 영미법에서 발달한 것으로서 우리 나라에서는 군정법령 제176호에 의하여 도입된 뒤, 헌법에까지 규정되게 된 것이다. 체포·구금의 경우 구속영장에는 최소한 구속할 피의자와 이유가 되는 범죄가 명시될 것이 요구된다.

우리 헌법 제12조 제3항은 체포·구금 뿐만 아니라 압수·수색도 영장에 의하게 하고 있다. 가택수색은 제16조에 의하여 보호한다. 압수·수색영장에는 압수할 물건과 수색할 장소가 구체적으로 명시되어야 하며, 이른바 일반영장은 금지된다. 그러나 영장제도에는 예외가 있는데, 현행범인의 경우와 장기 3년 이상의 형에 해당하는 죄를 범하고 도피 또는 증거인멸의 염려가 있을 때에는 사후영장을 청구할 수 있으며(헌법 제12조 제3항 단서), 비상계엄선포지역에서는 이 영장제도의 시행에 특별한 조치를 할 수 있다(헌법 제77조 제3항).

(다) 구속적부심사제도　우리 헌법은 제12조 제6항에서 「누구든지 체포 또는 구금을 당한 때에는 적부의 심사를 법원에 청구할 권리를 가진다」라고 규정하여 구속적부심사제도를 규정하고 있다. 이 제도는 제헌헌법에서부터 규정되어 오다가 제4공화국 헌법에서 삭제되었으나, 제5공화국헌법에서 부활되어 오늘에 이른 것이다.

구속적부심사제도는 법관이 발부한 영장에 대한 재심절차라고도 할 수 있을 것이다. 영장발부는 단독판사가 하는 데 대하여, 구속적부심사는 단독판사 또는 합의부에서 범죄의 우려·증거인멸의 우려 그리고 도주의 우려가 있는가를 심사하여 그 우려가 없는 경우에 석방하는 절차를 말한다.

(라) 고문금지와 묵비권　「모든 국민은 고문을 받지 아니하며, 형사상 자기에게 불리한 진술을 강요당하지 아니한다」(헌법 제12조 제2항)는 규정은 야만적인 고문제도를 금지하고, 형사상 묵비권을 보장한 것으로서 중요한 의의를 갖는다. 고문의 금지는 절대적 금지이기 때문에 공공복리를 이유로 하여서도 결코 허용되지 않는다. 만약에 공무원이 고문을 하는 경우에는 공무원의 불법행위로서 국가는 고문을 당한 국민에 대한 배상의 책임을 지게 된다(헌법 제29조).

(마) 변호인의 조력을 받을 권리　누구든지 체포·구금을 받은 때에는 즉시 변호인의 조력을 받을 권리를 가진다. 다만 법률이 정하는 경우에 형사피고인이 스스로 변호인을 구할 수 없을 때에는 국가가 변호인을 붙인다(헌법 제12조 제4항). 따라서 형사피의자이든 피고인이든 일단 체포·구금을 당하였을

경우에는 즉시 변호인의 조력을 받을 권리가 있다.

형사소송법은 헌법의 취지에 따라 체포·구금의 경우에는 각각 구금이유를 고지하여야 하며, 또는 변호인을 의뢰할 수 있다는 뜻을 고지하도록 규정하고 있으며(형사소송법 제72조), 동법 제33조는 일정한 경우의 국선변호인제도를 규정하고 있다.

(바) 신속한 공개재판을 받을 권리 형사피고인은 상당한 이유가 없는 한 지체없이 공개재판을 받을 권리를 가진다(헌법 제27조 제3항). 신속한 공개재판을 받을 권리는 사회의 안녕질서·국가안전보장, 그리고 선량한 풍속유지 등을 위하여 법원의 결정으로써 심리에 한하여 공개하지 아니할 수 있다(헌법 제109조 단서). 형의 선고나 무죄의 선고는 반드시 공개법정에서 하여야 한다.

(사) 형벌불소급의 원리 모든 국민은 행위시의 법률에 의하여 범죄를 구성하지 아니하는 행위는 사후 입법에 의하여 소추되지 아니한다(헌법 제13조 제1항 전단). 이것은 신체의 자유를 보장하는 헌법상의 원칙이다.

(아) 일사부재리의 원칙 모든 국민은 동일한 범죄에 대하여 거듭 처벌받지 아니한다(헌법 제13조 제1항 후단)는 원리를 헌법이 보장하고 있는 것이다. 이것을 일사부재리의 원칙이라고 하는데, 이 원칙은 형벌불소급의 원칙과 함께 기본권을 보장하기 위한 기본권의 내용이기도 하다.

(자) 형사보상청구권 형사피의자 또는 형사피고인으로서 구금되었던 자가 법률이 정하는 불기소처분을 받거나 무죄판결을 받을 때에는 법률이 정하는 바에 의하여 국가에 정당한 보상을 청구할 수 있다(헌법 제28조). 형사피의자보상은 법률이 정한 불기소처분을 받은 자에게만 인정된다(형사보상법 제26조). 구금에는 형의 집행 및 형의 집행을 위한 구치, 노역장유치의 집행을 포함한다. 형사피고인보상은 무죄판결을 받은 자에게만 인정된다. 무죄판결이라 함은 실질적 의미의 무죄판결이며, 당해 절차에 의한 무죄판결만이 아니고, 재심 또는 비상상고에 의한 무죄판결도 포함된다. 면소 또는 공소기각의 재판을 받은 자도 면소 또는 공소기각의 재판을 할 만한 사유가 없었더라면 무죄의 재판을 받을 만한 현저한 사유가 있었을 때에는 국가에 대하여 구금에 대한 보상을 청구할 수 있다(동법 제25조). 형사보상법의 규정은 군사법원에서 무죄판결을 받은 자에 대한 보상에 준용된다(동법 제28조 제2항).

2) 거주·이전의 자유 거주·이전의 자유란 국민이 자기가 원하는 곳에 주소나 주거를 설정하고, 또 그것을 이전할 자유 및 일정한 주소·거소

를 그의 의사에 반하여 옮기지 않을 자유를 말한다. 거주·이전의 자유는 자본주의경제체제하에서 재산권보장·직업선택의 자유·영업의 자유 등과 함께 경제적 자유의 성격을 가지나, 나아가 인간활동의 범위를 확대시켜 줌으로써 인간 사이의 교통의 촉진, 개인의 인격형성과 성장에 밀접한 관계를 가지고 있어서 민주주의의 근본인 인간의 존엄 또는 인간의 평등이란 정신적 측면도 가지고 있다.

우리 헌법 제14조는 「모든 국민은 거주·이전의 자유를 가진다」라고 규정하여 거주이전의 자유권을 보장하고 있다.

그러나 거주·이전의 자유는 법률로써 제한할 수 있는데, 이 경우에도 국가안전보장·질서유지 또는 공공복리를 위하여 필요한 경우에만 제한할 수 있다(헌법 제37조 제2항). 그러나 거주·이전의 자유의 본질적 내용은 법률로써도 제한할 수 없다. 따라서 거주·이전에 대한 허가제 등을 규정하는 법률은 위헌이 될 것이다.

3) 직업선택의 자유 직업선택의 자유는 일반적으로 자기가 선택한 직업에 종사하여 이를 영위할 수 있는 자유로 인정되고 있다. 여기서 직업이란 생활의 기본적 수요를 충족시키기 위한 계속적 활동, 즉 총체적이며 경제적 성질을 가지는 모든 소득활동을 의미하며, 이러한 내용을 가진 활동인 한 그 종류나 성질을 불문한다.

우리 헌법 제15조는 「모든 국민은 직업선택의 자유를 가진다」라고 규정하여 직업선택의 자유를 보장하고 있다. 무직업의 자유도 포함되는가에 대해서는 근로의 의무를 가능한 한 근로에 종사할 것을 권고하는 윤리적 의무로 본다면 당연히 무직업의 자유도 직업선택의 자유에 포함되므로, 근로의 의무와 직업선택의 자유의 내용으로서의 무직업의 자유는 모순되지 않는다. 다만 형의 선고에 의한 강제노역의 경우는 무직업의 자유가 인정되지 않는다. 그리고 직업선택의 자유도 국가안전보장·질서유지 또는 공공복리를 위하여 필요한 경우에는 법률로써 제한할 수 있다(헌법 제37조 제2항).

이 경우 자격제·허가제·신고제 등의 여러 가지 문제가 있다. 그러나 직업선택의 자유의 본질적인 내용을 침해해서는 안 된다(헌법 제37조 제2항 단서).

4) 주거의 자유 주거의 평온과 주거의 불가침은 고대 로마의 주거의 신성사상 이래 인격의 존엄과 결부되어 개인의 자유권으로서 요청되게 되었다. 주거의 불가침은 신체의 자유와 더불어 최소한의 자유로서 오늘날 형

사상·행정상의 절차적 보장을 초월하여 프라이버시(privacy)에 관한 권리의 일환으로 인정되고 있다.

우리 헌법 제16조는 주거의 자유에 관하여 「모든 국민은 주거의 자유를 침해받지 아니한다. 주거에 대한 압수나 수색에는 검사의 신청에 의하여 법관이 발부한 영장을 제시하여야 한다」라고 규정하여, 주거의 불가침과 영장에 의한 보호를 강조하고 있다. 그러나 이러한 영장주의에도 예외가 인정되고 있는데, 즉 현행범인 경우와 장기 3년 이상의 형에 해당하는 죄를 범하고 도피 또는 증거인멸의 염려가 있는 경우에는 사후에 영장을 청구할 수 있다고 규정한 헌법 제12조 제3항의 취지는 주거에 대해서도 그대로 적용된다. 그 외에 형사소송법·조세범처벌법에서도 영장주의의 예외를 규정하고 있다.

그러나 주거의 자유는 개인의 인격과 사생활을 보호하기 위하여 인정되지만, 국가안전보장·질서유지 또는 공공복리를 위하여 필요한 경우에 법률에 의하여 제한된다(헌법 제37조 제2항).

5) **사생활의 자유와 비밀보장** 현행 헌법은 제17조에서 「모든 국민은 사생활의 비밀과 자유를 침해받지 아니한다」라고 규정하고 있다. 타인의 부당한 침해로부터 보호받는 사적인 생활영역이 존재한다는 것은 생명·신체·재산 등에서의 제권리나 형법상의 명예훼손죄나 민법상의 불법행위의 규정에 비추어 오래 전부터 인정되어 왔음을 알 수 있다. 이러한 사생활의 비밀과 자유의 권리는 오늘날 소극적인 자유권에 그치는 것이 아니고, 적극적으로 '자기에 관련된 정보의 전파를 콘트롤할 수 있는 권리'로 파악하려는 경향이 있다. 그러나 우리 헌법은 이를 자유권 조항에서 규정하고 있으므로 소극적인 권리로 보되, 이는 오늘날의 정보화사회에서 개인의 존엄을 보장하기 위하여 필수적인 것으로 인정하여야 할 것이다. 자기의 정보를 콘트롤할 수 있는 권리는 헌법 제10조에서 보장되고 있다고 볼 것이다.

그러나 사생활의 비밀도 절대적인 것은 아니며, 국가안전보장·질서유지 또는 공공복리를 위하여 필요한 경우에는 법률로써 제한할 수 있다(헌법 제37조 제2항).

그런데 사생활의 비밀과 자유의 권리도 다른 기본권과 충돌하는 경우에는 이익교량에 의하여 제한될 수 있다.

6) **통신의 자유** 통신의 자유란 통신의 비밀의 자유와 통신의 불가침을 보장받을 자유를 의미한다. 통신의 비밀을 보장하고 있는 것은 개인의

사생활의 비밀을 보장하며, 개인의 인격을 보호하기 위한 것이다. 그리고 통신의 불가침은 표현행위의 기초가 된다는 이론이 있으나, 이것은 사회생활에서의 통신의 자유를 보장한 것이지 통신에 의한 표현을 보장한 것은 아니다.

우리 헌법 제18조는 「모든 국민은 통신의 비밀을 침해받지 아니한다」라고 규정하여 통신의 불가침을 보장하고 있다. 여기에서 통신의 비밀의 불가침이란 '서신뿐만 아니라 전신 · 전화 등의 검열이나 도청을 금지'한 것이며, 발신에서부터 수신 사이에 비밀이 침해되는 것을 금지하는 것을 말한다. 따라서 통신의 개피가 금지되며, 통신사무에 종사하는 직원의 직무상 알게 된 사항을 타인에게 누설할 수 없으며, 통신직원 이외의 직원이 비밀을 탐지하기 위하여 통신사무에 관여하는 것도 금지된다.

그러나 통신의 자유도 절대적인 것은 아니므로 국가안전보장 · 질서유지와 공공복리를 위하여 필요한 경우에는 법률로써 제한할 수 있는데, 그 대표적인 법률로서는 통신비밀보호법이 있다. 그러나 통신의 자유의 본질적인 내용은 법률로써도 침해할 수 없다.

7) **양심의 자유** 양심의 자유는 종교의 자유와 함께 인간 내심의 자유로서 정신적 자유의 근원으로 인정되고 있다. 따라서 양심의 자유는 행위의 자유에 선행하는 정신적 자유라고 말할 수 있다.

우리 헌법은 제19조에서 「모든 국민은 양심의 자유를 가진다」라고 규정하고 있는데, 여기에서 양심의 자유는 내면적인 사상과 양심을 외부에 표현하도록 강요되어지지 않을 자유와 자기의 사상 및 양심에 반하는 행위를 강요당하지 아니할 자유를 의미한다. 그러나 양심의 자유는 그 본질적 내용만으로써 구성되어 있기 때문에 이를 침해할 수는 없으며, 내심의 자유는 어떠한 경우에도 제한할 수 없는 절대적 자유라고 할 것이다. 다만 양심의 외부적인 표현은 표현의 자유에 대한 한계문제로서 제한될 수 있다고 할 것이다.

8) **종교의 자유** 종교의 자유는 근대국가 성립 초기에 있어서 교회의 구성과 결합하였던 국가권력의 압력에 대한 투쟁을 통하여 획득된 자유권이다. 이러한 종교의 자유는 인류의 귀중한 유산으로서 미국 제주의 인권선언, 프랑스의 인권선언과 미국 헌법에 선언된 이래 세계 각국의 모든 헌법에 예외 없이 채택되고 있다.

종교의 자유는 정신적 자유의 근원으로서 대체로 신앙의 자유, 종교적 행위의 자유 및 종교적 집회 · 결사의 자유를 내용으로 하고 있는데, 신앙의 자유란 종교를 믿고 안 믿을 자유, 신앙할 종교를 선택 변경할 자유, 신앙고백의 자유, 신앙선전의 자유, 종교적 교육의 자유, 신앙 또는 불신앙으로 인하여 특별한 불이익을 받지 않을 자유를 의미하며, 종교적 행위의 자유란 종교상의 축제·의식·예배 등 종교적 행위를 각인이 임의로 할 수 있는 자유와 그러한 행위를 할 것을 강요당하지 아니하는 자유를 말한다. 그리고 종교적 집회의 자유란 종교적 목적으로 동신자들이 집회하는 자유이며, 종교적 결사의 자유란 종교상의 공동의 목적을 갖는 계속적인 인간의 단체인 종교단체결성의 자유를 말하는 것으로 이러한 집회 및 결사의 자유로운 형성, 거기에의 참가·가입과 탈퇴가 보장되어야 한다.

우리 헌법은 제20조에서 「① 모든 국민은 종교의 자유를 가진다. ② 국교는 인정되지 아니하며, 종교는 정치로부터 분리된다」라고 규정하여 종교의 자유와 정치의 분리를 선언하고 있다. 동 조항은 종교에 관한 내면·외면적인 모든 자유를 의미하고, 제19조는 신앙의 자유를 제외한 양심과 사상의 자유만을 분리하여 규정한 것이라고 하겠다. 그런데 종교의 자유는 헌법 제37조 제2항에 의한 제한을 받는다. 그러나 신앙의 자유는 그 자체가 양심의 자유의 핵심이기 때문에 법률로써도 이를 침해할 수 없다고 보아야 할 것이며, 다만 종교적 행위나 종교적 결사의 자유는 그것이 대외적 행위의 자유이기 때문에 질서유지를 위해서는 제한할 수 있다고 할 것이다. 그리고 공중위생상 또는 중대한 공공복리를 위해서도 법률로써 제한할 수 있다고 보아야 할 것이다. 이와 같이 종교의 자유가 제한되는 경우에도 그 제한은 종교의 자유에 대한 본질적인 내용을 침해하여서는 안 된다. 종교의 자유는 다른 자유권과 달리 인간의 정신세계에 기초를 둔 것이므로 이에 대한 지나친 제한은 정신적 존재로서의 인간의 존엄과 가치를 침해하는 것이 된다.

9) 언론·출판 및 집회·결사의 자유 언론·출판 및 집회·결사의 자유는 종교·양심·학문과 예술을 대외적으로 표현하는 자유를 말한다. 즉 언론·출판 및 집회·결사의 자유는 정신적 자유의 외부적 표현의 자유를 의미한다. 이러한 표현의 자유는 언론·출판의 자유와 집회·결사의 자유 이외에도 라디오·TV·영화 등에 의한 표현의 자유와 집단시위행동에 의한 표현의 자유 등이 포함되는데, 그 중에서 가장 중요한 것이 언론·출판의 자유라고 할 수 있다.

㈎ 언론·출판의 자유 언론·출판의 자유는 외부적 표현의 자유,

즉 의사표현의 자유로서 민주정치에 있어서 빼 놓을 수 없는 자유로 인정되고 있다. 근대적 민주정치는 정치적 의지와 정치적 의견의 존재를 전제로 하여 선거와 투표를 통하여 주권을 행사하고 있다. 따라서 이 정치적 의지와 정치적 의견의 형성을 촉진하여 선거와 투표라는 본래의 목적을 발휘하게 할 언론·출판의 자유는 민주정치의 생명선이라고도 할 수 있을 것이다. 이러한 의미에서 근대국가에 있어서 국가에 대한 소극적·방어적 권리로 이해되었던 언론·출판의 자유가 현대민주정치에 있어서는 참정권과 함께 국가질서형성의 적극적인 권리로 변질되었다고 보는 것이다.

우리 헌법은 제21조에서 「모든 국민은 언론·출판의 자유……를 가진다」라고 규정하여 오늘날 민주국가가 요구하는 언론·출판의 자유를 보장하고 있다. 여기에서 언론이라 함은 구두에 의한 표현을, 출판이라 함은 문자 및 상형에 의한 표현을 뜻하는 것이지만, 일반적으로 언론·출판의 자유라고 할 때에는 사상 및 양심, 그리고 지식 및 경험 등을 표현하는 모든 수단, 즉 대화·연설·토론·연극·방송·음악·영화·가곡 등과 문서·도서·사진·조각·서화·소설·시가 기타 형상에 의한 것을 모두 의미한다고 해석된다. 특히 언론·출판의 자유는 신문·잡지·TV 등의 매스컴을 통한 보도의 자유가 포함되는데, 그 중에서도 신문의 자유는 가장 대표적인 것이라 할 수 있다.

그러나 언론·출판의 자유도 절대적인 자유가 아니고 헌법 제37조 제2항에 의해서 제한할 수 있으며, 비상계엄령하에서는 법률이 정하는 바에 의하여 언론·출판의 자유에 관하여 특별한 조치(헌법 제77조 제3항)를 할 수 있다. 다만 언론·출판의 자유를 제한하는 경우에는 그 본질적 내용을 침해할 수 없다(헌법 제37조 제2항 후단). 따라서 언론·출판에 대한 허가제와 검열제는 도입할 수 없다.

㈏ 집회·결사의 자유 집회·결사의 자유는 집단적인 표현의 자유를 의미하는 것으로 언론·출판의 자유와 같은 개인적 권리의 성질을 가진 것이 아니라 집단적 성질을 가진 것이다. 집회·결사의 자유는 민주주의사회에서의 정치적 자유로서 민주정치 실현에 불가결의 전제가 되기 때문에, 민주주의사회의 원동력으로서 이 자유의 보장이 절실히 요청되고 있다.

집회·결사의 자유는 단체적 행동으로 인하여 공공질서에 대한 영향력이 크고 직접적이므로 언론·출판의 자유보다 좀더 국가적 통제를 받으며, 특히 오늘의 대중적 민주주의국가에서는 대중적 집회·시위 같은 현대적 집회와 결사의 출현에 의하여 순수한 개인적 현상을 기준으로 한 고전적 자유주의적 의미의 집회·결사의 자유로부터 점차 객관적 법질서로 변질되고 있다고 할 수 있다.

우리 헌법은 제21조 제1항에서 「모든 국민은…… 집회·결사의 자유를 가진다」라고 규정하고 있다. 이는 집단적인 표현의 자유를 보장함을 선언한 것이다. 그런데 여기서 집회라 함은 비교적 일시적이고 일정한 장소를 전제로 하여 공공적인 사건에 대한 공공적인 토의나 사실고지를 위한 목적으로 불특정다수인이 회합함을 말한다. 따라서 목적이 없는 다수인의 시간적·장소적인 공존과는 구별된다. 그리고 동 조항에서의 결사라 함은 다수인이 일정한 공통된 목적을 위하여 지속적으로 단체를 형성하는 것을 말한다. 물론 그 목적 여부는 불문하지만, 그 가입의 자유와 탈퇴의 자유가 인정되는 자의적인 단체를 말한다. 가입과 탈퇴의 자유가 인정되지 않는 결사는 여기서 제외된다.

이러한 집회·결사의 자유는 공공질서에 그 영향력이 직접적이고 크기 때문에 각국 헌법은 이를 상대적으로 보장하고 있는 것이 보통이며, 우리 헌법에서도 제37조 제2항에 의하여 법률에 의한 제한을 받도록 하고 있다. 그리고 비상계엄(헌법 제77조 제3항)에 의하여 예외적으로 제한하는 경우가 있으며, 또 특수신분관계의 성질에서 오는 제한이 있다.

10) 학문과 예술의 자유 학문의 자유는 사상표현의 자유이며, 예술의 자유는 미의 추구의 자유를 의미한다. 따라서 학문의 자유는 연구의 자유, 연구발표의 자유, 교수의 자유 및 대학의 자치를 포함하며, 예술의 자유는 예술창작의 자유, 예술표현의 자유 및 예술적 결사의 자유를 포함하는 것으로 이해한다.

우리 헌법은 제22조 제1항에서 「모든 국민은 학문과 예술의 자유를 가진다」라고 규정하여 국민의 기본권으로서 이를 보장하도록 하고, 제31조 제4항에서 「교육의 자주성·전문성·정치적 중립성 및 대학의 자율성은 법률이 정하는 바에 의하여 보장된다」라고 규정하여 교육의 자주성·전문성·정치적 중립성 및 대학의 자율성을 보장하고 있다. 학문의 자유는 연혁적으로 볼 때 독일의 제대학에서 발전한 대학의 자유에서 유래한다고 볼 수 있지만, 오늘날 학문의 자유는 대학의 기본권일 뿐만 아니라 모든 국민의 기본권으로 발전하고 있기 때문에 우리 헌법이 보장하는 학문의 자유도 일체의 학문적 활동의 자유를 포함한다고 해석하는 것이 옳을 것이다. 따라서 학문의 자유는 그 내용과 형식으로 보아 진리와 진실을 진지하게 계획적으로 탐구하는 자유라고 인정하여야 할 것이다. 이러한 학문과 예술의 자유를 실질적으로 보장하기 위하여 우리 헌법 제22조 제2항은 「저작자·발명가·과학기술자와 예술가의 권리를 법률로써 보호한다」고 규정하고 있다.

그러나 학문과 예술의 자유가 헌법 제37조 제2항에 의하여 제한된다는 것은 일반적인 견해이다. 즉 학문과 예술의 자유 가운데 연구발표 등의 외부적 표현과 영화·연극 등은 그 대중성·직접성 때문에 질서유지와 국가안전보장을 위하여 제한이 불가피하다는 것이다. 이 경우에도 학문과 예술의 자유의 본질적 내용을 침해할 수 없음은 물론이다. 다만 학문의 자유에 있어서의 연구의 자유는 내면적인 자유로서 절대적 자유에 속하기 때문에 제한이 불가능하며, 미의 추구인 예술창조의 자유도 절대적 자유로 인식되기 때문에 어떠한 제한도 불가하다고 본다. 특히 연구의 자유와 예술창조의 자유는 법률로써도 제한할 수 없는 신앙의 자유·양심의 자유와 동질성을 갖는다.

11) **재산권의 보장** 근대 초기에 있어서 재산권은 천부의 전국가적·신성불가침의 권리로 인정되었다. 미국 버지니아주의 권리선언의 모두에서는 「모든 사람은 자연상태에서 다같이 자유·독립이며, 일정의 생활권을 가지며, 이 권리란 생명·자유를 향유하며, 재산을 취득·소유하며, 행복과 안녕을 추구 향수할 권리를 가진다」라고 규정하고, 프랑스 인권선언에서는 「소유권은 불가침 및 신성한 권리이므로 누구도 명백한 공공의 필요가 있는 것을 법률이 인정하고, 또 사전에 보상의 조건하가 아니면 이를 박탈할 수 없다」라고 규정하였으며, 미국 수정헌법 제5조는 「법의 정당한 절차에 의하지 아니하고는 생명·자유 또는 재산은 박탈되지 않는다. 사유재산은 정당한 보상 없이 공공의 이용에 제공하기 위하여 징수될 수 없다」라고 규정하여 재산권의 절대성을 보장하였다. 그러나 현대 자본주의의 발달에 따라 개인주의적 재산권은 그 관념이 수정받게 되었고, 재산권도 사회 전체의 복리를 위하여 제한할 수 있게 되었다. 20세기초의 경향은 1919년의 바이마르 헌법에서 잘 표현되고 있는데, 즉 「재산권은 의무를 수반한다. 재산권의 행사는 공공복리를 위하여야 한다」라고 규정한 것이 대표적이다. 따라서 재산권을 천부의 권리로 보던 사상은 자취를 감추고 소유권의 근거는 다만 단체주의사상 또는 사회적 법치국가의 입장에 의하여 기초되게 되었다. 이리하여 제2차 세

계대전 후에 제정된 각국 헌법은 정도의 차이는 있어도 모두 재산권의 사회적 성격을 강력히 인정하는 사회적 법치국가의 입장에 서게 되었다.

그리하여 우리 헌법도 이와 같은 경향에 따라 헌법 제23조는 「① 모든 국민의 재산권은 보장된다. 그 내용과 한계는 법률로 정한다. ② 재산권의 행사는 공공복리에 적합하도록 하여야 한다. ③ 공공필요에 의한 재산권의 수용·사용 또는 제한 및 그에 대한 보상은 법률로써 하되, 정당한 보상을 지급하여야 한다」라고 규정하고, 제22조 제2항은 「저작자·발명가·과학기술자와 예술가의 권리를 법률로써 보호한다」라고 규정하였으며, 제9장 경제조항에서는 광업권·농지소유권 등에 관하여 규정하고 있다. 따라서 제23조는 재산권 일반을, 제22조 제2항은 무체재산권을, 제9장의 경제조항은 특수재산권을 보장하고 있다고 할 것이다.

이러한 우리 헌법 제23조 제1항의 재산권을 자유권적 기본권으로 볼 것이냐, 아니면 제도적 보장으로 볼 것이냐에 대해서 견해가 대립되고 있지만, 우리가 사유재산제도를 인정하면서 어느 정도까지 보장할 것인가는 전적으로 법률에 의존하고 있기 때문에 제도적 보장으로 보는 것이 옳은 것이나 사유재산제도가 보장된 뒤의 재산권은 사유재산으로 자유권적 성격을 가진다고 하겠다. 일단 보장된 사유재산권은 자유권적인 효력을 인정하는 점에서 수정자본주의적인 사회적 시장경제체제를 채택하고 있는 우리 나라에서는 적절한 해석이라고 하겠다. 따라서 재산권의 내용과 한계는 법률로 정할 수 있는데, 그 내용과 한계를 정하는 법률은 제도적 보장에 저촉되지 않는 한 광범한 입법적 재량에 위임되고 있는 것으로 보아야 할 것이다. 그러나 법률로 재산권을 제한하는 경우에도 그 본질적인 내용은 침해할 수 없다고 보아야 할 것이다. 사유재산제도의 최소한의 본질을 침해하는 입법은 위헌이 됨은 물론이다.

그리고 우리 헌법 제23조 제3항은 「공공필요에 의한 재산권의 수용·사용 또는 제한 및 그에 대한 보상은 법률로써 하되, 정당한 보상을 지급하여야 한다」라고 규정하여 재산권의 침해로 인한 손실보상의 근거를 제시하고 있는데, 문제가 되는 것은 그 실정법적 근거로서의 헌법 제23조 제3항이 단순한 방침규정이냐 직접 효력규정이냐 하는 점이다. 그러나 우리의 입장은 보상청구권을 헌법규정에서 직접으로 나오는 직접 효력규정으로 보는 것이 옳을 것이다.

4. 사회권적 기본권

(1) 의 의

사회권적 기본권은 생활에 필요한 여러 가지 조건을 국가권력이 적극적으로 관여하여 확보해 줄 것을 요청할 수 있는 권리라고 개념지을 수 있다. 이러한 의미에서 생존권은 국가권력이 적극적으로 관여함으로써 보장될 수 있는 국민의 국가에 대한 적극적 권리라고 말할 수 있다.

종래의 사회권적 기본권은 자유권적 기본권과 마찬가지로 국가의 불간섭이면 권리로서의 기능을 충분히 발휘하였다고 할 수 있다. 그러나 근대 자본주의사회의 발전은 대중의 빈곤화, 실업의 만성화 등으로 사회적 불안이 증대됨에 따라 대중이 생활의 빈곤 속에서 벗어나려는 움직임과 아울러 이를 개선하려는 인도주의 사상의 발로로 사회권적 기본권이 나타나게 된 것이다. 이것은 종래의 자유권만으로는 경제적 실질면에서 생활에 위협을 받는 사람들에게 인간다운 생활을 보장할 수 없다는 차원에서 요청하게 된 새로운 권리라고도 말할 수 있다. 따라서 종래의 기본권이 '국가로부터의 자유'인 자유권적 기본권인 데 대하여, 사회권적 기본권은 '국가에 의한 권리'라고 할 것이며, 따라서 거기에는 국가와의 관련, 즉 '법에 의한 제한'이라는 것이 예상된다고 할 수 있다.

따라서 현대국가에서 사회권적 기본권은 궁극에 있어서 국민 각자의 문화적인 최저한도의 생활보호를 목적으로 하는 것으로서 국가권력의 적극적인 관여에 의하여 보장되는 권리이다. 그러므로 사회권적 기본권을 보장하는 것은 국가권력의 의무인 동시에 국가권력의 내용을 이루고 있다고 하겠다.

이러한 사회권적 기본권은 인간다운 생활을 할 권리로서 우리 헌법이 규정하고 있는 교육의 권리 · 근로의 권리 · 근로자의 권리 · 사회보장의 권리 그리고 환경권 · 보건의 권리 등을 들 수 있다.

(2) 법적 성격

사회권적 기본권의 법적 성격은 대체로 입법방침규정설(programm규정설), 즉 사회권적 기본권의 헌법규정은 구체적 · 현실적인 권리를 부여한 규정이 아니라, 입법에 의해서만 효력을 발생하는 강령적 규정으로서 입법자에게 지시하는 입법방침(programm)이라고 보는 견해와, 법적 권리설, 즉 헌법의 사회권적 기본권의 규정은 법적 권리를 개개의 국민에게 부여하며, 따라서 그에 대응하는 법적 의무를 국가가 가지고 있다고 보는 견해로 나누어지는데, 사회권은 헌법의 명문에 의하여 규정된 국민의 권리라고 보되, 다만 그에 대한 입법은 강제할 수 없다는 입장이 타당하지 않을까 생각된다. 왜냐하면 사회권은 그 성질상 국가의 경제능력에 의존하지 않을 수 없기 때문이다. 그러나 그렇다고 하더라도 국민이 절대로 법원에 소구할 수 없다는 것을 의미하지는 않는다.

(3) 내 용

1) **교육을 받을 권리** 교육을 받을 권리라 함은 교육을 받을 수 있도록 국가의 적극적인 배려를 요구할 수 있는 권리를 말한다. 현대적 사회국가·문화국가에서는 인간다운 생활의 필수조건이 되며, 국민의 능력의 계발과 실현을 위하여 요구된다. 또한 민주정치는 어느 정도의 식견이 있는 개인의 존재를 전제로 하여 운영되고, 개인의 문화적 능력의 발전을 그 이상으로 하는 것이므로 교육을 받을 권리는 민주적 정치기구의 운영을 위하여도 불가결한 것이다.

우리 헌법 제31조는 「① 모든 국민은 능력에 따라 균등하게 교육을 받을 권리를 가진다. ② 모든 국민은 그 보호하는 자녀에게 적어도 초등교육과 법률이 정하는 교육을 받게 할 의무를 진다. ③ 의무교육은 무상으로 한다. ④ 교육의 자주성·전문성·정치적 중립성 및 대학의 자율성은 법률이 정하는 바에 의하여 보장된다. ⑤ 국가는 평생교육을 진흥하여야 한다. ⑥ 학교교육 및 평생교육을 포함한 교육제도와 그 운영, 교육재정 및 교원의 지위에 관한 기본적인 사항은 법률로 정한다」라고 규정하여 교육을 받을 권리 및 교육의 의무, 의무교육의 무상, 교육의 자주성·전문성·정치적 중립성 및 대학의 자율성의 보장, 평생교육의 진흥, 교육제도 등의 법률주의를 규정하고 있다.

이러한 교육을 받을 권리는 국가내적인 권리이므로 국민의 권리로서 외국인에게는 보장되지 않는다. 교육을 받을 권리는 성질상 자연인에게만 보장되고 법인은 제외된다. 외국인의 경우에도 보장되는 것은 바람직하기는 하나 절대적 요청은 아니다. 이 권리는 어린이만의 권리가 아니고 대학생도 일반시민도 평생교육의 향유자로서 교육을 받을 권리를 보장받고 있다.

2) **근로의 권리** 오늘날 모든 국가의 헌법은 근로에 관한 권리를 규정하고 있다. 근대 자연법사상의 입장에서는 근로의 권리, 즉 근로권은 개인

의 천부의 권리의 일종으로 생각되었고 근로의 의무는 인간의 한 속성으로 생각되었다. 그러나 근대 자연법론의 개인주의사회관에 있어서는 개인의 자유로운 근로의 기회를 국가가 침해하지 않는다는 소극적 의미의 자유권의 일종으로 생각되었으나, 19세기 후반에 있어서의 사회주의사상의 대두와 사회권적 기본권의 요구는 생존권의 개념으로 하여금 적극적인 의미를 갖는 내용을 갖도록 하였으며, 근로권에 대한 국가의 능동적인 보호를 요구하게 되었다. 20세기에 들어와서는 기독교 및 자연법론자들도 이 근로권을 주장하게 되었다. 이러한 근로권은 자본주의 헌법에도 규정되었을 뿐만 아니라, 공산주의헌법에도 규정하게 되었는데, 자본주의 헌법에서는 근로권의 보장을 생산수단의 사적 소유를 전제로 한 것이었음에 대하여, 공산주의 헌법은 생산수단의 국유화를 전제로 하고 있기 때문에 실질적인 면에서 완전히 다른 내용으로 규정되고 있다.

그러나 현대 자본주의 헌법이 요청하고 있는 근로권이란 일반적으로 노동의 의사와 능력이 있는 자는 적당한 노동을 가질 것을 요구할 수 있으며, 이러한 노동을 가지지 못하였을 때에는 이에 갈음할 상당한 생활비의 지급을 요구할 수 있는 권리라고 말할 수 있다. 이러한 근로권에는 대체로 취로권과 생활비청구권의 2종이 있는데, 이것은 모든 국가에 대한 국민의 권리로서 보장되어야 한다는 것이다.

우리 헌법 제32조는 근로의 권리의무에 관해 「① 모든 국민은 근로의 권리를 가진다. 국가는 사회적·경제적 방법으로 근로자의 고용의 증진과 적정임금의 증진에 노력하여야 하며, 법률이 정하는 바에 의하여 최저임금제를 시행하여야 한다. ② 모든 국민은 근로의 의무를 진다. 국가는 근로의 의무의 내용과 조건을 민주주의원칙에 따라 법률로 정한다. ③ 근로조건의 기준은 인간의 존엄성을 보장하도록 법률로 정한다. ④ 여자의 근로는 특별한 보호를 받으며 고용·임금 및 근로조건에 있어서 부당한 차별을 받지 아니한다. ⑤ 청소년의 근로는 특별한 보호를 받는다. ⑥ 국가유공자·상이군경 및 전몰군경의 유가족은 법률이 정하는 바에 의하여 우선적으로 근로의 기회를 부여한다」라고 규정하여 현대 자본주의 헌법의 정신을 적절히 반영하고 있다.

3) 근로자의 근로 3권 근대국가에 있어서 사유재산제·계약자유의 원칙 그리고 과실책임의 원칙은 자본주의경제의 3대지주라고 할 수 있다. 당시 자본주의경제는 일면으로는 사회의 부와 번영을 가져왔으나, 다른 면으로

는 근로대중의 실업과 빈곤을 초래하였다. 고용계약에 있어서의 자유는 사용자에게는 부에의 자유를 의미하였으나, 근로자에게는 빈곤에의 자유를 의미하게 되었다. 여기에서 근로자의 건강과 문화적인 최저한도의 인간다운 생활을 보호하기 위하여는 사용자와 근로자가 평등한 지위에서 고용계약이 맺어질 것이 요구되게 되었으며, 이를 위하여 서로 단결하고 단체행동을 하기에 이르는 것이다. 이 근로자의 단결권과 단체교섭권 및 단체행동권이 근로자의 3권이라고 불리워지며, 20세기의 자연법이 요구하는 권리로서 승인되게 되었으며, 세계 각국 헌법에 규정되게 되었다. 이 권리는 근로자의 생존권·근로권을 확보하기 위한 유효한 구체적 수단으로서 행사되어 온 것이다. 그러나 우리 나라에서는 파업에의 위험 때문에 이에 대하여 많은 의구심이 있었고, 그 보장을 위한 헌법규정에도 많은 변천이 있었다.

이 근로권 가운데 단결권은 근로조건의 유지·개선을 목적으로 사용자와 대등한 교섭을 가지기 위한 단체를 구성할 권리를 말하고, 단체교섭권은 근로자의 단체가 사용자와 근로조건에 관하여 교섭할 수 있는 권리를 말하며, 단체행동권은 노동쟁의가 발생한 경우 쟁의행위를 할 수 있는 쟁의권을 말한다. 또한 단결권은 노동조합을 조직하고 그에 가입하는 권리이며, 단체교섭권은 사용자와 피용자의 관계가 현실적으로 구체적으로 존재하는 경우 뿐만이 아니라 이러한 관계가 성립할 수 있는 가능성이 있는 경우에도 인정해야 하며, 쟁의권은 근로자가 그의 주장을 관철하기 위하여 업무의 정상적인 운영을 저해하는 행위를 하는 권리라고 말할 수 있다.

우리 헌법 제33조는 「① 근로자는 근로조건의 향상을 위하여 자주적인 단결권·단체교섭권 및 단체행동권을 가진다. ② 공무원인 근로자는 법률로 정하는 자에 한하여 단결권·단체교섭권 및 단체행동권을 가진다. ③ 법률이 정하는 주요 방위산업체에 종사하는 근로자의 단체행동권은 법률이 정하는 바에 의하여 이를 제한하거나 인정하지 아니할 수 있다」라고 규정하여 근로자의 근로 3권을 보장하고 있다.

따라서 근로자의 근로 3권은 사회적 약자인 근로자가 사회적 강자인 사용자와 대등한 노사계약을 할 수 있게 하기 위하여 보장하고 있는 근로자의 생존권이라고 하겠다. 왜냐하면 근로자에게 아무리 근로의 권리를 보장한다고 하더라도 근로자가 개인으로서 고용주와 대결할 때에는 그가 가지고 있는 권리를 다 행사할 수 없게 되기 때문이다. 이에 근로자에게 단결권·단체교섭권·단체행동권을 국가가 보장해 줌으로써 사회적 강자인 고용주에게 대결할 수 있게 하는 데에 근로 3권보장의 의의가 있는 것이다.

그러나 단결권·단체행동권은 헌법 제33조의 특수유보사항에 의하여 제한할 수 있으며, 헌법 제37조 제2항에 의하여 국가의 안전보장·질서유지와 공공복리를 위하여 법률로 제한할 수 있다고 본다.

4) 인간다운 생활을 할 권리　　모든 국민의 인간다운 생활을 보장하기 위하여서는 국가가 사회보장제도를 확립하여야 하는데, 국민은 국가의무의 반사적 권리로서 사회보장을 받을 권리를 가진다. 사회보장이라 함은 국가가 국민의 생존을 공공부조 또는 사회보험에 의하여 확보하는 것인데, 이에는 건강보험·재해보험 그리고 양로보험 등의 사회보험제도와 양로원·고아원·조산원 그리고 무료진료소 등의 사회구호시설의 혜택을 받을 수 있는 권리가 포함된다.

그리고 신체장애자 및 질병·노령 기타의 사유로 생활능력이 없는 국민은 인간다운 생활을 보장받기 위하여 국가의 보호를 받을 권리가 있다.

우리 헌법 제34조는「① 모든 국민은 인간다운 생활을 할 권리를 가진다. ② 국가는 사회보장·사회복지의 증진에 노력할 의무를 진다. ③ 국가는 여자의 복지와 권익의 향상을 위하여 노력하여야 한다. ④ 국가는 노인과 청소년의 복지향상을 위한 정책을 실시할 의무를 진다. ⑤ 신체장애자 및 질병·노령 기타의 사유로 생활능력이 없는 국민은 법률이 정하는 바에 의하여 국가의 보호를 받는다. ⑥ 국가는 재해를 예방하고 그 위험으로부터 국민을 보호하기 위하여 노력하여야 한다」라고 규정하고 있다. 이러한 헌법규정에 근거한 사회보장을 받을 권리에 관한 법률이「사회보장에 관한 법률」이라고 하는데, 이 사회보장에 관한 법률로서는 사회보장기본법, 아동복지법, 노인복지법, 모·부자보건법 등이 있으며, 생활보호를 받을 권리를 보장하기 위한 법률로서는 국민기초생활보장법, 의료보호법, 장애인복지법, 장애인고용촉진등에관한법률 등이 있다. 나아가 국가유공자등예우및지원에관한법률 그리고 각종 연금법 등 군인·경찰관들의 유족들을 보호하는 특별법이 있다.

5) 환 경 권　　환경권은 건강하고 쾌적한 환경의 회복·보전을 구하는 권리를 말한다. 인간은 공기·물·흙·태양 등의 자연의 혜택 없이는 하루도 생존할 수 없는 것이다. 반면에 인간은 자기의 생존을 유지하기 위하여 자연을 파괴하면서 자기의 생존에 필요한 자재를 생산해 왔다. 생산이 증대

하면 증대할수록 자연의 파괴도 증가하여 자연보존의 필요성이 강조되게 되었다. 특히 1960년대 이후 경제부흥에 따른 공해에 의해서 인간의 생활환경이 회복 불가능한 파괴의 위기를 맞게 되어 인간다운 생활을 영위할 수 있는 환경의 향수권이 주장되게 된 것이다. 이러한 주장은 어떤 사상가에 의하여 천부인권으로 주장된 것이 아니라, 공해의 폐해와 싸우기 위한 순수한 권리개념으로 등장한 것이다.

환경권사상이 등장한 것은 미국에서 비롯하였는바, 1971년 국가환경정책법을 만들었는데, 이는 분명히 환경법전이라고도 말할 수 있다. 또 1971년 독일에서는 환경권 개념이 대두되었으며, 1972년 1월 18일 브란트(Brandt) 수상이 "인간은 모두 인간에 적합하는 환경에 대한 기본적인 권리를 가지며, 이는 '헌법차원'의 권리이다"라고 강조한 바 있고, 환경보호를 위한 기본법 개정이 행해졌다. 일본에서도 1970년대에 와서 환경파괴에 대항하는 주민의 권리로서 환경권을 확립할 것을 주장하기에 이르렀다.

우리 나라에서도 1970년대 이후 공해산업의 발달에 따라 환경보존의 필요성이 강조되었고 환경권론이 대두되었다.

1978년 7월 1일부터 시행된 환경보전법은 「환경을 적정하게 보전함으로써 국민보건 향상에 기여함을 목적으로……」 제정되었으며, 제5공화국 헌법은 제33조에서 깨끗한 환경에서 생활할 권리를 규정하기에 이르렀다. 이는 세계의 신헌법들을 참조한 것이다.

우리 헌법 제35조는 「모든 국민은 건강하고 쾌적한 환경에서 생활할 권리를 가지며 국가와 국민은 환경보전을 위하여 노력하여야 한다」라고 규정하고 있다. 이 환경권을 넓게 이해하는 경우에는 자연환경 속에서 살 권리, 즉 자연적인 청정한 대기를 누릴 권리, 깨끗한 물을 사용할 권리뿐만 아니라, 보다 좋은 사회환경에서 살 권리, 즉 교육권·의료권·도로·공원이용권 등도 포함된다고 할 것이다. 그러나 우리 헌법 제35조는 '건강하고 쾌적한 환경에서 생활할 권리'라고 규정하여 자연환경에서 생활할 권리만을 말하고 있는 것처럼 보인다. 그런데 헌법 제10조는 행복추구권을 규정하고 있고 제34조에서는 인간다운 생활을 할 권리를 규정하고 있으며, 또 제36조 제3항에서는 보건에 관한 권리를 규정하고 있기 때문에 이를 통합하여 넓은 의미의 환경권이 우리 헌법상 보장되어 있다고 할 수 있다.

이러한 환경권이 국가권력에 의하여 침해될 경우에는 국가에 대하여 청원권의 행사, 행정소송에 의한 구제, 국가배상청구에 의한 침해구제 등을 할 수 있다고 본다.

6) 혼인·가족·보건에 관한 권리　　혼인제도와 가족제도는 세계인권선언이며 각국 헌법(바이마르 헌법, 독일기본법 등)에 규정되어 있다. 그리고 국제인권협정 A협약 제10조에서 가족, 모성, 아동, 그리고 연소자 등의 권리를 보장하고 있다. 우리 헌법도 제헌헌법 제20조에서 「혼인은 남녀동권을 기본으로 하며, 혼인의 순결과 가족의 건강은 국가의 특별한 보호를 받는다」라고 규정하고 있었다. 그러나 제3공화국 헌법에서는 남녀동권 규정이 삭제되었는바, 여성들의 주장이 강렬하여 제5공화국 헌법에서는 혼인과 가족생활에 있어서의 개인의 존엄과 양성의 평등을 추가규정하기에 이르렀으며, 현행헌법은 제36조 제1항에서 「혼인과 가족생활은 개인의 존엄과 양성의 평등을 기초로 성립되고 유지되어야 하며, 국가는 이를 보장한다」라고 하여 국가의 보장의무까지 규정하고 있다. 여기에서 혼인과 가족생활에 있어서 개인의 존엄과 양성의 평등을 기초로 한다는 것은 인간의 존엄과 가치의 보장과 평등권의 보장에 당연히 포함되는 것으로 볼 수 있으나, 헌법은 이를 따로이 규정하여 특별히 보호하도록 하고 있다.

또한 우리 헌법 제36조 제3항은 「모든 국민은 보건에 관하여 국가의 보호를 받는다」라고 규정하고 있다. 이는 국민의 건강에 대한 국가의 보호의무, 즉 국민의 허약과 질병에서의 보호를 규정한 것인데, 이 보건에 관한 권리는 국민의 생존권의 하나이며, 국가에 대하여 건강한 생활을 침해하지 않도록 요구할 수 있을 뿐만 아니라 보건을 유지하도록 국가에 대하여 적극적으로 요구할 수 있는 권리인 것이다. 따라서 이 규정은 단순한 입법방침규정이 아니며, 국가는 건강보험제도 등을 도입하여 국민의 보건을 유지·증진해야 할 의무가 있다고 해석할 수 있다. 즉 국가는 국민의 보건을 위하여 보건보험제도·무료진료·주택개선 등을 실시하며, 또 이를 위하여 일련의 보호입법·사회입법을 제정할 의무를 진다고 하겠다.

우리 나라는 현재 모자보건법·보건소법·전염병예방법·의료법 등을 제정하였고, 전국적인 건강보험제도를 실시하고 있다.

5. 청구권적 기본권

(1) 의 의

청구권적 기본권은 국민이 적극적으로 국가에 대하여 특정한 행위를 요구한다든가 국가의 보호를 요청한다든가 하는 주관적 공권을 의미한다.

청구권적 기본권은 학자에 따라서는 수익권·권리보호청구권·구제권적 기본권·권리를 보장하기 위한 기본권 그리고 권리를 확보하기 위한 기본권 등으로 불리워지고 있으나, 이는 옐리네크가 말한 적극적인 지위에서 나온 수익권을 사회권적 기본권과 청구권적 기본권으로 나누어 후자의 대국가적인 적극적 청구권만을 말하는 것이다. 그러기에 사회권적 기본권은 이 범주에서 제외됨이 마땅하다.

청구권적 기본권이란 용어는 국가에 대한 적극적인 청구권이란 의미이다. 이에 대한 기타의 용어, 즉 권리보호청구권이나 구제권적 기본권, 권리를 보장 또는 확보하기 위한 기본권이란 용어는 기본권이 침해된 경우에 이에 대한 사후구제를 요구하는 권리인 점을 강조한 것으로서, 사전에 권리보호를 청구할 수 있는 성격을 경시한 느낌이 없지 않나고 할 것이다.

(2) 법적 성격

청구권적 기본권은 국가에 대하여 특정한 행위를 요구한다든가, 국가의 보호를 요청한다든가 하는 적극적 공권이다. 자유권이 '국가로부터의 자유'를 의미하는 소극적 성질을 가지는 데 대하여, 청구권적 기본권은 국가에 대한 청구를 내용으로 하고 있는 적극적 성질을 가지는 것이 특색이다. 또한 이 권리는 국가에 대해서 적극적인 행위를 요청하는 주관적 공권이며, 원칙적으로는 국가 내적인 시민의 권리라고 할 수 있다.

그런데 청구권적 기본권은 반사적 이익과는 구별된다. 재판을 받을 권리와 같은 것은 국가가 재판제도를 운영함으로써 그 반사적인 효과에 의하여 국민이 재판을 받을 권익을 가진다고 보아 기본권이 아니고 반사적 이익이라고 보는 견해가 있다. 그러나 청구권적 기본권은 기본권을 실현하기 위한 절차적인 기본권이라고 보아야 할 것이다. 따라서 이 이외의 기본권은 실체법적 권리인 점에서 청구권적 기본권과 구별된다.

(3) 내 용

1) **청 원 권**　　청원권은 국민이 국가기관에 대하여 의견이나 희망을

진술할 권리이다. 국민이 제출한 청원을 국가는 심사할 의무가 있다. 따라서 청원에 대응하는 국가의 행위를 요구할 수 있는 청구권적 기본권이다.

우리 헌법 제26조는 청원권에 대하여 「① 모든 국민은 법률이 정하는 바에 의하여 국가기관에 문서로 청원할 권리를 가진다. ② 국가는 청원에 대하여 심사할 의무를 진다」라고 규정하고 있으며, 또한 헌법 제89조 제15호는 「정부에 제출 또는 회부된 정책에 관계되는 청원의 심사」는 국무회의의 심의를 거쳐야 한다고 규정하고 있다. 청원에 관한 일반법으로는 청원법이 있고, 그 외에 국회법이나 지방자치법 등에 특별규정을 두고 있다.

이 청원권과 관련되는 옴부즈만(Ombudsman)제도가 오늘날 매우 중요시되고 있는데, 이 제도는 청원권을 실질화하는 데 중요한 비중을 차지하고 있다.

옴부즈만제도는 청원을 보다 더 효과적으로 운영하기 위한 제도로서 청원의 접수·심사에만 그치지 않고, 이의 실현을 위한 방법으로서 어떤 불법행위에 대한 구제를 청원하는 경우 이에 신속하고도 효과적으로 대응하기 위한 적극적 권리보호제도라는 점에 그 가치가 높이 평가되고 있다.

독일 의회의 청원위원회는 직접 당해 행정기관에서 정보를 입수할 수 있으며, 조사권을 발동할 수 있도록 권한을 강화하고 있다. 우리 나라에서도 독일의 청원위원회와 같이 위원회의 조사권을 확대·강화하거나 세계 각국의 옴부즈만제도를 도입하여 청원권을 적극적으로 보장하는 것이 시급하다고 하겠다.

2) **재판청구권** 재판을 받을 권리는 국가에 대하여 재판을 청구할 수 있는 기본권으로서, 이는 행정부의 자의적인 재판을 배제하고 사법권의 독립이 보장된 법원에서 신분이 보장된 자격 있는 법관에 의하여 재판을 받을 권리와 적법한 절차에 따르는 공정한 심판을 받을 권리를 포함하는 것으로 해석할 수 있다.

재판청구권은 국가에 대하여 재판을 청구하는 것을 내용으로 하는 청구권적 기본권에 속한다. 이를 수익권이나 기본권을 보장하기 위한 기본권이라는 견해도 있으나, 이는 기본권 분류상의 차이로서 별로 다르지 않다.

재판을 받을 권리는 소송적 기본권이라고 말할 수 있으며, 이것은 사법절차에 있어서의 기본권으로서 실질적인 기본권을 보장하고 관철하기 위한 기본권이다. 이 기본권은 국가내적 기본권이며, 주관적 공권이라고 하겠다.

우리 헌법 제27조에서는 재판을 받을 권리를 규정하고 있는데, 그 내용은 「헌법과 법률에 정한 법관에 의하여」 「법률에 의한」 「재판을 받을 권리」를 명시하고, 또 군인·군무원이 아닌 국민은 원칙적으로 「군법회의의 재판을 받지 않을 권리」를 가진다. 그리고 「국민은 신속한 재판을 받을 권리를 가진다. 형사피고인은 상당한 이유가 없는 한, 지체없이 공개재판을 받을 권리를 가진다」라고 명시하여 재판청구권의 구체적인 내용을 열거하고 있다.

이러한 재판청구권은 청구권적 기본권으로서 헌법적 보장으로 되어 있지만, 이는 헌법과 법률이 정하는 바에 의하여 제한된다. 법률로써 재판청구권을 제한하는 경우에도 국가안전보장·질서유지·공공복리를 위하여 필요한 경우에 한하여 제한할 수 있다. 그리고 재판청구권은 예외적인 제한이 인정되는바, 비상계엄에 의하여 제한될 수 있으며(헌법 제27조·제77조), 특수신분관계에 있어서도 제한될 수 있다(헌법 제27조 제2항).

3) **형사보상청구권** 형사보상청구권이란 형사피의자 또는 형사피고인으로서 구금되었던 자가 공판결과 확정판결에 의하여 무죄를 선고받은 경우에 그가 입은 물질상·정신상의 손실에 대하여 그 손실의 전보를 국가에 대하여 청구할 수 있는 권리이다. 이 권리는 국가배상청구권과 함께 청구권적 기본권의 하나이다.

우리 헌법 제28조는 「형사피의자 또는 형사피고인으로서 구금되었던 자가 법률이 정하는 불기소처분을 받거나 무죄판결을 받은 때에는 법률이 정하는 바에 의하여 국가에 정당한 보상을 청구할 수 있다」라고 규정하여 형사보상청구권을 보장하고 있다. 이는 형사사법의 과오로 인하여 원래 형사책임을 묻지 않을 자에 대하여 국가가 범죄자 또는 범죄피의자로서 취급한 것에 의한 손실을 전보하기 위한 것으로서 신체의 자유에 대한 침해를 사후에 있어서 보상하기 위한 규정이라 할 수 있다. 따라서 헌법 제27조가 사전적 사법절차에 의한 신체의 자유를 보장하기 위한 것이라면, 본조의 형사보상청구권은 사후적 보상을 통한 신체의 자유를 보장하기 위한 규정이라 할 수 있다. 특히 본조는 구 헌법과는 달리 '정당한 보상'을 강조하고 있다.

4) **국가배상청구권** 국가배상청구권이란 국민이 공무원의 직무상 불법행위로 손해를 입은 경우에 국가에게 그 손해를 배상해 주도록 청구할 수 있는 권리를 말한다.

국가배상청구권은 현대헌법에서 비로소 인정되기 시작한 기본권으로서 헌법에 의하여 국민들에게 보장되는 권리인 점에서 자유권과는 다른 특성을 갖는다고 하겠다. 또 국가배상청구권은 이를 수익권이라고 하여 국가는 이 수익권을 법률로 제한할 수 있다는 견해도 있다. 그러나 국가배상청구권은 우리 헌법이 보장하고 있는 청구권적 기본권으로서 직접적으로 타당한 기본권이라고 하겠으며, 동시에 국가 내적인 헌법에 의해서 보장되는 청구권이라고 보아야 할 것이다. 따라서 국가배상청구권을 청구권적 기본권으로 보는 것은 당연하다.

우리 헌법 제29조는 「① 공무원의 직무상 불법행위로 손해를 받은 국민은 법률이 정하는 바에 의하여 국가 또는 공공단체에 정당한 배상을 청구할 수 있다. 이 경우 공무원 자신의 책임은 면제되지 않는다. ② 군인·군무원·경찰공무원, 기타 법률이 정한 자가 전투·훈련 등 직무집행과 관련하여 받은 손해에 대하여는 법률이 정하는 보상 외에 국가 또는 공공단체에 공무원의 직무상 불법행위로 인한 배상을 청구할 수 없다」라고 규정하고 있다.

공무원의 불법행위로 인한 손해에 대하여 국가 또는 공공단체가 책임을 지느냐에 관하여 국가에 따라서 그 취급을 달리하고 있으나, 우리 헌법은 국민의 권리보장에 만전을 기하기 위하여 공무원 자신의 책임 외에 국가 또는 공공단체의 배상책임을 인정하고 있기 때문에 배상책임의 소재를 분명히 밝히고 있다고 하겠다.

그러나 국가배상청구권도 특정한 경우에는 제한할 수 있다고 본다.

특히 정책적인 관점에서 제한할 수 있느냐에 관해서는 의견의 대립이 있으나, 국가배상청구권의 제한은 헌법 제29조 제2항과 제37조 제2항에 의한 제한만이 가능하다고 할 것이다.

6. 참정권적 기본권

(1) 의 의

참정권적 기본권은 국민이 국가기관의 구성원으로서 공무에 참여하는 권리이다. 이것은 국민이 치자의 입장에서 공무원을 선거하고 공무를 담당하는 권리이기 때문에 국민주권주의 국가에서는 정치권이라고 불러야 한다는 견해도 있다.

참정권적 기본권은 오늘날의 민주정치에 있어서는 국민이 국가의사의 형성과정에 참여하거나 국가기관을 구성하며 국가권력행사를 통제 내지 견제할 수 있는 등 필수적인 제도적 장치로 되고 있는 민주적·정치적 권리이며, 개별적인 국민의 능동적인 공권이라고 말할 수 있다.

(2) 법적 성격

참정권적 기본권을 전국가적 자연권으로 볼 것이냐, 국가내적인 권리로 볼 것이냐에 관해서는 견해가 대립되고 있는데, 참정권을 전국가적 자연권으로 파악하는 견해는 민주정치에 있어서 가장 필수적인 권리인 성격을 강조한데 불과하며, 또 참정권의 주체는 국가기관의 한 구성으로서의 개별 국민이기 때문에 참정권은 국가내적인 권리라고 보아야 할 것이다. 그리고 참정권은 국민 개개인의 불가양·불가침의 권리로서 대리행사시킬 수 없는 일신전속적인 권리라고 할 것이다.

또한 참정권적 기본권이 의무성을 수반하느냐 하는 문제에 대하여 우리나라에서는 선거권의 행사를 자유화하고 있기 때문에 실정법적인 의무라고 보기에는 어려울 것이다.

우리 헌법에서는 참정권적 기본권에 관하여 공무원선거권·공무담임권·국민투표권을 규정하고 있다.

(3) 내　용

1) 선 거 권　　우리 헌법 제24조는 「모든 국민은 법률이 정하는 바에 의하여 선거권을 가진다」라고 규정하고 있다. 선거권이란 국민이 공무원을 선거하는 권리를 말한다. 여기서 '공무원'이라 함은 가장 넓은 의미의 공무원으로서 국회의원·대통령 등, 요컨대 국가기관의 담당자이면 모두 여기의 공무원에 포함된다. 원칙적으로 간접민주정치를 채택하고 있는 우리 나라에서는 공무원선거권은 국민의 참정권 가운데 가장 중요한 것이다.

2) 피선거권과 공무담임권　　우리 헌법 제25조는 「모든 국민은 법률이 정하는 바에 의하여 공무담임권을 가진다」라고 규정하고 있다. 공무담임권은 행정부뿐만 아니라, 입법부·사법부·지방자치단체와 기타 일체의 공공단체의 직무를 담임하는 권리를 말한다. 따라서 이는 피선거권보다도 더 넓게 해석하여야 할 것이다. 공무담임권이라고 하여 국민 각자에게 직접적으로 공무에 취임하게 하는 권리는 아니다. 국민이 현실적으로 공무를 담임하기 위해서는 법률이 정하는 바에 의하여 혹은 선거에서 당선되거나 혹은 임명에 필요한 일정한 자격을 구비하여야 한다. 일반적으로 피선거권의 법적 자격에 대해서는 의원으로서의 권리·의무의 주체로 될 수 있는 자격요건, 즉 권리

능력에 불과하며, 따라서 권리로서의 성격을 가진 것은 아니라고 보고 있다.

3) **국민표결권** 국민발안과 국민투표제도는 직접민주정치의 한 형태로서 간접민주정치를 교정하기 위한 것이다. 우리 헌법에서는 일반적인 법안에 대한 국민발안이나 국민표결을 인정하지 아니하고, 대통령이 회부한 안건과 헌법개정에 대한 국민투표만을 인정하고 있다. 이것은 헌법개정이 매우 중대한 것이므로 국회의 전권에 맡기지 아니하고 국민이 직접 참여할 수 있는 기회를 제공하려는 것이다. 직접참정권에는 이 밖에도 국민소환제도와 일반적 신임투표제도 등이 있으나, 우리 나라에서는 인정하지 않고 있다.

Ⅳ. 국민의 기본적 의무

1. 개 설

국민의 기본적 의무란 국민이 통치대상으로서의 지위에서 부담하는 기본적 의무를 말한다. 국민의 기본적 의무에 관하여는 헌법이 규정하고 있는데, 그 구체적 내용은 각국 헌법의 이념과 역사적 발전단계에 따라 일치하지 않는다.

우리 헌법은 국민의 기본적 의무로서 납세의 의무(헌법 제38조)·국방의 의무(헌법 제39조)·재산권행사의 공공복리적합의무(헌법 제23조 제2항)·교육의 의무(헌법 제31조 제2항)·근로의 의무(헌법 제32조 제2항)·환경보전의 의무(헌법 제35조) 등의 규정을 두고 있는데, 이러한 생존권(사회권)에 수반하는 의무는 20세기적인 헌법의 기본적 의무로서의 특징을 갖는다고 하겠다. 또 우리 헌법은 헌법과 법률준수의 의무에 대해서는 이를 규정하고 있지 않지만, 이는 자명한 것으로 논란의 여지가 없는 것으로 생각된다.

2. 법적 성격

국민의 기본적 의무는 고전적 의무라 할 수 있는 국가질서를 유지할 목적으로 한 납세의 의무와 병역의 의무를 들 수 있으며, 새로운 의무라 할 수 있는 재산권행사의 공공복리적합의무·교육의 의무·근로의 의무·환경보전의 의무 등이 있다.

이 고전적인 기본적 의무는 국가존립을 유지하고 보위하기 위한 의무이기에 이를 국민의 의무라고 할 수 있으나, 새로운 의무는 사회복지를 향상시키기 위한 인간의 의무라고 할 수 있다. 국민의 의무는 국적을 가진 자의 의무인 경우가 많은 데 대하여, 인간의 의무는 국적의 여하를 막론하고 모든 인간에게 공통되는 의무라고 하겠다.

3. 내 용

(1) 납세의 의무

우리 헌법 제38조는「모든 국민은 법률이 정하는 바에 의하여 납세의 의무를 진다」라고 규정하고 있다.

납세의 의무라 함은 국가의 통치활동에 필요한 경비를 충당하기 위하여 국민이 조세를 납부하는 의무를 말한다. 납세의 의무는 병역의 의무와 함께 고전적 의무의 하나이며, 1789년의 프랑스 인권선언 이래 헌법에 이것을 규정하는 것이 각국의 경향이다. 납세의 의무는 역사적으로는 국민의 재산권의 보장을 위한 소극적 성격을 가지는 동시에 국민주권주의 사상하에서는 국가공동체의 재정적 기초의 형성을 의미하는 적극적 성격을 가진다.

(2) 국방의 의무

우리 헌법 제39조는「① 모든 국민은 법률이 정하는 바에 의하여 국방의 의무를 진다. ② 누구든지 병역의무의 이행으로 인하여 불이익한 처우를 받지 아니한다」라고 규정하고 있다.

국방의 의무라 함은 외국의 침략으로부터 국가의 독립을 유지하고 영토를 보전하기 위한 국토방위의 의무를 말한다. 이 국방의 의무는 소극적으로는 법률에 의하지 아니하고는 국방의 의무를 부과하지 못하게 함으로써 국민의 신체의 자유를 보장하는 성격을 가지며, 적극적으로는 주권자인 국민이 침략자를 물리치고 국토를 보위하여 국가를 보존하려는 성격을 가진 의무를 말한다. 국방의 의무는 타인에 의한 대리이행이 가능하지 않다는 점에서 원칙적으로 일신전속적 성격을 갖는다고 하겠다.

(3) 교육을 받게 할 의무

우리 헌법 제31조 제2항은「모든 국민은 그 보호하는 자녀에게 적어도 초등교육과 법률이 정하는 교육을 받게 할 의무를 진다」라고 규정하고 있다.

교육을 받게 할 의무란 친권자나 보호자가 그의 보호 아래에 있는 어린이들에게 초등교육과 법률이 정한 교육을 받게 할 의무를 말한다. 이는 제1항의 교육을 받을 권리의 실효를 기하기 위한 조치라고 말할 수 있다.

(4) 근로의 의무

우리 헌법 제32조 제2항은 「모든 국민은 근로의 의무를 진다. 국가는 근로의 의무의 내용과 조건을 민주주의 원칙에 따라 법률로 정한다」라고 규정하고 있다. 근로의 의무는 생존권보장의 '법률상의 전제'로서의 의의를 가지며, 사회주의국가에서는 특히 이를 강조하고 있다. 근로의 의무에서 '근로'란 반드시 육체적 노동이나 유급노동을 의미하는 것이 아니라 정신적 노동을 포함하는 넓은 의미의 근로를 의미한다.

(5) 재산권행사의 공공복리적합의무

우리 헌법 제23조 제2항은 「재산권의 행사는 공공복리에 적합하도록 하여야 한다」라고 규정하고 있다. 이것은 바이마르 헌법 이후의 재산권의 사회적 의무성을 규정한 것으로 사회 전체의 이익을 고려하는 단체주의적 내지 사회적 법치국가사상을 헌법에 도입한 것이다.

공공복리라 함은 각 시대에 있어서의 사회 전반의 사정을 고려하여 판정해야 할 것이다. 언제나 사회적 법치국가의 견지에서 고찰되어야 할 것이다.

(6) 환경보전의 의무

우리 헌법 제35조 제1항 후단은 「국민은 환경보전을 위하여 노력하여야 한다」라고 규정하고 있다. 이는 공해에 의하여 환경이 파괴되고 있는 현실을 감안하여 국가뿐만 아니라 국민에게도 일정한 환경보전의무를 부과하기 위한 것이라 하겠다.

환경보전의무는 명문으로 「의무를 진다」고 하지 않고 「노력하여야 한다」라고 규정하고 있기 때문에 윤리적·도덕적 의무로 보는 경향도 있을 수 있을 것이다. 그러나 이것도 헌법상의 의무이며 법률로 강제할 수 있는 의무라고 보아야 할 것이다.

환경보전의무는 환경을 오염시키지 않을 의무·공해방지시설을 할 의무 등이 있다. 이러한 의무에 관하여는 환경정책기본법·자연환경보전법·환경개선비용부담법 등이 규정하고 있다.

제 6 절 통치구조

Ⅰ. 통치구조원리

1. 대표민주주의

(1) 의 의

주권자인 국민이 주권을 행사하는 직접민주정치는 다수의 인구를 가지는 대국과 입법·집행에 고도의 기술성을 요하는 현대국가에서는 도저히 채택될 수 없는 제도로 되고 말았다. 따라서 직접민주제를 이상으로 하면서도 룻소는 부득이 대표민주제를 수락하지 않을 수 없었으며, 그는 강제위임 또는 국민투표를 가미한 대표민주정치를 인정하고 있었다.

대표민주제는 그뿐만 아니라 직접민주제에 비하여 본질적으로 우월한 지도자에 의한 통치를 가능케 한다. 몽테스키외는 "국민은 대표자를 선택할 경우에만 통치에 간여할 것이다. 왜냐하면 자기 능력의 정확한 척도를 아는 사람은 적으나, 각인은 일반적으로 자기가 선정한 사람이 대부분의 다른 사람보다 명석한가 않은가에 관해서는 알 수 있다. 대표민주제의 큰 장점은 대표자가 국무를 처리할 수 있다는 점이다. 국민은 이에 적합하지 못하다. 국민 모두가 국무의 처리를 담당하게 되면 그것은 민주주의의 큰 결함이 된다"라고 말하였다.

프랑스의 1791년의 제헌의회를 지배한 것은 몽테스키외의 이 이론이었다. 따라서 1791년 헌법 제3편 전문 제2조는 「모든 국력은 국민에게서만 나오며, 국민은 위임에 의해서만 이를 행사할 수 있다. 프랑스의 국가조직은 대표민주제이다」라고 규정하고 있다. 이와 같이 대표민주제를 규정하고 있는 현대 각국 헌법으로는 일본국 헌법 제43조, 벨지움 헌법 제32조, 이탈리아 헌법 제67조 그리고 독일 기본법 제28조 등을 들 수 있다.

대표민주제의 법적 구조는 대표위임의 원리와 강제위임금지의 원리라고 말할 수 있다. 대표민주제에 있어서의 국민은 선거에 의하여 구성된 대의기관을 통해서만 행동하고, 대표기관의 행위는 국민의 의사를 반영하는 것이라고 간주된다.

따라서 국민대표의 개념을 요약하면 첫째, 어떠한 국가기관(이것이 국민대표기관이다)의 행위가 국민의 행위로 간주되고, 국민의 행위로서의 효과를 갖는 것을 의미하고, 둘째, 이러한 국가기관이 그 직무를 행하는 데 있어서 국민으로부터 아무런 구속을 받지 않고 완전히 독립이라는 것을 의미한다. 이러한 근대적 의미에 있어서의 대표의 개념은 프랑스의 1791년 헌법이 처음으로 성문형식으로 규정하였지만, 실질적으로는 이에 앞서 영국의 의회제도의 발달과정에서 태동하였다고 보는 것이 옳을 것이다.

(2) 현대적 변용

민주주의는 합의에 의한 정치방식임은 말할 필요도 없다. 자유롭게 표명된 민의를 선거의 방법에 의하여 선출된 대표기관인 의회를 통하여 입법이나 중요정책을 결정하는 것이 대표민주제의 원리이다. 말할 것도 없이 그러한 원리는 일정한 전제조건 아래서 성립하며, 그 현실화에는 일정한 사회적 조건이 요구된다. 현대에 와서 국민이 주권을 대표자에게 전적으로 위임했다는 이론은 많은 비판을 받았다. 그래서 오늘날에 있어서는 대표자가 국민의 여론을 반영해야 한다는 이론이 등장하고 있다.

선거는 대표자를 지명한다는 의미를 떠나서 정치사상을 표현하는 것이기 때문에 대표자에게 선거시에 나타난 시민의 의사를 충실히 실현하는 것을 요구하고 있다. 이것은 고전적 대표제가 국민의 의사를 충분히 반영하지 않았기 때문에 국민의 정확한 의사를 반영해야 한다는 현대적 대표제의 요청에서 비롯된다고 하겠다.

비례대표제가 채택되고 있는 것은 가능한 한 충실히 여론을 반영하는 국민대표를 만들어내야 하기 때문이다. 비례대표제는 새로운 여론의 동향 또는 새로운 정치운동에 대하여 극히 민감하기 때문에 선거는 일종의 국민투표의 기능을 가지게 된다.

(3) 우리 나라의 국민대표제도

우리 나라는 국민대표주의를 원칙으로 하여 대표자를 통하여 주권을 행사하고 있다. 우리 헌법은 제1조 제2항에서 「주권은 국민에게 있고 모든 권력은 국민으로부터 나온다」라고 규정하여 국민주권주의와 대표적 민주정치를 채택하고 있다. 또한 우리 헌법은 헌법개정에 대한 국민투표와 중요정책에 대한 국민투표를 인정하여 대표제민주정치를 원칙으로 하면서도 직접민주제적 요소를 가미하고 있다. 이것은 우리 헌법이 현대적 대표주의에 입각하고 있음을 입증해 주는 것이라 하겠다.

국민대표기관은 군주주권주의하에서는 국회만이라고 생각되었으나, 오늘날의 국민주권주의하에서는 국회뿐만 아니라 국가의 대표자인 대통령, 행정기관으로서의 정부, 사법기관으로서의 법원도 국민의 대표기관이라고 하여야 할 것이다. 이 기관들은 헌법제정권력자인 국민의 결단의 표현인 헌법에 의하여 대표자로 지정되어 국민으로부터 나오는 권한을 행사하고 있는 것이다.

2. 권력분립주의

(1) 의 의

권력분립론 내지 3권분립론은 근대법치국가에 있어서의 통치기구의 조직원리로서 국가권력을 분리하여 이를 각각 독립된 기관에 담당하게 하여 기관상호간의 견제와 균형을 유지하도록 함으로써, 국가권력의 집중과 남용을 방지하고 국민의 자유를 보호하기 위한 자유주의적인 정치조직원리이다.

이러한 권력분립론은 플라톤, 아리스토텔레스, 보댕에 의하여 주장된 바 있으나, 근대적 의미의 권력분립론은 로크에 의하여 비로소 주장되고 몽테스키외에 의하여 완성되었다. 로크는 국가권력을 입법권과 집행권(사법과 행정)으로 나누고, 이들이 동일한 기관에 귀속되면 국민의 권익을 침해할 우려가 있으므로 독립기관에 맡겨야 한다고 하였다. 몽테스키외는 이를 발전시켜 국가권력을 입법·사법·행정으로 3권분립하여 이를 각각 독립한 기관에 맡겨 권력에 의한 권력을 억제하는 효과를 노렸다. 한편 최근 뢰벤슈타인은 국가권력을 동적으로 파악하여 그 기능을 중심으로 정책결정권·정책집행권·정책통제권으로 분류하기도 한다.

그러나 권력분립주의에 대해서는 찬반론이 대두되고 있다. 권력분립에 대한 반대론자들은 권력분립이 전제정치를 막기 위한 것인데, 현대의 민주정치에 있어서는 전제화의 우려가 없기에 권력의 통합에 의하여 국가권력을 강화하여 국민의 복리행정을 강력히 실현하여야 한다는 적극론을 펴고 있다. 그러나 권력분립이론은 자유민주적 법치국가의 조직원리로서 역사적인 역할을 하여 왔고 앞으로도 자유주의적·정치적 요청으로서의 의미를 가질 것이며, 또 이는 국가권력에서 시민의 자유를 수호하기 위하여 고안된 원리이기 때문에 국가권력의 비대와 인권의 침해가 우려되고 있는 현실에서 볼 때 필요불가결한 제도라고 할 수 있다.

(2) 현대적 문제상황

현대국가에 있어서 권력분립제도 내지는 권력분립의 이념이 그대로 유지될 수 있을 것인가에 대하여 많은 문제점이 나타나고 있다. 권력의 균형 위에 구축된 권력분립을 위협하는 요인으로서는 사회적 세력의 변동이나 권력의 상호의존이 촉진하는 특정권력의 비대화에 의한 3권력간에 균형의 파탄이 문제되고 있다.

현대입헌주의국가가 당면하고 있는 여러 가지 상황 가운데 특히 집행권의 우위화현상, 정책결정이나 정책수행에 실질적으로 중요한 영향력을 가진 정치사회의 제세력의 등장, 그리고 사회주의의 등장에 따른 권력분립주의의 동요가 문제된다.

(3) 우리 나라의 권력분립제도

1) 우리 나라 권력분립제도의 변천 제헌헌법에서부터 제3공화국 헌법에 이르기까지 우리 나라는 권력분립주의에 입각하고 있었다. 그러나 어느 기관이 우월한 형태였었는가를 여기서 단적으로 말하기는 어렵다. 개괄적으로 말해서 제1공화국에서는 행정부 우위적인 형태를 취하였고, 제2공화국에서는 균형제도를 채택하고 있었다. 제3공화국에서는 미국식인 완전한 권력분립제도라고는 할 수 없으나 이에 가까운 제도로서 실제적으로는 행정부 우위인 제도였다고 할 것이다. 제4공화국에 이어서는 대통령이 우월한 영도적 대통령제를 채택하고 있었다. 제5공화국 헌법은 제4공화국 헌법에 비해서 다소 권력분립주의에 근접하려는 의도는 있었지만 여전히 대통령의 우월적인 형태에 형식적으로 의원내각제적 요소를 가미시킨 변형된 대통령제를 취하였다. 그러나 제6공화국 헌법은 대통령의 비상조치권·국회해산권 등을 없앰으로써 권력분립의 원리를 최대한 구현하려고 하였다.

2) 제6공화국헌법상의 권력분립제도 제6공화국 헌법에서는 한마디로 권력분산적 대통령제를 채택하고 있다고 하겠다. 즉 대통령은 국가의 원수이나 동시에 행정권의 수반으로서 입법권·사법권과 대등한 입장에서 견제와 균형을 하도록 비교적 합리적인 권력분립제도를 채택하고 있다고 할 수 있다.

우리 헌법상의 권력분립 규정을 보면, 첫째, 대통령은 국가의 원수이며 행정권의 수반이다(헌법 제66조 제1항·제4항). 둘째, 입법권은 국회에 속한다(헌법 제40조). 셋째,

사법권은 법관으로 구성된 법원에 속한다(헌법 제101조)고 하여 3권분립주의에 입각하고 있다. 따라서 입법·행정·사법이 각각 독립된 기관에 맡겨져서 서로 견제하고 균형을 이루면서 국가권력이 행사되도록 하고 있다.

그러나 우리 나라의 권력분립제도는 복지국가적 요청과 위기정부적 경향 때문에 권력분립제도에 약간의 수정을 가하도록 하고 있는데, 긴급재정경제처분 또는 명령권(헌법 제76조 제1항)·긴급명령권(헌법 제76조 제2항)·국민투표회부권(헌법 제72조)·대법원장, 대법관 임명권(헌법 제104조 제1항·제2항) 등은 그 예외규정이라 할 것이다.

3. 정부형태

(1) 의 의

정부형태라 함은 권력분립의 원리가 국가권력의 구조에 어떻게 적용되고 있느냐 하는 것을 말하는 것으로서, 정부형태를 이렇게 파악하는 경우에는 넓은 의미로는 입법부·행정부·사법부가 포함되는 것으로 보아 국가통치기구의 형태이나, 좁은 의미로는 행정부의 조직형태를 의미한다. 여기서는 넓은 의미로 쓰이며, 그것은 주로 입법부와 행정부와의 관계에서 논의된다.

(2) 대통령제

대통령제는 처음에 미국에서 선택되었으며, 국민의 자유를 보장하기 위한 제한된 정부의 이념에 입각하고 있다. 따라서 엄격한 권력분립이 행하여지고 상호간 독립이 보장되며, 행정권이 대통령에 귀속되는 정부형태이다. 이러한 대통령제는 행정부가 그 성립·조직·존속에서 입법부와 독립해 있고, 입법·행정·사법부는 헌법상 동등한 지위에서 상호견제와 균형을 취한다. 대통령은 대내적으로 행정부의 수반인 동시에 대외적으로는 국가를 대표하는 국가원수의 지위를 가지는 행정부의 일원성을 그 특색으로 한다.

대통령의 이러한 특성에서 보아, 국회에 의한 불신임제도가 없으므로 임기 동안 소신 있는 강력한 행정을 행할 수 있어 정국이 안정될 수 있다는 점과 국회의 질이 저하되었을 때 다수결에 의한 경솔·부당한 간섭을 배제하여 소수자의 이익을 보호할 수 있다는 장점이 있다. 한편 대통령의 권한이 강대하므로 이에 대한 민주적 통제가 행하여지지 않는 한 독재화 경향이 우려되는 점, 입법부와 행정부의 엄격한 분립으로 복지국가의 업무수행에 신속성·통일성이 결여될 염려가 있다는 점, 입법부와 행정부의 충돌을 해결할 방법이 분명하지 않으며 책임정치의 실현이 어렵다는 점 등의 단점도 가지고 있다.

(3) 의원내각제

의원내각제는 영국의 오랜 정치경험의 산물로서 입법부와 행정부의 법적인 분립을 전제로 하고, 이들 상호간의 균형을 유지하면서 서로 밀접한 관계를 가지는 정부형태이다. 의원내각제는 국회의 다수당에 의해 내각이 형성되며, 국회의 불신임에 의해 내각이 해체된다.

내각구성원은 국회의원을 겸할 수 있고, 국회에 출석하여 발언할 권한이 있다. 정부도 법률안제출권을 가지는 바와 같이 내각이 그 성립·조직·존속에 있어서 국회에 의존하고 있다는 점, 내각은 국회해산권을 가짐으로써 상호간 평등과 균형을 유지한다는 점, 그리고 형식적인 권한을 가지는 국가원수와 실질적인 권한을 가지는 내각수반이 병존한다는 행정부의 이원성을 그 특성으로 한다.

의원내각제의 이러한 특성에서 입법부와 행정부의 협력으로 신속하고 적극적인 행정의 수행이 가능하며, 행정부가 국민의 대표기관인 국회에 대해 책임을 지므로 민주적인 책임정치가 가능하다. 그리고 입법부와 행정부가 대립한 경우 중재·해결이 용이하다는 장점을 가진다. 한편 군소정당이 난립하면 정국의 불안을 초래할 염려가 있다는 점, 정부가 국회에 의존하므로 강력하고 계속적인 정치가 곤란하다는 점, 그리고 국회의 다수당과 정부의 합작으로 다수당의 횡포가 일어날 수 있다는 점 등의 단점도 있다.

(4) 우리 나라의 정부형태

우리 나라의 정부형태는 대통령제를 중심으로 하여 의원내각제 및 이원정부제의 요소를 가미하고, 또한 대통령제에서 볼 수 없는 대통령의 임기 5년의 단임제, 부통령제의 배제 등 이질적인 형태를 채택하고 있어서 순수한 대통령제라고 볼 수 없는 변형된 대통령제 정부형태를 선택한 특이한 정부형태를 갖고 있다고 볼 것이다.

Ⅱ. 통치기구

1. 주권행사기관으로서의 국민

(1) 국민의 지위

우리 헌법은 제1조 제2항에서 「대한민국의 주권은 국민에게 있고, 모든 권력은 국민으로부터 나온다」라고 규정하고 있어, 국민이 직접 주권을 행사하는 것과 대표자를 선임하여 주권을 행사하는 것을 인정하고 있다. 여기에서 주권행사기관으로서의 국민은 국민투표기관으로서의 국민과 선거기관으로서의 국민을 의미한다.

이 주권행사기관으로서의 국민은 투표권자 또는 선거권자의 총체적인 합성기관을 구성하며, 개개의 국민은 부분기관을 구성한다.

다른 국가기관은 창설적 행위에 의하여 선임되거나 조직되는 기관인데 대하여, 국민은 특별한 행위를 기다림이 없이 법의 규정에 의하여 당연히 국가기관으로서의 지위를 가진다. 헌법상의 기관으로서의 국민은 1차적 기관인데 대하여, 다른 국가기관은 2차적 기관이다.

(2) 국민의 조직

1) 국민투표기관으로서의 국민의 요건　　국민은 국민투표기관으로서 직접 국정에 참여한다(헌법 제72조·제130조). 국민투표기관으로서의 국민은 국회의원선거권자 전체의 합성기관이며, 국민투표기관으로서의 국민의 요건은 국회의원선거권자이어야 한다. 헌법은 법률이 정하는 바에 의하여 선거권을 가지도록 규정하고 있기 때문에(헌법 제24조), 국민투표기관으로서의 국민은 선거권결격사유가 없는 사람의 총체라고 할 것이다.

2) 선거기관으로서의 국민의 요건　　국민은 선거기관으로서 대표자를 선출한다(헌법 제67조·제41조). 선거기관으로서의 국민은 국회의원선거권자 전체의 합성기관이다. 따라서 대한민국 국민으로서 선거권의 결격사유가 없는 사람의 총체라고 하겠다.

(3) 국민의 권능

1) 헌법개정확정권　　주권행사기관으로서의 국민은 헌법개정확정기관으로서 헌법개정안을 확정할 권한을 가진다(헌법 제130조 제2항). 국민투표에 붙여진 헌법개정안은 국회의원선거권자 과반수의 투표와 투표자 과반수의 찬성으로 확정한다.

2) 국가정책에 대한 국민표결권　　「대통령은 필요하다고 인정할 때에는 외교·국방·통일·기타 국가안위에 관한 중요정책을 국민투표에 붙일 수 있다」(헌법 제72조)고 규정하여 대통령의 국가정책에 대한 국민표결권을 부여하고 있다. 이 대통령의 주요 정책결정에 있어서의 국민투표는 임의적인 것이기 때문에 대통령이 국민의 신임을 묻기 위한 신임투표로 될 공산이 크다.

3) **대통령선거권**　　국민은 직접선거에 의하여 대통령을 선출한다. 대통령은 국민의 평등·보통·직접·비밀투표에 의하여 선출된다(헌법 제67조 제1항). 이 대통령의 선거에 관한 사항은 법률로 정한다(헌법 제67조 제5항).

4) **국회의원선거권**　　국가기관으로서의 국민은 국회의원선거권을 가진다. 국회는 국민의 평등·보통·직접·비밀투표에 의하여 선출된 의원으로 구성한다(헌법 제41조 제1항). 국회의원의 선거구와 비례대표제 기타 선거에 관한 사항은 법률로 정한다(헌법 제41조 제3항).

2. 국회의 조직 및 권한

(1) 국회의 헌법상 지위

국민대표기관으로서의 국회의 지위는 오늘날 정당정치의 발전에 따라 정당의 대표기관으로 전락하고 있다. 국회는 국민의 일반의사를 입법하는 것이 아니고, 당리당략의 입법에만 급급하기 때문에 국민의 국회에 대한 불신은 높아가고, 특히 정당국가에의 경향에 따라 과두적인 국회를 구성함으로써 국회제도에 대한 불신이 극에 달하고 있는바, 여기에 국회입법에 대한 사법심사제, 국회의원에 대한 소환제, 그리고 국민투표제에 의한 직접민주정치제도 등의 채택이 불가피하게 되었다.

1) **국민대표기관으로서의 국회의 지위**　　오늘날의 국민주권주의하에 있어서는 국민이 주권을 가지고 있으며, 헌법제정권자인 국민이 헌법제정시에 국민대표기관을 지정하고, 이 기관에게 입법권을 부여하고 있다.

법률은 국민총의의 표현이기 때문에 국민의 대표기관인 국회가 입법권을 가진다고 헌법이 규정하고 있다. 우리 헌법도 제1조 제2항에서 보면, 「모든 권력은 국민으로부터 나온다」라고 명시하여 국민으로부터 유래하는 입법권을 가진 국회는 국민의 헌법적 대표기관이라는 것을 명백히 표명하고 있다고 하겠다(헌법적 대표설의 입장).

2) **입법기관으로서의 국회의 지위**　　국회의 가장 본질적이고 역사적인 지위는 입법기관으로서의 지위이다. 그러나 국회가 입법기관이라는 것은 다만 원칙적으로 입법권이 국회에 있었지만, 입법의 모든 절차를 국회가 독점하는 것은 아니다, 즉 정부에 법률안 제출권이 있고, 대통령은 법률안에 대한 거부권·공포권을 가지며, 그 외에 행정입법·자치입법이 인정되고, 대법원과 중앙선거관리위원회 등은 규칙제정권을 가진다.

입법기관으로서의 국회는 현대 행정국가에 있어서는 행정입법의 증대와 입법의 전문성·기술성이 요구됨으로써 그 지위가 저하되어 단순히 정부에서 작성한 법안을 통과시키는 데 불과한 통법부화하는 경향을 나타내고 있다. 다만 국회의 의결을 거쳐야 한다는 의미에서 그 최후적 의의를 유지하고 있다.

3) 국정통제기관으로서의 국회의 지위 우리 나라에서도 국회는 정부에 대한 견제기관으로서 어느 정도 기능하고 있으나, 대통령제를 취하고 있기 때문에 의원내각제에서처럼 강력한 견제권은 없다. 그러나 국무총리나 국무위원에 대한 국회출석요구권·질문권·해임건의권 등의 행사를 통하여, 또 대통령과 국무총리·국무위원에 대한 탄핵소추권의 행사 등에 의하여 상당한 견제는 할 수 있다. 또 재정에 관한 권한과 일반국정에 관한 권한 등을 가짐으로써 행정부의 정책결정에 참여하는 동시에 대통령의 긴급재정경제처분 및 명령·긴급명령의 승인 여부로써 정부를 견제하는 역할도 하고 있다.

4) 최고기관의 하나로서의 국회의 지위 우리 나라의 경우에는 국회의 최고기관성에 관한 규정이 없기 때문에 유일한 최고기관이라고 볼 이유는 없다. 따라서 우리 나라의 국회는 정부·법원과 더불어 최고기관 중의 하나이며, 이러한 점에서 국회는 정부·법원과 상호견제와 균형을 이루고 있다.

(2) 국회의 구성 및 운영

1) 국회의 구성

(가) 양원제와 단원제 국회는 1원 또는 2원의 합의체로써 구성된다. 전자를 단원제라 하고, 후자를 양원제라 한다. 국회의 구성원리로서 어느 것이 좋은가는 이론적으로 결정하기 곤란하며, 양원제의 채용은 역사적인 소산으로서 의회제도의 모국인 영국을 모방한 것이라 하겠다. 다만 이론적으로 볼 때 민의는 하나이므로 단원제가 옳다고 말하여지기도 한다.

(나) 제6공화국의 단원제국회 제6공화국의 단원제 국회는 국민의 보통·평등·직접·비밀선거에 의하여 선출된 의원으로 구성되며, 지역구출신의원과 비례대표제에 의한 선출의원으로써 구성된다(헌법 제41조). 국회의원의 정수는 법률로 정하되, 200인 이상으로 하고 있다(헌법 제41조 제2항).

2) 국회의원의 선거

(가) 국회의원선거제도의 특색 현행 헌법은 국회의원선거제도를 일원화하고 있다. 즉 국회의원은 국민에 의한 직접선거로 선출된다.

(나) 국회의원의 정수 국회의원의 정수는 200인 이상이며, 국회의원

선거구와 비례대표제 기타 선거에 관한 사항은 법률로 정한다(헌법 제41조 제2항·제3항).

㈐ 선거권과 피선거권 공직선거법은 19세 이상의 국민은 선거권을 가진다고 규정하고 있다(공직선거법 제15조). 그리고 결격사유가 없는 25세 이상의 국민은 국회의원피선거권이 있다(동법 제16조 제2항).

3) 국회의 회기와 정족수

㈎ 회 기 국회의 정기회는 법률이 정하는 바에 의하여 매년 1회 집회되며, 국회의 임시회는 대통령 또는 국회재적의원 4분의 1이상의 요구에 의하여 집회된다(헌법 제47조 제1항).

정기회의 회기는 100일을, 그리고 임시회의 회기는 30일을 초과할 수 없다(헌법 제47조 제2항).

대통령이 임시회의 집회를 요구할 때에는 기간과 집회요구의 이유를 명시하여야 한다(헌법 제47조 제3항).

㈏ 정 족 수 국회는 헌법 또는 법률에 특별한 규정이 없는 한 그 재적의원 과반수의 출석과 출석의원 과반수의 찬성으로 의결된다. 가부동수인 경우에는 부결된 것으로 본다(헌법 제49조).

(3) 국회의원의 헌법상 지위

우리 헌법은 국회의원의 헌법상 지위에 관하여 바이마르 헌법과 같은 직접적인 규정은 없지만, 국회의원의 지위와 관련이 있는 제7조 제1항의「공무원은 국민 전체에 대한 봉사자이며, 국민에 대하여 책임을 진다」라는 규정과, 제45조의 의원의 발언·표결의 면책특권과 제44조의 의원의 불체포특권 등에 비추어 볼 때 국회의원은 국민의 대표자로서의 지위를 가진다고 할 수 있다.

1) 국회구성원으로서의 지위 국회의원은 국회의 구성원으로서의 관직(Amt)을 가진다. 이 관직은 선거에 의하여 취득되고, 임기만료에 의하여 상실된다. 이 지위에서 볼 때, 국회의원은 넓은 의미에 있어서의 공무원으로서 국민에 의하여 선임되고 국민에 대하여 책임을 진다. 국회구성원으로서의 국회의원은 국회의 기관은 아니며 기관관리자로서의 지위를 가진다. 그리고 국회의원은 선거직공무원으로서의 권리의무를 가진다. 또 국회의원은 헌법 제7조의 공무원에 속한다. 따라서 국회의원은 국민 전체에 대한 봉사자이며 국민에 대하여 책임을 진다.

2) 국민대표자로서의 지위 국회의원은 국민의 의사를 대표하기 위하

여 국민에 의하여 선출된 자라는 점에서 넓은 의미에서는 국민의 대표라고 할 수 있다. 그러나 국회의원은 비록 지역선거구에서 선출되었다 할지라도 선거구민을 대표하는 것이 아니라 국민 전체를 대표하며, 선거구민의 위임에 구속되지 않는다. 따라서 국민은 국회의원에 대하여 아무런 법적 제약을 가할 수 없으며, 국회의원의 의사가 지역주민의 의사에 반하는 경우에는 차기 선거에서 낙선시킬 수 있을 뿐이다.

3) 국회의원의 자격과 발생 · 소멸

(가) 발생원인 국회의원의 자격은 투표결과 당선인의 결정과 당선인이 의원취임을 승낙함으로써 발생한다.

(나) 소멸원인 (i) 국회의원은 임기의 만료에 의하여 그 자격을 상실한다. (ii) 국회의원은 그 원에 의하여 사직할 수 있다. 또 국회의원이 법률에 의하여 겸임할 수 없는 직(헌법 제43조)에 취임할 때, 또는 피선자격을 상실한 때에는 당연히 퇴직된다. (iii) 국회의원은 국회 자체에 의한 징계(헌법 제64조 제2항)로써 제명될 수 있는바, 국회의원을 제명하려면 재적의원 3분의 2 이상의 찬성이 있어야 한다(헌법 제64조 제3항). 국회의원은 국회 그 자체에 의한 자격심사(헌법 제64조 제2항)의 결과 자격 없는 자로서 결정되면 제명되는데(헌법 제64조 제3항), 이 경우도 재적의원 3분의 2 이상의 찬성이 있어야 한다고 해석된다. 위에 말한 어느 경우에 있어서도 그 제명처분에 대하여는 법원에 제소할 수 없다(헌법 제64조 제4항).

4) 국회의원의 특권

(가) 국회의원의 불체포특권 우리 헌법 제44조에 의하면 「① 국회의원은 현행범인인 경우를 제외하고는 회기 중 국회의 동의 없이 체포 또는 구금되지 아니한다. ② 국회의원이 회기 전에 체포 또는 구금된 때에는 현행범인이 아닌 한 국회의 요구가 있으면 회기 중 석방된다」고 규정되어 있다.

국회의원의 불체포특권은 국민대표의 지위에서 유래하며, 이는 국회의원의 범죄행위에 대한 책임면제가 아니라, 행정부의 불법한 억압으로부터 국회의 자주적인 자유활동을 보장하려는 것이므로 정당한 체포 · 구금까지 면제받는 것은 아니다.

(나) 국회의원의 발언 · 표결에 대한 면책특권 우리 헌법 제45조는 「국회의원은 국회에서 직무상 행한 발언과 표결에 관하여 국회 외에서는 책임을 지지 아니한다」라고 규정하여 의원의 발언 · 표결의 면책특권을 인정하고 있다. 그러나 국회 내에서의 책임추궁과 외부에 대한 정치적 책임을 면하

는 것은 아니다. 이러한 면책특권은 국회의 행정부에 대한 비판기관으로서의 기능에 비추어 인정된 것이다.

(다) 보수 및 여행상의 특권 국회의원은 상당한 보수와 여비를 받으며(국회법 제30조), 무료로 국유철도·선박 및 항공기를 이용할 수 있다(국회법 제31조).

(라) 국회의원의 권리와 의무 국회의원은 의안을 발의할 수 있고, 질문권·질의권·토론권·자율권 및 표결권을 가진다. 또한 국회의원은 일반공무원으로서의 의무뿐 아니라 그의 특수한 지위 때문에 법률이 정하는 직을 겸할 수 없으며(헌법 제43조), 또한 국회의원은 청렴의 의무가 있으며(헌법 제46조 제1항), 국회의원은 국가이익을 우선하여 양심에 따라 직무를 수행하며(헌법 제46조 제2항), 그 밖에 지위남용금지(헌법 제46조 제3항), 법령·규칙준수의무 등을 진다.

(4) 국회의 권한

국회의 권한이란 국회의 헌법상 지위에서 당연히 나오는 권한을 말한다. 그런데 국회의 권한을 헌법상의 지위에 따라 분류하는 것을 실질적인 권한의 분류라고 하고, 순수히 형식적인 견지에서 분류하는 것을 형식적인 권한의 분류라고 한다. 국회의 권한을 실질적인 측면에서 분류하면 (i) 입법에 관한 권한, (ii) 재정에 관한 권한, (iii) 일반국정에 관한 권한, (iv) 국회 내부에 관한 권한 등으로 구분할 수 있다. 또 형식적인 견지에서 분류하면 (i) 의결권, (ii) 동의권, (iii) 승인권, (iv) 통고권 및 (v) 통제권 등으로 구분할 수도 있다.

그러면 우리 나라에서의 국회의 권한을 실질적 측면에서 살펴보고자 한다.

1) 입법에 관한 권한 우리 헌법 제40조는「입법권은 국회에 속한다」라고 하여 국회의 입법권을 규정하고 있다. 이 규정은 제66조·제101조의 규정과 함께 헌법이 권력분립의 원리를 채택하고 있음을 의미함과 동시에 입법기관으로서의 국회의 권한을 나타낸 것으로 볼 수 있다. 이러한 입법권은 의회제도의 연혁으로 보아 국회가 가지는 가장 본질적이며 전통적인 권한이다.

그러나 현대국가의 기능이 적극적인 관여를 요청하는 복지국가에로 변질됨에 따라 권력의 집중이 필연적으로 따르게 되었고, 더구나 국회는 복지국가의 실현을 위한 특별입법에 필요한 전문적·기술적 지식이 부족하고 또 방대한 양과 복잡한 직무의 신속·기민한 처리를 국회에 기대하기도 곤란하며, 또한 대통령중심제와 정당의 발달은 사실상의 권력융화를 가져오게 되었다. 이러한 제현상은 행정부의 우월화와 국회의 상대적인 지위저하를 가져오게 되어 본질적·전통적인 국회의 입법권은 형식화되는 경향이 있다.

그런데 헌법 제40조의 입법권의 개념에 관해서는 실질설과 형식설이 대립하고 있다. 실질설은 정립하는 법규범의 내용·성질만을 기준으로 한다. 그리하여 그 형식이 법률이든 아니든 관계없이 국민의 권리·의무에 관한 법규범을 정하는 권한이면 모두 입법권으로 본다. 반면 형식설은 헌법 제40조의 법률이라는 형식의 법규범정립권, 즉 법률제정권을 입법권으로 본다.

입법권을 법률제정권으로 보는 형식설이 타당하다. 실질설을 택하면 국회가 모든 실질적 입법권을 독점하게 되어 정부의 긴급명령제정권 등을 설명할 수 없게 되며, 법규가 아닌 법률사항에 관한 법률제정권은 입법권이 아니라는 모순이 나타나므로 헌법 제40조의 입법권은 형식적 의미의 법률제정권을 그 내용으로 하고 있다고 보아야 한다. 이와 같이 법률제정권은 국회가 갖는 고유한 특권이다.

그러나 국회는 법률제정 이외의 입법에 관한 권한도 가지고 있다. 즉 헌법개정에 관한 권한이 있는바, 그것은 헌법개정발안권과 헌법개정심의권이다. 그리고 국회는 조약체결·비준에 대한 동의권을 아울러 가지고 있다.

2) 재정에 관한 권한 근대국가는 국가존속상 필요한 국가재징에 관한 사항에 대하여 국회의 의결을 기초로 하여 행사되어야 한다는 재정의회주의를 기초원리의 하나로 하고 있다. 이는 국가재정이 국민에 미치는 영향이 매우 중대하기 때문에 국민대표기관인 국회에 의해서 감독되도록 하려는 의도이다.

㈎ 조세법률주의 국민의 재산권의 일부를 강제적으로 징수하는 것은 국민의 권리에 대한 중대한 침해이므로, 헌법은 「조세의 종목과 세율은 법률로 정한다」(헌법 제59조)고 하여 조세법률주의를 선언하고 있다.

㈏ 예산심의·확정권 우리 헌법은 예산을 법률과 구별하고 있으나, 외국의 입법례는 예산을 법률의 형식으로 정하도록 하고 있다. 정부는 국가의 총수입과 총지출을 회계년도마다 예산안을 구성하여 국회에 제출하여 국회의 의결을 얻어야 하며, 국회는 예산안을 심의·확정하는 권한을 가지고 있다(헌법 제54조).

㈐ 국회의 정부재정행위에 대한 동의권과 승인권 (i) 국회는 기채동의권을 가지고 있는데, 이것은 정부의 국채모집에 대한 동의권이다(헌법 제58조). (ii) 예산 외의 국가부담이 될 계약체결에 대한 동의권을 가지고 있으며, 이러

한 예산 외에 국가부담이 될 계약을 체결하는 경우에는 국회의 동의가 필요하다(헌법 제58조). (iii) 재정적 부담이 있는 조약체결에 대한 동의권을 가지고 있는데, 조약에 의하여도 국민이 재정적 부담을 지는 경우가 있으므로 이러한 조약을 체결하는 경우에는 국회의 동의를 얻어야 한다(헌법 제60조). (iv) 예비비지출에 대한 승인권을 가지고 있는데, 예비비의 지출은 차기국회의 승인을 얻어야 한다(헌법 제55조 제2항).

㈑ 결산심사권 국회는 정부의 결산에 대하여 심사권을 가지고 있다. 정부는 결산서를 작성하여야 하고, 감사원은 이를 감사한 후 차년도 국회에 그 결과를 보고하여야 한다(헌법 제99조). 국회는 이에 따라 예산집행의 적부에 대한 사후심사권을 행사한다.

3) **헌법기관구성에 관한 권한** 국회의 헌법기관구성에 관한 권한으로서는 다음과 같은 것들이 있다.

㈎ 대법원장과 대법관·헌법재판소의 장·국무총리·감사원장 임명에 대한 동의권(헌법 제104조 제1항, 제2항·제111조 제4항·제86조 제1항·제98조 제2항)을 갖고 있다.

㈏ 헌법재판소재판관(3인)·중앙선거관리위원회 위원(3인)에 대한 선출권(헌법 제111조 제3항·제114조 제2항)을 가지고 있다.

4) **국정통제에 관한 권한**

㈎ 국무총리·국무위원의 국회출석·답변요구권(헌법 제62조 제2항), 즉 국무총리·국무위원 또는 정부위원은 국회나 그 위원회에 출석하여 국정처리상황을 보고하거나 의견을 진술하고 질문에 응답할 수 있으며, 국회 또는 위원회의 요구가 있으면 출석·답변하여야 한다. 이는 국회와 정부의 관계를 밀접하게 하여 효과적인 정책수립·수행을 도모하고, 국회의 정부에 대한 견제기능을 갖게 한다.

㈏ 국무총리·국무위원 해임건의권(헌법 제63조)을 갖고 있는데, 국회는 재적의원 3분의 1 이상의 발의와 재적의원 과반수의 찬성으로 국무총리 또는 국무위원의 해임을 건의할 수 있다.

㈐ 탄핵소추권(헌법 제65조)을 갖고 있으며, 여기서의 탄핵대상자는 대통령·국무총리·국무위원·행정각부의 장·헌법재판소재판관·법관·중앙선거관리위원회위원·감사원장·감사위원 기타 법률이 정한 공무원으로서 통상절차에 의하여 파면·소추하기 곤란한 중요 공무원을 말한다.

탄핵의 사유는 직무집행에 있어서 헌법이나 법률의 위배이며, 직무집행과 직접적 관련이 없는 사항은 탄핵사유가 되지 않는다. 또한 위법행위에 대한 고의·과실의 유무를 묻지 않는다. 탄핵의 소추는 국회재적의원 3분의 1 이상의 발의와 국회재적의원 과반수의 찬성으로 의결되나, 다만 대통령에 대한 탄핵소추는 국회재적의원 과반수의 발의와 국회재적의원 3분의 2 이상의 찬성을 요한다(헌법 제65조 제2항).

㈑ 선전포고 등에 대한 동의권(헌법 제60조 제2항)

㈒ 일반사면에 대한 동의권(헌법 제79조 제2항)

㈓ 긴급재정경제처분 및 명령·긴급명령승인권(헌법 제76조 제3항)

㈔ 계엄해제요구권(헌법 제77조 제5항)

㈕ 국정감사권 및 국정조사권(헌법 제61조), 즉 제6공화국 헌법은 「국회는 국정을 감사하거나 특정한 국정사안에 대하여 조사할 수 있으며, 이에 필요한 서류의 제출 또는 증인의 출석과 증언이나 의견의 진술을 요구할 수 있다」고 규정하여 국회의 대정부견제권을 강화시켜 놓았다.

5) 국회의 자율적 권한

㈎ 규칙제정권　　국회는 법률에 저촉되지 않는 범위 안에서 의사와 내부규율에 관한 규칙을 제정할 수 있다(헌법 제64조 제1항).

㈏ 국회의원의 신분에 관한 권한　　국회의원의 신분에 관한 권한으로서는 의원의 자격심사 및 징계(헌법 제64조 제2항), 의원의 체포·구금 등에 대한 동의, 의원의 석방요구, 의원의 청가에 대한 허가, 의원의 징계·제명 등을 들 수 있다.

㈐ 의사진행에 관한 자율권　　국회의 의사진행은 헌법·법률 및 국회규칙에 의하는데, 이에 규정이 없는 사항에 대해서는 국회 자체가 결정하며 다른 구속을 받지 않는다. 국회는 자율적으로 집회·개회·휴회를 한다.

㈑ 내부경찰권 및 국회가택권　　내부경찰권이란 의사당은 물론이고 모든 원내질서를 유지하기 위하여 의원·방청인 기타 원내에 있는 자에 대하여 명령하고 이를 실력으로써 강제하는 권한을 말한다. 국회의 내부경찰권은 국회의장에게 속하며, 의장은 여러 보조기관의 협력을 받아 이를 관장한다. 국회가택권이란 국회의 의사에 반하여 의사당에 출입하는 것을 금하고, 필요하다고 인정할 때에는 퇴장을 요구할 수 있는 권한을 말하며 국회의장이 관장한다.

㈒ 의원에 대한 자격심사와 징계권　　국회는 의원의 자격에 대하여

이의가 제기된 경우 이를 심사할 권한을 가진다.

의원이 원내질서를 파괴하고 국회의 품위를 손상케 한 경우에는 이에 대하여 징계할 수 있다. 징계는 그 성질상 의원으로서의 활동의 제한을 위한 것이다. 국회의 자율성을 존중하기 위하여 국회의원의 자격심사나 징계에 대해서는 법원에 제소할 수 없도록 하고 있다(헌법 재64조 제4항). 이것은 국회의 독자성을 보다 잘 보장하기 위한 것이다.

3. 대통령의 지위 및 권한

(1) 대통령의 헌법상 지위

제6공화국헌법상 대통령의 지위에 관하여는 제66조에서 「① 대통령은 국가의 원수이며, 외국에 대하여 국가를 대표한다…… ④ 행정권은 대통령을 수반으로 하는 정부에 속한다」라고 규정하여 대통령제 국가에 있어서의 대통령의 지위를 밝히고 있다. 그러나 우리 나라의 대통령제는 의원내각제적 요소를 약간 가미하고 있는 형태로서 미국의 대통령보다 더 큰 권한을 부여하고 있다.

우리 헌법상의 대통령은 주권의 행사기관으로서 입법부·사법부에 동위 내지는 우월한 기관으로서, 이들 통치기관을 조정하는 지위를 가지고 있다. 즉 대통령은 국가의 독립·영토의 보전·국가의 계속성과 헌법을 수호할 책임을 지며(헌법 제66조 제2항), 조국의 평화적 통일을 위한 성실의 의무를 지도록 하고 있다(헌법 제66조 제3항). 그렇다고 대통령이 국가권력 전부를 행사한다는 것은 아니고, 주권행사기관 중 하나의 헌법기관으로서 통치권력을 행사한다고 보아야 할 것이다. 이러한 대통령의 지위 중에서 중요한 것은 국가원수로서의 지위, 행정권수반으로서의 지위, 국가와 헌법의 수호자로서의 지위, 평화통일책임자로서의 지위라고 하겠다.

1) 국가원수로서의 지위　대통령은 국가의 원수이며, 대외적으로 국가를 대표한다. 대통령은 조약을 체결·비준하는 권한, 선전포고와 강화를 행하는 권한, 외교사절을 신임·접수하는 권한을 가지는데, 이는 대외적으로 국가를 대표하는 지위에서 나오는 권한이라고 하겠다.

대통령은 대내적으로 국가원수로서의 지위를 가진다. 국내적인 대표자의 지위에서는 헌법재판소의 장·헌법재판소재판관과 선거관리위원회위원에 대한 임명권, 대법원장과 대법관에 대한 임명권, 영전수여권, 그리고 사면권 등의 권한을 가진다.

2) **행정권의 수반으로서의 지위** 대통령은 행정권의 수반으로서의 지위를 가진다. 대통령은 국가의 최고집행기관으로서 행정에 관한 모든 권한을 관장한다. 이에는 국군통수권, 행정정책결정권, 국무총리·국무위원을 비롯한 행정공무원임명권, 행정정책집행권, 그리고 행정입법권 등이 포함된다. 물론 대통령은 행정전반을 독단적으로 집행할 수 있는 것은 아니고, 헌법과 법률에 정한 절차에 따라 그 권한을 행사하는데, 국무회의의 심의를 거쳐야 하며 국가안전보장회의·국가원로자문회의·민주평화통일자문회의·국민경제자문회의의 자문을 거쳐야 하며, 문서로써 하여야 하고 국무총리와 관계 국무위원의 부서가 있어야 한다.

3) **국가와 헌법의 수호자로서의 지위** 헌법 제66조 제2항은 대통령의 사명과 의무에 관해서 규정하고 있음과 아울러 대통령의 권한행사에 있어서 그 정당성의 근거를 인정하고 있다. 대통령에게 이와 같은 국가의 존립과 운명에 관한 책무를 규정하고 있는 것은 대통령이 다른 국가기관의 상위에 있는 최고기관임을 의미한다. 헌법은 국가의 독립·영토의 보전·국가의 계속성을 보장하기 위하여 대통령에게 국가긴급권·선전포고권을 부여하고 국가안전보장회의의 의장이 되도록 하고 있다.

4) **평화통일책무로서의 지위** 헌법은 제66조 제3항에서 대통령의 조국의 평화적통일에 있어서 의무를 규정하며, 또한 평화통일정책에 있어서 민주평화통일자문회의의 자문을 거치도록 하고 있다.

(2) **대통령의 신분상 지위**

1) **대통령의 선임** 대통령은 국민의 보통·평등·직접·비밀선거에 의하여 선출한다(헌법 제67조 제1항). 대통령후보자가 되려면 정당의 추천, 또는 5 이상의 시·도에 나누어 하나의 시·도에 주민등록이 되어 있는 선거권자의 수를 500인 이상으로 한 2,500인 이상 5,000인 이하의 추천을 받아야 한다(공직선거법 제47조, 제48조 제2항 제1호).

대통령선거에 있어서 최고득표자가 2인 이상인 때에는 국회의 재적의원 과반수가 출석한 공개회의에서 다수표를 얻은 자를 당선자로 한다(헌법 제67조 제2항). 대통령후보자가 1인일 때에는 그 득표수가 선거권자 총수의 3분의 1 이상이 아니면 대통령으로 당선될 수 없다(헌법 제67조 제3항).

대통령으로 선거될 수 있는 자는 국회의원의 피선거권이 있고 선거일 현재 40세에 달하여야 한다(헌법 제67조 제4항). 구 헌법에서는 '선거일 현재 계속하여 5년 이상 국내에 거주'할 것을 규정하고 있었으나 현행헌법에서는 이를 삭제하였다.

대통령의 임기가 만료되는 때에는 임기만료 70일 내지 40일 전에 후임자를 선거한다(헌법 제68조 제1항). 대통령이 궐위된 때 또는 대통령 당선자가 사망하거나 판결 기타의 사유로 그 자격을 상실한 때에는 60일 이내에 후임자를 선거한다(헌법 제68조 제2항).

2) 대통령의 임기 대통령의 임기는 5년으로 하며 중임할 수 없다(헌법 제70조). 대통령의 임기를 단임제로 한 것은 평화적 정권교체를 가능하게 하기 위한 것이다.

대통령의 임기연장 또는 중임변경을 위한 헌법개정은 그 헌법개정제안 당시의 대통령에 대해서는 효력이 없다(헌법 제128조 제2항). 이것은 과거의 정권연장의 병폐를 막기 위해서 규정된 것이다.

3) 대통령의 취임선서와 의무 대통령은 취임에 즈음하여 다음과 같이 선서하여야 한다. 「나는 헌법을 준수하고 국가를 보위하며, 조국의 평화적 통일과 국민의 자유와 복지의 증진 및 민족문화의 창달에 노력하여 대통령으로서의 직책을 성실히 수행할 것을 국민 앞에 엄숙히 선서합니다」(헌법 제69조). 이는 엄격한 법적 구속성을 가지는 것은 아니고 국가에 대한 충성의무의 표현을 의미한다.

4) 대통령의 특권과 겸직금지 대통령은 국무총리·국무위원·행정각부의 장 기타 법률이 정하는 공사의 직을 겸할 수 없다(헌법 제83조). 내란 또는 외환의 죄를 범한 경우를 제외하고는 재직 중 형사상 소추를 받지 아니한다(헌법 제84조). 따라서 재직 중의 민사·행정상의 책임과 퇴직 후의 형사상 소추를 면하는 것은 아니다.

5) 대통령의 권한대행 대통령이 궐위되거나 사고로 인하여 직무를 수행할 수 없을 때에는 1차적으로 국무총리가 그 권한을 대행하고, 2차적으로는 법률이 정한 국무위원의 순서에 따라 그 권한을 대행한다(헌법 제71조).

6) 전직대통령의 예우 전직대통령의 신분과 예우에 관하여는 법률로 정하는바(헌법 제85조), 이에 관한 것이 「전직대통령예우에관한법률」이다. 직전대통령은 국가원로자문회의의 의장이 된다(헌법 제90조 제2항).

(3) 대통령의 권한

대통령의 권한은 의원내각제 국가와 대통령제 국가에 있어서 상이한바, 의원내각제 국가에 있어서는 대통령은 원칙적으로 의례적·형식적 권한만을 가지는 데 대하여, 대통령제 국가에 있어서는 원칙적으로 실질적 권한을 가지고 예외적으로 형식적 권한을 가진다. 우리 나라의 정부형태는 대통령중심제를 취하고 있으므로 대통령은 원칙적으로 실질적 권한을 가지고 있다.

1) 헌법개정과 국민투표에 관한 권한

(가) 헌법개정에 관한 권한 대통령은 헌법개정에 대한 제안권(헌법 제128조 제1항)·헌법개정안공고권(헌법 제129조)·헌법개정공포권(헌법 제130조 제3항)을 가진다. 다만 대통령은 헌법개정에 관해서는 거부권을 행사할 수 없다.

(나) 국민투표에 관한 권한 대통령은 필요하다고 인정할 때에는 외교·국방·통일 기타 국가안위에 관한 중요한 정책을 국민투표에 회부할 수 있다(헌법 제72조). 이것은 대통령이 국회와 같은 국민대표기관의 의결에 구속되지 아니하고 직접 주권행사기관인 국민의 신임에 호소하기 위한 방법이다.

2) 헌법기관구성에 관한 권한 (i) 대통령은 헌법재판소의 장을 국회의 동의를 얻어 재판관 중에서 임명하며, 헌법재판소재판관을 임명하는 권한을 가진다. 다만 그 중 3인은 국회에서 선출하는 자를, 3인은 대법원장이 지명하는 자를 임명하여야 한다(헌법 제111조). (ii) 대통령은 최고 법관인 대법원의 장을 국회의 동의를 얻어 임명하며, 대법관은 대법원장의 제청에 의하여 국회의 동의를 얻어 임명하는 권한을 가진다(헌법 제104조). (iii) 대통령은 국회의 동의를 얻어 국무총리를 임명하며(헌법 제86조), 국무위원은 국무총리의 제청으로 대통령이 임명한다(헌법 제87조). (iv) 대통령은 국회의 동의를 얻어 감사원장을 임명하고, 감사원장의 제청으로 감사위원을 임명한다(헌법 제98조). (v) 대통령은 중앙선거관리위원회위원을 임명하는 권한을 가진다. 다만 그 중 3인은 국회에서 선출하는 자를, 3인은 대법원장이 지명하는 자를 각각 임명하여야 한다(헌법 제114조 제2항).

3) 국회에 관한 권한 대통령은 입법·사법·행정에 우위하는 기관으로서, 이들을 조정·감시하는 기능을 가지고 있다. 그리하여 (i) 국회임시회 소집요구권(헌법 제47조), (ii) 국회출석발언권(헌법 제81조) 등을 가진다. 제5공화국헌법에서는 대통령에게 국회해산권이라는 막강한 권한을 규정하고 있었으나 현행 헌법은 이것을 폐지하여 대통령의 권한을 합리적으로 조정하고 있다.

4) 입법에 관한 권한 대통령은 입법에 관한 권한도 가지고 있는데,

그 중에서도 중요한 것은 (i) 법률안거부권(헌법 제53조 제2항), (ii) 법률안제출권(헌법 제52조), (iii) 법률공포권(헌법 제53조 제1항), (iv) 긴급입법권(헌법 제76조), (v) 행정입법권(헌법 제75조) 등이 있다.

여기에서 대통령의 법률안거부권은 입법권에 대한 통제를 의미하는데, 우리 헌법 제53조 제2항 후단에서는 국회 폐회중에도 대통령의 법률안 환부를 인정하고 있으며, 또 동조 제5항에서 대통령이 15일 이내에 공포나 재의를 요구하지 아니한 경우, 그 법률안은 법률로서 확정된다고 규정하고 있으므로 보류거부는 인정되지 아니한다고 보아야 할 것이다.

5) 사법에 관한 권한 대통령은 법률이 정하는 바에 의하여 사면·감형·복권을 명할 수 있다. 일반사면을 명하려면 국회의 동의를 얻어야 한다(헌법 제79조). 사면은 일반사면과 특별사면이 있으며 이는 행정권에 의하여 사법권의 효과를 변경하는 것이다.

따라서 권력분립의 원칙에 대한 예외적인 것으로 전통적으로 국가원수의 특권 또는 행정기관의 권리로서 인정되고 있다. 이러한 권한의 행사는 국무회의의 심의를 거쳐야 한다(헌법 제89조 9호). 사면·감형·복권에 관한 사항은 법률로 정한다(헌법 제79조 제3항).

6) 행정에 관한 권한 대통령은 국가의 원수로서 그리고 국민의 대표기관으로서 주권을 행사한다. 대통령은 국가의 원수로서 입법·사법·행정에 초연한 지위에서 중재자와 조정자의 역할을 한다. 그러나 일면에 있어서 대통령은 행정권의 수반으로서 행정에 관한 권한을 행사하고 있다.

이러한 행정권의 수반으로서의 행정에 관한 권한 중에서 중요한 것은 (i) 행정의 최고지도권(정책결정권·명령집행권)(헌법 제66조 제4항), (ii) 국군통수권(헌법 제74조), (iii) 공무원임면권(헌법 제78조), (iv) 정당해산소추권(헌법 제8조 제4항), (v) 외교에 관한 권한(헌법 제66조·제73조·제60조), (vi) 재정에 관한 권한(헌법 제54조 제2항·제56조·제55조·제58조), (vii) 영전수여권(헌법 제80조·제11조 제3항 제89조 제8호), (viii) 각종 회의주재권(헌법 제88조 제3항·제91조 제2항) 등이 있다.

그리고 국가원수로서의 긴급권, 즉 긴급재정경제처분 및 명령권·긴급명령권(헌법 제76조)과 계엄권(헌법 제77조)을 행사할 수 있다.

4. 행정부의 조직 및 권한

(1) 국무총리

1) 국무총리의 헌법상 지위 우리 헌법은 대통령중심제를 바탕으로

하면서 국무회의 및 국무총리제도를 두고 있다. 따라서 우리 헌법은 순수한 미국식 대통령제와 다르고, 또 우리 헌법상 국무총리가 독자적인 정책의 일반지침을 결정할 수 없다는 점에서 이원정부의 내각과 다르다. 이러한 대통령중심제 정부형태하의 국무총리는 그 지위와 권한에 모호한 점이 없지 않다. 제6공화국 헌법에서 국무총리는 국회의 동의를 얻어 대통령이 임명한다(헌법 제86조 제1항). 물론 해임권자는 대통령이다.

국무총리의 헌법상 지위는 다음과 같다.

(가) 국무총리는 대통령의 보좌기관이고(헌법 제86조 제2항), 국무회의의 부의장의 지위를 갖는다.

(나) 국무총리는 대통령의 명을 받아 행정각부를 통할하며(헌법 제86조 제2항), 대통령의 권한대행 제1순위자이며(헌법 제71조), 국무위원의 임명제청권자로서(헌법 제87조 제1항) 국무회의조직에 있어서는 다른 국무위원에 우월한 지위를 가진다.

(다) 국무총리는 중앙행정관청의 지위에 있다.

2) **국무총리의 권한** 국무총리는 국무위원과 행정각부의 장의 임명제청권(헌법 제87조 제1항·제94조)과 국무위원의 해임건의권(헌법 제87조 제3항)을 가진다. 그 외에도 대통령의 권한을 대행하는 권한(헌법 제71조), 부서하는 권한(헌법 제82조), 국무회의에서의 심의권(헌법 제88조), 행정각부통할권(헌법 제86조 제2항), 총리령을 발하는 권한(헌법 제95조), 국회출석발언권(헌법 제62조) 등을 가진다.

(2) 국무위원

1) **국무위원의 헌법상 지위** 국무위원은 국무회의의 구성원이다. 즉 국무위원은 대통령 및 국무총리와 더불어 정부의 합의제 최고 정책심의기관인 국무회의를 구성한다. 국무위원은 국무총리의 제청으로 대통령이 임명하되(헌법 제87조 제1항), 그 수는 15인 이상 30인 이하이다(헌법 제88조 제2항). 군인은 현역을 면한 후가 아니면 국무위원으로 임명될 수 없다(헌법 제87조 제4항). 국무위원은 대통령이 해임한다. 또 국무총리는 국무위원의 해임을 건의할 수 있다(헌법 제87조 제3항). 국회는 국무위원의 해임건의를 할 수 있다(헌법 제63조 제1항).

2) **국무위원의 권한** 국무위원은 국무회의의 소집을 요구하고 의장을 통하여 국무회의에 의안을 제출하며(헌법 제89조 제17호), 국무회의에 출석·발언하고, 그 심의에 참가할 권한과 의무가 있다. 그 이외에도 대통령권한대행권(헌법 제71조)과 부서권(헌법 제82조)이 있다. 또 국무위원은 국회에 출석하며 국정처리상황을 보고하거나 의견을 진술하고 질문에 응답할 수 있다(헌법 제62조 제1항). 그리고 국

무위원은 국무총리의 제청으로 행정각부의 장으로 임명될 수 있다(헌법 제94조).

(3) 국무회의

1) 국무회의의 헌법상 지위 국무회의는 정부의 권한에 속하는 중요한 정책을 심의하는 헌법상의 기관이다(헌법 제88조 제1항).

2) 국무회의의 구성 국무회의는 대통령, 국무총리와 15인 이상 30인 이하의 국무위원으로 구성되고(헌법 제88조 제2항), 대통령이 국무회의의 의장이 되며, 국무총리는 대통령을 보좌하고 국무회의의 부의장이 된다.

(4) 국가원로자문회의

국정의 중요한 사항에 관한 대통령의 자문에 응하기 위하여 국가원로로 구성된 기관이 국가원로자문회의이다(헌법 제90조 제1항).

국가원로자문회의의 조직·직무범위 기타 필요한 사항은 법률로 정한다(헌법 제90조 제3항). 국가원로자문회의의 의장은 직전대통령이 된다. 다만 직전대통령이 없을 때에는 대통령이 지명한다(헌법 제90조 제2항).

(5) 국가안전보장회의

국가안전보장에 관련되는 대외정책·군사정책 및 국내정책의 수립에 관하여 국무회의의 심의에 앞서 대통령의 자문에 응하기 위하여 국가안전보장회의를 둔다(헌법 제91조 제1항). 이 기관은 단순한 자문기관이란 점에서 국정의 최고 심의기관인 국무회의와는 구별된다.

국가안전보장회의는 대통령이 주재한다(헌법 제91조 제2항).

(6) 민주평화통일자문회의

평화통일정책의 수립에 관한 대통령의 자문에 응하기 위하여 설치된 것이 민주평화통일자문회의이다(헌법 제92조 제1항). 민주평화통일자문회의의 조직·직무범위 기타 필요한 사항은 법률로 정한다(헌법 제92조 제2항).

(7) 국민경제자문회의

국민경제의 발전을 위한 중요정책의 수립에 관하여 대통령의 자문에 응하기 위하여 설치된 것이 국민경제자문회의이다(헌법 제93조). 국민경제자문회의의 조직과 직무범위 기타 필요한 사항은 법률로 정한다.

(8) 행정각부

행정각부의 설치·조직과 직무범위는 법률로 정하도록 우리 헌법은 규정하고 있다(헌법 제96조). 따라서 행정각부는 정부의 구성단위로서 대통령 또는 국무총리의 지휘 또는 통할하에 법률이 정하는 소관사무를 담당하는 중앙행정기관이다.

행정각부의 장은 국무위원이어야 하며, 국무총리의 제청으로 대통령이 임명하며(헌법 제94조), 법률이 정하는 바에 따라 소관사무를 결정·집행할 수 있는 권한과 부령을 제정·공포할 수 있는 권한 등을 행사할 수 있다.

(9) 감 사 원

감사원은 국가의 세입·세출을 결산, 국가 및 법률이 정한 단체의 회계감사와 행정기관 및 공무원의 직무에 관한 감찰을 하기 위하여 대통령의 소속하에 설치된 기관이다(헌법 제97조). 따라서 감사원은 대통령소속하의 헌법상 기관이다.

감사원은 원장을 포함한 5인 이상 11인 이하의 감사위원으로 구성되는 합의제기관이다(헌법 제98조 제1항).

감사원장은 대통령이 국회의 동의를 얻어 임명하고(헌법 제98조 제2항), 감사위원은 원장의 제청으로 대통령이 임명한다(헌법 제98조 제3항). 감사원장과 감사위원의 임기는 모두 4년이며, 1차에 한하여 중임할 수 있다(헌법 제98조 제2항 후단).

감사원은 결산감사권을 가지며 국가 및 법률이 정한 단체의 회계감사와 행정기관 및 공무원의 직무에 대한 감찰을 할 수 있다.

5. 법원의 조직 및 권한

(1) 대법원의 헌법상 지위

1) **주권행사기관으로서의 지위** 대법원은 법률의 위헌 여부가 재판의 전제가 된 경우 그 위헌 여부의 심사를 헌법위원회에 제청함으로써 국회를 견제할 수 있으며, 위헌명령심사권을 행사함으로써 행정부와 동위의 입장에서 행정부의 행정입법을 시정할 수 있다. 대법원은 국회규칙제정권을 가진 국회, 대통령령·부령제정권을 가진 정부와 같이 대법원규칙제정권으로써 독자적인 자치입법권을 행사할 수 있는 주권의 행사기관으로서, 국회·정부와 동일한 지위를 가진다.

2) **국민의 기본권보장기관으로서의 지위** 국민의 기본권이 국가권력에 의하여 침해된 경우, 그 구제를 할 수 있는 기본권의 최고보장기관이다. 국민의 기본권 보장은 헌법상의 재판권보장으로서 나타나는데, 기본권의 사법적 보장의 최고기관이 대법원이다.

3) **최고최종심법원으로서의 지위** 대법원은 최고최종심법원으로서의

지위를 갖는다(헌법 제101조 제2항). 대법원의 관할권은 (i) 고등법원 또는 항소법원·특허법원의 판결에 대한 상고사건, (ii) 항고법원·고등법원 또는 항소법원·특허법원의 결정·명령에 대한 재항고사건, (iii) 다른 법률에 의하여 대법원의 권한에 속하는 사건에 미친다(법원조직법 제14조). 그 외에도 대법원은 군사재판의 상고심이며(헌법 제110조 제2항), 선거소송의 시심이며 종심이다. 다만 예외로서 단심인 경우도 있다(헌법 제110조 제4항 참조).

4) 위헌법률심사제청기관으로서의 지위 대법원은 법률의 위헌 여부가 재판의 전제가 된 경우에 위헌법률심사를 헌법재판소에 제청하는 기관으로서의 지위를 갖는다.

5) 최고사법행정기관으로서의 지위 대법원은 최고사법행정기관으로서 기능한다. 대법관 전원으로써 구성되는 대법관회의는 (i) 판사의 임명에 대한 동의, (ii) 법원의 내부규율과 사무처리 기타 대법원규칙에 관한 사항, (iii) 판례의 수집·간행에 관한 사항, (iv) 예산요구, 예비금지출과 결산에 관한 사항, (v) 특히 중요하다고 인정되는 사항으로서 대법원장이 부의한 사항, (vi) 다른 법령에 의하여 대법관회의의 권한에 속하는 사항 등에 관하여 의결할 권한을 가진다.

대법원장은 법관에 대한 인사권을 가진다. 또한 대법관에 대한 임명제청권을 가지며, 각급 법원판사에 대한 임명권을 가진다. 대법원장의 법원행정사무를 보좌하기 위하여 법원행정처를 둔다.

(2) 대법원의 구성

대법원은 대법원장과 대법관으로 구성된다. 대법원에는 법률이 정하는 바에 의하여 대법관 아닌 법관을 둘 수 있다(헌법 제102조 제2항). 이것은 대법원의 법관의 구성을 이원화하여 대법원의 업무량을 분산시키기 위하여 많은 부를 두기 위한 것으로 보인다. 대법원의 조직은 법률로 정한다(헌법 제102조 제3항).

1) 대법원장

(가) 대법원장의 헌법상 지위 대법원장은 최고법원인 대법원의 수장으로서 대법원과 각급법원에 대한 구성권을 가지며 사법행정권을 가진다. 대법원장은 대법원의 일반사무를 관장하며 대법원의 직원과 각급법원 및 그 소속기관의 사법행정사무에 관하여 직원을 지휘·감독한다(법원조직법 제13조). 대법원장은 대법관회의의 의장이 된다(법원조직법 제16조). 의장은 의결에 있어서 표결권을 가지며, 가부동수인 때에는 결정권을 가진다.

(나) 대법원장의 신분상 지위 (i) 대법원장의 자격은 15년 이상의 법조경력을 가진 대법관 중에서 임명되며, 만 40세 이상이어야 하며, (ii) 대법원장의 임명은 국회의 동의를 얻어 대통령이 임명하도록 하고 있으며(헌법 제104조 제1항), (iii) 대법원장의 임기는 6년으로 하고 중임할 수 없게 하였다(헌법 제105조 제1항).

(다) 대법원장의 권한 (i) 대법원장은 대법관의 임명제청권을 가지며(헌법 제104조 제2항), 이것은 대법원의 독립성과 일체성을 가지기 위한 것이다. (ii) 대법원장은 각급 판사임명권을 가지는데, 이것은 대법관이 아닌 법관에 대한 임명권이며 징계권도 가진다(헌법 제104조 제3항). (iii) 대법원장은 헌법재판소재판관 지명권을 가지는데, 이것은 헌법재판소 재판관 3인을 지명하는 권한을 말한다(헌법 제111조 제3항). (iv) 대법원장은 중앙선거관리위원회위원 지명권을 가지며, 이것은 중앙선거관리위원회위원 3인을 지명하는 권한을 말한다(헌법 제114조 제2항). 이것은 선거관리위원회의 공정성을 보장하기 위한 것으로서 현재까지 법관들이 지명되어 왔다. (v) 대법원장은 법원을 대표하는 법원대표권을 가진다.

2) 대 법 관

(가) 대법관의 헌법상 지위

(ㄱ) 최고법원의 구성원 : 대법관은 최고법원인 대법원의 구성원으로서, 넓은 의미에서의 국민의 대표자이며, 국민의 수임자로서 사법권을 행사한다.

(ㄴ) 대법관회의의 구성원 : 대법관은 대법관회의의 구성원으로서 소관사항에 관한 의결권을 가진다.

(나) 대법관의 신분상 지위

(ㄱ) 대법관의 자격 : 대법관의 자격은 대법원장의 자격과 같다.

(ㄴ) 대법관의 임명 : 대법관은 대법원장의 제청으로 국회의 동의를 얻어 대통령이 임명한다.

(ㄷ) 대법관의 임기 : 대법관의 임기는 6년으로 하며, 법률이 정하는 바에 의하여 연임할 수 있다(헌법 제105조 제2항).

(다) 대법관의 권한

(ㄱ) 대법원에서의 심판권 : 대법원의 심판권은 대법관 전원의 3분의 2 이상의 합의체에서 이를 행하며 대법원장이 재판장이 된다. 다만 대법관 3인 이상으로 구성된 부에서 먼저 사건을 심리하여 의견이 일치한 때에 한하여

그 부에서 재판할 수 있다(법원조직법 제7조 제1항).

(ㄴ) 대법원장대리권 : 대법원장이 궐위되거나 사고로 인하여 직무를 수행할 수 없을 때에는 선임대법관이 그 권한을 대행한다(법원조직법 제13조 제3항).

(3) 법원의 조직 및 권한

1) 대법원의 조직

(가) 대법원의 구성 대법원은 대법원장과 대법관으로 구성된다(헌법 제102조 제2항). 현행 법원조직법에 의하면 대법원은 대법원장을 포함하여 14인의 대법관으로 구성되고 있다.

(나) 대법원의 내부조직

(ㄱ) 대법원의 전원합의부와 부 : 대법원에는 전원합의부와 부를 둔다. 대법원부는 대법관 3인 이상으로 구성한다(법원조직법 제7조 제1항).

(ㄴ) 대법관회의 : 대법관 전원으로써 대법관회의를 구성한다. 대법관회의는 대법원장을 의장으로 한다.

(다) 대법원의 하부기관 · 연수기관

(ㄱ) 법원행정처 : 대법원장의 법원행정사무를 보좌하기 위하여 법원행정처를 둔다. 법원행정처에는 처장 1인과 차장 1인을 둔다.

(ㄴ) 사법연수원 : 판사 및 예비판사의 연수와 사법연수생의 수습에 관한 사무를 관장하기 위하여 대법원에 사법연수원을 둔다. 사법연수생은 대법원장이 사법시험에 합격한 자 중에서 임명한다. 사법연수생의 수습기간은 2년으로 한다.

(ㄷ) 재판연구관 : 대법원장은 일정한 기간 각급법원의 판사 중에서 재판연구관을 지명할 수 있다. 재판연구관은 대법원장의 명을 받아 대법원에서 사건의 심리 및 재판에 관한 조사 · 연구업무를 담당한다.

2) 하급법원의 조직과 권한

(가) 고등법원의 조직과 권한

(ㄱ) 고등법원의 조직 : 고등법원은 판사로써 구성된다. 고등법원에는 고등법원장을 두며, 고등법원장은 그 법원의 사법행정사무를 관장하고 소속공무원을 지휘 · 감독한다(법원조직법 제26조).

(ㄴ) 고등법원의 부 : 고등법원에 부를 둔다(법원조직법 제27조 제1항). 부에 부장판사를 두며(법원조직법 제27조 제2항), 고등법원의 심판권은 판사 3인으로 구성된 합의부에서 행한다(법원조직법 제7조 제3항).

(ㄷ) 고등법원의 심판권 : 고등법원은 (i) 지방법원합의부 · 가정법원합의부 또는 행정법원의 제1심 판결 · 심판 · 결정 · 명령에 대한 항소 또는 항고사건과, (ii) 지방법원단독판사 또는 가정법원단독판사의 제1심 판결 · 심판 · 결정 · 명령에 대한 항소 또는 항고사건으로서 형사사건을 제외한 사건 중 대법원규칙으로 정하는 사건, (iii) 다른 법률에 의하여 고등법원의 권한에 속하는 사건을 심판한다(법원조직법 제28조).

(나) 특허법원의 조직과 권한

(ㄱ) 특허법원의 조직 : 특허법원은 법원장과 판사로써 구성된다. 특허법원에 부를 둔다.

(ㄴ) 특허법원의 심판권 : (i) 특허법 제186조 제1항, 실용신안법 제33조, 디자인보호법 제75조 및 상표법 제86조 제2항이 정하는 제1심 사건과, (ii) 다른 법률에 의하여 특허법원의 권한에 속하는 사건을 관장한다(법원조직법 제28조의 4).

그러나 전심으로는 위헌논란이 있었던 특허청의 특허심판위원회에서 심사하게 된다.

(ㄷ) 특허법원의 설치 : 특허법원은 대전에 둔다.

(ㄹ) 특허법원의 기술심리관 : 특허법원은 필요하다고 인정하는 경우 결정으로 특허사건의 소송심리에 참여할 수 있도록 하기 위하여 기술심리관을 둔다(법원조직법 제54조의 2).

(다) 지방법원의 조직과 권한

(ㄱ) 지방법원의 조직 : 지방법원은 판사로써 구성된다. 지방법원판사는 (i) 사법시험에 합격하여 사법연수원의 소정과정을 마친 자, (ii) 변호사의 자격이 있는 자 중에서 임용한다(법원조직법 제42조 제3항). 지방법원에는 지방법원장을 둔다(법원조직법 제29조 제1항). 지방법원장은 그 법원 및 소속지원, 시 · 부법원 및 등기소의 사법행정사무를 관장하며, 소속공무원을 지휘 · 감독한다(법원조직법 제29조 제3항).

(ㄴ) 지방법원의 부와 지원 · 시군법원

① 지방법원의 구성 지방법원은 법원장과 판사로써 구성한다.

② 지방법원지원 등 지방법원 및 가정법원의 사무의 일부를 처리하게 하기 위하여 그 관할구역 내에 지원과 가정지원, 시법원 또는 군법원 및 등기소를 둘 수 있다. 다만 지방법원 및 가정법원의 지원은 2개를 합하여 1개의 지원으로 할 수 있다(법원조직법 제3조 제2항). 지방법원장은 그 법원과 소속지원, 시 · 군법원의 사법행정사무를 관장하며 소속공무원을 지휘 · 감독한다(법원조직법 제29조).

지방법원지원과 가정지원에 지원장을 두며, 지원장은 지원의 사법행정사무를 관장하며 소속공무원을 지휘·감독한다(법원조직법 제31조). 지방법원의 지원과 가정지원에 부를 둘 수 있다.

③ 지방법원의 부　지방법원에는 부를 둔다(법원조직법 제30조 제1항). 부에는 부장판사를 두며, 부장판사는 그 부의 재판에 있어서 재판장이 된다. 부장판사는 지방법원장의 지휘에 의하여 그 부의 사무를 감독한다(법원조직법 제30조 제2항).

④ 시·군법원　대법원장은 지방법원 또는 지원소속판사 중에서 그 관할구역 안에 위치한 시·군법원의 관할사건을 심판하게 한다(법원조직법 제33조).

(ㄷ) 지방법원의 심판권

① 합의부의 심판권　지방법원 및 지방법원지원의 합의부는 다음 사건을 제1심으로서 심판한다.

(a) 합의부에 심판할 것으로 합의부가 스스로 결정한 사건

(b) 민사사건에 관하여는 대법원규칙으로 정하는 사건

(c) 사형, 무기 또는 단기 1년 이상의 징역 또는 금고에 해당하는 사건(병역법위반사건과 특수절도, 상습폭행사건, 보건범죄, 부정수표범죄 등은 제외한다)

(d) 이와 동시에 심판할 공범사건

(e) 지방법원판사에 대한 제척·기피사건

(f) 법률에 의하여 지방법원합의부의 권한에 속하는 사건(법원조직법 제32조 제1항)

② 항소부의 심판권　지방법원본원합의부 및 서울지방법원 의정부지원과 춘천지방법원 강릉지원의 합의부는 지방법원단독판사의 판결, 결정, 명령에 대한 항소 또는 항고사건 중 고등법원의 심판관할에 속하지 아니하는 사건을 제2심으로 심판한다(법원조직법 제32조 제2항).

③ 단독판사의 심판권　지방법원본원과 지원의 단독판사는 대법원규칙이 정하는 민사사건 및 법률에 의하여 단독판사의 권한에 속하는 사건에 관하여 관할권을 가진다. 형사사건에 있어서는 절도·폭행사건 등과 단기 1년 미만의 징역이나 금고·벌금에 처할 사건에 대하여 관할권을 가진다.

④ 시·군판사의 심판권　시·군판사는 (i) 소액사건심판법의 적용을 받는 민사사건, (ii) 화해·독촉 및 조정에 관한 사건, (iii) 20만원 이하의 벌금 또는 구류나 과료에 처할 범죄사건, (iv) 협의상 이혼의 확인에 대하여 심판권을 가진다. 20만원 이하의 벌금 또는 구류나 과료에 처할 범죄사건에 대해서

는 즉결심판에 관한 절차법에 따라 즉결심판한다. 즉결심판에 대하여는 피고인은 고지를 받은 날로부터 7일 이내에 관할지방법원에 정식재판을 청구할 수 있다(법원조직법 제34조 · 제35조, 즉결심판에관한절차법 제11조 · 제14조).

㈃ 가정법원의 조직과 권한

(ㄱ) 가정법원의 조직 : 가정법원은 가사에 관한 소송 · 비송사건 · 조정 및 소년보호사건을 심판한다. 가정법원에는 가정법원장을 두며, 원장을 판사로 보하며, 가정법원장은 그 법원과 소속지원의 사법행정사무를 관장하며 소속공무원을 지휘 · 감독한다(법원조직법 제37조).

(ㄴ) 가정법원의 부와 지원 : 가정법원에는 부를 두며, 부에는 부장판사를 두고, 부장판사는 가정법원장의 지휘에 의하여 그 부의 사무를 감독한다(법원조직법 제38조). 가정법원에는 사무의 일부를 처리하게 하기 위하여 그 관할지역 안에 지원을 둘 수 있다(법원조직법 제3조 제2항). 가정법원지원에 지원장을 두며, 지원장은 그 지원의 사법행정사무를 관장하며 소속공무원을 지휘 · 감독한다(법원조직법 제39조).

(ㄷ) 가정법원의 심판권

① 합의부의 심판권 가정법원 및 가정법원지원의 합의부는 다음 사건을 제1심으로 심판한다.

(a) 가사소송법에서 정한 가사소송과 마류 가사비송사건 중 대법원규칙으로 정하는 사건

(b) 가정법원판사에 대한 제척 · 기피사건

(c) 법률에 의하여 가정법원합의부의 권한에 속하는 사건

② 항소합의부의 심판권 가정법원본원합의부 및 서울지방법원 의정부지원 가정지원과 춘천지방법원 강릉지원 가정지원의 합의부는 가정법원단독판사의 판결 · 심판 · 결정 · 명령에 대한 항소 또는 항고사건 중 고등법원의 심판관할에 속하지 아니하는 사건을 제2심으로 심판한다(법원조직법 제40조 제2항).

③ 단독판사의 심판권 가정법원 및 동 지원의 단독판사는 가사소송법에 의한 조정사건과 동법 제2조의 사건 중 민사 및 가사소송의 사물관할에 관한 규칙에서 합의부관할로 정한 외의 사건을 관할한다. 가정지원은 가정법원이 설치되지 아니한 지역에서 가정법원의 권한에 속하는 사항을 관할한다. 다만 가정법원단독판사의 판결, 심판, 결정, 명령에 대한 항소 또는 항고사건에 관한 심판에 해당하는 사항을 제외한다(법원조직법 제31조의 2).

(마) 행정법원의 조직과 권한

(ᄀ) 행정법원의 조직 : 행정항소사건의 1심인 행정법원에 행정법원장을 둔다. 행정법원장은 판사로써 보한다.

(ᄂ) 행정법원의 부 : 행정법원에 부를 둔다. 부에는 부장을 둔다(법원조직법 제40조의 3).

(ᄃ) 행정법원의 심판권 : 행정소송법에 정한 행정사건과 법률에 의하여 행정법원의 권한에 속하는 사건을 제1심으로 심판한다(법원조직법 제40조의 4, 행정소송법 제9조). 행정법원은 합의부에서 심판하는 것이 원칙이나 단독판사가 심판할 것으로 행정법원 합의부가 결정한 사건의 심판은 단독판사가 이를 행한다(법원조직법 제7조 제3항 단서).

(ᄅ) 행정법원의 설치 : 서울시에는 행정법원을 둔다. 행정법원의 제소에는 법률에 따라서는 행정심판전심주의를 채택하고 있으나 원칙적으로는 행정심판을 임의적으로 하고 있다.

(바) 군사법원의 조직과 권한

(ᄀ) 군사법원의 근거 : 군사법원은 헌법상 특별히 인정되고 있는 특별법원이다(헌법 제110조). 군사법원의 조직 · 권한 및 재판관의 자격은 법률로 정한다(헌법 제110조 제3항). 군사법원은 대법원의 하급법원으로서의 지위를 가진다. 따라서 군사법원의 상고심은 대법원이며(헌법 제110조 제2항 군사법원법 제9조), 군사재판은 비상계엄하의 단심제를 제외하고는 대법원에의 상고의 길이 열려 있어야만 한다. 헌법재판소는 군사법원을 특별법원으로 설치한 것은 합헌이라고 한다.

비상계엄하의 군사재판은 군인 · 군무원의 범죄나 군사에 관한 간첩죄의 경우와 초병 · 초소 · 유독음식물공급 · 포로에 관한 죄 중 법률이 정한 경우에 한하여 단심으로 할 수 있다. 다만, 사형을 선고한 경우에는 그러하지 아니하다(헌법 제110조 제4항). 이는 군사법원의 3심제원칙에 반하는 것이나, 비상계엄하의 부득이한 상황하에서 즉결처분을 위하여 헌법의 명시규정으로 인정되고 있는 것이다.

(ᄂ) 군사법원의 종류와 관할 : 군사법원에는 (i) 고등군사법원과, (ii) 보통군사법원이 있다(군사법원법 제5조). 고등군사법원은 국방부에 설치한다(군사법원법 제6조). 보통군사법원은 국방부 및 국방부직할통합부대와 각군본부 및 편제상 장관급 장교가 지휘하는 부대(수사기관을 제외한다)에 설치한다(군사법원법 제6조 제2항). 고등군사법원은 관하 각부대 보통군사법원의 재판에 대한 항소사건 · 항고사건 기타

법률에 의하여 고등군사법원의 권한에 속하는 사건에 대하여 심판한다(군사법원법 제10조). 보통군사법원은 제1심으로서 군사법원이 설치되는 부대의 장의 직속부하와 직접 감독을 받는 자에 대한 피고사건 등을 심판한다(군사법원법 제11조).

(ㄷ) 군사법원의 관할관 : 군사법원에는 관할관을 두는데, 고등군사법원의 관할관은 국방부장관으로 하고, 보통군사법원의 관할관은 그 설치되는 부대와 지역의 사령관·장 또는 책임지휘관으로 한다. 다만, 국방부 보통군사법원의 관할관은 고등군사법원의 관할관이 겸임한다. 고등군사법원의 관할관은 그 군사법원의 행정사무를 관장하며, 국방부직할통합부대와 각군본부보통군사법원의 행정사무를 지휘·감독하며, 보통군사법원의 관할관은 그 군사법원의 행정사무를 관장한다. 각군본부보통군사법원의 관할관은 예하부대 보통군사법원의 행정사무를 지휘·감독한다(군사법원법 제7조·제8조).

(ㄹ) 군사법원의 구성 : 보통군사법원은 재판관 1인 또는 3인으로 구성하고, 고등군사법원은 재판관 3인 또는 5인으로써 구성한다. 재판관은 군판사와 심판관으로써 하고, 재판장은 선임재판관이 된다. 보통군사법원에서는 심판관 1인과 군판사 2인을 재판관으로 하며, 고등군사법원에 있어서는 군판사 3인을 재판관으로 한다. 다만 관할관이 지정한 사건의 경우 군판사 3인과 심판관 2인을 재판관으로 한다(군사법원법 제22조·제26조·제27조). 심판관은 (i) 법에 관한 소양이 있고, (ii) 재판관으로서의 인격과 학식이 충분한 자로서 장교의 직위에 있는 자를 관할관이 임명한다(군사법원법 제24조). 재판관은 관할관이 지정한다(군사법원법 제25조).

군판사는 각군참모총장이 소속 군법무관 중에서 임명한다. 다만 국방부 및 국방부직할통합부대의 군판사는 국방부장관이 소속군법무관 중에서 임명한다(군사법원법 제23조).

(ㅁ) 군사법원의 재판 : 군사법원의 재판관은 헌법과 법률에 의하여 그 양심에 따라 독립하여 심판한다(군사법원법 제21조 제1항). 재판관·검찰관 및 변호인은 재판에 관한 직무상의 행위로 인하여 징계 기타 어떠한 불이익한 처분도 받지 않는다(군사법원법 제21조 제2항). 재판의 심리와 판결은 공개한다. 다만, 안녕질서를 해할 염려가 있을 때 또는 군사기밀을 보호할 필요가 있을 때에는 군사법원의 결정으로 재판의 심리에 한하여 공개하지 아니할 수 있다(군사법원법 제67조). 재판의 합의는 법률에 다른 규정이 없으면 재판관 과반수의 의견에 의한다(군사법원법 제69조).

(4) 사법절차와 운영

1) 재판의 심급제 재판은 원칙적으로 3심제도를 채택하고 있다. 민

사사건이나 형사사건은 지방법원합의부——고등법원——대법원의 3심제임이 원칙이나, 소액사건에 있어서는 지방법원(지원) 단독부——지방법원(본원) 합의항소부——대법원의 3심제도를 채택하고 있다. 군사법원도 보통군사법원——고등군사법원——대법원의 3심제도를 채택하고 있다.

그러나 헌법에서 법원은 대법원과 각급 법원으로써 구성된다고 하고 있으므로 대법원의 재판을 받을 권리만 인정되면 되고, 반드시 3심제도를 거칠 필요는 없다.

따라서 국회의원선거소송의 단심제와 비상계엄하의 군사법원의 단심제는 예외로 허용하고 있다.

2) **재판의 공개제** 재판공개의 원칙은 재판을 공정하게 행하고 재판에 대한 국민의 신뢰를 높이기 위하여 필요한 재판제도의 기본원칙의 하나이다.

우리 헌법은 제27조 제3항에서 형사재판에 대하여 공개재판을 받을 것을 국민의 기본적 권리로서 보장하고, 또한 제109조에서 재판의 심리와 판결은 공개한다고 규정하여 일반재판에 있어서의 재판의 공개를 사법기관의 의무로 하는 재판의 공개주의를 천명하고 있다. 다만 「심리는 국가의 안전보장 또는 안녕질서를 방해하거나 선량한 풍속을 해할 염려가 있을 때에는 법원의 결정으로 공개하지 않을 수 있다」(헌법 제109조 단서)는 예외를 헌법은 인정하고 있다. 그리고 비송사건절차법은 「심문은 공개하지 아니한다」(비송사건절차법 제13조)라고 규정하여 비공개를 원칙으로 하고 있다. 이는 재판절차상의 재판의 공개원칙에 대한 예외라고 할 수 있다.

(5) **사법부의 독립**

1) **입법부로부터의 독립** 사법부는 입법부에서 독립하여야 한다. 다만 입법부의 입법에 의하여 사법부가 구성되고 법관이 법률에 구속되어 재판을 하도록 하고 있는데, 이것은 법치국가의 당연한 요청이며 법원이 국회에 예속됨을 의미하는 것은 아니다. 그러나 입법부는 사법부에 대하여 국정감사권 또는 국정조사권·대법원장과 대법관에 대한 임명동의권·법원예산심의확정권과 법관탄핵소추권을 가지며, 이에 대하여 사법부는 위헌법률심사제청권을 가짐으로써 상호견제작용을 하고 있다.

2) **행정부로부터의 독립** 사법권의 독립이란 행정권으로부터의 독립이 그 본질적 요소이다. 따라서 권력분립 정부하에서 사법부와 행정부는 상

호독립되어 있는 것이 원칙이며, 사법기관은 행정에 관여하지 못하고 행정기관도 법원에 관여하지 못한다. 그러나 사법부는 행정처분이나 명령·규칙에 대하여 위헌명령심사권과 행정재판권을 가지고 있는 데 대하여, 행정부는 사법부예산의 편성권과 일반사면권 등을 가지고 있어 상호견제작용을 하고 있다.

6. 헌법재판소제도

헌법재판소는 준사법적 기관으로서 헌법보장기능을 전담하고 있다. 헌법재판소는 입법부의 위헌입법행위에 대해서는 위헌법률심사권을 가지고 이를 무효로 하게 함으로써 입법부의 위헌입법으로부터 헌법을 보장한다. 다음에는 정당의 위헌행위에 대해서는 정당행위의 위헌성 여부를 판단하며, 탄핵을 결정함으로써 공무원의 위헌행위로부터 헌법을 보장한다. 이와 같이 헌법재판소는 우리 헌법에 있어서의 헌법보장기관으로서 중요한 의의를 가지고 있다.

(1) 헌법재판소의 구성

1) 위원의 임명 헌법재판소는 9인의 위원으로 구성되며, 대통령이 임명한다(헌법 제111조 제2항). 위원 중 3인은 국회에서 선출하는 자를, 3인은 대법원장이 지명하는 자를 임명한다(헌법 제111조 제3항). 장은 국회의 동의를 얻어 재판관 중에서 대통령이 임명한다(헌법 제111조 제4항).

2) 위원의 신분보장 헌법재판소 재판관의 임기는 6년이며, 법률이 정하는 바에 의하여 연임될 수 있다(헌법 제112조 제1항). 위원은 탄핵 또는 금고 이상의 형의 선고에 의하지 아니하고는 파면되지 아니한다(헌법 제112조 제3항). 반면 위원은 정당에 가입하거나 정치에 관여할 수 없다(헌법 제112조 제2항).

(2) 헌법재판소의 권한

헌법재판소는 (i) 법원의 제청에 의한 법률의 위헌 여부, (ii) 탄핵, (iii) 정당의 해산, (iv) 국가기관 상호간, 국가기관과 지방자치단체 및 지방자치단체 상호간의 권한쟁의, (v) 법률이 정하는 헌법소원 등을 심판한다(헌법 제111조 제1항).

헌법위원회에서 법률이 위헌결정·탄핵의 결정·정당해산의 결정 또는 헌법소원에 관한 인용결정을 할 때에는 재판관 6인 이상의 찬성이 있어야 한다(헌법 제113조 제1항).

7. 선거관리위원회의 조직 및 권한

헌법 제114조는 선거의 공정관리가 민주정치의 가장 중요한 요소임을 감안하여 중앙선거관리위원회를 헌법기관으로 규정하고, 각급 선거관리위원회의 조직과 직무범위 등에 관한 규정을 법률에 위임하고 있다.

(1) 중앙선거관리위원회의 조직

중앙선거관리위원회는 대통령이 임명하는 3인, 국회에서 선출하는 3인 그리고 대법원장이 지명하는 3인의 위원으로 구성한다. 위원장은 위원 중에서 호선한다(헌법 제114조 제2항). 위원의 임기는 6년으로 한다(헌법 제114조 제3항). 위원은 탄핵 또는 금고 이상의 형의 선고에 의하지 아니하고는 파면되지 않는 신분보장을 받으며 독립성을 부여받고 있다(헌법 제114조 제5항). 위원은 정당에 가입하거나 정치에 관여할 수 없으며, 정치적 중립성을 지켜야 한다(헌법 제114조 제4항).

(2) 중앙선거관리위원회의 권한

중앙선거관리위원회는 법령의 범위 안에서 선거관리에 관한 자치입법인 규칙을 제정할 수 있고(헌법 제114조 제6항), 선거와 국민투표에 관한 사무 및 정당에 관한 사무를 통할·관리하며, 하급선거관리위원회를 지휘·감독한다(선거관리위원회법 제3조 제3항). 이를 분설하면 중앙선거관리원회는 (i) 자치입법권을 가지며, (ii) 국민투표관리권과 선거관리권을 가지고, (iii) 정당사무관리권을 가지고 있다.

1) **규칙제정권** 중앙선거관리위원회는 법령의 범위 안에서 선거관리·국민투표관리 또는 정당사무에 관한 규칙을 제정할 수 있으며, 법률에 저촉되지 아니하는 범위 안에서 내부규율에 관한 규칙을 제정할 수 있다(헌법 제114조 제6항).

2) **선거 및 국민투표관리권** 중앙선거관리위원회는 선거운동을 관리하고 투표와 개표, 당선자의 확정 등 선거관리사무와 국민투표사무를 담당한다. 또 각급선거관리위원회는 항상 선거권자의 주권의식앙양에 노력하고, 특히 선거가 있을 때에는 투표방법과 그 밖의 선거에 관하여 필요한 계도를 실시하여야 한다(선거관리위원회법 제14조).

3) **정당사무관리권** 중앙선거관리위원회는 헌법과 정당법의 규정에 따라 정당관리의 권한을 수임받고 있다. 그 중 중요한 것은 정당의 창당등록, 등록사항의 공고, 등록취소 등으로 이에 관한 사무를 처리하고 있다.

(3) 각급선거관리위원회의 조직과 권한

각급선거관리위원회의 조직·직무범위 기타 필요한 사항은 법률로 정한다(헌법 제114조 제7항). 선거관리위원회에는 ① 중앙선거관리위원회 ② 특별시·광역시 · 도 선거관리위원회 ③ 구 · 시 · 군 선거관리위원회 ④ 읍 · 면 · 동 선거관리위원회가 있다(선거관리위원회법 제2조). 각급선거관리위원회는 선거인명부의 작성 등 선거사무와 국민투표사무에 관하여 관계 행정기관에게 필요한 지시를 할 수 있으며, 이 지시를 받은 당해 행정기관은 이에 응하여야 한다(헌법 제115조). 각급선거관리위원회는 선거권자의 주권의식의 앙양을 위하여 상시 계몽을 실시하여야 한다. 각급선거관리원회 위원과 직원은 직무수행 중에 선거법 위반행위를 발견한 때에는 중지 · 경고 또는 시정명령을 내려야 한다(선거관리위원회법 제14조의 2).

8. 지방자치제도

국민주권주의는 국민의 자치를 이념으로 하며 국민의 자치를 실현하는 정치형식이 곧 의회제도와 지방자치이다. 따라서 지방자치는 근대국가에 있어서 민주주의적 요청에 의한 것이며, 지방행정은 곧 주민의 자치행정을 요구하고 있다. 그러므로 자치행정 곧 지방자치는 아래로부터 위로의 민주주의의 기초를 의미한다.

지방자치란 지방자치단체로 하여금 지방의 행정을 행하게 하며, 그 지역의 주민이 지방사지단체의 조직과 운영에 참여하는 것을 말한다. 지방자치에는 주민자치와 단체자치의 양자가 있다. 주민자치란 지방의 행정을 지역 주민의 자주적 의사에 의하여 행하는 것으로서 정치적 의미의 자치라고도 한다. 단체자치란 국가 내의 일정한 지역단체가 자기의 의사와 자기의 기관에 의하여 그 지역의 공공사무를 처리함을 말하며, 법적 의미의 자치라고도 한다.

지방자치단체란 국가 내의 일정한 지역을 기초로 하고, 그 지역의 주민을 국법이 인정하는 범위 내에서 지배하는 권리를 가진 공법상의 법인으로서, 그 종류는 법률로 정한다(헌법 제117조 제2항). 지방자체단체는 의결기관인 의회를 두며, 지방의회에 관한 사항과 지방자치단체의 장의 선임, 지방자치단체의 조직과 운영에 관한 사항은 법률로 정한다(헌법 제118조).

지방자치단체는 주민의 복리에 관한 사무를 처리하고 재산을 관리하며, 법령의 범위 안에서 자치에 관한 규정을 제정할 권한을 가진다(헌법 제117조 제1항).

9. 사회적 시장경제질서

우리 헌법은 복지사회적 시장경제주의를 근본원칙으로 삼고 있다. 헌법

제119조는 「국가는 균형 있는 국민경제의 성장 및 안정과 적정한 소득의 분배를 유지하고 시장의 지배와 경제력의 남용을 방지하며 경제주체간의 조화를 통한 경제의 민주화를 위하여 경제에 관한 규제와 조정」을 할 수 있도록 하고, 「대한민국의 경제질서는 개인과 기업의 경제상의 자유와 창의를 존중함을 기본으로 한다」라고 하여 경제질서의 근본원칙을 명시하고 있다. 이것은 대한민국의 사회경제질서가 모든 국민의 인간다운 생활의 보장(헌법 제34조 제1항)에 그 목적이 있는 것을 천명한 것이며, 우리의 경제질서의 원칙이 빈익빈부익부를 허용하지 않고 균등한 향상을 기하는 사회적 복지주의에 근거하고 있음을 입증해 주고 있다.

원칙적으로는 '자유와 창의'를 바탕으로 하는 자본주의적 경제질서가 그 본바탕이 될 것이나, 사회적 약자를 보호하기 위한 경제사회정책에 따라 어느 정도의 경제계획이 행하여지고 있다(헌법 제119조 제2항). 소비자보호운동을 보장하고(헌법 제124조), 경제적 약자의 자조조직을 육성한다(헌법 제123조 제5항). 농지의 소작제도는 원칙적으로 금지되며(헌법 제121조), 국가는 국민 모두의 생산 및 생활의 기반이 되는 국토의 효율적이고 균형 있는 이용·개발과 보전을 위하여 필요한 제한과 의무를 부과할 수 있다(헌법 제122조). 농업 및 어업을 보호·육성하기 위하여 농·어촌종합개발과 그 지원 등 필요한 계획을 수립하며 지역사회의 균형있는 발전을 기하고, 중소기업의 활동을 보호·육성하고(헌법 제123조 제1항·2항·3항), 대외무역을 육성하며 이를 규제·조정할 수 있다(헌법 제125조). 사영기업의 국유 또는 공유로의 이전이나 경영의 통제와 관리를 예외적으로 할 수 있다(헌법 제126조). 국가는 과학기술의 혁신과 정보 및 인력의 개발을 통하여 국민경제의 발전에 노력하여야 하며 이를 위하여 필요한 자문기관을 둘 수 있다(헌법 제127조).

제 2 장

행 정 법

제 1 절 서 설

Ⅰ. 행 정

1. 행정의 개념

행정이란 개념은 입법과 사법에 대한 개념이다. 입법이란 통치권에 기하여 법규를 제정하는 작용이고, 사법은 법규하에서 법률상의 쟁송을 재판하는 작용이다. 그리고 행정은 사법과 마찬가지로 법규하에서 국가목적의 실현을 의도하는 국가작용이다. 그러기에 입법작용은 국회가 담당하고, 사법작용은 법원이 담당하며, 행정작용은 정부가 각각 담당하게 된다. 이러한 입법 · 사법 및 행정을 각각 국회 · 법원 및 정부에 분담하도록 하는 것은 국민의 권리와 자유를 보장하려는 근대국가의 권력분립주의 사상에서 비롯된 것이다.

근대국가는 법치주의의 원리를 바탕으로 국가권력이 작용하므로 정부의 권력작용인 행정은 국민주권에서 연원하는 입법의 밑에 있어야 하고, 행정작용으로써 입법작용을 침범할 수는 없다. 따라서 입법작용은 '법률의 정립'이고, 행정작용은 그 '법률의 집행'에 충실해야 한다. 그런데 법률에 의하여 규정되는 국민의 권리 · 의무는 일반적 · 추상적인 것에 불과하므로 이것만으로는 구체적으로 누가 어떠한 권리 · 의무를 가지느냐를 확정지을 수가 없다. 법률에 의하여 일반적 · 추상적으로 정하여진 국민의 권리 · 의무는 일정한 개인에 관하여 개별적인 작용을 거쳐서 현실화되는데, 이것이 곧 행정이다.

즉 입법은 일반적 · 추상적으로 국민의 권리 · 의무를 정하는 데 대하여, 행정은 그것을 개별적 · 현실적으로 정하는 작용인 것이다. 입법을 법률의 정립, 행정을 법률의 집행이라고 말하는 것은 입법과 행정간의 이와 같은 관계를 의미하는 것이다. 근대국가는 이와 같이 법률에 의해서 행정을 행하여야 하고 법률을 무시한 행정을 인정해서는 안 된다. 이러한 원리를 '법치행정의 원칙'이라고 한다.

그런데 넓은 의미에 있어서의 행정은 국민의 권리·의무를 정하는 작용에 국한된다고 말할 수는 없다. 철도를 부설하고, 학교를 설립하고, 우체국을 개설하고, 그리고 도서관을 건립하는 등의 작용은 국민의 권리·의무에 직접 관계되는 것은 아니지만, 이러한 일들이 국가기관에 의하여 행하여질 때에는 그것도 또한 행정이라고 할 수 있다. 국민의 권리·의무에 직접 관계되지 않는 행정은 이론적으로는 법률의 집행이 아니기 때문에 법률의 근거를 요하지 않는 것이지만, 실제에 있어서는 이런 면까지도 법률은 제정되어 있으며, 여기에서도 행정은 법률의 제한을 받게 된다. 이러한 행정을 일반적으로 실질적 의미의 행정이라고 부른다. 이에 대하여 형식적 의미의 행정이란 행정의 주체를 중심으로 한 개념인데, 우리 나라에서는 행정권이 행정부에 속해 있으므로, 형식적 의미의 행정은 행정부에 속하는 기관에서 행하는 모든 작용을 의미한다. 다만, 형식적 의미의 행정에서는 실질적 의미의 행정 외에도 행정부의 행정상 입법권과 같은 실질적 입법작용도 포함되어 있음을 인식할 필요가 있다.

2. 현대행정과 행정법

현대행정의 일반적인 특징은 행정권의 강화라고 말할 수 있다. 즉 현대국가는 종래 그 위세를 자랑하고 있던 입법국가에서보다는 행정국가의 형태에서 그 기능적 만족을 찾으려는 경향이 있다. 이러한 경향과 발전은 정치학의 문제일 뿐만 아니라 그것은 동시에 현대행정의 발전과정을 설명하는 것으로서 행정학 내지 행정법학의 중대한 과제가 되지 않을 수 없다. 모든 사회과학이 그러하듯이 행정법학도 생성하는 현실에 입각하여 그 이론이 구성되어야 함은 물론이며, 이러한 의미에서 볼 때 현대 행정법학은 무엇보다도 그 기반이 되는 현대행정 그 자체의 성격과 배경의 파악이 필요하다.

근대 자유주의적 국가의 목적은 매우 제한적이었다. 즉 국가의 목적은 극히 제한적이어서 국민의 자유와 재산을 보호한다는 소극적 임무에 한하는 것이요, 결코 적극적으로 국민의 정신적·물질적 생활을 풍요롭게 하는 데 관해서는 국가는 이에 간섭할 수 없다는 것이다.

이러한 목적제한의 국가를 야경국가라고 라살레(Lassalle)는 말하고 있다. 이러한 처지에 있는 국가의 행정은 극히 미약한 것이 되지 않을 수 없었고, 그 개념도 극히 소극적인 것이 되지 않을 수 없었다. 말하자면 "최소의 행정이 최대의 정치이다"라는 말이 적합한 시대였던 것이다.

그러나 19세기 후반 이래 급속히 발전한 자본주의는 사회적·경제적 생활에 복잡한 문제를 야기시킨 동시에 사회생활의 현실 그 자체는 자유주의적 이데올로기 때문에 그 균형성을 상실하였던 것이다. 특히 기술의 발달, 인구의 급격한 증가, 자본의 집중과 기업의 독점 등으로 인한 무산대중의 궁핍화는 종래와 같은 자유방임의 정책으로서는 해결할 수 없게 되었으니, 여기에 공공복리를 이유로 하는 국가생활의 확대를 제도화하지 않을 수 없게 되었던 것이다. 또한 국민의 모든 일상생활은 국가적인 의미에서 고찰되어야 하고, 국민의 복지향상을 위한 모든 생활관계는 국가의 거대한 통제하에서 규율되고 있는 실정이다. 다시 말하면 국가의 통제적 기능에 의하여 규율될 수밖에 없는 국민의 사회생활이 다름 아닌 국가의 행정작용이며 행정의 영역이다.

따라서 오늘날 행성기능확대 내지 행정권 강화는 필연적인 사실이거니와 그렇기 때문에 그것은 또한 합리적이고도 능률적이어야 하는 동시에, 한편 철저한 민주적 통제가 가능한 것이어야 한다. 특히 행정의 효율화와 그에 대한 민주적 통제는 행정에 관한 두 개의 중대한 문제로서 제기되고 있다는 것을 잊어서는 안 된다.

현대행정의 효율화는 주로 행정학에서 다루는 문제이고, 행정의 민주적 통제는 주로 행정법학에서 다루는 문제이다. 행정의 민주적 통제를 가능케 하는 순수한 법치주의사상이 행정의 원리로서 실현되기 위해서는 (i) 행정의 적법성, (ii) 행정에 대한 국민의 권리보장, (iii) 공무원의 민주화 등의 세 가지 점이 확보되어야 한다. 따라서 행정법은 행정의 민주적 통제에 관한 법이라고 말할 수 있다.

Ⅱ. 행 정 법

1. 행정법의 개념

행정법이라는 개념에는 여러 가지의 의미가 포함되어 있다. 가장 넓은 의미로 해석할 때에는 행정에 관한 전체의 법규를 행정법이라고 볼 수 있는데, 이러한 견해에 따른다면 행정법에는 예외로 민사법 또는 형사법도 이에 포함될 수 있다. 그러나 행정법의 개념을 좁은 의미로 해석하면 행정에 관한 법규로서 다른 법규, 즉 헌법·민법·형법과는 완전히 구별되는 독자성·고유성을 띠고 있는 법체계를 확립하기 위한 견지에서 설명되는 것이다. 이것을 좀더 구체적으로 설명하면 다음과 같다.

(1) 행정법은 행정에 관한 법이다

행정법은 행정에 관한 법이라는 점에서 헌법과 구별되고, 입법법(국회법·국회사무처법 등)·사법법(법원조직법·민사소송법·형사소송법 등) 등과도 구별되는 것이다.

헌법은 국가의 기본법으로서 국가를 중심으로 하는 개념인 데 반하여, 행정법은 국가통치권의 일부인 행정권을 중심으로 하는 개념이다. 그러나 헌법과 행정법은 상호대립의 관계에 있는 것이 아니라, 헌법의 기초 위에서 행정법은 성립하는 것이다. 따라서 헌법은 기초법이고, 행정법은 그 중 행정에 관한 부분만을 상세히 정하고 있다는 차이가 있을 뿐 양자간의 한계를 뚜렷이 구분하기가 어렵다. 행정법은 입법권의 조직과 작용에 관한 법인 입법법과 구별된다.

또한 행정법은 사법법과는 구별되는 것이다. 이 양자의 구별은 행정법은 행정권에 관한 법이요, 사법법은 사법권에 관한 법이라는 점에 있다. 그러나 행정법이 입법법이나 사법법과 언제나 무관한 것은 아니고 밀접한 관련을 가지기도 한다(행정입법·행정형벌).

(2) 행정법은 행정에 관한 공법이다

옐리네크(Jellinek)가 말한 바와 같이 행정법은 행정에 관한 법의 전부가 아니라, '행정에 관한 고유한 법'만을 말하는 것이다. 넓은 의미로 볼 때, 행정은 국가 또는 공공단체와 같은 행정권의 주체가 공적 입장에서 행하는 작용(경찰·조세 등)뿐만 아니라, 사인과 똑같은 입장에서 행하는 사경제적 작용(물품구입·건물임대 등)도 그에 포함되는 것이다. 그러나 후자의 경우에는 국가 또는 공공단체도 사인과 마찬가지로 사법의 적용을 받지 않을 수 없는 까닭에 행정법은 이와 같은 사인과 같은 입장에 있는 국가 또는 공공단체에 적용되는 법은 제외하는 것이다. 즉 행정법은 넓은 의미의 행정에 관한 법에서 사법을 제외하고, 오로지 행정에 관한 고유한 법인 공법만을 말하는 것이다.

(3) 행정법은 국내법이다

행정에 관한 법을 행정법이라고 한다면, 외교도 행정의 일부이기 때문에 그것을 규율하는 국제법도 역시 행정법이 아니면 안 된다. 그러나 행정법은 오로지 국내행정에 관한 법이며, 국제법과 대립되는 개념이다. 따라서 행정법의 대상이 되는 행정은 국가의 대내적인 것만을 의미하고 대외적인 것은 포함하지 않는다. 그러나 국제법과 국내법은 결코 관계가 없는 것은 아니다. 우리 헌법 제6조 제1항은 「헌법에 의하여 체결·공포된 조약과 일반적으로 승인된 국제법규는 국내법과 같은 효력을 가진다」라고 규정하고 있으므로, 이러한 요건을 충족하는 행정에 관한 국제적 규정은 그 공포·시행과 동시에 일반 국내행정의 법원으로서의 의미를 갖게 될 것이고, 행정법의 일부를 구성하게 될 것이다(범죄인인도조약·국제노동조약·우호통상항해조약 등). 이와 같이 행정법은 국제적 규율의 제약하에서도 성립될 수 있는 것이므로 그것을 무시해서는 행정법의 종합적인 이해를 할 수 없을 것이다(마약퇴치작용).

2. 행정법의 기본원리

(1) 법치행정의 원리

행정법의 기본원리 가운데 가장 중요한 것은 법의 지배(rule of law) 또는 법치행정이라고 할 수 있다. 그것은 행정의 관념은 원래 권력분립을 근거로 성립하였으며, 권력분립은 법치주의에 의하여 조직되었기 때문이다. 따라서 행정은 곧 법치행정을 의미하게 되고, 법의 지배(법치주의)는 행정법과 밀접한 관계를 갖게 된다.

법률에 의한 행정 내지 법치행정이란 첫째, 행정이 법에 의하여 행하여지지 않으면 안 된다는 원칙, 즉 행정의 조직과 작용에 관한 것들은 모두 법으로 정하지 않으면 안 된다는 원칙이다. 따라서 모든 행정은 국회에서 제정한 법률에 적극적이든 소극적이든 간에 위반해서는 안 되며(법률의 우위), 국민의 자유와 권리를 침해하는 행정권의 발동은 법을 전제로 하여 법에 종속됨을 요하며(법률의 유보), 국민의 권리와 자유를 제한하거나 새로운 의무를 부과하는 규정은 국회의 법률로써만 제정할 수 있다(법률의 법규창조력).

둘째, 법치행정은 실질적인 보장을 위하여 사법심사제가 확보되어야 한다. 먼저 국회가 제정한 법률은 합헌성이 요구된다. 만약 법률이 위헌인 경우 그것을 심사하여 그를 실효시키지 않는다면, 법률에 의한 행정이란 오직 형식적일 뿐이므로 위헌법률심사제도가 필요하다. 다음에 국가기관은 법에 따라 행정을 하지만, 때로는 법을 어겨 위법부당한 행정을 행하는 수가 있다. 이 경우 국민이 입은 손해는 보상되지 않으면 안 된다.

이에 대한 구제는 행정기관에 의해서도 이루어질 수 있으나, 독립한 재판기관인 법원의 사법심사에 의하여 가장 실효성 있는 보장을 받는다.

(2) 민주행정의 원리

행정법의 기본원리의 하나로서 민주행정의 원리를 들 수 있다. 헌법상에도 「공무원의 국민 전체에 대한 봉사자로서의 지위」(헌법 제7조 제1항)를 규정하여 이 원리를 뒷받침하고 있다. 이와 같이 행정의 완전한 민주화는 행정작용이 시민의 손 안에 놓여 있는 것을 의미한다. 그러므로 행정의 민주화 없이는 민주행정을 논할 수 없을 것이다. 그러나 행정기능의 본질상 민주주의와 결부되기 어려운 점도 있다. 특히 오늘날 필연적인 전문화·기술화·능률화·관료화의 경향은 그와 같은 성격을 강하게 나타내고 있다.

(3) 복리행정의 원리

현대의 국가는 복리국가·사회국가라 할 수 있으며, 이에 따라 행정도 복리행정을 지향하게 되었다. 복리행정이란 공공복리의 실현을 목적으로 국가가 국민생활에 적극적으로 관여하여 국민의 인간다운 생활을 보장하려는 행정이다.

우리 헌법은 전문에서 「국민생활의 균등한 향상을 기한다」고 선언하고, 제34조 제1항에서 「모든 국민은 인간다운 생활을 할 권리를 가진다」고 규정하여 생존권적 기본권을 보장하였으며, 제9장 경제편에서는 「국가는 균형있는 국민경제의 성장 및 안정과 적정한 소득의 분배를 유지하고 시장의 지배와 경제력의 남용을 방지하며, 경제주체간의 조화를 통한 경제의 민주화를 위하여 경제에 관한 규제와 조정을 할 수 있다」(헌법 제119조 제2항)고 규정하여 복지행정의 원리를 선언하고 있다.

3. 행정법의 종류

행정법은 국가의 행정법과 공공단체의 행정법으로 대별할 수 있다. 그러나 학문상으로나 실제상으로 가장 중요한 행정법의 종류는 행정조직법과 행정작용법이라고 하겠다. 간혹 전자를 형식적 행정법이라 하고, 후자를 실질적 행정법이라고도 한다.

(1) 행정조직법

행정조직법이란 행정에 관한 내부의 조직과 권한을 규율하는 법으로서 국민에 대하여 행정을 하기 위한 전제로서 행정기관 자신의 내부관계를 조직하는 법이다. 즉, 행정관청의 설치·행정기관의 구성 및 권한을 정하는 법이다. 직제로써 표현되는 것이 바로 그것이다. 이런 취지에서 헌법은 「행정 각부의 설치·조직과 직무범위는 법률로 정한다」(헌법 제96조)라고 규정하였고, 그 외의 보조기관은 대통령령으로 정하도록 되어 있다. 현행 행정조직법의 중요한 것을 들어 보면 정부조직법·지방자치법·국가공무원법 및 지방공무원법과 대통령령으로 정한 각종 직제(국무총리실과 그 소속기관직제·노동부와 그 소속기관직제 등)가 있다.

(2) 행정작용법

행정작용법이란 행정에 관하여 외부 국민에 대한 관계를 규율하는 법으로 본래의 의미의 행정법이기도 하다. 국가 또는 공공단체의 지도성은 국민에 대한 외부적 규율에 의해서만 표현되는 것이고, 그로써 행정의 목적이 단적으로 달성될 수 있다고 본다. 이 외부적 작용을 규율하는 행정법은 행정권의 담당자로서의 국가 또는 공공단체가 국민에 대하여 행정을 함에 필요한 모든 권리·의무를 정하는 국법을 의미한다. 현행 행정작용법의 중요한 것을 들어 보면, 국가안전보장을 위한 각종 군사법·공공의 질서유지를 위한 각종 경찰법 그리고 공공복리를 위한 각종 복지행정법이 있다.

(3) 행정절차법

행정절차법은 행정청이 어떠한 행정적 결정을 하기 전에 반드시 거쳐야 하는 절차를 규정하는 법을 말한다. 행정절차는 가장 좁게는 행정에 관한 제1차적 결정, 즉 행정처분에 필요한 절차를 의미하기도 하지만, 최근에 와서는 행정입법·행정심판 그리고 행정조직에까지도 이러한 절차가 확대되어 그것들을 종합하여 규정하는 법이 외국에서 유행되고 있다.

행정절차법은 행정작용법에 못지 않게 중요한 법이라고 할 수 있다. 그 까닭은 행정절차법은 관료적이고 독선적인 행정에서 파생되는 여러 가지 폐단을 사전에 시정할 수 있는 방법을 보장해 주기 때문이다. 확실히 행정절차는 행정에 대한 민중통제를 더욱 효과 있게 하고, 위법·부당한 행정을 미연에 방지할 수 있는 구제수단이 될 수 있다. 이러한 사전적인 구제절차를 실질적 쟁송과 비교하여 형식적 쟁송이라고도 한다.

행정절차의 주된 내용은 행정처분에 선행하는 이해관계인에 대한 사전통지와 청문이다. 이 외에 재결·재정과 등과 같은 준사법적 행위에 있어서 재결기관의 공정성을 확보하는 절차가 있고, 또 재결·결정에는 반드시 이유를 붙이도록 하는 절차가 있다. 우리 나라에서는 행정절차를 그다지 중요시하지 않는 경향이 있다. 다만 허가·특허와 같은 신청처분에 신청·출원절차가 있을 뿐이며, 예외로 협의·통지절차(계고·독촉)가 단행법(행정대집행법·국세징수법)에 있을 뿐이다.

(4) 행정구제법

법치주의의 원칙은 모든 행정이 법률에 근거하고 그에 추종해야 된다는 주장일 뿐만 아니라 위법한 행정에 의하여 국민의 권리가 침해되었을 경우에는 지체 없이 이를 시정함과 동시에 침해된 권리를 구제하는 수단이 완비될 것을 요구하는 것이다. 따라서 이러한 구제수단이 불완전할 때에는 그만큼 법치주의는 유명무실해질 것이다. 이러한 의미에서 행정구제법은 가장 중요한 행정법분야가 되는 것이다.

행정법이 보장하는 구제수단은 대체로 세 가지를 들 수 있다. 행정쟁송제도·행정상의 손해배상제도 및 손실보상제도가 그것이다. 행정쟁송제도라 함은 행정청의 위법·부당한 하명 또는 금지처분을 사법적 절차에 따라 취소하거나 무효케 하는 구제수단이고, 행정상의 손해배상제도라 함은 공무원의 직무상 불법행위로 인하여 개인이 손해를 입었을 경우에 국가 또는 공공단체가 배상의 책임을 지는 구제수단이며, 그리고 행정상의 손실보상제도라 함은 공공의 필요에 의한 재산권의 수용·사용 또는 제한으로 인하여 어느 개인이 특별한 희생을 입었을 경우에 공평부담의 원칙에 따라 그 손실을 보상해 주는 구제수단이다.

우리 헌법은 위의 세 가지 구제수단을 보장하고 있지만, 이에 관한 행정구제법은 실효성을 충분히 발휘할 수 있을 만큼 그 내용이 구비되어 있지 않다. 현행 행정구제법의 중요한 것을 들어보면 행정심판법·행정소송법·국가배상법 그리고 공익사업을위한토지등의취득및보상에관한법률 등이 있다.

4. 행정법의 특성

행정법은 주로 국가행정의 조직 및 작용에 관한 법을 말한다. 그것은 잡

다한 법규의 집합체이며, 통일적인 법전을 이루고 있는 것은 아니다. 그러나 독자적인 법으로 관념되기 위해서는 어떠한 독자적인 통일된 공통원리가 행정법에 내재해야 할 것이다. 행정법에 공통된 특성으로서는 다음과 같은 것을 들 수 있다.

(1) 자유재량성

행정법은 법규의 범위 내에서 행정기관에 대하여 광범위한 자유재량의 여지를 부여하고 있다. 행정법은 구체적인 국가목적의 실현을 목적으로 하는 공법이므로 특정사건에 대한 법의 적용·해석을 목적으로 하는 사법에 비하여 상대적으로 법적 구속이 완화되어 있다. 그러나 행정법이 자유재량성을 가지는 법이라 하더라도 법으로부터 자유로운 행정을 의미하는 것은 아니다.

(2) 획 일 성

행정법과 사법을 비교하여 보면, 일반적으로 사법이 소위 사적 자치와 계약자유의 원칙에 의하여 당사자간의 자주적 결정을 특징으로 하는 데 대하여, 행정법은 행정의 목적을 달성하기 위하여 개인의 의사에 구애되지 아니하고 다수의 상대방에 대한 획일적인 취급으로 나타난다. 그 이유는 행정법이 국민 개개인의 이익보다도 공공의 이익을 존중하기 때문이다.

(3) 강 제 성

행정법은 행정목적의 달성을 위하여 당사자의 의사를 무시하고 일방적·획일적인 취급을 하기 때문에 강제성을 가지는 경우가 많다.

(4) 명 령 성

행정법은 법률상의 능력의 변동에 관한 능력규정(효력규정)보다도 의무를 명하는 명령규정이 많은 법분야이다. 그러기에 행정권의 주체인 국가나 공공단체는 국민과 대등한 입장에서가 아니라 국가의 권력을 행사하는 지배자로서 의무를 명하고 제재(행정벌)를 과하게 된다. 이러한 점에서 사인상호간의 권리주체의 평등성을 전제로 한 사법과는 판이하다.

(5) 기 술 성

행정법은 국가목적의 실현을 위하여 기술적 수단 내지 절차로써 이바지하기 때문에 그것을 위하여 공정한 이해의 조정·능률추구 등의 기술성과 수단성이 요청된다.

5. 행정법관계의 특성

행정법(공법)관계란 행정법에 의하여 규율되는 법률관계를 말한다. 행정법관계는 공권·공무원관계 또는 행정주체·국민간의 법률관계를 의미한다. 국가는 우월한 지위에 서게 되므로 행정법관계는 대등당사자간의 법률관계를 규율하는 사법관계와는 대조적인 특성이 있다.

(1) 행정행위의 공정성(공정력)

행정법관계에서 일단 성립된 국가의사는 그것이 비록 하자가 있다 하더라도 권한 있는 기관에 의하여 취소될 때까지는 적법성의 추정을 받게 되어 누구도 그 효력을 부정할 수 없는 힘을 가진다. 이것을 행정행위의 공정성이라 한다. 따라서 행정쟁송을 제기하더라도 행정행위의 공정성 때문에 행정행위의 효력이 정지되는 것은 아니고, 일단 그대로 집행되는 것이 원칙이다.

(2) 행정행위의 확정성(확정력)

행정행위가 있은 후 일정한 기간의 경과 또는 기타 사유로 인하여 그 상대방은 행정행위의 효력을 다툴 수 없게 되는 힘(불가쟁력)이 생기며, 또 어떤 행정행위는 그 행위를 한 행정청 스스로가 그 효력을 변경할 수 없는 힘(불가변력)을 가진다. 이것을 행정행위의 확정성이라 한다.

(3) 행정행위의 강제성

행정법관계에 있어서는 행정행위에 위반하여 그 의무를 이행하지 않는 자에 대하여 사법관계에서처럼 법원에 소를 제기하여 강제집행을 청구할 필요는 없고, 행정기관 자신이 스스로 강제집행할 수 있는 것이 보통이다. 예컨대 국세체납의 경우에 법원의 판결 없이 바로 납세자의 재산을 압류할 수 있는 것과 같다. 그러나 행정상의 강제집행도 법규에 근거가 있는 경우에 한하여 할 수 있는 것은 물론이다.

(4) 공권의 의무성

사법관계에 있어서는 권리와 의무가 표리관계에 있고 일방의 권리는 타방의 의무인 것이 원칙이지만, 공법관계에 있어서는 국가와 국민은 공통한 이해관계를 가지고 있다(교육을 받을 권리는 동시에 의무다). 따라서 공권은 동시에 의무이며, 포기할 수 없는 것이 원칙이다. 이것은 국가 또는 공공단체가 가지고 있는 공권에 관해서도 마찬가지이다. 예컨대 경찰권이나 재산권이나 토지수용을 할 수 있는 특권 등은 그것을 공공의 복리를 위하여 행사하여야 한다고 하는 의무를 수반하는 것이다.

(5) 행정상의 권리·의무의 특수성

행정상의 권리·의무란 국가가 국민에 대하여 가지는 국가적 공권(예 : 조세징수권)·국가적 공의무(예 : 교육을 시켜 줄 의무)와 개인이 국가에 대하여 가지는 개인적 공권(참정권) 그리고 개인적 공의무(병역의무) 등을 말하는데, 이들 공권·공의무는 다같이 공익의 실현을 내용으로 하므로 권리인 동시에 의무라는 상대적인 성격을 갖는다.

(6) 행정법관계에서의 권리구제의 특수성

행정법관계에 있어서는 국가측에서 쟁송을 제기하는 경우는 없고, 다만 상대방인 국민이 국가의 행위에 대하여 불복하는 경우에 쟁송(행정심판·행정소송)을 제기할 수 있을 뿐이다. 특히 행정관청을 피고로 하여 법원에 쟁송을 제기하기 전에 행정심판의 청구를 하여야 할 것으로 되어 있는 경우가 있는데, 이 때에는 그 절차를 밟은 연후 그래도 불복인 때에 비로소 법원에 소송을 제기할 수 있다.

(7) 특별권력관계

국민은 국가 또는 지방공공단체의 일반적 통치권에 복종하는 이외에 흔히 공법상의 특정목적을 위하여 인정되는 특별권력에 복종해야 할 경우가 있다. 전자를 일반권력관계라고 말하며, 후자를 특별권력관계라고 말한다. 전자는 일반통치권에 복종하는 모든 자에 관하여 당연히 성립되는 관계이고, 후자는 특별한 법률원인에 의하여 공법상의 특별목적에 필요한 한도 내에서 일방이 타방을 포괄적으로 지배할 수 있고, 타방이 이에 복종하여야 할 것을 내용으로 하는 관계이다. 국가공무원 또는 지방공무원이 국민으로서 국가의 통치권에 복종하는 것 이외에 국가공무원 또는 지방공무원이라는 특수한 지위에서 국가의 특별한 권력에 복종하고, 이로부터 여러 가지 제약을 받으며, 국립대학의 학생이 국민으로서 국가의 통치권에 복종하는 이외에 학생으로서 대학의 원칙에 복종하고, 이로부터 여러 가지의 제약을 받는 것 등이 그 예이다.

특별권력관계는 직접 법률에 의하여 성립하는 수도 있고(입대, 죄인의 수감, 전염병 환자) 상대방의 동의에 의하여 성립하는 경우도 있지만(공무원의 임명, 국립학교 학생의 입학 등), 어느 경우이든간에 일단 그 관계가 성립되면 공법상의 특정목적을 위하여 필요한 한도 내에서 특정한 지위에 있는 자에게 포괄적인 지배권이 인정되고, 이에 복종하는 자에 대하여 일일이 법률의 규정에 의하지 않고 명령강제를 할 수 있게 된다. 즉 특정목적을 위하여 필요한 한도 내에서 법률에 의한 행정의 원칙이 배제된다. 특별권력관계의 관념을 인정하는 이유가 여기에 있다. 이러한 특별권력관계에서 인정되는 권력은 그 목적을 실현하고 내부질서를 유지하기 위하여 명령권(근무법규, 직무명령, 감사명령 등)과 계엄권이 있다.

그러나 이러한 권력은 결코 제한 없이 행사할 수 있는 것이 아니고, 그 특수목적에 의하여 자연히 제한을 받게 된다. 즉 특별권력관계를 설정한 목적에 비추어 사회통념상 합리적이라고 인정되는 범위 안에서만 발동되어야 할 것이다. 특히 특별권력관계에 있는 자의 기본권의 보장에 대해서는 일반인과 달리 그 특별목적에 합리적인 제한은 용인된다고 하더라도 가능하면 기본권이 보장되어야 한다는 것이 헌법의 정신이다.

제 2 절 행정조직법

Ⅰ. 서 설

행정조직법은 행정기관의 조직에 관한 법이다. 국가행정은 본래 국가의 행정기관을 통하여 행하여짐을 원칙으로 한다. 이것을 중앙집권주의에 의한 관치행정이라 한다. 그 특징은 여러 행정기관의 활동을 중앙에서 통할하고, 각 행정기관 상호간의 마찰을 피하며, 일정한 국가목적을 위하여 유기적으로 행정사무를 진행시켜 나가려는 데 있다.

그러나 행정사무는 지역적 또는 특수한 사정 등으로 인하여 중앙기관에 직할하지 아니하고 각 자치단체로 하여금 영위케 함이 이상적이라는 관점에서, 행정조직은 국가행정조직과 지방행정조직으로 대별할 수 있다. 또한 국가 또는 지방자치단체로부터 권한을 위임받은 단체가 있는데, 이는 각종 공사(한국조폐공사, 한국은행 등)가 그 예이다. 이러한 것은 위임행정이라 하여 행정조직법에 포함된다.

Ⅱ. 국가행정조직법

국가행정조직은 원칙적으로 국가행정을 담당하기 위한 국가 자신의 행정기관조직을 말한다. 국가행정은 국가 자신의 행정기관이 원칙적으로 담당하고 있으므로 국가행정조직법은 국가행정기관의 조직을 의미하게 된다.

국가행정기관은 국가의 행정사무를 담당케 하기 위하여 국가에 의해 설치된 국가 자신의 행정기관을 말한다. 국가행정기관이라는 말은 두 가지 의미로 파악될 수 있는데, 이는 넓게 파악하면 국가의 행정을 담당하는 모든 기관을 의미하고, 좁게 파악하면 국가의 행정에 관하여 국가의 의사를 결정하고 표시하는 기관, 즉 행정관청을 의미한다. 이에 국가의 행정기관 중에서 가장 중요한 것은 이 행정관청인 것이다.

1. 국가행정기관의 종류

(1) 행정관청

행정관청(행정청)이란 법률에 의하여 주어진 권한의 범위 내에서 행정에 관한 국가의사를 결정·표시하는 권한을 가진 행정기관을 말한다. 여기에는 부·처·청의 장, 광역시장·도지사·시장·군수·구청장 그리고 서장 등이 이에 포함된다. 행정관청은 행정조직의 중심이 되는 기관이며 가장 중요하다.

(2) 보조기관

보조기관은 스스로 행정에 관한 국가의사를 결정·표시할 권한이 없고, 행정관청(또는 행정청)에 소속되어 그 권한의 행사를 보조하는 것을 임무로 하는 행정기관이다. 여기에는 각 부처의 차관·차장·실장·국장이나 각도의 국장·과장 등의 공무원이 포함된다. 다만, 이 보조기관도 행정관청의 위임이나 법률상 당연히 행정관청을 대리하는 경우에는 그 범위 안에서 행정관청의 지위를 가지게 된다. 보조기관의 설치 및 그 사무분담은 법률로써 정하는 것이 원칙이다.

(3) 자문기관

자문기관은 행정관청의 자문에 응하거나 자진하여 행정관청의 의사결정에 참고될 의견을 제공하는 것을 임무로 하는 행정기관이다. 자문기관은 스스로 국가의 의사를 결정할 수 있는 권한이 없으며, 또한 행정관청이 자문기관의 의사에 법적으로 구속되지 않는다는 점에서 의결기관과 다르다. 여기에 속하는 것으로는 위원회·심의회 등이 있으며, 합의제인 것이 보통이다.

(4) 의결기관

의결기관은 행정관청이 표시할 국가의사를 의결의 형식으로 결정하는 권한을 가진 합의제행정기관이다. 각종 징계위원회, 소청심사위원회 등이 이에 속한다. 의결기관은 의사를 외부에 표시할 권한이 없는 점에서 행정관청과 구별되며, 그의 의결에 행정관청이 구속된다는 점에서 자문기관과 다르다.

(5) 집행기관

집행기관은 행정관청의 명을 받아 실력으로써 국가의사를 집행함을 임무로 하는 행정기관이다. 경찰공무원과 세무공무원이 이에 속한다.

(6) 감사기관

감사기관은 행정기관의 사무 또는 회계를 감사하여 그 비위를 적발·시정함을 임무로 하는 행정기관이다. 감사원이 이에 속한다.

2. 중앙행정기관

중앙행정기관이란 그 권한이 전국에 미치는 기관을 말한다. 여기에는 대통령·국무회의·국무총리 및 행정각부가 있다.

(1) 대 통 령

대통령은 중앙행정기관의 정점에 있는데, 행정조직권을 가지며 최고행정관청의 지위에 있다.

(2) 국무회의

정부의 권한에 속하는 중요한 정책을 심의의결하기 위한 헌법상의 기관이다.

(3) 국무총리

대통령의 일차적인 보좌기관이며, 대통령의 명을 받아 행정각부를 통할하는 상부행정관청이다. 또한 행정각부의 장의 상급관청이고, 행정각부의 사무를 조정하고, 그리고 어느 부에도 담당시키는 것이 불합리한 사무 또는 행정각부에 분담되지 아니한 행정사무를 담당한다.

(4) 행정각부

행정각부는 대통령과 그의 명을 받은 국무총리의 통할하에 정부의 권한에 속하는 행정사무를 부분별로 집행하는 중앙행정기관이다. 행정각부에는 외교통상부 · 행정안전부 · 교육과학기술부 등 15부가 있다.

3. 지방행정기관

지방행정기관은 국가행정기관 중에서 그 권한이 일부지역에만 미치는 기관을 말한다. 지방행정기관은 맡고 있는 사무의 일반성과 특수성에 따라 보통지방행정기관과 특별행정기관으로 나누어진다.

(1) 보통지방행정기관

보통지방행정기관은 특정한 중앙행정기관에 소속되지 아니하고, 관할구역 내에서 국가의 보편적인 행정사무를 일반적으로 담당하는 지방행정기관을 말한다. 그런데 이것은 국가지방행정기관인 동시에 지방자치단체의 집행기관인 지위를 가지고 있다. 여기에는 서울특별시장 · 부산광역시장 · 대구광역시장 · 인천광역시장 · 광주광역시장 · 울산광역시장 · 대전광역시장 · 도지사 · 시장 및 군수 등이 있다.

(2) 특별행정기관

특별행정기관은 특정한 중앙행정기관에 소속되어 그 기관이 맡고 있는 사무만을 특히 담당하는 지방행정기관을 말한다. 여기에는 지방국세청 등이 있다.

Ⅲ. 자치행정조직법

1. 서 설

(1) 자치행정의 의의

자치행정이란 독립적 법인격을 가진 공법인이 국가에서 독립하여 일정지역의 행정사무나 또는 특정지역의 행정사무를 그 구성원의 참여하에 처리하는 것을 말한다.

(2) 자치행정의 장점

자치행정은 다음과 같은 장점을 가지고 있다.

첫째, 널리 자치를 인정하는 것은 민주주의의 요청에 합치되며, 국가의 정치도 결국 주권을 가진 국민의 자치인 것이므로 국민은 먼저 지방자치에서 자치의 훈련을 받고 자치의 묘미를 체득하여 이를 국가정치에까지 연장시킬 수 있다. 둘째, 중앙정부나 국회는 각 지방의 미세한 사정에 꼭 알맞는 처리를 하기가 곤란하므로 미세한 점에 관하여는 지방주민의 자치에 맡김으로써 적절한 처리를 할 수 있다. 셋째, 지방자치는 작은 구역 내에서 행하는 자치이며, 또 지방자치의 대상이 되는 것은 주민의 생활에 밀접한 관계가 있는 사항이 많아서, 지방자치에서는 주민이 자치의 묘미와 효과를 빨리 이해할 수 있으므로 자연히 주민의 자치정신을 훈련하게 된다. 넷째, 중앙의 정변에 즈음하여 분규를 면할 수 있는 등 장점이 많으므로 모든 민주국가들이 이를 채택하고 있다. 그러나 이러한 장점에도 불구하고 지방재정의 궁핍, 교통·통신의 발달 및 산업구조의 변천으로 인한 각 지방의 동질화와 그리고 행정의 전국적 통일성의 필요로 현대국가의 지방자치가 위기에 봉착한 느낌도 있다.

(3) **자치행정의 주체**

자치행정의 주체는 공공단체이다. 공공단체는 국가의 감독하에서 국가로부터 그 존립목적을 부여받은 법인이다. 공공단체 또는 자치단체 또는 공법인이라고도 부른다.

공공단체에는 다음의 세 가지가 있다.

1) **지방자치단체** 특별시·광역시·도·자치도·시·군·자치구와 같이 일정의 지역을 구성요소로 하는 공법인이다. 따라서 지방자치단체는 지역단체이다. 즉 국가 아래서 일정의 지역을 기초로 하며, 그 지역 내에 거주하는 모든 주민을 그 구성원으로 한다. 지방자치단체는 지역단체 또는 지방공공단체라고 한다.

2) **공공조합** 국가의 목적을 가진 일정의 조합원 또는 사원을 구성요소로 하는 사단법인인 공공단체이다. 공사단이라고도 부른다. 사단법인인 점에 있어서는 사법상의 사단법인과 같지만, 그 존립목적이 국가적인 점에서 구별된다. 따라서 공공조합은 공법상의 사단법인인 것이다. 도시개발조합·상공회의소·농업협동조합 그리고 수산업협동조합 등이 이에 속한다.

3) **영조물법인**(법인격 있는 공공시설) 대학·도서관·박물관·학술연구소 등 국가 또는 공공단체의 공공시설이 국가 또는 공공단체로부터 독립한 것으로서 법인격을 가지고 있는 것을 말하며, 공재단이라고도 부른다. 공공조합이 공법상의 사단법인임에 대하여 이는 공법상의 재단법인이다. 우리 나라에서는 공공시설은 국가 또는 공공단체의 사업으로 경영되고 있고, 법인격이 부여된 것은 없다. 다만 영조물법인에 가까운 성질을 가진 것으로 한국조

폐공사 · 대한석탄공사 · 한국토지주택공사 · 한국은행 · 한국산업은행 그리고 대한적십자사 등을 들 수 있다.

2. 지방자치단체

지방자치에 관하여는 헌법 제8장에 기본원칙이 규정되어 있고 (헌법 제117조 · 제118조), 지방자치단체의 종류와 지방의회의 조직 · 권한 · 의원선거 · 지방자치단체의 장의 선임방법 기타 상세한 사항은 지방자치법과 공직선거법에 규정되어 있다.

(1) 지방자치단체의 종류

지방단체는 일반지방단체와 특별지방단체로 나눌 수 있다. 일반지방단체는 그 사무가 일반적 성격을 가진 지방단체이며, 도 · 특별자치도, 서울특별시, 부산 · 대구 · 광주 · 울산 · 인천광역시와 시 · 군 · 구가 이에 속하며, 특별지방단체는 그 사무가 특수한 성격을 가진 지방단체로서 교육구와 시 · 읍 · 면 조합이 이에 속한다. 여기에서는 일반자치단체에 관해서만 설명하기로 한다. 일반지방단체 중에서 도 · 특별자치도와 서울특별시 및 각 광역시는 정부의 직할로 두고, 시는 도의 관할구역 안에, 군은 광역시나 도의 관할구역 안에 두며, 자치구는 특별시와 광역시의 관할구역 안에 둔다.

(2) 지방자체단체의 주민

지방자치단체의 구역 내에 주소를 가진 자는 그 자치단체의 주민이다. 대한민국 국민이거나 외국인이거나를 불문하고, 또 연령 · 행위능력의 여하를 불문한다. 주민은 법령이 정하는 바에 의하여 소속 자치단체의 재산과 공공시설을 사용할 권리가 있고, 그 자치단체의 비용을 분담할 의무를 진다. 또 대한민국 국민인 주민과 외국국적의 주민은 일정한 요건하에 그 지방자치단체에의 참정권을 가진다.

(3) 지방자치단체의 사무

지방자치단체의 사무에는 고유사무(자치사무)와 위임사무의 두 가지가 있다. 고유사무는 지방자치단체가 그 존립목적을 수행하기 위하여 처리하는 사무이고, 위임사무는 국가 또는 상급공공단체로부터 위임을 받아서 처리하는 사무를 말한다.

(4) 지방자치단체의 조례와 규칙

1) 조 례 지방자치단체는 지방의회의 의결에 의하여 법령의 범

위 내에서 그 사무에 관하여 조례를 정할 수 있다. 조례의 내용은 법규를 정하는 것이 보통이므로, 지방자치단체는 이 한도 내에서 입법의 권한을 가지고 있다. 이를 지방자치단체의 자치입법권이라 한다.

2) 규 칙 　지방자치단체의 장은 법령 또는 조례의 위임을 받은 범위 내에서 그 권한에 속하는 사무에 관하여 규칙을 제정할 수 있다. 이 규칙은 지방자치단체의 장이 그 단체의 집행기관으로서 제정하는 경우와 국가기관으로서 국가사무에 관하여 제정하는 경우가 있는데, 전자는 조례에 위반해서는 안 되는 것이고, 후자는 법령에 위반해서는 안 되는 것이다.

(5) 지방의회

지방자치단체의 기관에는 의결기관과 집행기관이 있는데, 지방의회는 지방자치단체의 의결기관이다. 지방의회의 조직·권한과 지방의회 의원선거에 관하여는 지방자치법과 공직선거법에 규정되어 있는데, 그 권한은 다음과 같다.

1) 지방의회의 조직 　지방의회는 그 지방자치단체의 구역 내의 주민에 의하여 선거되는 의원으로써 조직된다. 의원의 정수는 그 구역 내의 인구·행정구역·지세·교통 기타 조건을 기준으로 하여 결정된다. 지방의회의원의 임기는 4년이다. 다만 지방의회는 의원의 임기만료 전에 해산할 수 있으므로 그 임기는 부동한 것이 아니다. 지방의회의원은 법률이 정하는 직을 겸할 수 없으며, 의정자료를 수집하고 연구하거나 이를 위한 보조활동에 사용되는 비용을 보전하기 위한 의정활동비를 매월 지급받는다. 또 지방의회의원은 국회의원을 겸할 수 없으며, 각급 지방의회의원이 국회의원 또는 다른 의회의 의원선거에 입후보하고자 할 때에는 그 의원의 직을 사임하여야 한다.

2) 의결을 행할 권한 　지방의회는 지방자치단체에 관한 일체의 사항을 의결한다. 지방자치법은 조례의 제정 또는 개폐, 예산결산보고의 승인 등 지방의회가 의결할 사항을 열거하고 있으나, 이것은 예시에 불과하다.

3) 감사를 행할 권한 　지방의회는 그 단체의 행정사무를 감사하기 위하여 그 단체의 장과 관계공무원의 출석·답변을 요구할 수 있고, 또 필요한 서류의 제출을 요구할 수 있다.

4) 기타의 권한 　그 밖에도 지방의회는 청원을 받을 권한·의원의 사직을 허가하는 권한·의사규칙을 정하는 권한 등을 가지고 있다.

(6) 지방자치단체의 집행기관

자치단체의 장의 선임방법·임기 등은 지방자치법과 공직선거법에 규정되어 있다.

도지사·특별자치도지사·서울특별시장·부산광역시장·대구광역시장·인천광역시장·광주광역시장·대전광역시장·울산광역시장·시장·군수·구청장은 일면에 있어서는 공공단체의 장인 동시에, 타면에 있어서는 국가의 행정관청의 지위를 가지고 있다. 그 중에서 지방자치단체의 집행기관으로서의 권한은 다음과 같다.

1) 지방자치단체를 대표하는 권한

2) 그 단체의 고유사무와 국가로부터 위임된 지방의 국가행정사무를 관리하고 집행하는 권한

3) 규칙을 발하는 권한

4) 소속직원을 지휘·감독하는 권한, 즉 지방자치단체의 장은 소속직원을 지휘·감시하고 법령이 정하는 바에 의하여 그 임면·권한·복무·징계 등에 관한 사항을 관리한다.

5) 지방의회에 대한 권한에는 다음의 세 가지가 있다.

첫째, 지방의회를 소집하는 권한

둘째, 지방의회에 의안을 발의할 권한

셋째, 지방의회의 의결을 재의에 붙이는 권한

(7) 지방자치단체의 재정

지방자치단체는 경비를 충당하기 위하여 자기의 재산을 소유하고, 그 주민에게 과세하고, 또 기타의 수입을 취득할 수 있다. 따라서 지방자치단체는 (i) 기본재산수입, 사업수입, (ii) 지방세, (iii) 사용료, (iv) 수수료, (v) 분담금 등으로 경비를 충당한다.

지방자치단체의 세입·세출예산은 그 자치단체의 장이 회계년도마다 편성하여 연도개시 전에 의회의 의결을 거친 후, 지체 없이 도·특별자치도와 서울특별시 및 부산·대구·인천·대전·광주·울산 등의 광역시에서는 행정안전부장관에게, 시와 군 및 자치구는 시·도지사에게 보고하고 또 그 내용을 고시하여야 한다.

Ⅳ. 공 무 원

1. 공무원의 개념

일반적으로 공무원이란 말은 여러 가지 의미로 사용되고 있다.

1) 가장 넓은 의미에 있어서의 공무원은 일체의 공무담당자, 즉 국가 또는 공공단체의 모든 기관구성원을 말한다. 이에는 국립학교 강사와 촉탁·특허기업자·공공조합이나 공공단체의 직원 등이 포함된다.

2) 다음으로 넓은 의미의 공무원은 국가 또는 공공단체와 광의의 공법상의 근무관계를 맺고 공무를 담당하는 기관구성원을 말한다. 이런 의미로서의 공무원은 신분과 지위에 있어서 일반 사인과는 다른 특별한 법적인 취급을 받게 되는데, 이에는 대통령·국회의원·선거관리위원·교육위원회위원 등이 포함된다.

3) 좁은 의미의 공무원은 국가 또는 공공단체와 협의의 공법상 근무관계를 갖고 공무를 담당하는 기관구성원을 말한다.

현대민주국가에 있어서 공무원은 정치적으로는 중립성을 지키며, 국민의 수임자로서 주권자인 국민에 대하여 봉사하고 책임을 지는 지위에 있다.

2. 공무원의 종류

(1) 국가공무원·지방공무원

국가공무원은 국가에 의하여 임명되고 국가의 사무를 집행하는 공무원이며, 지방공무원은 지방자치단체에 의하여 임명되고 지방자치단체의 사무를 집행하는 공무원을 말한다.

(2) 경력직공무원·특수경력직공무원

이 구별은 직무내용의 정치성·전문성 기타 특수성 여하에 따라 임용자격·보수·신분보장 등에 관하여 특별한 취급을 할 필요가 있느냐 없느냐를 고려한 입법정책적 구별, 즉 직업공무원의 여부에 따른 구별이다.

경력직공무원이란 실적과 자격에 의하여 임용되고 그 신분이 보장되는 공무원, 즉 직업공무원을 말하며 이에는 일반직공무원·특정직공무원·기능직공무원이 있다. 특수경력직공무원은 경력직공무원 이외의 공무원, 즉 비직업공무원을 말하며, 정무직공무원·별정직공무원·계약직공무원·고용직공무원이 있다.

경력직공무원과 특수경력직공무원과는 그 적용법규를 달리한다. 경력직 국가공무원에 대하여는 국가공무원법, 경력직지방공무원에 대하여는 지방공무원법이 각각 적용되지만 특수경력직공무원에 대하여는 이 법들이 원칙적으로 적용되지 않으며, 다만 특별한 경우 국가공무원법 · 지방공무원법이 준용된다.

3. 공무원의 권리와 의무

(1) 공무원의 의무

공무원의 의무는 공무원의 종류 또는 직무의 성질에 따라 그 내용이 각각 다르며, 각종의 법령에서 개별적으로 규정하고 있다. 공무원에 공통되는 의무는 (i) 선서의 의무, (ii) 성실의 의무, (iii) 직무상의 의무, (iv) 품위유지의 의무 등이 있으며, 이 중 직무상의 의무는 (a) 법령준수와 복종의 의무, (b) 직무전념의무, (c) 친절 · 공정의 의무, (d) 비밀준수의 의무 등으로 나누어진다.

보통 공무원의 책임이라고 할 때 공무원이 공무원으로서 지는 의무를 위반함으로써 법률적 제재를 받지 않으면 안 될 지위를 말하며, 이 책임은 공무원이 특별권력관계에서 부담하는 책임이다.

공무원법상의 공무원의 책임에는 징계책임과 변상책임이 있다.

공무원이 특별권력관계로서의 공무원관계로 말미암아 부담하는 의무를 위반하였을 때 국가가 공무원관계의 질서를 유지하기 위하여 특별권력에 기하여 그 위반에 대하여 과하는 제재를 징계벌이라 하며, 이 벌을 받지 않으면 안 될 지위를 징계책임이라 한다. 징계의 종류에는 (i) 파면, (ii) 해임, (iii) 정직, (iv) 감봉, (v) 견책 등이 있다.

변상책임은 공무원이 의무를 위반하여 국가 또는 공공단체에 대하여 재산상의 손해를 발생하게 한 경우에 지는 책임이다. 변상책임에는 (i) 국가배상법상 변상책임, (ii) 회계관계직원 등의 변상책임 등이 있다.

(2) 공무원의 권리

1) 신분상의 권리　　공무원은 신분보장을 받지 아니하는 자를 제외하고는 법령이 정하는 사유와 절차에 의하지 아니하고는 그 신분과 직위로부터 배제되거나 그 직위에 속하는 직무의 수행을 방해당하지 아니하는 권리를 가

진다. 이 밖에 공무원은 그의 직명을 사용하며, 제복이 있는 공무원은 제복을 착용할 권리가 있다.

2) **재산상의 권리** 공무원은 국가 또는 지방자치단체에 대하여 각종의 재산상의 권리, 즉 봉급·수당·연금·실비변상 등의 보수를 받을 권리를 가진다.

제3절 행정작용법

Ⅰ. 서 설

행정작용법은 국가나 지방자치단체와 같은 행정기관(행정주체)이 행정상의 목적을 실현하기 위하여 행하는 일체의 법률적·사실적 작용을 말한다. 행정법은 이를 크게 나누면, 행정조직법과 행정작용법으로 구분할 수 있는데, 행정조직은 행정작용을 위하여 필요한 것이므로 행정작용법이 행정법의 중심이 되지 않을 수 없다.

행정작용에 관한 법은 입헌제도, 특히 법치국가의 확립과 더불어 발달되었다. 군주국가에서는 행정기관은 단지 행정조직의 내부에서 상급자의 훈령을 준수하는 의무만이 있었고, 행정기관의 국민에 대한 권력복종의 관계에 있어서는 비록 행정기관이 권력을 남용하는 경우에도 국민은 행정작용의 위법을 주장할 수 없었다. 그러나 입헌제도하의 법치주의가 확립된 후부터는 행정권의 주체로서의 국가는 법률에 의해서만 권력을 발동할 수 있게 되어 행정작용의 준칙에 관한 법의 기초가 부여되었다.

다시 말하면, 법치주의에 있어서는 행정작용은 언제나 법에 따라 권력을 행사해야만 된다는 법치행정의 원칙은 근대행정의 기본원리가 되고 있다. 행정작용은 여러 가지 기준에 따라 나누어 볼 수 있으나, 일반적으로 행정작용의 목적에 따라 내무행정(경찰행정을 포함)·외교통상행정·군사행정·재무행정·사법행정 등으로 나눌 수 있다.

Ⅱ. 행정행위

1. 행정행위의 개념 및 특성

행정행위의 개념은 실정법상의 용어가 아니고 실정법이론 구성과정에서 발전한 학문상으로 세워진 개념이므로 그 내용은 학자에 따라 견해를 달리하고 있다. 대체로 행정행위는 행정청이 공법의 영역에 있어서 구체적인 사실을 규율하기 위하여 외부에 대하여 직접 법적 효과를 발생하는 공권적 행위이다. 다시 말하면 행정행위는 법집행행위이므로 입법행위나 통치행위와는 다를 뿐만 아니라 행정주체의 행위이므로 재판행위와도 다르다. 행정행위는 공권력의 발동이기 때문에 비권력적 관리행위가 아니고 공법행위이므로 사법행위나 사실행위와 구별된다. 이러한 의미를 갖는 행정행위라는 용어는 학문상으로만 쓰여지며, 법령상으로는 행정처분이라고 한다.

2. 행정행위의 종류

(1) 법률행위적 행정행위와 준법률행위적 행정행위

법률행위적 행정행위는 의사표시를 구성요소로 하고, 그 효과의사의 내용에 따라 법률적 효과를 발생하는 행위이다. 그리고 준법률행위적 행정행위는 의사표시 이외의 정신작용의 표시를 구성요소로 하고 있으며, 그 법률적 효과는 법규가 정하는 바에 따라 발생하는 행위이다.

1) 법률행위적 행정행위는 행위주체의 의사표시에 따라 직접 법률효과를 발생하므로 행정주체의 동일한 의사표시에 대해서는 그 효과도 언제나 동일하다. 예를 들면 법률행위적 행정행위인 통행금지하명(통행하지 말라)은 그 통행금지하명에 따라 직접 불통행의무(통행하지 아니할 의무)가 누구에게나 그리고 어느 때를 막론하고 동일하게 발생하는 것과 같다(법률행위적 행정행위는 다시 그 법률적 효과의 내용에 따라 명령적 행위와 형성적 행위로 나눌 수 있다).

2) 준법률행위적 행정행위는 행정주체의 효과의사 이외의 단순한 의사·관념·판단·인식 등 정신작용의 표시행위로서, 그 표시에 따라 직접 법률적 효과를 발생하는 것이 아니기 때문에 그 효과는 개별적인 법규가 정하는 바에 따라 발생하는 행정행위이다. 따라서 준법률적 행정행위는 행정주체의 동

일한 표시행위라 할지라도 그 법률적 효과는 법규가 정하는 바에 따라 각각 다를 수 있다. 예를 들면 준법률행위적 행정행위인 확인행위는 특허법에 의한 발명특허와 같이 불가변력과 아울러 형성적 효과를 발생하는 경우와 공무원법에 의한 공무원공개채용시험에 있어서 합격·불합격의 결정과 같이 다만 불가변력만이 발생하는 데 지나지 않는 경우가 있다.

(2) 기속행위와 재량행위

행정행위는 그 성질상 반드시 전제가 되는 법률을 예상하게 되는데, 이러한 법률은 입법기관에서 그 내용이 상세히 규정되는 경우도 있고 반대로 법률로서는 그 내용을 개괄적으로 규정하고 상세한 것은 행정관청의 재량에 위임하는 경우도 있다. 법률이 전자의 경우처럼 상세한 규정을 하고 있을 때에는 행정관청은 그 법률을 그대로 집행하며 처분만을 하기 때문에 어떠한 자유재량도 인정하지 않는다. 따라서 행정행위는 법규와의 관계에서 법의 기속의 정도를 기준으로 하여 기속행위와 재량행위로 나눌 수 있다.

1) 기속행위 법이 행정관청에 일정한 요건에 해당하는 사실이 있을 때에는 반드시 일정한 행위를 할 것을 규정하고 있는 경우에 이를 기속행위라 한다.

예컨대 각종 조세법규에는 그 법규 속에 이미 조세부과라는 행정행위로써 의거법률을 충실히 따르도록 하는 것 외에는 어떠한 자유재량도 허용되지 아니한다.

2) 재량행위 법이 행정관청에 대하여 주관적인 판단의 여지를 남겨놓은 경우에 그 행위를 재량행위라고 한다. 재량행위를 다시 법규의 기속력의 강·약, 광·협에 따라 법규재량과 공익재량으로 나눌 수 있다. 그런데 공익재량을 그르친 행위는 부당행위에만 그치지만, 법률재량을 그르치거나 기속행위에 있어서의 법규위반은 위법행위로서 행정소송의 대상이 된다.

(3) 쌍방적 행정행위와 독립적 행정행위

쌍방적 행정행위란 행정행위의 성립에 상대방의 협력을 요하는 것을 말하는데, 인가·허가 등에 있어서 상대방의 신청 또는 공무원의 임명에 있어서 상대방의 동의가 여기에 해당된다. 독립적 행정행위란 행정기관의 일방적인 직권으로써 행하는 행정행위를 말한다. 여기에는 법규위반자에 대한 영업허가의 취소·정지, 조세부과, 공무원의 징계, 의무불이행자에 대한 시정명령 등이 해당된다.

3. 행정행위의 내용

이미 지적한 바 있는 법률행위적 행정행위(명령적 행위와 형성적 행위)의 내용과 준법률적 행정행위의 내용을 살펴보면 다음과 같다.

(1) 법률행위적 행정행위의 내용

1) 명령적 행위 명령적 행위는 행정주체가 그 상대방인 국민에게 특정한 의무(작위·부작위)를 명하거나 이를 해제 또는 면제하는 행정행위이다.

(가) 하 명 행정주체가 그 상대방인 국민에게 작위·부작위·급부·수인을 명하는 행위를 말하며, 특히 부작위를 명하는 행위를 금지라고도 한다. 여기에는 위법건축물의 철거명령·영업정지·도로통행금지·조세부과처분·건강진단·예방접종 등이 있다.

(나) 허 가 허가란 법규에 의하여 국민 모두에게 상대적으로 금지된 자연적 자유를 특정한 경우에 행정주체가 이를 해제하는 행정행위를 말한다. 실정법상으로는 허가라는 말 이외에 면허·인가·특허 등으로 표현되고 있다. 허가는 권리를 설정하여 주는 행위가 아니라 단순히 부작위의무를 해제하여 사람이 가진 본래의 자유를 회복하여 주는 데 그친다. 그 예로는 운전면허·건축허가·사설학원등록 등이 있다.

(다) 면 제 법규에 의하여 일반적으로 부과된 작위·급부·수인의 의무를 특정한 경우에 해제하여 주는 행위를 말한다. 그 예로는 병역면제·조세면제·예방접종의무면제 등이 있다.

2) 형성적 행위 형성적 행위는 국민에게 일정한 권리·능력 기타의 법률상의 힘을 설정·변경·소멸시키는 행위를 말한다.

(가) 특 허 특정인을 위하여 새로운 권리(광업허가 등)·능력(공법인의 설립행위 등)을 설정하거나 법률상의 지위(공무원의 임명 등)를 부여하는 행위를 말한다. 설권행위에 의하여 설정된 기존의 권리를 변경행위(광구변경·공무원전보)라고 하며, 또 이들을 소멸시키는 행위를 탈권행위(어업면허의 취소)라고 한다.

(나) 인 가 제3자의 법적 행위를 보충하여 그 법률상의 효력을 완성시켜 주는 행정행위를 말한다. 예컨대 비영리법인 설립허가·공공조합설립인가·토지거래허가구역 내에서의 토지거래허가 등이 이에 해당한다. 인가의

대상이 되는 제3자의 행위는 공법행위일 때도 있고 사법행위일 때도 있다.

(다) 대　리　　대리란 제3자가 행하여야 할 행위를 행위주체가 대신하여 행함으로써 제3자 자신이 행한 것과 동일한 법률적 효과를 발생하는 행정행위를 말한다(연고 없는 사망자의 유품관리·토지수용재결).

(2) 준법률적 행정행위의 내용

1) 확　인　　확인이란 특정한 사실 또는 특정한 법률관계의 존부 또는 정부에 관하여 다툼이 있거나 의문이 있을 때에 행정주체가 공적인 권위로서 그러한 다툼이나 의문을 판단하여 선언(판단의 표시)하는 행정행위를 말한다. 예를 들면 도로·하천구역의 결정, 발명특허, 공적인 시험에 있어서의 합격 또는 불합격의 결정 등이다.

2) 공　증　　공증이란 특정한 사실 또는 법률관계의 존부를 행정주체가 공적으로 증명하는 행위를 말한다. 예를 들면 부동산등기·차량등록·검인의 날인·합격증서발급·여권발급 등이다.

3) 통　지　　통지란 행정주체가 특정인 또는 불특정다수인에게 특정한 사항을 알리는 행정행위를 말한다. 예를 들면 특허출원의 공고, 대집행의 계고, 납세독촉 등이다.

4) 수　리　　수리란 행정주체가 행정객체의 행위를 유효한 행위로 받아들이는 행정행위를 말한다. 예를 들면 국가시험원서·행정심판청구서·혼인신고서 등의 수리가 이에 해당된다.

Ⅲ. 행정벌과 행정강제

행정법상의 의무를 지는 자가 그 의무를 위반하거나 의무를 이행하지 아니하는 경우에 그 행정목적을 실현확보하기 위하여 두 가지 권력적 수단이 있다. 그 하나는 행정벌이며, 다른 하나는 행정강제이다.

1. 행 정 벌

행정벌이란 행정법상의 의무위반에 대하여 일반통치권에 의거하여 과하는 제재로서의 처벌을 말한다.

행정벌은 행정법상 과거의 의무위반에 대한 제재인 데 대하여, 집행벌은 장래에 의무의 이행을 강제하기 위한 수단인 점에서 행정벌과는 구별되며,

또한 행정벌은 일반통치권에 의거하여 과하는 제재인 데 대하여, 징계벌은 공법상 특별권력관계에 의거하여 과하는 제재인 점에서 양자가 구별된다. 특히 행정벌은 형사벌과는 구별이 문제된다. 행정벌을 받을 행위를 행정범이라 하고 형사벌을 받을 행위를 형사범이라 하는데, 형사범은 반도덕성·반사회성·범죄성을 가진 까닭에 처벌되고, 행정범은 원래 행위 자체에 반도덕성 따위가 있기 때문이 아니라 국가목적을 달성하기 위하여 부과한 행정상의 의무를 위반한 까닭에 처벌된다. 형사범의 반도덕성 등은 법규 이전에 존재하고 일반국민은 누구나 상식적 판단으로 범죄임을 알 수 있다. 이에 반하여 행정범은 법규로서 의무가 인위적으로 발생하므로 그 내용을 모르는 자는 범죄인 것을 모르고 행하게 된다. 이러한 의미에서 행정범을 법정범, 형사범을 자연범이라고 하기도 한다.

행정벌도 처벌이기 때문에 죄형법정주의가 적용되므로, 반드시 법률의 근거가 있어야 한다.

실정법상 행정벌의 성질을 기준으로 하면 행정형벌과 행정질서벌로 나누어진다.

(1) **행정형벌**

행정형벌이란 형법에 있는 형벌, 즉 사형·징역·금고·자격상실·벌금 등을 과하는 경우이다. 특별한 규정이 없는 한 형법총칙의 규정이 적용되고, 과형절차에 있어서는 형사소송법의 적용을 받는다.

(2) **행정질서벌**

행정질서벌(과태료)은 직접적으로 행정목적이나 사회법익을 침해하는 것이 아니라, 다만 간접적으로 행정상의 질서에 장해를 초래할 우려가 있는 의무태만에 불과한 행위에 대한 처벌이다. 행정질서벌에는 형법총칙이나 형사소송법이 적용되지 아니하고, 그 과벌절차는 특별한 규정이 없는 한 비송사건절차법이 정하는 바에 의한다.

2. 행정강제

행정강제는 행정주체가 행정목적을 달성하기 위하여 국민의 신체·재산에 실력을 발동하며 행정상 필요한 상태를 실현하는 작용(권력적 사실행위)이다. 행정벌은 과거의 의무위반에 대하여 과하는 제재인 데 대하여, 행정강제는 장차에 있어서 의무이행을 확보하기 위한 수단이다. 행정강제에는 행정상 강제집행과 행정상 즉시강제의 두 가지가 있다.

(1) 행정상 강제집행

행정상 강제집행은 행정법상의 의무불이행에 대하여 행정주체가 실력을 가하여 그 의무를 이행시키거나 또는 이행된 것과 동일한 상태를 실현하는 작용이다. 행정상 강제집행의 수단에는 대집행·집행벌·직접강제·행정상 강제징수가 있다.

1) 대 집 행 대집행이란 대체적 작위의무를 의무자가 이행하지 않는 경우에 행정청이 스스로 그 의무를 이행하거나 또는 제3자로 하여금 이행하게 하고 그 비용을 의무자로부터 징수하는 것을 말한다. 예컨대 위법한 건축물을 본인이 철거하지 않을 때는 행정관청이나 제3자가 이를 철거하고, 여기에 사용된 비용을 징수하는 것이다. 대집행은 일반법인 행정대집행법에 근거하여 행하여진다.

2) 집 행 벌 집행벌이란 행정상의 부작위의무, 타인이 대신할 수 없는 작위의무(비대체적 작위의무)를 간접적으로 강제하기 위하여 과하는 금전벌이다. 이것은 일정한 기간 내에 의무를 이행하지 않으면 일정한 과태료를 과하겠다는 뜻을 예고함으로써 심리적 압박을 가하여 그 의무의 이행을 간접적으로 강제한다. 집행벌에 관한 일반법은 없고, 건축법 등 일정 개별법에서 이를 규정하고 있다.

3) 직접강제 직접강제란 의무자가 의무를 이행하지 않을 때에 직접 신체 또는 재산에 실력을 발동함으로써 의무를 이행시키는 것이다. 예컨대 불법입국·체류외국인의 강제출국조치(출입국관리법), 군사시설보호구역의 무단침입자 강제퇴거(군사기지 및 군사시설보호법) 등이 이에 해당한다.

4) 행정상 강제징수 행정상 강제징수란 국민이 국가 또는 공공단체에 대하여 부담하고 있는 공법상의 금전급부의무를 이행하지 아니하는 경우에 행정관청이 강제적으로 의무가 이행된 것과 동일한 상태를 실현하는 작용을 말한다. 국세징수법에 의한 국세징수가 이에 대한 대표적인 예이다.

(2) 행정상 즉시강제

행정상 즉시강제란 목전의 급박한 행정상 장해를 제거할 필요가 있을 경우에 미리 의무를 명할 시간적 여유가 없는 때(광견의 배회) 또는 성질상 의무를 명하여서는 그 목적달성이 곤란할 때(전염병환자의 입원명령), 직접 국민의 신체 및 재산에 실력을 발동하여 행정상 필요한 상태를 실현하는 작용을 의미한다. 이와 같이 즉시강제는 긴급을 이유로 의무가 없는 자에게도 실력을 발동하는 행위이므로 법적 안정성과 예측가능성을 파괴한다.

따라서 엄격한 법의 근거와 신중한 권력발동이 요구된다. 불심검문·강제격리 등이 그 예이다.

제 4 절 행정구제법

Ⅰ. 서 설

행정구제라 함은 행정기관의 행정작용으로 자기의 권리·이익이 침해되었거나 침해될 것으로 주장하는 자가 행정기관이나 법원에 원상회복·손해배상·손실보상을 청구하거나 또는 당해 행정작용의 취소·변경을 청구하거나 기타 피해구제 또는 예방을 청구하고 이에 대하여 행정기관이나 법원이 이를 심리하여 그 침해된 권리·이익의 보호에 대한 판정을 내리는 것을 말한다. 이것은 행정권의 남용으로부터 국민의 권리와 이익을 보호하기 위한 것으로서 행정구제 제도의 완비는 헌법이 지향하는 실질적 의미에 있어서의 법률에 의한 행정원칙의 확립과 기본권 보장을 핵심으로 하는 실질적 법치국가의 중요한 요청이라고 할 것이다.

현행법상 인정되고 있는 행정구제 제도로는 손해전보(손해배상과 손실보상)·행정상 쟁송·청원 등이 있다. 청원은 헌법에서 주로 논의되므로 여기서는 생략하기로 하고 나머지 사항에 대해서만 살펴보기로 한다.

Ⅱ. 행정상 손해배상

행정상 손해배상이란 위법한 행정작용으로 인하여 국민에게 손해를 끼친 경우에 국가가 그 손해를 배상하는 제도로서 헌법 제29조(｢공무원의 직무상 불법행위로 손해를 받은 국민은 법률이 정하는 바에 의하여 국가 또는 공공단체에 정당한 배상을 청구할 수 있다｣)에 근거를 두고 있다. 이 헌법규정을 구체화한 국가배상법에 의하면 다음의 두 가지가 있다.

1. 공무원의 직무상 불법행위로 인한 손해배상(국가배상법 제2조)

공무원이 그 직무를 집행함에 있어서 고의 또는 과실로 법령에 위반하여 타인에게 손해를 가하였을 때에는, 국가 또는 지방자치단체는 그 손해를 배상할 책임이 있다. 국가 등은 피해자에게 배상한 경우 당해 공무원에게 구상할 수 있으나, 그 구상권행사는 공무원에게 고의 또는 중과실이 있었을 때에 한한다.

2. 영조물의 설치·관리의 하자로 인한 손해배상(국가배상법 제5조)

도로·하천 기타 공공의 영조물의 설치·관리에 하자가 있기 때문에 타인의 재산에 손해를 발생하게 하였을 때에는, 국가 또는 지방자치단체는 그 손해를 배상하여야 한다. 이 경우에 영조물의 설치·관리자의 고의·과실을 묻지 않으므로 일종의 무과실책임의 성질을 가진다.

Ⅲ. 행정상 손실보상

행정상 손실보상이란 적법한 행정상의 공권력행사로 인하여 타인의 재산에 가하여진 특별한 희생에 대하여 사유재산권의 보장과 공평부담의 견지에서 행정주체가 이를 조정하기 위하여 행하는 재산적 보상을 말한다.

이 보상에 대한 우리 헌법규정은 「공공필요에 의한 재산권의 수용·사용 또는 제한 및 그에 대한 보상은 법률로써 하되, 정당한 보상을 지급하여야 한다」(헌법 제23조 제3항)고 명시하였다.

Ⅳ. 행정쟁송

1. 서 설

행정쟁송이라 함은 위법·부당한 행정작용으로 인하여 권리와 이익을 침해당한 자가 그 시정을 위하여 행정기관 또는 법원에 대하여 분쟁의 해결을 요구할 경우에 이를 심리하고 판정하는 일련의 절차를 말한다.

이러한 행정쟁송은 행정청의 위법 또는 부당한 처분과 그 밖에 공권력의 행사·불행사 등으로 인한 권리 또는 이익의 침해에 대한 개인의 권리구제수단이며, 또한 행정작용의 합법성·합목적성을 보장하는 수단이기도 하다.

행정쟁송은 행정사건을 어떤 기관에서 심판하느냐에 따라 행정심판과 행정소송으로 나누어진다. 전자는 행정심판법에 따라 행정처분을 행한 당해 행정청 또는 당해 행정청의 직근상급행정청이 재결청이 되어 심판을 하는 것이고, 후자는 행정소송법에 의해 일반법원이 심판하는 것을 말한다.

행정쟁송을 독립한 행정재판소가 심판을 하느냐, 아니면 일반법원이 심판하느냐에 따라 행정국가형과 사법국가형으로 나누어진다. 우리 나라는 행정사건도 일반법원이 심판하고 있다.

2. 행정심판

행정심판이란 행정청의 위법 또는 부당한 처분과 그 밖에 공권력의 행사·불행사 등으로 인한 권리 또는 이익의 침해에 대하여 행정기관이 행하는 행정구제의 절차로서 행정소송의 전심으로서의 지위를 가지며, 사법기관을 보충하는 작용을 한다. 행정심판법은 행정심판절차에 관한 것을 상세히 규정하고 있다.

(1) 행정심판의 종류

행정심판에는 첫째, 행정청의 위법 또는 부당한 처분의 취소 또는 변경을 구하는 취소심판, 둘째, 행정청의 처분의 효력 유무 또는 존재 여부에 대한 확인을 구하는 무효등확인심판, 셋째, 행정청의 위법 또는 부당한 거부처분이나 부작위에 대하여 일정한 처분을 하도록 하는 의무이행심판이 있다.

(2) 행정심판청구의 절차

행정청의 처분 또는 부작위의 위법·부당 여부를 심판하는 재결청은 당해 행정청 또는 당해 행정청의 직근상급행정기관이 되며, 심판청구는 서면으로 작성하여 재결청 또는 피청구인인 행정청을 거쳐 제기하여야 한다.

행정심판법에 의한 행정심판청구는 원칙적으로 처분이 있음을 안 날로부터 90일 이내에, 처분이 있은 날로부터 180일 이내에 제기하여야 한다.

행정심판의 청구를 심리·의결하기 위하여 각 재결청에는 행정심판위원회를 두며, 행정심판위원회는 심판청구가 이유 있다고 인정하는 경우에도 이를 인용하는 것이 현저히 공공복리에 적합하지 아니하다고 인정하는 때에는 그 심판청구를 기각하는 사정재결을 할 수 있다. 이 경우 행정심판위원회는 그 재결의 주문에서 그 처분 또는 부작위가 위법 또는 부당함을 명시하여야 한다. 사정재결을 함에 있어서는 청구인에 대하여 상당한 구제방법을 취하거나, 피청구인에게 상당한 구제방법을 취할 것을 명할 수 있다.

3. 행정소송

행정소송이란 행정청의 위법한 행정처분에 의하여 권익을 침해당한 자가 법원에 대하여 행정소송법에 의한 재판을 요구하는 것을 말한다. 행정소송은 행정청의 위법한 처분과 그 밖에 공권력의 행사·불행사 등으로 인한 국민의 권리 또는 이익의 침해를 구제하고, 공법상의 권리관계 또는 법적용에 관한 다툼을 적정하게 해결함을 그 목적으로 한다.

(1) 행정소송의 종류

행정소송은 첫째, 행정청의 처분 등이나 부작위에 대하여 제기하는 항고소송, 둘째, 행정청의 처분 등을 원인으로 하는 법률관계에 관한 소송과 그 밖에 공법상의 법률관계에 관한 소송으로서 그 법률관계의 한 쪽 당사자를 피고로 하는 당사자소송, 셋째, 국가 또는 공공단체의 기관이 법률에 위반되는 행위를 한 때에 직접 자기의 법률상 이익과 관계 없이 그 시정을 구하기 위하여 제기하는 민중소송, 넷째, 국가 또는 공공단체의 기관 상호간에 있어서의 권한의 존부 또는 그 행사에 관한 다툼이 있을 때에 이에 대하여 제기하는 기관소송 등이 있다.

행정소송법은 이러한 행정소송절차에 관한 것을 상세히 규정하고 있다.

(2) 행정소송의 절차

우리 나라에서는 행정소송을 일반법원에서 관할하고 있으나 많은 특수성을 가지고 있다.

첫째, 행정소송을 제기하려면 원칙적으로는 행정심판을 거치지 않고 소를 제기할 수 있으나, 예외로 개별법률에서 행정심판절차를 거치도록 되어 있는 경우에는 먼저 행정심판을 거쳐 행정소송(취소소송)을 제기하는 행정심판전치주의를 취하고 있다. 따라서 우리나라 행정소송제도는 임의적 행정심판전치주의를 채택하고 있다.

둘째, 행정소송에 있어서는 다른 법률에 특별한 규정이 없는 한 그 처분 등을 행한 행정청을 피고로 하여 그 처분행정청의 소재지를 관할하는 행정법원에 소를 제기하여야 하며, 따라서 고등법원은 제2심 법원이 되고 대법원에 상고할 수 있다.

셋째, 행정소송의 제기는 행정처분 등이 있음을 안 날로부터 90일 이내에 소를 제기하여야 한다. 다만 행정심판의 재결을 거쳐 제기하는 사건에 대한 소는 그 재결서의 정본의 송달을 받은 날로부터 90일 이내에 제기하여야 하며, 행정소송에 있어서는 다른 법률에 특별한 규정이 없는 한 처분 등이 있은 날 또는 재결이 있은 날로부터 1년 이내에 제기하여야 한다. 다만 정당한 사유가 있는 경우에는 그러하지 아니하다.

넷째, 행정소송에서는 원고의 청구가 이유 있다고 인정하는 경우에도 처분 등을 취소하는 것이 현저히 공공복리에 적합하지 아니하다고 인정하는 때에는, 법원은 원고의 청구를 기각하는 사정판결을 내릴 수 있다. 법원은 사정판결을 함에 있어서는 미리 원고가 그로 인하여 입게 될 손해의 정도와 배상방법 및 그 밖의 사정을 조사하여야 한다.

이외에도 행정소송에 있어서는 직권증거조사 · 변론주의 · 불고불리의 원칙에 대한 예외 등이 인정되고 있다.

제 3 장

민　　법

제1절 서　　설

Ⅰ. 민법의 의의

민법의 의의에는 실질적 의의와 형식적 의의의 두 가지가 있다. 실질적 의의로서의 민법은 사법의 일반법을 말하며, 형식적 의의로서의 민법은 민법전, 즉 실질적 의의의 민법을 체계화하여 편찬한 법전을 말한다. 보통 민법이라고 할 때에는 전자를 말하는데, 이는 사람·지역·사항 등에 한정됨이 없이 시민사회에서의 시민 상호간의 일상생활관계를 일반적으로 규율하는 사법이다.

사법에는 일반법인 민법 이외의 특별법인 사법이 있다. 현재 특별사법은 대부분이 재산관계에 관한 것이고, 가족관계에 관한 특별사법은 많지 않다.

민법에 관한 특별법으로서 특히 중요한 것은 상법인데, 상법은 기업적 생활관계에 관한 법규를 총체한 것이다.

현행 민법전은 1958년 2월 22일에 공포되어(법률 제471호), 1960년 1월 1일부터 시행되어 온 것으로서 전문 1118개조와 부칙 28개조로 구성되어 있다. 그 내용은 제2편 물권과 제3편 채권에서 재산법을 규정하고, 제4편 친족과 제5편 상속에서 신분법을 규정하고 있으며, 제1편 총칙에서는 민사법 전체에 적용될 총칙적 규정을 두고 있다. 민법전 이외의 민법의 법원으로서는 관습법·판례법·조리가 있는데, 이들은 성문민법을 보충하는 제 2차적 법원으로서의 효력을 가진다.

Ⅱ. 민법의 기본원리

1. 근대민법의 기본원리

봉건사회를 무너뜨리고 성립한 근대사회는 그 당시 풍미하던 개인주의·자유주의에 입각하여 모든 개인을 세상에 태어날 때부터 완전히 자유롭고 평등한 추상적 개인으로 보아 국가는 최소한의 사회질서를 유지하면 족하고, 개인의 사생활관계는 이성적인 개인의 자유에 맡기고 있었다. 이러한 근대사회의 시대적인 영향을 받아 근대민법은 개인의 자유와 평등을 보장함을 지도원리로 하며, 이를 실현하기 위하여 소유권절대의 원칙·계약자유의 원칙·과실책임의 원칙을 인정하였다. 이를 근대민법의 3대원칙이라고 한다.

(1) 소유권절대의 원칙

근대사회에 있어서 개인의 봉건적인 예속관계에서 벗어났으나 추상적·이성적 개인으로서 그들의 생활을 자신이 꾸려나가지 않으면 안 되게 되었다. 따라서 개인은 오직 자기의 책임하에 자신의 사유재산에 의하여 생활하여야 하기 때문에, 개인의 생활을 보장하기 위해서는 최소한 그의 사유재산이 다른 개인이나 국가에 의하여 침해당하지 않는 절대적인 권리로서 보장되지 않으면 안 된다. 개인의 사유재산 중 소유권이 가장 중요한 것이므로 이를 소유권절대의 원칙이라 한다.

(2) 계약자유의 원칙

근대사회에 있어서의 개인은 누구나 합리적인 판단력을 가진 이성인이라는 것이 전제되고 있으므로, 개인의 활동을 국가가 간섭하지 않고 개인 각자의 자유의사에 맡기는 것이 가장 합리적이라고 생각하였다. 바로 이러한 사상을 바탕으로 한 개인의 사적 자치의 원칙은 자신의 법률관계를 자신의 의사로 형성할 수 있다는 것을 말한다.

개인의 법률관계 또는 생활을 영위하기 위한 재산권을 획득하는 행위는 주로 법률행위에 의하여 이루어지고, 그 중에서도 개인과 개인의 의사의 합치인 계약에 의하는 것이 대표적이다. 따라서 이 원칙은 법률행위 자유의 원칙, 사적 자치의 원칙이라고도 불리운다. 계약자유의 원칙은 계약체결의 자유, 계약체결의 상대방을 선택하는 자유, 계약의 내용을 결정하는 자유 및 계약방식을 선택할 수 있는 자유를 그 내용으로 한다.

(3) 과실책임의 원칙

개인이 그의 권리를 행사하는 것은 자유이지만, 그 권리의 행사가 때로는 타인의 권익을 침해하는 경우가 있다. 그러나 개인이 그의 권리행사로 타인에게 손해를 발생하게 한 모든 경우에 대하여 책임을 져야 한다고 하면 안심하고 그 권리를 행사할 수 없다. 개인의 권리행사를 충실히 보장하려면, 여기에 대하여 일정한 제약이 있지 않으면 아니 된다. 따라서 개인이 그의 권리행사로 타인에게 손해를 준 경우에도 그 행위가 위법하고 또한 동시에 고의나 과실이 있는 경우에만 책임을 지고, 그러한 고의나 과실이 없는 경우에는 책임을 지지 않는다. 이를 과실책임의 원칙이라 하며, 달리 자기책임의 원칙이라고도 한다.

2. 현대민법의 기본원리

근대민법의 기본원리는 개인의 사회적·경제적 자유를 보장하여 근대사회의 확립과 자본주의 발달에 지대한 공헌을 하였다. 그러나 19세기 말 이래 자본주의의 고도의 발달은 노·사간의 대립과 격심한 빈부의 차를 낳고 말았다. 즉 계약의 자유는 가진 자의 무기가 되어 가지지 않은 자는 계약의 자유라는 이름 밑에 계약의 자유를 잃게 되었고, 소유권절대의 원칙은 일부 가진 자의 재산을 보장하는 수단일 뿐이었다. 이것은 근대민법이 개인을 나면서부터 자유롭고 평등한 이성적인 추상적 개인으로 본 데서 기인한다. 추상적 개인은 구체적인 생활 속에서 단지 형식적인 자유와 평등을 가질 뿐이었다. 현대민법은 근대민법의 이러한 제모순을 타파하고 실질적인 자유와 평등을 보장하려고 한다. 그리하여 현대민법은 개인의 이익만을 추구하는 것이 아니라 사회공공의 이익도 함께 추구하게 되었다. 즉 공공의 복리가 새로운 이념으로 등장하고, 이에 의하여 근대민법의 기본원칙은 수정 내지 제한을 받게 되었다.

(1) 소유권 공공의 원칙

소유권은 이제는 절대불가침의 권리가 아니라 사회 전체의 이익을 위하여 제한을 받는다는 원칙을 말한다. 즉 소유권은 사회성·공공성을 가진다. 물론 근대민법에 있어서도 소유권은 절대·무제한이 아니고 제한이 있었으나, 그것은 어디까지나 예외적이고 소극적인 것이었을 따름이다. 이러한 소유권의 사회성·공공성은 1919년 바이마르 헌법 제153조 제3항의 「소유권은 의무를 부담하며, 그 행사는 공공의 이익에 좇아야 한다」는 데서 처음으로 명문화되었다.

우리 헌법 제23조 제2항에는 「재산권의 행사는 공공의 복리에 적합하도록 하여야 한다」고 하고, 동법 제37조 제2항은 「국민의 자유와 권리는…또는 공공복리를 위하여 제한할 수 있다」고 규정하고 있다. 이를 받아 민법은 「소유자는 법률의 범위 내에서 그 소유물을 사용·수익·처분할 권리가 있다」(민법 제211조)고 함으로써 소유권은 무제한의 절대적인 것이 아니라 사회성·공공성을 가짐을 명백히 하고 있다.

(2) 계약 공정의 원칙

계약은 당사자의 무제약적인 자유의사에 맡겨지는 것이 아니라 계약은 사회적으로 타당할 수 있는 것이어야 한다는 원칙이다. 따라서 사회적으로 타당하지 않은 계약 또는 사회질서에 반하는 계약은 보호되지 아니한다. 이렇게 함으로써 경제적 약자가 경제적 강자에 의하여 부당한 계약을 강제당함을 막으려고 하는 것이다.

우리 민법도 제2조 제1항에서 「권리의 행사와 의무의 이행은 신의에 좇아 성실히 하여야 한다」고 하여 계약은 공정하여야 한다는 대원칙을 선언하고 있다. 계약 공정을 확보하려는 특별법은 점차 증가하고 있다.

(3) 무과실책임의 원칙

타인에게 손해를 발생하게 한 경우에 고의나 과실이 없는 경우에도 손해배상의 책임을 지게 하는 원칙이다. 대규모의 근대적 기업이나 시설은 그 경영 자체 속에 많은 위험을 내포하고 있으나, 이에서 생기는 이익은 거의 기업자가 차지하고 있다. 기업자에게 고의나 과실이 있는 경우에만 배상책임을 인정하는 것은 경제적 약자를 보호하여 사회공공의 공평을 유지하려는 복리국가의 이념에 어긋나는 것이다.

현행 근로기준법은 근로자의 업무상 재해에 대하여 기업자에게 무과실책임을 지우고 있다(근로기준법 제81조 이하 참조). 한편 민법은 사용자의 배상책임 등을 중간책임으로 규정하여 무과실책임의 원칙으로 접근하고 있다.

제 2 절 총 칙

Ⅰ. 권리의 주체

1. 권리능력

권리능력이란 법률관계에 있어서 권리의무의 주체가 될 수 있는 지위 또는 자격을 말한다. 권리능력이 있는 자를 권리의 주체라 한다. 엄격히 말하면 권리·의무능력이라고 하여야 하겠으나, 근대사법은 권리 중심으로 구성되어 있기 때문에 단순히 권리능력이라 한다. 민법상 권리의 주체가 될 수 있는 자는 자연인과 법인이다.

2. 자 연 인

법인과 구별하기 위하여 사람을 자연인이라 한다.

(1) 권리능력

민법은 「사람은 생존하는 동안 권리와 의무의 주체가 된다」(민법 제3조)고 규정하고 있다. 이것은 근대법에 있어서 권리능력이 모든 사람에게 평등하게 인정된다고 원칙을 선언한 것이다. 그러므로 사람은 출생과 동시에 당연히 권리능력을 가지며, 사망과 동시에 권리능력은 소멸된다.

'출생'이란 태아가 모체로부터 완전히 분리될 때를 말한다. 외국인에 대해서는 인격존중이란 입장에서 원칙적으로 내국인과 같이 권리능력을 인정하고 있으나, 국가공익의 보호와 정책상의 필요에 의하여 일정한 제한을 두고 있다.

(2) 행위능력

법률상 단독으로 완전하고 유효한 법률행위를 할 수 있는 능력을 말한다. 이러한 능력을 가지지 못한 자를 무능력자라 한다.

법 앞에 만인은 평등하게 권리를 가지고 있다고 해서 누구나 다 동등하게 권리를 취득할 수 있다는 것은 아니다. 적어도 권리를 유효하게 취득하려면 자기의 행위의 의미와 결과를 합리적으로 분별할 수 있는 정신적 능력 혹은 판단능력이 필요하다. 이 판단능력을 의사능력이라고 한다. 의사능력을 갖춘 때 비로소 행위능력을 가지게 되며, 단독으로 법률행위를 할 수 있는 것이다. 이러한 의사능력이 있는 자와 없는 자를 동등하게 취급한다면 거래의 관계에서 형식적으로는 평등한 권리능력을 가지고 있다 할지라도 실질적으로는 의사능력이 불완전한 자가 언제나 불리하므로, 이들에 대한 보호가 필요하게 된다. 이러한 까닭으로 민법에 무능력자제도를 두게 되었다.

이 제도는 무능력자를 의사능력의 유무의 증명이 필요 없이 획일화하고 또한 거래의 상대방도 무능력자인지 아닌지의 분별을 용이하게 하여 양자간의 거래를 명백히 함과 동시에 무능력자와 그 상대방을 함께 보호하고자 하는 것이다.

(3) 무능력자

민법이 규정하는 무능력자에는 미성년자·한정치산자 및 금치산자가 있다.

1) 미성년자 미성년자란 만 20세에 달하지 않은 자를 말한다.

미성년자의 법률행위는 원칙적으로 법정대리인의 동의를 얻어야 한다. 만약 동의 없이 미성년자가 단독으로 한 법률행위는 이를 취소할 수 있다.

취소는 미성년자 본인뿐 아니라 법정대리인도 할 수 있다. 법정대리인으로 될 수 있는 자는 그의 친권자 또는 후견인이다. 그러나 다음의 경우 등에는 미성년자 단독으로 유효한 법률행위를 할 수 있다.

(가) 그저 권리만을 얻거나 의무만을 면하는 행위(예 : 증여·채무면제 등)

(나) 법정대리인으로부터 범위를 정하여 처분을 허락받은 재산의 처분행위

(다) 허락을 받은 특정한 영업에 관한 행위

(라) 대리행위

(마) 유언행위(만 17세 이상)

(바) 근로계약과 임금청구

2) 한정치산자 한정치산자라 함은 심신박약자·재산 낭비자에 대하여 법원에서 일정한 절차에 따라서 한정치산선고를 받은 자를 말한다.

여기에 '심신박약자'란 심신상실의 상태는 아니지만, 법률행위에서 생기는 이해득실에 대하여 충분한 판단력이 없는 자를 말하고, '낭비자'란 자기나 가족의 생활을 궁박하게 할 염려가 있려가 있는 자이다. 한정치산자에는 법정대리인으로서 후견인을 두어야 한다. 한정치산자의 행위능력은 미성년자와

꼭 같다.

3) **금치산자** 금치산자란 천치나 정신병자와 같이 심신상실의 상태에 있는 자로서 일정한 절차에 따라서 금치산선고를 받은 자를 말한다. '심신상실의 상태'란 정신에 계속적인 결함이 있으므로 판단력이 결여되어 있는 것을 의미한다. 금치산자에는 법정대리인인 후견인을 두어야 한다. 금치산자는 후견인의 동의를 얻어도 유효한 법률행위를 할 수 없다.

그러므로 후견인은 동의권은 없고 대리권만 가진다. 따라서 금치산자가 한 법률행위는 언제나 취소할 수 있다. 가령 일시적으로 의사능력이 회복되어 동의를 얻어서 한 행위도 또한 취소할 수 있다. 다만 결혼·이혼·입양 등의 신분행위는 후견인의 동의를 얻어서 할 수 있다.

3. 법 인

(1) 법인의 의의 및 본질

법인이란 자연인 이외에 법률상 권리의무의 주체로 인정된 것을 말한다. 그 실체는 일정한 목적하에 집합한 사람의 단체인 사단이거나 일정한 목적하에 결합한 재산의 집합체인 재단이다.

이러한 법인은 사회생활 속에서 독자의 의사를 가지고 대표기관의 행위에 의하여 활동한다.

법인의 본질에 관하여는 의제설·부인설·실재설이 대립해 있다. 의제설은 권리의 주체는 자연인에 한한다는 전제하에 자연인 아닌 법인이 법인격을 가지는 것은 법률에 의하여 자연인에 의제된 것에 불과하다고 보는 견해이다. 이것은 인권사상에 기초를 두고 있는 것이다. 부인설은 법인의 본체는 개인 혹은 일정한 재산에 지나지 않으며, 그것을 초월하여 사회적 실체가 될 만한 것이 없다고 하고 법인격 뿐만 아니라 단체의 실체까지도 부인한다. 실재설은 법인을 단순히 법의 의제물로 보지 않고 하나의 사회적 실재라고 한다.

(2) 법인의 종류

법인에는 공법인과 사법인이 있다. 공법인은 국가·지방공공단체·특정의 행정목적을 위하여 설립된 공공조합 등 공공사무의 집행을 목적으로 하고 그 내부의 법률관계에 대하여 국가의 강제적 권력작용이 미치는 법인을 말하며, 그 밖의 법인을 사법인이라고 한다. 사법인에는 영리를 목적으로 하는 영리법인과 그렇지 않은 비영리법인이 있다. 전자는 상법의 규율을 받으며, 후자는 민법의 규율을 받는다.

민법상의 법인에는 사단법인과 재단법인이 있다. 전자는 사단이라는 사람의 단체에 권리능력이 부여된 것이고, 후자는 일정한 목적에 바쳐진 재산에 권리능력이 부여된 것이다.

(3) 법인의 능력

1) **권리능력** 법인은 자연인과 더불어 권리주체이므로 권리능력을 가지나, 자연인과는 달리 관념적 존재이므로 그 범위에 제한이 있다. 즉 법인은 자연의 생활체가 아니므로 자연인의 자연의 성질인 생명·신체를 전제로 하는 권리능력을 가지지 못한다. 그러나 재산권·명예권·성명권 기타의 정신적 자유권을 가질 수 있다. 또 법인은 법률에 의하여 권리능력이 제한되며(민법 제81조, 상법 제173조), 정관으로 정한 목적의 범위 내에서 권리능력을 가진다.

2) **행위능력** 법인의 행위를 어떻게 이해할 것인가는 법인학설에 따라 다르다. 의제설에 의하면 법인 자신의 행위는 없고, 법인의 외부에 존재하는 대리인에 의하여 행위를 할 수 있을 따름이다. 실재설에 의하면 법인은 사회에서 통일적인 조직체로서 존재하며 단체의사를 가지므로 법인 자신의 행위를 할 수 있다. 그러면 어떠한 사람에 의한 어떠한 범위의 행위가 법인의 행위로 되는가가 문제인데, 이는 법인의 대표기관에 의한 행위이어야 하고 법인의 권리능력의 범위 내의 행위이어야 한다.

3) **불법행위능력** 민법 제35조 제1항은 「법인은 이사 기타 대표자가 그 직무에 관하여 타인에게 가한 손해를 배상할 책임이 있다」라고 규정하여 법인의 불법행위책임을 인정하고 있다. 다만 불법행위능력의 이론과 범위에 관하여는 학설에 따라 견해가 다르다. 실재설에서는 법인 고유의 불법행위가 존재한다고 하고, 민법 제35조 제1항의 규정은 법인의 불법행위능력에 관한 주의적 규정에 지나지 않는 것으로 보며, 따라서 그 해석도 너그럽게 한다. 이에 반하여 의제설에서는 법인은 불법행위를 할 수 없는 것이지만, 피해자를 보호하기 위하여 제35조 제1항을 특별히 규정한 것이라고 하고 동조를 엄격하게 해석한다.

(4) 법인의 기관

법인이 독립된 인격자로서 사회적으로 활동하기 위하여서는 법인의 의사에 기하여 대외적으로 행동하고 내부의 사무를 처리하는 조직을 필요로 한다. 이 조직을 이루는 것이 법인의 기관으로서 이에는 이사·사원총회·감사의 세 가지가 있다.

이사는 대외적으로 법인을 대표하며, 대내적으로는 법인의 업무를 집행하는 상설적 필수기관이다. 그러므로 재단법인과 사단법인에는 이사를 반드시 두어야 한다. 이사의 수에는 제한이 없으며, 수인인 경우 정관에 다른 규정이 없으면 법인의 사무집행은 이사의 과반수로 한다. 또한 이사의 권한에 제한을 하려면 등기하여야 제3자에게 효력이 있다.

사원총회는 전사원으로 조직되는 사단법인의 최고의 의사결정기관이며 필수기관이다. 이사보다 위에 있는 사원총회(주식회사의 주주총회)의 결의는 정관에 의하고, 정관에 규정이 없으면 과반수 이상의 출석과 출석사원과반수의 찬성으로써 한다. 감사는 법인 재산형태, 이사의 업무집행 사항을 감시하는 감독기관으로 임의기관이다.

Ⅱ. 권리의 객체

권리는 일반적으로 특정의 생활이익을 보호 또는 향유하기 위하여 특정인에게 인정된 법률상의 힘을 말하는 것인데, 이 힘이 미치는 대상을 권리의 객체라고 한다. 사람도 권리의 객체가 될 수 있지만, 오히려 권리의 주체로서 더 의의가 있으며, 권리의 객체로서 중요한 것은 물건이다.

1. 물건의 의의

민법상 물건이라 함은 유체물과 전기 기타 관리할 수 있는 자연력을 말한다. 유체물이란 공간의 일부를 점유하고 있는 고체·액체·기체를 말하고, 관리할 수 있는 자연력이란 전기·열 등과 같이 인공적으로 지배할 수 있는 무형적 존재를 말한다. 유체물이라도 태양·달·대양 등과 같이 배타적으로 지배할 수 없는 것은 민법상의 물건은 아니다. 사람의 신체도 유체물이지만, 인권존중의 원리에 비추어 법률상의 물건이 아니며, 의족도 신체에 부착시키고 있는 동안은 물건이 될 수 없다. 그러나 절단·분리된 신체 일부분은 물건이 된다.

2. 물건의 분류

민법의 규정은 물건을 동산과 부동산, 주물과 종물, 원물과 과실로 분류하고 있다.

(1) 동산과 부동산

부동산은 토지와 그 정착물을 말한다. 토지라 함은 그 구성부분인 토사·암사 등을 포함하는 관념이며, 정착물이라 함은 토지에 계속적으로 부착된 물건을 말한다(건물, 수림, 교량, 경작물). 이러한 정착물에는 토지와 독립된 별개의 부동산으로 인정되는 것(건물, 명인방법에 의해 공시된 수림·경작물)과 토지의 일부분에 불과한 것(담장·교량)이다. 동산은 부동산 이외의 물건을 말한다. 토지의 부착물이라도 가식중의 수목이라든지 가옥사 등은 동산이다.

또한 동산과 부동산은 공시방법상의 차이를 가지고 있는데, 동산은 인도(점유의 이전)이며 부동산은 등기이다. 그러나 동산의 경우에도 등기할 수 있는 경우도 있다(예 : 선박).

(2) 주물과 종물

어떤 물건의 소유자가 그 물건의 효용을 돕기 위하여 자기가 소유하고 있는 다른 물건을 거기에 부속시켰을 경우, 이 부속물을 종물이라 하고, 도움을 받는 주된 물건을 주물이라 한다(예 : 배와 노, 가옥과 돛자리). 종물은 당사자간에 특약이 없는 한 주물의 처분에 따르므로 주물과 그 법률적인 운명을 같이 한다.

(3) 원물과 과실

과실이란 물건에서 생기는 경제적 이익이며, 과실을 낳는 물건이 원물이다. 과실에는 천연과실과 법정과실이 있다. 천연과실은 달걀·우유·야채 등과 같이 원물의 경제적 성질에 따라 자연히 수취되는 과실이고, 법정과실은 집세·이자 등과 같이 원물을 타인에게 사용시킨 대가로서의 과실을 말한다.

Ⅲ. 권리의 변동(법률행위)

사람의 사회생활관계 중 법의 규율을 받는 것을 법률관계라고 한다. 법률관계에 있어서는 일정한 원인이 되는 사실이 존재하면 일정한 결과의 효과가 발생하는데, 이 효과를 법률효과라 하며 법률효과를 발생하게 하는 원인되는 사실을 법률요건이라고 한다. 그리고 이 법률요건을 구성하는 개개의 사실을 법률사실이라고 한다. 법률효과의 내용은 권리의무의 변동을 가져오는 것이지만, 근대법은 권리본위로 구성되어 있으므로 이를 권리의 변동이라고 한다. 권리의 변동이 있으려면 법률요건을 갖추어야 하며, 법률요건은 다음과 같은 법률사실에 의하여 구성된다.

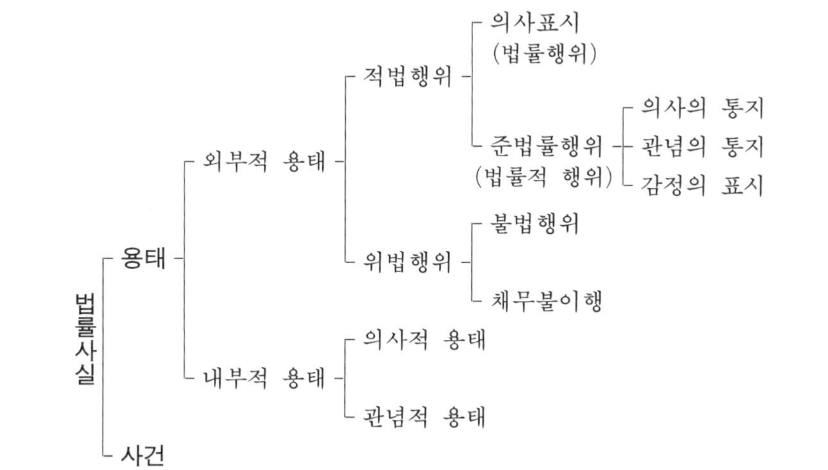

이러한 권리변동의 원인인 법률요건 중 가장 중요한 것은 법률행위이므로 권리의 변동은 법률행위로 설명된다.

Ⅰ. 법률행위의 의의

법률행위란 일정한 효과의 발생을 목적으로 하는 하나 또는 수 개의 의사표시를 불가결한 요소로 하는 법률요건이다. 그것은 이른바 적법행위이며 법률요건 가운데서 가장 중요한 것이다.

사적 자치의 법률상 수단인 법률행위는 의사표시를 불가결의 요소로 하므로 의사표시 없는 법률행위는 있을 수 없다. 또한 법률행위는 표의자가 원하는 대로 사법상의 효과가 발생한다는 점에서 행위자의 효과의사를 묻지 않고 법률이 정한 일정한 효과가 발생하는 준법률행위와는 구별된다.

2. 법률행위의 종류

법률행위는 여러 가지의 표준에 의해 분류할 수 있으나, 그 중 중요한 것을 들면 다음과 같다.

(1) 단독행위 · 계약 · 합동행위

단독행위는 재단법인의 출연행위(민법 제43조) · 채무의 면제(민법 제506조) 등과 같이 당사자 일방의 하나의 의사표시로 성립하는 법률행위이며, 계약은 매매 · 증여 등과 같이 서로 대립하는 두 개 이상의 의사표시의 합치로써 성립하는 법률행위이다. 합동행위는 사단법인의 설립행위와 같이 방향을 같이하는 두 개 이상의 의사표시의 합치로 성립하는 법률행위이다.

(2) 채권행위 · 물권행위 · 준물권행위

이는 발생하는 법률효과의 종류에 의한 분류이다. 채권행위는 채권을 발생시키는 법률행위로서 이행이라는 문제를 남기는 점에서 물권행위나 준물권행위와 다르다. 즉 발생한 채권이 이행되어야만 비로소 법률행위의 목적이 완전히 달성된다. 물권행위는 소유권의 이전 · 저당권의 설정 등과 같이 물권의 변동을 일어나게 하는 의사표시를 요소로 하여 성립하는 법률행위이다. 준물권행위는 채권 · 무체재산권 등과 같은 물권 이외의 권리를 종국적으로 변동시키고 이행이라는 문제를 남기지 않는 법률행위이다. 채권양도 · 무체재산권의 양도 · 채무면제 등이 이에 속한다.

3. 법률행위의 요건

법률행위가 법률요건으로서 완전히 그 법률효과를 발생하려면 여러 가지 요건을 갖추어야 한다. 즉 법률행위라고 할 만한 최소한의 외형적 · 형식적인 요건인 구성요건이 필요하며, 다시 그 효력요건을 구비하여야 한다.

모든 법률행위에 공통으로 요구되는 일반적 성립요건으로서는 당사자 · 목적 · 의사표시의 세 가지가 있어야 하며, 그 하나를 결하여도 법률행위는 성립하지 아니한다.

또한 법률행위가 그 효력을 발생하기 위한 효력요건으로서는 당사자가 권리능력 · 행위능력을 가지고 있고, 법률행위의 목적이 가능하고 확정할 수 있는 것이어야 하며, 적법하고 사회적으로 타당한 것이어야 한다.

또한 의사표시에 관하여 의사와 표시가 일치하여야 하고, 의사표시에 하자가 없어야 한다. 그리고 각자의 법률행위에 특유한 성립요건으로서 대리행위에 있어서는 대리권이 존재하여야 하고, 조건부·기한부 법률행위에 있어서는 조건의 성취, 기한의 도래가 있어야 한다. 이러한 요건 중 당사자에 관해서는 권리의 주체에서 보았으므로 법률행위의 목적과 의사표시에 관하여 설명하면 다음과 같다.

(1) 법률행위의 목적

법률행위의 목적이란 행위자가 그의 법률행위에 의하여 발생시키려고 하는 법률효과를 말하며, 법률행위의 내용이라고도 한다.

법률행위는 사적 자치를 위하여 인정된 법률적 수단이므로 법률행위는 그것이 사적 자치가 허용되는 사항에 관한 것이어야 하고, 또한 그 범위에 속하는 것이어야 한다. 따라서 법률행위의 목적도 법에 의하여 승인되고 보호되는 것이어야만 법도 그 목적 달성에 조력하고, 행위자가 원하는 대로 법률효과가 발생하게 된다.

첫째, 법률행위의 목적은 확정되어 있거나 또는 확정할 수 있는 것이어야 한다. 목적이 전혀 불확실한 법률행위는 법률이 아무리 조력해서 법률효과를 발생시키려고 하여도 그것은 불가능하기 때문이다. 목적이 불확정한 법률행위는 무효이다.

둘째, 법률행위의 목적은 그 실현이 가능한 것이어야 한다. 목적 실현이 불가능한 경우에는 법률이 그 실현에 조력한다는 것은 무의미하므로 그 법률행위는 무효이다.

셋째, 법률행위가 유효하기 위해서는 그 목적이 적법한 것이어야 하고 사회적 타당성을 가져야 한다. 선량한 풍속 기타 사회질서에 관한 규정에 위반하거나 강행법규에 위반하는 법률행위에 국가가 조력할 수 없음은 당연하다.

(2) 의사표시

의사표시는 일정한 법률상의 효과의 발생을 원하는 의사의 표시이며, 법률행위의 불가결의 요소가 되는 법률사실이다. 이 의사표시가 단독으로 또는 다른 의사표시 기타의 법률사실과 결합하여 하나의 법률행위를 형성하면 표의자가 원한 대로의 법률효과가 발생한다. 이러한 의사표시는 일정한 법률적인 효과를 원하는 의사(효과의사)와 이 의사를 외부에 표시하는 행위(표시행위)로 되어 있다. 의사와 표시의 일치는 법률행위제도에 있어서 가장 근본적인 요청이나, 효과의사는 마음 속에 있는 것이고 표시의사는 그 내심의 의사가 외부에 나타난 것이므로 양자 사이에 틈이 생겨 일치하지 않는 경우가 있다. 또한 표시행위에 상응하는 효과의사가 있기는 하지만, 그 효과의사가 타인의 부당한 간섭이나 방해에 의하여 표시된 경우도 있다. 전자가 의사와 표시의 불일치의 문제이며, 후자가 하자 있는 의사표시에 관한 문제이다.

1) **의사와 표시의 불일치** 내심의 효과의사와 외부에 표시된 표시행위의 의미하는 바가 일치하지 않는 경우가 있다. 이런 경우에 법률상 의사표시의 효과를 어떻게 할 것이냐에 관하여 의사주의와 표시주의가 있다. 의사주의는 의사표시의 본체를 효과의사로 보고, 표시자의 주관을 존중하여 내심의 진의대로 효과를 발생시키려는 주의이다. 이에 의하면 표의자는 보호되지만 거래의 안전을 해하게 된다. 이에 대하여 표시주의는 의사표시의 본체를 표시행위로 보고 내심의 진의와는 관계 없이 표시된 대로의 효과를 인정하려는 주의이다. 이에 의하면 거래의 안전은 보호되지만 표의자에게 불리한 경우가 생긴다. 우리 민법은 어느 한 쪽만을 철저히 관철시킬 때의 불합리를 피하기 위하여 양자를 절충시키는 입장에 있다. 의사와 표시의 불일치는 진의 아닌 의사표시 · 허위표시 · 착오 등이 있다.

㈎ 진의 아닌 의사표시(심리유보) 진의 아닌 의사표시란 효과의사에 상응하는 내심의 의사가 아님을 표의자가 스스로 알면서 하는 의사표시이다. 증여할 의사가 없으면서 허세로 증여하겠다고 하는 경우가 그 예이다. 진의 아닌 의사표시는 원칙으로 표시된 대로의 효과가 인정된다.

그러나 예외로 상대방이 표의자의 진의 아님을 알았거나 알 수 있었을 경우에는 무효로 된다(민법 제107조 참조).

㈏ 허위표시 허위표시는 상대방과 통정하여 하는 허위의 의사표시이다. 채무자가 그의 압류를 면하기 위하여 친구와 통모하여 매매를 가장하여 부동산을 친구의 명의로 이전등기를 하는 경우가 그 예이다. 허위표시는 당사자간에는 무효이다. 그러나 그 무효로써 선의의 제3자에게 대항하지 못한다(민법 제108조 참조).

㈐ 착 오 착오란 내심의 의사와 표시된 내용이 일치하지 아니함을 표의자 자신이 알지 못하는 경우로서, 법률행위의 중요 부분에 착오가 있을 때에는 취소할 수 있다. 그러나 그 취소는 선의의 제3자에게 대항하지 못한다(민법 제109조 참조).

2) 하자 있는 의사표시 하자 있는 의사표시란 사기 또는 강박 등의 타인의 부당한 간섭을 받아 하는 의사표시이다. 사기란 고의로 사람을 기망하여 착오에 빠지게 하는 행위이며, 강박이란 위법으로 해악을 가할 것을 고하여 공포심을 생기게 하는 행위이다. 사기나 강박에 의한 의사표시는 취소할 수 있으나, 이로써 선의의 제3자에게 대항하지 못한다.(민법 제110조 참조)

4. 대 리

(1) 대리제도의 의의

대리란 타인이 본인의 이름으로 법률행위를 하거나 의사표시를 수령함으로써 그 법률효과가 직접 본인에 관하여 생기는 제도를 말한다. 대리는 대리인이 그의 의사를 결정하여 표시하는 것이므로 이미 결정된 본인의 의사를 전달하는 사者와는 다르다. 그리고 대표는 대표자의 행위 자체가 법인의 행위로 인정되는 단체법상의 제도인 데 대하여, 대리에서는 본인과 대리인은 별개의 법인격이며, 대리행위는 대리인의 독립된 행위로서 대리는 개인법상의 제도이다.

근대사회에 있어서 자본주의 경제가 고도로 발전함에 따라 거래관계는 지역적으로 확대되고 또한 기술화·전문화되어 개인이 직접 모든 거래를 한다는 것은 곤란하므로, 타인을 대리인으로 하고 그 대리인의 의사에 기하여 자기의 법률관계를 처리하게 한다면 개인의 활동범위는 그만큼 확대된다. 이런 의미에서 대리제도는 사적 자치의 확장이라고 할 수 있는 것이다. 또한 근대법에 있어서는 모든 사람에게 권리능력이 인정되어 있으나 의사무능력자나 행위무능력자는 스스로 법률행위를 하는 데 제한이 있다. 대리제도는 이러한 무능력자에게 능력을 보충하여 주므로, 이는 사적 자치의 보완의 기능을 가진다.

(2) 대리권과 무권대리

대리권이란 대리행위를 할 수 있는 지위 또는 자격을 말한다. 대리권은 본인의 선임행위로 생기는 경우와 법률의 규정이나 법원의 선임행위에 의하여 생기는 경우가 있는데, 전자의 경우의 대리를 임의대리, 후자의 경우의 대리를 법정대리라고 한다. 대리권의 범위에는 임의대리의 경우에는 수권대리에 의해 정하여지나, 법정대리의 경우에는 법규에 의하여 개별적으로 정하여진다.

대리권이 없음에도 불구하고 대리인이라고 자칭하고 한 대리를 무권대리라고 한다. 무권대리에는 대리권이 전혀 없는 협의의 무권대리와 사실상 대리권은 없지만 제3자로 하여금 대리권의 존재를 믿게 할 만한 특정한 사정이 본인과의 사이에 있기 때문에 그 효과를 본인에게 귀속시키는 표현대리가 있다. 표현대리에는 대리권을 수여하였음을 표시하였으나 실제로 대리권을 수여하지 않은 경우(민법 제125조), 대리권의 범위를 넘어서 대리행위를 한 경우(민법 제126조), 대리권이 소멸한 후에 대리행위를 한 경우(민법 제129조)의 세 가지가 있다.

표현대리의 경우에는 표현대리인의 행위의 법률효과가 직접 본인에게 귀속된다. 그러나 협의의 무권대리의 경우에는 원칙으로 본인에게 대리의 법률효과가 미치지 아니하고, 본인이 추인을 하면 대리권이 있었던 경우와 마찬가지로 그 무권대리행위의 법률효과가 본인에게 귀속된다.

5. 법률행위의 무효·취소

법률행위는 그 성립요건과 유효요건을 완전히 갖추면 일반적으로 당사자가 의도했던 대로 법률효과가 발생하지만, 그렇지 못한 경우에는 의도한 대로의 법률효과가 발생하지 아니하고 무효 혹은 취소할 수 있는 것으로 된다.

무효란 법률행위가 성립 당초부터 누구의 주장을 기다릴 필요 없이 당연히 효력이 발생하지 아니하는 것을 말한다. 반사회적 법률행위·강행법규위반의 법률행위·허위표시 등은 무효인 법률행위의 예이다.

취소란 표의자 기타 특정인이 일단 유효하게 성립한 법률행위의 효력을 후에 행위시에 소급하여 소멸하게 하는 것이다. 취소권자가 취소권을 포기하거나 또는 취소권이 소멸하면 그 행위는 효력을 잃지 않는 것으로 확정된다. 취소할 수 있는 법률행위로서는 착오·사기·강박에 의한 법률행위 등이 있다.

6. 법률행위의 부관

부관이란 법률행위의 효력을 제한하기 위하여 부가되는 약관을 말하는데, 이에는 조건과 기한이 있다.

조건이란 법률행위의 효력의 발생 또는 취소를 장래의 불확실한 사실의 성부에 의존하게 하는 법률행위의 부관을 말한다. 조건에는 정지조건과 해제조건이 있다. 정지조건은 "합격하면 시계를 사주겠다"는 경우와 같이 법률행위의 효력의 발생을 장래의 불확실한 사실의 성부에 의존하게 하는 조건이며, 해제조건은 "낙제하면 학비보조를 중단하겠다"는 경우와 같이 법률행위의 효력의 소멸을 장래의 불확실한 사실의 성부에 의존하게 하는 조건을 말한다.

기한이란 법률행위의 발생·소멸 또는 채무의 이행을 장래 도래할 것이 확실한 사실의 발생에 달리게 하는 법률행위의 부관이다. 기한에는 확정기한(예 : 내년 3월 1일부터)·불확정기한(예 : 내가 죽는 때) 또한 시기(예 : 내년 1월 1일부터 임대한다)와 종기(예 : 내년 12월 31일까지 임대한다)로 나뉜다.

Ⅳ. 기 간

기간이란 어느 시점에서 어느 시점까지 계속하는 시간의 구분을 말한다. 어느 특정의 시점이나 시기를 가리키는 기일과는 다르다.

법률에 있어서는 일정한 시간의 계속이 권리의무의 발생·변경·소멸 등에 영향을 미치는 경우가 많으므로, 민법은 기간의 계산방법에 관한 일반원칙을 규정하고 있다. 그러므로 민법의 기간에 관한 규정은 각종의 법령·재판상의 처분 등 사법상의 기간 뿐만 아니라 다른 규정이 없으면 공법상의 기간에도 이 민법규정이 적용된다.

기간을 일·주·월 또는 년으로 정한 때에는 역법적 계산법에 의하여 기간의 초일은 산입하지 않고 익일로부터 계산한다(그러나 오전 0시부터 시작하는 때와 연령계산을 하는 때는 초일을 산입한다). 그리고 기간의 말일이 공휴일에 해당한 때에는 그 익일로 만료한다.

Ⅴ. 시 효

시효라 함은 일정한 사실상태가 일정한 기간 계속한 경우에 그 상태가 진실한 권리관계에 적합한 것인가 아닌가를 묻지 않고, 사실관계를 존중하여 그대로 권리관계로 인정하려고 하는 제도이다. 시효에는 취득시효와 소멸시효가 있다. 취득시효는「20년간 소유의 의사로 평온·공연하게 부동산을 점유하는 자는 등기함으로써 소유권을 취득한다」(민법 제245조)와 같이 타인의 물건을 일정기간 점유함으로써 그 물건에 대한 권리를 취득하는 시효이다.

소멸시효는 「채권을 10년간 행사하지 아니하면 소멸시효가 완성한다」(민법 제162조 제1항)와 같이 권리를 일정기간 행사하지 않음으로 말미암아 권리를 상실하게 되는 시효이다.

제 3 절 물　권

Ⅰ. 물권의 의의

물권은 특정한 물건을 직접 지배하여 배타적으로 이익을 얻는 권리이다. 이것을 분설하면 다음과 같다.

첫째로, 물권은 특정한 독립된 물건에 대한 권리이다. 물권은 직접 지배할 수 없는 불특정물에는 성립될 수 없다. '특정'이라 함은 사회적·경제적 관념이므로 목적물이 현존하고 특정되어 있어야 한다. 그리고 물권의 객체인 특정물은 물건의 일부나 구성부분이 아닌 독립된 물건이어야 할 뿐만 아니라 물건이 집합이 아닌 한 개의 물건이어야 하며, 이것을 1물1권주의라 한다.

둘째로, 물권은 일정한 물건에 대한 직접지배권이다. '직접'이란 물권의 실현을 위하여 물권자와 그 객체 사이에 타인의 행위를 개입시키지 않음을 말한다. 채권이 타인인 채무자의 급부행위를 통하여 비로소 물건을 지배하게 되는 것과는 다르다.

셋째로, 물권은 물건을 배타적으로 지배하는 권리이다. 갑의 소유권의 객체인 가옥에 대하여 을이 중복하여 소유권을 가질 수 없는 것과 같이 하나의 물건 위에는 같은 내용의 물권이 동시에 여러 개가 성립할 수가 없다.

넷째로, 물권은 다른 권리와 마찬가지로 이익을 얻는 것을 내용으로 하는 권리이다. 물권은 그 지배하는 내용과 이익을 얻는 목적이 물권의 종류에 따라서 다르다. 이를 크게 나눈다면 그 하나는 물건을 그의 경제적 효용에 따라 사용·수익하는 이익이고, 다른 하나는 물건을 제한적으로 지배하여 물건의 사용가치와 교환가치를 파악하여 이익을 얻고자 하는 것이다.

Ⅱ. 물권의 종류

1. 물권법정주의

물권은 법률 또는 관습법에 의하는 외에는 임의로 창설하지 못한다(민법 제186조). 이것을 물권법정주의라고 한다. 여기서 '창설'이란 전혀 새로운 물권을 만드는 것과 기존의 물권에 법률이나 관습법이 인정하지 않는 내용을 부여하는 것을 포함한다. 이것의 입법이유는 봉건적인 물권을 폐지하고 그 부활을 저지하여 자유로운 소유를 확보함과 동시에 공시를 용이하게 하기 위한 것이다.

그러나 현행 민법은 고유의 관습법을 제대로 조사하여 그것을 물권법에 규정하지 못하였고 관습법의 형태로 남아 있는 우리 나라 고유의 물권관계를 살리는 것이 법률생활의 원활을 기할 수 있으며, 또한 사회경제적 사정의 변천에 따른 새로운 종류의 물권이 생겨나는 것을 인정함으로써 거래의 안전을 보호할 수 있으므로 관습법에 의한 물권의 성립을 인정하고 있다.

2. 민법상의 물권

민법에서 인정하는 물권으로서는 점유권·소유권·지상권·지역권·전세권·유치권·질권·저당권 등이 있다. 이 가운데 소유권은 목적물의 모든 가치를 이용할 수 있는 권리이므로 물질적으로 이용할 수 있을 뿐만 아니라 담보적으로도 이용할 수 있다. 이에 대하여 지상권·지역권·전세권은 타인의 토지나 건물을 물질적으로만 이용할 수 있는 권리(용익물권)이고, 유치권·질권·저당권은 타인의 물건을 담보적으로만 이용할 수 있는 권리(담보물권)이다. 점유권은 이상과는 달리 물건에 대한 사실상의 지배상태를 권리로서 인정한 것으로서 물건의 이용을 목적으로 하는 것이 아니다.

(1) 점 유 권

점유권은 물건의 사실상의 지배, 즉 점유라는 사실을 법률요건으로 하여 생기는 권리이다. 다른 물권과 같이 물건의 지배로부터 적극적으로 어떤 이익을 얻는 것을 내용으로 하는 것이 아니다. 물건에 대한 사실적인 지배상태를 권리로서 보호하여 사력에 의한 교란을 금지함으로써 사회의 평화질서를 유지하려는 제도이며, 실질적인 권리인 본권과는 구별된다. 점유권과 본권은 공존하는 것이 보통이나, 유실물과 같이 본권은 있으나 점유권이 없는 경우가 있을 수 있고 도품과 같이 본권은 없으나 점유권이 있는 경우가 있을 수 있다. 따라서 남의 물건을 훔친 도둑은 그 물건의 점유자이므로, 그 물건의 소유자는 법적 절차에 따라 그 물건을 되찾아야 하고 자력으로서는 안 된다.

⑵ 소 유 권

소유권은 소유물을 법률의 범위 안에서 사용·수익·처분할 수 있는 권리이다(민법 제211조). 근대민법의 기초를 이루고 있는 사유재산제도는 소유권을 중심으로 이루어지고 있고, 따라서 물권의 중심을 이루는 것도 소유권이다. 소유권은 소유물을 전면적으로 지배할 수 있는 포괄적 권리이나(전면지배성), 제한물권이 설정되면 소유권의 내용은 제한을 받고 재한물권이 소멸하면 다시 원만한 상태로 회복된다(탄력성). 또 소유권에는 존속기간이 있을 수 없으며, 소멸시효에도 걸리지 아니한다(항구성).

근대사회에 있어서 소유권은 중세에서와 같은 여러 가지의 구속으로부터 벗어나서 자유소유권으로 확립되었다. 그러나 오늘날에는 공공복리를 위하여 그 자의적 행사를 제한하는 경향이 강하게 나타나 소유권 내지 재산권의 사회적 구속성이 강조되기에 이르렀다. 우리 헌법도 이러한 추세에 따라 제22조에서 재산권을 보장하는 한편 재산권의 행사는 공공복리에 적합하도록 하여야 한다고 규정하고 잇다.

소유권의 본래적 효력은 목적물을 사용·수익·처분하는 데 있으나, 이 본래적인 효력의 실현이 불법하게 타인에 의하여 방해되는 경우에는 그 방해를 물리치는 효력이 생긴다. 이것을 소유권에 기한 물권적 청구권이라고 한다. 소유권에 기한 물권적 청구권에는 소유물반환청구권·소유물방해제거청구권·소유물방해예방청구권 등이 있다.

⑶ 용익물권

타인의 물건을 일정한 범위 내에서 사용·수익할 수 있는 물권을 용익물권이라고 한다.

민법상의 용익물권은 지상권·지역권·전세권의 세 가지가 있다.

1) **지 상 권** 지상권은 타인의 토지에 건물 기타 공작물이나 수목을 소유하기 위하여 그 토지를 사용하는 권리이다(민법 제279조). 예컨대 고속도로변의 타인의 토지 위에 광고탑을 세워서 그 토지를 사용할 수 있는 권리이다. 민법상 타인의 토지를 빌리는 수단으로는 토지임대차가 있으나, 이 경우의 임

차인의 권리는 채권으로서 물권인 지상권보다 훨씬 약하다. 지상권의 설정이나 임차권의 취득은 당사자 사이의 자유로운 계약에 의하여 이루어지므로 실제에 있어서 타인의 토지 위의 용익관계는 토지소유자에게 유리한 임대에 의하는 경우가 거의 대부분이다.

2) **지 역 권** 지역권이란 일정한 목적을 위하여 타인의 토지를 자기 토지의 편익에 이용하는 권리이다. 예컨대 갑지의 편익을 위하여 을지를 통행하거나 갑지를 위하여 을지로부터 인수하는 권리 등이다. 이 경우 편익을 받는 갑지를 요역지라 하고, 편익을 제공하는 을지를 승역지라고 한다. 지역권은 요역지의 이용가치를 증가시키기 위한 것이므로, 요역지 소유자의 이익을 위하여 이용하는 것은 지역권이 아니다.

3) **전 세 권** 전세권은 전세금을 지급하고 타인의 부동산을 점유하여 사용·수익하는 권리이다(민법 제303조). 이것은 종래 도시를 중심으로 성행되어 오던 가옥전세의 관습을 현행 민법에서 새로 규정한 것이다. 관습상의 전세는 채권계약인 데 대하여, 민법상의 전세권은 물권으로서 존속기간도 10년을 넘지 못하게 정하고 있다(민법 제312조). 현재 널리 이용되고 있는 전세는 대체로 채권적 전세이나 주택에는 주택임대차보호법, 상가건물에는 상가건물임대차보호법에 의해 채권의 물권화현상을 띤다.

(4) 담보물권

담보물권이란 채권을 담보하기 위하여 타인의 물건의 교환가치를 지배하는 물권이다. 용익물권은 물건의 이용을 목적으로 하지만, 담보물권은 물건의 경제적 교환가치를 파악하여 이에서 우선변제를 확보하는 것을 목적으로 한다. 민법상 담보물권으로서는 유치권·질권·저당권의 세 가지가 있다.

1) **유 치 권** 유치권은 타인의 물건 또는 유가증권의 점유자가 그 물건이나 유가증권에 관하여 생긴 채권이 변제기에 있는 경우에 변제를 받을 때까지 그 물건 또는 유가증권을 유치할 수 있는 권리이다(민법 제320조). 예를 들면 시계수리를 시킨 자가 수리대금을 지불할 때까지 시계방 주인이 그 시계를 유치할 수 있는 권리가 유치권이다. 유치권은 법률상의 요건을 갖추기만 하면 당연히 성립하므로 법정담보물권이다.

2) **질 권** 질권이란 채권의 담보로 채무자 또는 제3자가 제공한 동산 또는 재산권을 점유하고 채무자가 채무를 변제하지 않을 경우에는 질물에서 다른 채권에 우선하여 변제를 받을 수 있는 약정담보물권이다. 예컨대

시계를 질물로 잡고 금전을 융통하는 경우와 같다. 질권의 목적으로 될 수 있는 것은 동산과 권리이며, 부동산은 그 목적으로 될 수 없다.

3) **저 당 권** 저당권이란 채무자 또는 제3자가 채무의 담보로 제공한 부동산 또는 부동산상의 물을 제공자로부터 인도받지 아니하고, 그 목적물을 관념상으로만 지배하여 채무의 변제가 없는 경우에 그 목적물로부터 우선변제를 받는 담보물권이다. 저당권은 우선변제를 받는 권리라는 점에서 질권과 같으나, 목적물을 채권자가 유치하지 않는 점에서 질권·유치권과 다르고, 또한 약정담보물권이라는 점에서 질권과 같고 유치권과 다르다. 저당권에 의하면 생산시설을 담보로 다액의 생산자금을 장기에 걸쳐 융통할 수 있으므로 저당권은 자본주의 경제조직에 있어서 금융의 매개수단으로서 중요한 지위를 차지하고 있다. 민법은 저당권의 목적물을 부동산에 한정하고 있으나, 경제사정의 진전에 따라 저당권의 범위는 점차로 확대되어 광업권, 각종의 재단, 선박·항공기·자동차 등의 중요한 동산에까지 미치고 있다.

4) **양도담보** 양도담보란 목적물 자체를 채권자에게 양도하고 일정한 기간 내에 변제하면 그것을 다시 반환받게 되지만, 변제를 못하는 경우에는 그 권리를 종국적으로 채권자에게 귀속시키거나 또는 환가하여 정산하는 방법으로 담보의 목적을 달성하는 제도이다. 양도담보는 민법상 인정되고 있는 제도는 아니나, 민법이 인정하는 담보물권만으로는 금융거래상 부족하고 또 실제로 많이 이용되고 있으므로 판례에서 인정되고 있다. 양도담보는 동산을 채권자에게 인도하지 않아도 되므로 일상의 사용을 필요로 하는 동산도 담보로 제공할 수 있어 실질적으로 동산저당의 작용을 한다.

Ⅲ. 물권의 변동

1. 물권변동의 의의

물권의 변동은 물권의 발생·변경·소멸을 말한다. 이를 다시 물권의 득실변경이라고도 한다. 물권변동은 반드시 그 원인이 되는 법률요건이 구비되어야 한다. 물권변동을 일으키는 법률요건은, (i) 법률행위인 경우와, (ii) 법률의 규정인 경우가 있다. 전자는 직접으로 당사자의 의사표시에 따라 물권변동의 효과를 발생시킬 것을 내용으로 하는 법률행위이며, 이를 물권행위라 한다. 후자는 물권변동이 당사자의 의사표시를 묻지 않고 법률상 당연히 일어나는 경우이며, 시효·무주물 선점·유실물 습득·공용징수·상속 등이 이에 속한다.

2. 물권변동에 관한 의사주의와 형식주의

물권변동의 효력이 발생함에 있어서 당사자의 의사표시만으로 되는 의사주의와 당사자의 의사 이외에 일정한 형식, 즉 부동산에 있어서는 등기, 동산에 있어서는 인도가 있어야 한다는 형식주의가 대립하고 있다. 우리 민법은 형식주의를 취하고 있다.

제4절 채 권

Ⅰ. 채권의 의의

채권은 특정인(채권자)이 다른 특정인(채무자)에 대하여 일정한 행위를 청구할 수 있는 권리이다.

이러한 권리에 대응하는 의무가 채무이다. 급부의 내용은 재화 또는 노무를 제공하는 적극적 행위일 수도 있고, 이웃집과 일정한 거리를 두지 않고는 건물을 짓지 않기로 약정하는 소극적 행위일 수도 있다.

채권은 재산권인 점에서 물권과 같으나, 여러 가지 점에서 차이가 있다. 물권은 물건을 직접 지배하는 권리이고 배타성이 있으며, 또한 그 종류와 내용이 법률에 의하여 규정되어 있고 공시를 요한다. 그러나 채권은 청구권이고 채무자의 행위를 통하여 지급을 받는 권리에 불과하며, 또한 채권의 내용은 계약자유의 원칙에 의하여 당사자가 자유로이 정할 수 있고 원칙으로 공시를 요하지 아니한다. 따라서 동일 물건을 목적으로 하는 채권과 물권이 병존하는 경우에는 물권이 채권에 우선한다.

Ⅱ. 채권발생의 원인

민법상 채권 발생의 주요 원인에는 계약·사무관리·부당이득·불법행위 등의 네 가지가 있다. 그 가운데 계약은 법률행위이고, 사무관리·부당이득·불법행위는 법률의 규정에 의하여 채권이 발생하는 것으로서 사실행위이다. 이 네 가지의 채권발생 원인 중 가장 중요한 의의를 가지는 것은 계약이다.

1. 계　　약

(1) 계약의 의의

계약은 서로 대립하는 두 개 이상의 의사표시의 합치에 의하여 성립하는 법률행위이다. 이런 넓은 의미로 파악할 때에 이에는 물권계약·준물권계약·신분계약 등도 포함되지만, 여기서 문제로 하는 것은 채권의 발생을 목적으로 하는 계약, 즉 채권계약이다. 이와 같이 구별하지만 채권계약에 관한 규정은 그 성질이 허용하는 한 다른 계약에 대하여서도 유추적용된다.

개인의 자유와 평등의 추구를 내세우는 근대시민사회에 있어서는 그 이전의 신분적 지배복종관계에 의하여 사회관계를 설정하던 것과는 달리 개인 상호간의 문제를 원칙으로 개인의 자유로운 의사에 의하여 자주적으로 처리하게 하고 있다. 따라서 근대사회에서는 계약이 사회관계 내지 법적 관계를 설정하는 중요한 요건으로 되어 있으며, 사적 소유와 더불어 근대적 경제관계를 형성하는 기본적 제도로 되어 있다. 그러나 19세기 후반부터 급속히 발전한 자본주의는 사회적 제모순을 나타내고 있는바, 그 중 계약제도 내지 계약자유는 경제적 강자의 부당한 이기적 목적에 남용되므로 계약내용의 적정성을 확보하기 위하여 계약자유에 통제를 가하고 있다.

(2) 계약의 분류

민법은 일반적으로 널리 행하여지고 있는 14종의 전형계약을 규정하고 있다. 이러한 전형계약으로는 증여·매매·교환·소비대차·사용대차·임대차·고용·도급·현상광고·위임·임치·조합·종신정기금·화해가 있다. 그러나 이 밖에도 계약자유의 원칙에 의하여 어떠한 내용의 계약이라도 체결할 수 있다. 이러한 민법상의 전형계약 이외의 것을 무명계약이라고 한다.

계약은 당사자 쌍방이 서로 대가적 의의를 가지는 채무를 부담하느냐에 따라 쌍무계약과 편무계약으로 분류하고, 또한 계약 당사자가 대가적 의의를 가지는 출연을 하느냐에 따라 유상계약과 무상계약으로 분류한다. 위의 대가적 의의란 객관적으로 동일가격을 가지는 것을 가리키는 것이 아니고, 당사자의 주관에서 상호의 급부가 의존관계에 있는 경우를 말한다.

쌍무·편무의 구별은 계약의 효과로서의 채무를 대상으로 하는 데 대하여, 유상·무상의 구별은 계약의 성립으로부터 그 효과인 채권관계의 내용의 실현에 이르기까지의 과정을 대상으로 하고 당사자가 대가적 의의를 가지는 급부를 하느냐의 여부를 표준으로 한다. 따라서 쌍무계약은 모두 유상계약이지만, 유상계약 중 이자 있는 소비대차와 같은 것은 쌍무계약이 아니므로 유상계약이 쌍무계약보다 좁은 개념이다. 그 밖에 계약에는 낙성계약과 요물계약, 본계약과 예약 등이 있다.

(3) 계약의 효력

계약이 성립하면 각종 계약에 따라 차이가 있지만, 그 효력으로서 당사자 간에 여러 가지의 권리의무가 발생한다. 특히 쌍무계약으로부터 생긴 두 개의 채무는 서로 대가적 의의를 가지므로 각 채무 사이에는 특수한 견련관계가 인정되고 있다. 즉 일방의 채무가 불능·불법 혹은 무능력이나 착오·사기·강박을 이유로 무효·취소에 의하여 성립하지 않을 때에는 다른 일방의 채무도 성립하지 않는다(성립상의 견련관계). 또한 일방 당사자는 상대방이 그 채무이행을 제공할 때까지 자기의 채무이행을 거절할 수 있다(민법 제536조). 이것을 동시이행의 항변권이라 한다. 쌍무계약의 경우에 당사자 일방의 채무가 이행될 수 없는 경우가 있을 수 있다. 그 이행할 수 없는 것이 당사자 쌍방의 책임 없는 사유로 인한 것인 경우에는 채무자는 상대방의 이행을 청구하지 못하고(채무자위험 부담), 채권자의 책임 있는 사유로 인한 것인 경우에는 채무자는 상대방의 이행을 청구할 수 있다(민법 제537조·제538조 제1항).

계약은 채무가 이행되어 만족을 얻게 되면 소멸하지만, 계약상의 채무의 이행이 채무자의 책임 있는 사유로 불능으로 되거나 당사자 일방이 채무불이행이 있으면 계약을 해제할 수 있다. 계약이 해제되면 계약의 효력은 소급적으로 소멸하며, 상대방은 원상회복의무와 손해배상의무를 부담한다. 해제와 구별하여야 할 것에 해지라는 것이 있다. 계약의 해지는 계약의 효력을 장래에 대해서만 소멸시키는 것으로 주로 고용·위임과 같은 계속적 채권관계에서 인정되고 있다.

2. 사무관리

사무관리란 법률상의 의무 없이 타인을 위하여 그 사무를 관리하는 행위이다(민법 제734조 참조). 예컨대 이웃사람이 외출 중 폭풍으로 그 집 지붕이 날려갔을 때 이를 수리해 주는 것과 같다. 사무관리는 부탁 없이 임의로 한 행위이지만, 본인의 이익이 되는 행위라면 사회생활상 이것을 시인하여야 하기 때문에 민법은 본인과 관리자 사이에 채권관계를 생기게 하여 관리자가 본인에게 비용을 청구할 수 있는 채권을 가지도록 하고 있다.

3. 부당이득

부당이득은 법률상의 원인없이 타인의 재산 또는 노무로 인하여 이익을 얻고 이로 인하여 타인에게 손해를 가함을 말한다(민법 제741조 참조). 이 때 그 이익은 반환하여야 한다. 예컨대 선금을 준 매매가 어떤 이유로 취소되었다면 매도인은 선급된 대금을 부당하게 이득한 것이 되므로 공평의 원칙에 좇아 선금을 준 매수인은 매도인에게 부당하게 얻은 이득의 반환을 청구할 수 있는 채권을 가지게 된다.

4. 불법행위

불법행위란 고의 또는 과실로 인한 위법행위로 타인에게 손해를 가한 것을 말한다(민법 제759조 참조). 예컨대 자동차 운전사가 사람을 치어서 죽게 한 경우인데, 이 때 피해자는 가해자에 대하여 손해배상을 청구하는 채권을 가진다. 불법행위는 피해자에 대하여 민법상의 손해배상의 책임 뿐만 아니라 형사상의 범죄행위가 성립하는 경우도 적지 않다.

Ⅲ. 채권의 목적

채권의 목적이란 채권의 내용이 되는 채권자의 행위, 즉 급부를 가리킨다. 채권의 목적은 금전으로 가액을 정할 수 없는 것이라도 무방하다(예 : 승려에 대한 염불공양을 요구하는 채권).

또한 채권의 목적인 급부는 당사자간의 계약에 의하여 어떠한 내용이든 자유로이 정할 수 있지만, 채권이 성립하기 위하여는 그 목적이 (i) 선량한 풍속 기타 사회질서에 반해서는 아니 되고, (ii) 가능한 것이어야 하며, (iii) 확정될 수 있는 것이라야 한다.

그리고 채권은 그 목적에 의하여 다음과 같이 분류할 수 있다. 즉 (i) 특정물의 점유를 이전하는 것을 목적으로 하는 특정물채권, (ii) 일정한 종류에 속하는 물건의 정량의 급부를 목적으로 하는 종류채권(예 : 쌀 1가마니), (iii) 일정액의 금전의 급부를 목적으로 하는 금전채권, (iv) 이자의 지급을 목적으로 하는 이자채권, (v) 수 개의 목적물 가운데서 선택에 의하여 결정되는 선택채권(예 : 소나 말 중에 한마리) 등이다.

Ⅳ. 채권의 효력

채권은 채무자가 임의로 채권의 내용을 실현하는 행위(즉 변제)를 하면 그 목적을 달성하는 권리이므로 채권자는 채무자의 임의의 변제를 수령할 권리를 가지며, 이것은 채권의 최소한도의 법률적 효력이다.

그러나 채무자가 임의로 변제하지 않는 경우, 즉 채무불이행이 있는 경우에는 채권자는 채권의 실현을 위하여 법률의 절차에 따라 이행을 강제하고 손해배상을 청구할 수 있다. 그리고 일정한 경우에는 채무자의 일반재산을 확보할 수도 있다. 뿐만 아니라 제3자가 채권을 침해한 경우에는 불법행위가 성립하여 채권자는 손해배상을 청구할 수 있다.

이상과 같은 채권자의 기능을 채권의 효력이라고 하며, 대내적 효력과 대외적 효력으로 나누어 볼 수 있다.

1. 채권의 대내적 효력

채무자가 그의 고의나 과실로 채무의 내용에 좇은 이행을 하지 아니한 때를 총칭하여 채무불이행이라 한다(민법 제390조). 여기에는 이행이 가능함에도 이행하지 않는 이행 지체, 이행이 불가능하게 된 이행불능, 이행은 있었으나 그 이행이 완전하지 못한 불완전이행의 세 가지가 있다.

이러한 채무불이행이 있는 경우에 채권자는 채권의 내용을 실현하기 위하여 국가권력에 의하여 채무의 이행을 강제하고(민법 제389조), 또한 이로 인한 금전상의 손해배상을 청구할 수 있다(민법 제390조). 나아가 채권자는 계약을 해제할 수도 있다(민법 제544조).

2. 채권의 대외적 효력

채권의 대외적 효력으로서 제3자에 의한 채권침해, 채권자대위권과 채권자취소권, 혹은 이들 모두를 논하고 있다. 채권의 대외적 효력은 이들 모두를 포함한다고 하겠으나, 여기서는 채권자대위권과 채권자취소권만을 기술하기로 한다.

채무불이행에 대한 변제로는 강제이행이 원칙이나 강제이행이 불가능하거나 채권자가 이를 원하지 않으면 결국 금전상의 손해배상을 하게 된다. 또한 채권자 상호간에는 우열이 없으므로(채권자 평등의 원칙) 모든 채권은 궁극적으로 채무자의 일반재산에 의하여 담보된다. 즉 채무자의 재력 여하에 따라 채권의 실질적 가치는 큰 영향을 받는다. 여기서 민법은 채권의 확보를 위하여 채권자에게 채무자의 재산의 감소를 방지하는 권리를 주고 있다. 채권자대위권과 채권자취소권이 그것이다.

(1) **채권자대위권**(민법 제404조)

채권자대위권이란 자기의 채권을 보전하기 위하여 채무자를 대신하여 채무자의 권리를 행사할 수 있는 권리이다(예컨대 갑의 채권자 을이 갑의 채무자 병의 변제를 수령하는 권리). 채권자대위권을 행사하려면 채권자의 채권이 원칙적으로 이행기에 있어야 하며, 채무자 스스로 그의 권리를 행사하고 있지 않아야 되고, 또한 채권자가 자기의 채권을 보전할 필요가 있어야 한다.

(2) **채권자취소권**(민법 제406조)

채권자취소권이란 채무자가 채권자를 해함을 알면서 재산권을 목적으로 하는 법률행위를 한 경우, 채권자가 그 취소 및 원상회복을 법원에 청구할 수 있는 권리이다(예컨대 가옥 1동만을 갖고 있는 갑이 그 가옥을 을에게 증여한 경우, 갑의 채권자 병이 증여의 취소를 청구하는 권리). 채권자취소권의 행사로 인한 법률효과는 모든 채권자의 이익을 위하여 효력이 있다.

Ⅴ. 다수당사자의 채권관계

동일한 채권채무관계에 수인의 채권자 또는 채무자가 있는 경우를 다수당사자의 채권관계라고 한다. 이에는 다음의 네 가지가 있다.

1. 분할채권관계

채권의 목적물이 분할될 수 있는 경우를 말한다. 이러한 경우에는 당사자에 특별한 약정이 없는 한 각 당사자는 균등비율로 권리를 가지며 의무를 부담한다. 예컨대 채권자가 세 사람인 경우 별도의 약정이 없으면 각자가 3

분의 1씩 독립의 채권을 가지고, 채무자가 세 사람인 경우 각자가 3분의 1씩 독립의 채무를 부담하는 경우이다.

2. 불가분채권관계

채권의 목적물이 성질상 또는 당사자의 약정에 의하여 분할할 수 없는 경우이다. 예컨대 한 채의 집, 한 필의 말을 판다는 경우와 같이 성질상 불가분인 것이 있고, 쌀 1섬의 인도라고 하는 경우와 같이 본래는 가분인 것이라도 당사자의 의사표시에 의하여 불가분인 것도 있다. 채권자가 다수인 때를 불가분채권이라고 하고, 채무자가 다수인 때를 불가분채무라고 한다. 불가분채권에 있어서는 각 채권자는 단독으로 총 채권자를 위하여 이행을 청구할 수 있다. 또 채무자는 어느 채권자에 대하여도 이행할 수 있다. 이 경우에 이행한 채무자는 다른 채무자에 대하여 구상권을 가지게 된다.

3. 연대채무

수인의 채무자가 채무의 전부를 각각 독립하여 변제할 의무가 있고, 그 채무자 중의 한 사람의 변제로 다른 채무자도 의무를 면하게 되는 경우를 말한다(민법 제413조). 이 경우 채권자는 1인의 어느 연대채무자에 대하여 동시에 또는 순차적으로 모든 연대채무자에 대하여 채무의 전부나 일부의 이행을 청구할 수 있다. 채무자 중의 한 사람이 변제를 한 경우에 그 채무자는 다른 채무자에 대하여 구상권을 가진다. 이 때에 부담부분은 특약이 없는 한 균등한 것으로 추정된다. 연대채무는 보증채무와 같이 주종의 관계가 없으므로 그만큼 보증채무보다 강력한 것이다. 또한 연대채무관계는 보통 당사자의 의사표시에 의하여 발생하지만, 때로는 공동불법행위에 의한 연대배상책임과 같이 법률상 당연히 발생하는 경우도 있다. 그리고 연대채무가 당사자의 의사표시에 의하여 성립되었을 경우, 연대채무자의 한 사람에 대한 법률행위의 무효 또는 취소의 원인이 있는 경우에도 다른 채무자의 채무에는 아무런 영향이 없다.

4. 보증채무

주된 채무자가 그 채무를 이행하지 않을 때에 이행의 책임을 부담하는 종적인 채무를 말하며, 주된 채무를 담보하는 작용을 한다. 그러므로 주채무가 없으면 보증채무가 존재할 수 없고, 주채무가 소멸하면 보증채무도 소멸한다. 이것을 보증채무의 부종성이라 한다.

또한 보증채무는 주된 채무와 내용은 같으나 별개의 독립된 채무이며, 원칙적으로 주채무가 이행되지 않을 때에 비로소 이행하게 되는 제2차적인 채무이다. 이것을 보증채무의 보충성이라 한다. 이 보충성으로 인하여 채권자가 보증인에 대하여 이행을 청구하였을 때 보증인은 주채무자에게 먼저 청구 또는 집행하라고 하는 최고·검색의 항변권을 가진다(민법 제437조).

그리고 보증채무자가 주채무자의 채무를 변제하였을 경우, 보증채무자는 주채무자에 대하여 구상권을 가진다.

Ⅵ. 채권의 양도와 채무의 인수

1. 채권의 양도

채권양도란 채권이 그 동일성을 유지하면서 종래의 채권자로부터 제3자(양수인)에게 이전하는 계약을 말한다. 채권의 이전은 여러 원인에 의하여 일어날 수 있으나(예 : 유언, 법률의 규정, 법원의 명령), 그 중에서 특히 계약에 의한 것만을 채권양도라 한다. 채권은 원칙적으로 양도할 수 있다. 그러나 (i) 채권의 성질이 양도를 허용하지 아니하거나(예 : 특정인의 초상을 그리게 하는 채권, 부작위채권), (ii) 채권자와 채무자 사이에 양도금지의 특약이 있거나, (iii) 채권이 법률에 의하여 양도가 금지된 경우(예 : 부양청구권, 연금청구권)에는 양도하지 못한다(민법 제449조).

채권의 양도는 양도인과 양수인 간의 계약에 의하여 할 수 있으나 그 방법이나 효과는 채권의 종류에 따라 다르다. 지명채권의 경우에는 양도인과 양수인간의 계약만으로 채권은 양도되고 채무자의 승낙은 필요하지 않다. 다만 양도를 채무자 또는 제3자에게 대항하기 위해서는 양도인이 채무자에 대하여 통지하거나 또는 채무자의 승낙이 있어야 한다(민법 제450조).

증권적 채권의 경우에는 당사자 사이의 계약만으로 양도되지 않으며 계약 외 지시채권의 경우에는 증서의 배서와 교부(민법 제508조), 무기명채권(예 : 백화점 상품권)의 경우에는 단순한 증서의 교부(민법 제523조)가 있어야만 비로소 양도의 효력이 생긴다.

2. 채무의 인수

채무인수란 채무가 그의 동일성을 유지하면서 인수인에게 이전하는 계약을 말한다. 채무인수는 채권양도와는 달리 채무자의 자력의 변경을 초래하므로 채권자에게 큰 영향을 미친다. 그러나 그렇다고 하여 이를 부인할 것은 아니며, 때로는 양수인의 자력이 채무자보다 큰 경우에는 채권자에게 유리하다. 또한 담보물의 양도에 있어서는 양수인이 동시에 피담보채무도 인수하는 것으로 하여야 할 필요성이 적지 않으므로 채무인수제도는 인정되어야 한다. 이와 같이 채무는 인수할 수 있음이 원칙이나, 채무의 성질이 인수를 허용하지 아니하거나 또는 채권자와 채무자 사이에 인수금지의 특약이 있는 때에는 인수할 수 없다(민법 제453조 제1항 단서·제449조 제2항 참조).

채무인수의 태양에는 세 가지가 있다.

첫째는 채권자·채무자·인수인간의 3면계약에 의한 방법이다. 이는 계약자유의 원칙상 당연히 인정되며 아무런 문제가 없다.

둘째는 채권자와 인수인간의 계약에 의하는 방법이다. 이 경우는 채권자를 해한다고 볼 수 없으며, 또한 채무자의 이익을 해하는 것도 아니므로 채무자의 수익의 의사표시는 필요하지 않다. 다만 이해관계 없는 제3자는 채무자의 의사에 반하여 채무를 인수하지 못한다(민법 제453조 제2항).

셋째는 채무자와 인수인간의 계약에 의한 방법이다. 이 경우에는 채권자의 승낙이 있어야만 채권인수의 효력이 생긴다(민법 제454조 제1항).

Ⅶ. 채권의 소멸

채권도 일반의 권리와 마찬가지로 취소·소멸시효·계약 등으로 소멸하나 채권법상 채권의 소멸원인으로 다음의 7종이 있다.

1. 변 제

변제는 채무의 내용을 실현하여 채권을 소멸시키는 채무자 또는 제3자의 행위를 말하며, 이로써 채권은 그 목적을 달성하여 소멸한다.

채무의 내용은 신의성실의 원칙에 따라 채무의 본지에 좇아 실현되어야 한다. 변제는 채무의 성질 또는 당사자의 의사에 반하지 않는 한 제3자에 의하여서도 할 수 있다.

2. 대물변제

대물변제는 채무자가 채권자의 승낙을 얻어 본래의 채무이행 대신에 다른 급부를 함으로써 채무를 소멸시키는 계약이다(민법 제466조). 예컨대 10만원의 채무 대신에 금반지를 주고 채무를 소멸시키는 경우이다.

3. 공 탁

공탁은 채권자가 변제의 수령을 거절하거나 수령할 수 없을 때 또는 변제자의 과실 없이 채권자를 알 수 없는 경우에 변제자가 변제의 목적물을 공탁소에 임치함으로써 채무를 면하는 것이다(민법 제487조 · 제488조).

4. 상 계

상계는 당사자 쌍방이 서로 같은 종류를 목적으로 한 채무를 부담하는 경우에 쌍방의 이행기가 도래한 때에는 그 채권과 채무를 대등액에서 소멸시키는 것을 말한다(민법 제492조 제1항). 예컨대 갑이 을에 대하여 10만원의 채무를 부담하고 을도 갑에 대하여 5만원의 채무를 부담하고 있다고 하면, 갑이나 을 중 어느 일방이 상계의 의사를 표시하면 갑과 을의 채무는 각각 5만원씩 소멸하고 잔액 5만원에 대해서만 갑이 을에 대하여 채무를 부담하는 것으로 된다.

5. 경 개

경개는 채무의 중요한 부분을 변경하여 신채무를 성립시키고 구채무를 소멸시키는 계약이다(민법 제500조). 예컨대 라디오 한 대의 급부채무 대신에 3만원을 주기로 약정하는 경우이다. 대물변제와 다른 점은 대물변제는 본래의 급부에 대신하는 급부를 현실로 행하는 것인 데 대하여, 경개는 구채무에 대신하는 신채무를 부담하는 데 그친다.

6. 면 제

무상으로 채무를 면하여 주는 채권자의 일방적 단독행위이다.

7. 혼 동

채권과 채무가 동일한 주체에 귀속됨으로써 채무가 소멸되는 것을 말한다. 예컨대 채권자가 채무자를 상속하는 경우이다.

제5절 친 족

Ⅰ. 친족관계

인간의 사적 사회생활관계는 경제생활관계와 가족(신분)생활관계로 대별할 수 있다. 민법은 경제생활관계를 규율하는 데에는 재산법(물권법과 채권법)을 두고, 가족(신분)생활관계를 규율하기 위하여는 가족법(신분법, 즉 친족법과 상속법)을 두고 있다.

이와 같이 재산법과 가족법은 모두 민법의 일부로서 인간의 사적 사회생활관계를 규율하고 있는 점에서는 공통적인 성질을 가진다. 그러나 재산법은 인간의 사회생활관계 가운데에서 논리적으로 재화를 생산하는 경제생활관계를 규율대상으로 하는 데 반하여 가족법은 종족유지의 가족적·친족적 공동생활관계를 규율대상으로 하는 점에서 차이가 있다. 즉 재산법은 어떤 목적을 위한 인위적 결합체인 이익사회(Gesellschaft)를 규율하는 법으로서 합리적·타산적인 데 비하여, 가족법은 일정한 신분관계에 있는 사람들이 애정에 의하여 결합되는 공동사회(Gemeinschaft)를 규율한다. 상속법은 그들의 자손에게 재산을 승계시키는 관계를 규율하는 법으로서 윤리적이며 초타산적이고 비합리적인 보수성을 지니고 있다. 그리하여 재산법은 임의법규인 경우가 많으며(특히 채권법의 경우) 세계적으로 공통성을 띠는 데 대하여, 가족법은 강행법규이며 그 나라의 역사적·지리적 환경에 따라 다른 고유성을 가진다.

1. 친족의 의의

배우자·혈족 및 인척을 친족이라고 한다. 배우자란 혼인으로 맺어진 남녀관계, 즉 부부관계이다. 혈족이란 혈연으로 연결되는 자들 또는 그런 관계가 있는 것으로 의제되는 자들을 말하며, 이에는 자연혈족과 법정혈족이 있다. 자연혈족은 친자·형제관계와 같이 자연혈연으로 연결되는 자들을 말하며, 법정혈족은 양친자간·계모자간 등과 같이 사실상 혈연관계는 없으나 법률상 일정한 사실에 기하여 혈족으로 의제된 관계이다. 혈족에는 직계혈족과 방계혈족이 있다. 자기의 직계존속과 직계비속을 직계혈족이라고 하고, 형제자매·형제의 직계비속·직계존속의 형제자매 및 그 형제의 직계비속 등을 방계혈족이라고 한다. 인척이란 배우자 일방과 타방의 혈족간의 관계이다. 즉 혈족의 배우자, 배우자의 혈족, 배우자의 혈족의 배우자를 말한다.

2. 친족의 범위

친족의 범위는 가족이 대가족으로부터 소가족으로 분화함에 따라 차차 좁혀져 왔으나, 아직 우리 민법은 다른 입법례에 비하면 넓게 인정하고 있다. 민법상 친족의 범위는 대체로 구관습법상의 유복친의 범위에 따라 인정하고 있으며 다음과 같다.

1) 8촌 이내의 혈족

2) 4촌 이내의 인척

3) 배우자

Ⅱ. 민주화요구에 의한 친족법개정

그 동안 수차례 친족법이 개정되었지만, 2005년에 개정된 친족법은 양성의 평등과 자녀의 복리의 실현, 법의 보호 밖에서 고통받고 있는 많은 가족들의 현실을 충실하게 반영하기 위하여 친족법 전반에 걸쳐 새로운 내용을 규정하고 있다. 핵심적 내용으로 먼저 중요한 쟁점이었던 호주제가 폐지되고, 동성동본불혼제가 근친혼금지제로 개선되었고, 양자와 친생자의 차별을 철폐하고, 입양아동의 복리를 실현하기 위한 친양자제도의 도입 등을 신설하였다. 그 밖에도 부부중심의 가족범위의 신설, 자의 성과 본의 합의결정과 허가에 의한 변경, 여성의 재혼금지기간의 삭제, 친생부인의 제도개선, 후견인제도의 개선, 호주승계제도의 폐지 등이 있다.

Ⅲ. 혼 인

1. 약혼의 의의와 성립요건

약혼이라 함은 장차 혼인할 것을 목적으로 하는 당사자, 즉 일남일녀간의 계약이다. 혼인은 어디까지나 혼인하려는 양당사자들의 계약이며, 그 이행을 강제할 수 없는 점에 있어서 채권계약이 아니고 신분적 계약이다. 따라서 실질적인 혼인생활을 하면서 다만 혼인신고만을 하지 않고 있는 이른바 사실혼과 완전히 구별되며, 또 종래에 우리 나라에서 볼 수 있는 소위 정혼, 즉 부모들이 정한 약혼과도 구별하여야 한다(정혼은 현행법상 무효).

약혼이 성립함에는 당사자간의 합의 이외에 특별한 방식을 요하지 않으나, (i) 남녀 모두 만 18세에 달하여야 하며, (ii) 미성년자의 남녀는 부모 또는 후견인의 동의를 얻어야 하며, (iii) 남녀가 금혼자간이 아니어야 한다.

2. 약혼의 효력

당사자는 서로 성실하게 교제하고 가까운 시기에 부부공동체를 성립시킬 의무를 진다. 그러나 한 쪽이 이 의무에 위반하더라도 상대방은 손해배상을 청구할 수 있을 뿐 강제이행을 청구할 수는 없다. 그것은 이미 혼인을 성립시킬 의사가 없는 자를 강제로 혼인을 시켜도 혼인의 목적을 달성할 수 없기 때문이다.

3. 약혼의 해제

약혼 당사자의 일방은 다음과 같은 사유가 있을 때에는 약혼을 해제할 수 있다(민법 제804조).

1) 약혼 후 자격정지 이상의 형의 선고를 받은 때
2) 약혼 후 금치산 또는 한정치산의 선고를 받은 때
3) 성병, 불치의 정신병, 기타 불치의 악질이 있는 때
4) 약혼 후 타인과 약혼 또는 혼인한 때
5) 약혼 후 타인과 이혼
6) 정당한 이유 없이 혼인을 거절하거나 그 시기를 지연한 때
7) 약혼 후 1년 이상 그 생사가 불명한 때

8) 기타 중대한 사유가 있을 때

약혼의 해제는 상대방에 대한 의사표시로 한다. 그러나 상대방에 대하여 의사표시를 할 수 없는 경우에는 그 해제의 원인이 있음을 안 때에 해제된 것으로 본다(민법 제805조). 그리고 약혼을 해제한 때에는 당사자의 일방은 과실 있는 상대방에 대하여 이로 인한 손해배상을 청구할 수 있다. 손해배상의 범위는 재산 및 정신상의 손해가 모두 포함된다(민법 제806조 제2항).

4. 혼인의 성립

혼인이 유효하게 성립하기 위해서는 당사자 쌍방에 다음과 같은 요건을 갖추어야 한다.

(1) 실질적 요건

1) 당사자간에 혼인의사의 합치가 있을 것

2) 당사자가 혼인적령(남녀 모두 만 18세)에 달할 것

3) 미성년자의 경우에는 부모의 동의를 얻을 것

4) 8촌 이내 혈족, 6촌 이내 혈족의 배우자, 배우자의 6촌 이내 혈족, 배우자의 4촌 이내 혈족의 배우자인 인척이거나 이러한 인척이었던 자, 6촌 이내 양부모계의 혈족이었던 자와 4촌 이내 양부모계의 인척이었던 자가 아닐 것

5) 중혼이 아닐 것

(2) 형식적 요건

가족관계의 등록 등에 관한 법률에 따라 신고하여야 효력이 생긴다. 즉 혼인은 가족관계의 등록 등에 관한 법률에 정한 바에 의하여 신고함으로써 법률상 성립한다(민법 제812조). 따라서 비록 혼인식을 거행하고 부부관계를 수십년 계속해도 법률상 혼인으로 인정되지 않는다. 혼인신고는 당사자 쌍방과 성년자인 증인 2인이 연서하고, 필요한 기재사항(동법 제71조)을 기재한 혼인신고서를 부 또는 처의 등록기준지 또는 주소지나 현재지에서 신고하여야 한다.

5. 혼인의 효과

(1) 일반적 효과

1) 친족관계의 발생 부부는 서로 배우자인 신분을 가지고 친족이 되며(민법 제776조 제6호), 부부 양 당사자간의 8촌 이내의 혈족 및 4촌 이내의 인척과

친족이 된다.

2) **가족관계등록부에 등록** 부와 처는 각자의 가족관계등록부의 혼인관계 개별 기재사항에 각각 등록된다.

3) **동거·부양·협조의 의무** 부부는 동거하며 서로 부양하고 협조하여야 한다. 동거장소는 부부의 협의에 따라 정하며 협의가 이루어지지 아니하는 경우에는 당사자의 청구에 의하여 가정법원이 이를 정한다.

4) **성년의 의제** 미성년자가 혼인을 한 때에는 성년자로 본다(민법 제826조 제2항).

5) **정조의 의무** 부부는 서로 정조를 지켜야 할 의무가 있으며, 배우자의 부정행위는 이혼의 원인이 되고 형법상 처벌을 받는다.

6) **가사대리권** 부부는 일상의 가사에 관하여 서로 대리권이 있다.

7) **부부간의 계약취소권** 부부간의 계약은 혼인계속중 언제든지 부부의 일방이 이를 취소할 수 있다.

(2) **재산상의 효과**

1) 부부가 혼인성립 전에 그 재산에 관하여 약정한 때에는 혼인중 이를 변경하지 못한다. 그러나 정당한 사유가 있는 경우에는 법원의 허가를 얻어 변경할 수 있다.

2) 부부의 일방이 혼인 전부터 가지는 고유재산과 혼인중 자기의 명의로 취득한 재산은 그 특유재산으로 각자가 관리·사용·수익한다(민법 제830조·제831조). 그러나 부부의 누구에게 속한 것인지 불분명한 경우에는 공유재산으로 추정한다.

3) 부부의 공동생활에 필요한 비용의 부담은 다른 약정이 없으면 부부가 공동으로 부담한다.

4) 부부의 일방이 일상의 가사에 관하여 제3자와 법률행위를 한 때에는 다른 일방은 이로 인한 채무에 대하여 연대책임이 있다.

6. 사 실 혼

사실상으로는 혼인생활을 하고 있으면서 법률상의 방식, 즉 혼인신고가 없기 때문에 법률상 혼인으로 인정되지 않는 부부관계이다. 이 사실혼에 대하여는 종래 민법상으로는 아무런 법적 효과도 부여하고 있지 않았지만, 최근의 학설·판례는 사실혼에 대하여 어느 정도 법률혼에 준하여 효력을 인정하고자 하는 경향이 있다. 그리고 민법 이외의 법률, 즉 공무원연금법에 있어서의 연금수령권, 근로기준법에 있어서의 유족보상금수령권을 비롯하여 사회입법에 있어서는 사실상의 부부에 대해서도 법률상의 부부와 동일하게 규정하고 있다.

7. 이 혼

이혼이라 함은 완전유효하게 성립한 혼인을 부부의 생존중에 해소하는 것을 말한다. 혼인은 본래 영속적 결합을 목적으로 하므로 혼인의 본질에 비추어 이혼은 정상적인 것이 아니라고 할 것이다. 그러나 오늘날 거의 모든 국가에서는 법률로서 이혼을 인정하고 있다.

(1) 협의이혼

부부는 서로 협의하여 자유로이 이혼할 수 있으며, 그 원인은 묻지 않는다. 협의이혼이 성립하기 위하여는, (i) 부부간에 이혼의 합의가 있어야 하며, (ii) 이혼신고가 있어야 한다. 그리고 (iii) 미성년자는 부모 또는 후견인의 동의를 얻어야 한다. 협의이혼 당사자는 일정기간(양육하여야 할 자녀가 있는 경우와 없는 경우 각각 3개월과 1개월)이 경과한 후 가정법원으로부터 이혼의사 확인을 받아야만 가능하도록 이혼숙려기간제도를 도입하여 신중하지 아니한 이혼을 최대한 방지하도록 노력하였다.

(2) 이혼과 자의 양육책임

이혼시 자녀의 양육에 관한 사항은 부모가 협의하여 정하며, 협의가 되지 않거나 할 수 없는 때에는 가정법원은 당사자의 청구에 의하여 그 자의 연령, 부모의 재산상황 기타 사정을 참작하여 양육에 필요한 사항을 정하며 언제든지 그 사항을 변경 또는 다른 적당한 처분을 할 수 있다.

(3) 면접교섭권

면접교섭권이란 친권자가 양육자가 아니기 때문에 현실적으로는 자를 보호·양육하고 있지 않는 부모가 그 자와 직접 면접·서신교환 또는 접촉하는 권리이다. 면접교섭권의 행사방법과 범위에 대하여는 부모가 협의하여 정하여야 하며, 만약 협의가 이루어지지 않거나 협의할 수 없을 때에는 가정법원에 청구하여 가정법원이 면접교섭권의 행사방법과 범위를 결정하도록 하고 있다.

(4) 재산분할청구권

협의상 이혼한 자의 일방은 다른 일방에 대하여 재산분할을 청구할 수 있다.

재산분할에 관하여 협의가 되지 않거나 할 수 없는 때에는 가정법원은 당사자의 청구에 의하여 당사자가 쌍방의 협력으로 이룩한 재산의 액수 기타 사정을 참작하여 분할의 액수와 방법을 정한다. 재산분할청구권은 이혼한 날로부터 2년을 경과한 때에는 소멸한다.

(5) 재판상 이혼

부부의 일방은 다음 각호의 사유가 있는 경우에는 가정법원에 이혼을 청구할 수 있다.(민법 제840조)

1) 배우자가 부정한 행위가 있었을 때
2) 배우자가 악의로 다른 일방을 유기한 때
3) 배우자 또는 그 직계존속으로부터 가히 부당한 대우를 받았을 때
4) 자기의 직계존속이 배우자로부터 가히 부당한 대우를 받았을 때
5) 배우자의 생사가 3년 이상 분명하지 아니한 때
6) 기타 혼인을 계속하기 어려운 중대한 사유가 있을 때

Ⅳ. 친 자

민법상 친자관계는 자연의 혈연관계에 있는 친생자관계와 법률상 친생자관계로 의제되는 법정친자관계가 있다. 전자에는 혼인 중의 출생자와 혼인 외의 출생자가 있고, 후자에는 양친자·계모자·적모서자관계가 있다.

1. 친 생 자

친생자에는 혼인중의 출생자(적출자)와 혼인 외의 자(비적출자, 사생자)의 두 가지가 있다. 혼인중의 출생자란 처가 혼인 중에 포태한 부의 자를 말한다. 혼인이 성립한 날로부터 200일 후, 또는 혼인관계 종료한 날로부터 300일 내에 출생한 자는 혼인중에 포태한 것으로 추정한다(민법 제844조).

혼인 외의 자란 혼인관계에 있지 않은 남녀간에서 출생한 자이다. 적출자추정을 받은 자가 부부간의 자가 아닌 경우에는, 부 또는 처는 친생부인의 소에 의하여 이를 부인할 수 있다. 한편 혼인 외의 출생자는 부나 모 사이에

당연히 법률상의 친자관계가 생기지 않고, 부나 모가 인지함으로써 비로소 법률상의 친자관계가 생긴다. 인지란 혼인 외에 자의 부나 모가 자기의 자로서 승인하여 법률상 친자관계를 생기게 하는 단독행위이다. 인지에는 임의인지와 강제인지가 있다.

임의인지는 인지권자인 부 또는 생모가 임의로 인지하는 경우이고, 강제인지는 사실상의 부나 모가 임의인지를 하지 아니할 때에 자와 그 직계존속 또는 그 법정대리인이 부나 모를 상대로 인지청구의 소를 제기하여 강제로 인지시키는 경우이다.

혼인 외의 자라도 후에 생모와 생부 사이에 법률상의 혼인이 성립하면 혼인중의 자의 신분을 취득하게 된다. 이것을 준정이라고 한다.

2. 양 자

양자란 사실상 핏줄이 연결되어 있지 않으나 법률상 혼인중의 출생자로 의제된 자이다. 종래의 양자제도는 가의 단절을 방지하고 선조에 대한 제사를 계속시키기 위하여, 또는 경제적으로 노동력의 공급을 받기 위하여 인정된 '가본위의 양자'였다.

민법은 양자제도에 관한 타 법제의 추세에 따라 가 본위의 양자제도를 유지하면서도 '양친 본위의 양자,' '양자 본위의 양자'의 제도를 가미하고 있다.

(1) 입양의 요건

입양의 형식적 요건 입양은 가족관계의 등록 등에 관한 법률에 정한 대로 신고하여 성립한다. 입양은 양친이 될 자와 양자가 될 자 또는 그의 대락권자 사이에 합의가 있어야 한다.

양친은 성년자이어야 하나 기혼 · 미혼 · 남녀 · 유자 · 무자를 불문한다.

15세 미만의 자가 양자로 될 때에는 부모 또는 후견인의 승낙을 얻어야 한다. 양자로 될 자는 부모의 동의를 얻어야 한다. 또 처가 있는 자가 양친이 될 때에나 양자가 될 때에는 정당한 사유가 없는 한 처와 공동으로 하여야 한다.

일반양자는 1인에 제한하지 않으며 남녀를 불문한다. 양자는 양친의 존속 또는 연장자가 아니어야 한다. 양자는 양친과 동성동본임을 요하지 않으며, 양친의 자의 항렬에 한하지 않는다. 따라서 형이 제를 양자로 할 수도 있다. 직계비속이 있는 경우에도 양자를 둘 수 있다.

후견인이 피후견인을 양자로 하는 경우에는 가정법원의 허가를 얻어야 한다.

(2) 입양의 효과

양자는 입양한 때부터 양친의 혼인중의 출생자로서의 신분을 취득하게 되고, 양부모의 혈족·인척에 대하여도 친족관계가 생긴다.

양자가 미성년자인 경우에는 친생부모의 친권을 벗어나서 양부모의 친권에 복종하여야 한다.

입양으로 양자와 친생부모, 그 혈족관계는 아무 영향을 받지 않는다. 그러나 현행 양자제도를 유지하면서도 양자의 복지를 증진시키기 위하여 양친과 양자를 친생자관계로 보아 종전의 친족관계를 종료시키고 양친과의 친족관계만을 인정하며, 양친의 성과 본을 따르도록 하는 친양자제도를 신설하였다.

(3) 파 양

파양이란 유효하게 성립한 양자관계를 일정한 사유로 장래에 대하여 소멸시키는 것을 말한다. 파양에는 협의상의 파양과 재판상의 파양이 있다. 입양당사자의 협의에 의하여 파양하는 경우가 전자이고 재판상의 파양은 법적 원인이 있는 경우에 입양 당사자의 일방이 법원에 파양을 청구하여 법원의 심판에 의하여 한다(민법 제905조 참조).

3. 친 권

친권이란 부모가 미성년자인 자녀에 대하여 가지는 권리와 의무를 말한다. 부모가 있는 자녀는 부모의 친권에 복종하여야 한다. 친권은 부모가 혼인중인 때에는 부모가 공동으로 행사한다. 그러나 부모의 의견이 일치하지 않을 때에는 당사자의 청구에 의하여 가정법원이 이를 정한다. 부모의 일방이 친권을 행사할 수 없을 때에는 다른 일방이 이를 행사한다. 혼인 외의 자가 인지된 경우와 부모가 이혼한 경우에는 부모의 협의로 친권을 행사할 자를 정하고 협의할 수 없거나 협의가 이루어지지 않는 경우에는 당사자의 청구에 의하여 가정법원이 결정한다. 친권자를 변경할 필요가 있는 경우에도 또한 같다.

4. 후 견

후견이란 친권자가 없거나 있더라도 친권자가 대리권 및 재산관리권을 행사하지 못하는 경우에 미성년자와 금치산자·한정치산자를 보호·요양하고, 이들의 법률행위를 대리하고 재산을 관리하는 제도를 말한다. 후견인은 친족 가운데서 선정되며, 그 임무는 다음과 같다.

1) 피후견인의 법정대리인으로서 후견인의 재산에 관하여 대리권과 관리권을 가진다.

2) 미성년자의 후견인은 미성년자의 친권자와 동일한 권리의무를 가지며, 금치산자의 후견인은 요양·감호의 의무가 있다. 그리고 후견인의 직무수행을 감독하는 기관으로 친족회와 법원이 있다.

제 6 절 상 속

Ⅰ. 재산상속

재산상속은 피상속인의 재산상의 법률관계를 승계하는 것을 말한다. 민법상의 재산상속은 사후상속만 인정하고 생전상속은 인정하지 않는다.

재산상속은 공동상속과 남녀평등을 원칙으로 한다. 또 재산상속에서는 피상속인의 의사를 존중하여 생전에 또는 유언으로 재산을 증여할 수 있고 또 각 상속인의 상속분을 정할 수도 있다.

1. 재산상속인

(1) 재산상속인의 순위

제1순위의 재산상속인은 피상속인의 직계비속과 배우자이다. 피상속인의 처는 제1순위인 직계비속과 같은 순위로 공동상속인이 되고, 직계비속이 없는 경우에는 제2순위인 직계존속과 같은 순위로 공동상속인이 되며, 이들이 없는 경우에는 단독상속인이 된다. 상속인의 직계비속과 처에 대하여서는 대습상속이 인정된다.

제2순위는 피상속인의 직계존속과 배우자이다.

제3순위는 피상속인의 형제자매이다. 성별·출가·동복·이복 등의 여부로 순위상에 차별이 없다. 형제자매가 상속개시 전에 사망한 경우에는 그 직계비속이 대습상속한다.

제4순위는 피상속인의 4촌 이내의 방계혈족이다. 제4순위의 상속인도 없는 경우에는 상속재산은 국가에 귀속된다. 순위가 같은 상속인이 여럿인 경우에는 가장 가까운 촌수에 있는 자를 우선순위로 하고, 촌수가 같은 상속인이 여럿인 경우에는 공동으로 상속한다. 한편 태아는 상속순위에 관하여는 이미 출생한 것으로 본다.

(2) 재산상속인의 자격

권리능력자는 법인을 제외하고 모두 재산상속인이 될 수 있다.

(3) 재산상속의 효과

재산상속인은 상속을 개시한 때로부터 피상속인의 일신전속권을 제외하고 재산에 관한 권리의무를 포괄적으로 승계한다. 재산상속인이 수인인 때에는 상속재산은 그들의 공유에 속하고, 이 경우 공동상속인은 각자의 상속분에 따라 피상속인의 권리의무를 승계한다.

2. 상 속 분

상속분이란 동순위의 공동상속인이 상속재산의 전체에 대하여 가지는 배당비율을 말한다. 상속분은 피상속인의 유언에 의하여 상속분을 지정하는 지정상속분과 지정이 없는 경우에 법률이 규정하는 법정상속분이 있다. 법정상속분은 다음과 같다.

1) 동순위의 상속인이 수인인 때에는 그 상속분은 균분으로 한다.

2) 동일가적 내에 없는 여자의 상속분도 남자의 상속분과 동일하다.

3) 피상속인이 처의 상속분은 직계비속과 공동으로 상속하는 경우에는 직계비속의 상속분의 5할을 가산하고, 직계존속과 공동으로 상속하는 때에는 직계존속의 상속분의 5할을 가산한다.

3. 상속의 승인 및 포기

재산상속의 승인이란 상속인이 상속 개시로 인하여 발생하는 재산승계의 효력을 확정적인 것으로 하는 일방적인 의사표시이다. 이에는 상속인이 피상속인의 권리의무를 무제한·무조건으로 승계하는 단순승인과 상속인이 상속으로 인하여 얻은 재산의 한도에서 피상속인의 채무를 변제할 것을 조건으로 상속을 승인하는 한정승인이 있다.

그리고 상속인은 상속의 효력, 즉 재산에 속한 모든 권리·의무의 승계를 부인하고 처음부터 상속인이 아니었던 효력을 생기게 하려는 의사표시를 할 수 있다. 이를 상속의 포기라 한다.

상속인은 상속을 한정승인하거나 또는 포기하는 경우에는 상속이 개시된 것을 안 날로부터 3월 이내에 법원에 신고하여야 한다. 그러나 피상속인의 채무초과사실을 중대한 과실 없이 알지 못한 상속인이 단순승인한 경우에는 그 사실을 안 때로부터 3개월 내에 한정승인신고를 할 수 있다(특별한정승인).

Ⅱ. 유 언

유언은 사람이 자기의 사후에 효력을 발생하게 할 목적으로 재산의 처분 기타 일정한 사항에 대하여서만 할 수 있는 단독행위이다. 유언은 사자의 의사를 존중하려고 하는 데서 마련된 제도이지만, 17세에 달한 자는 누구나 유언을 할 수 있으며, 미성년자·한정치산자뿐만 아니라 금치산자도 의사능력이 회복한 때에는 유언능력이 있다.

유언의 방식은 반드시 (i) 자필증서, (ii) 녹음, (iii) 공정증서, (iv) 비밀증서, (v) 구수증서 등의 5종의 형식만을 인정하며, 그 이외의 방식에 의한 것은 유언의 효력이 생기지 않는다. 유언의 효력은 유언자가 사망한 때에 발생한다.

Ⅲ. 유 류 분

유류분이란 피상속인이 재산상속에 있어서 일정한 상속인을 위하여 반드시 남겨 두어야 할 일정한 재산을 말한다.

사유재산제도 아래에서는 원칙적으로 사람은 자기의 재산을 자기의 의사대로 처분할 수 있고, 이것은 생전행위의 자유로서뿐만 아니라 유언의 자유로서도 인정되고 있다.

그러나 유언 자유의 원칙을 관철하는 경우에는 피상속인이 그의 재산의 전부를 타인에게 유증하여 피상속인의 근친가족의 생활보장을 기할 수 없는 우려가 있다.

그러므로 민법은 피상속인의 유언에 의한 재산처분의 자유를 제한하고 유류분제도를 정하고 있는 것이다. 민법의 유류분제도는 개인재산처분의 자유와 가족생활의 안정이라고 하는 서로 대립되는 요구의 타협·조정 위에 규정되어 있다.

상속이 개시되면 일정한 범위의 상속인이 피상속인의 재산의 일정한 비율을 확보할 수 있는 지위를 가진다. 즉 유언의사와 관계 없이 직계비속과 배우자는 법정상속분의 2분의 1, 직계존속과 형제자매는 법정상속분의 3분의 1을 갖게 된다. 이것을 유류분권이라고 한다.

이러한 유류분권은 개인적인 재산권이므로 성질상 포기할 수 없는 것은 아니지만, 이에 대한 무제한적인 포기를 허용하면 피상속인이 위력으로 상속인에게 포기를 강요할 우려가 있으므로 유류분권의 사전 포기는 허용되지 않는다.

유류분은 상속개시시에 상속재산의 가액에 증여재산의 가액을 가산하고 채무의 잔액을 공제하여 이를 산정한다. 그러나 증여는 상속개시 전의 1년간에 행한 것에 한하여 유류분의 산정에 가산하며, 당사자 쌍방이 유류분권리자를 해할 것을 알고 증여한 때에는 1년 전에 한 것이라도 유류분 산정에 가산한다.

유류분반환청구권은 유류분권리자가 상속의 개시와 반환하여야 할 증여 또는 유증을 한 사실을 안 때로부터 1년 내에, 상속이 개시된 때로부터 10년 내에 하지 아니하면 시효에 의하여 소멸한다.

제 4 장

상 법

제 1 절 서 설

Ⅰ. 상법의 의의

우리들의 경제생활을 규율하는 법에는 민법과 상법이 있다. 민법은 경제생활을 규율하는 일반법이며 상법은 특별법이다. 그리하여 이들 상호간에는 특별법우선의 원칙에 의하여 상법이 민법에 우선하여 적용된다. 예컨대 당사자 중 1인의 행위가 상행위인 때에는 전원에 대하여 상법이 적용된다(상법 제3조). 그런데 우리들의 일상의 경제생활은 상법이 규율하고 있는 상행위를 떠나서는 거의 영위할 수 없으므로 한시라도 상법의 규율을 받지 않고 살아갈 수 없다. 여기서 상법의 규율 대상을 확정하지 않으면 안 되며, 그것은 곧 상법의 의의를 파악하는 것이기도 하다. 상법은 실질적 의의의 상법과 형식적 의의의 상법으로 나누어 볼 수 있다.

1. 실질적 의의의 상법

실질적 의의의 상법이란 상법이 규율하는 생활관계의 실질을 구명함으로써 파악된 통일적이며 체계적인 법역을 말하며, 이를 단적으로 표현하면 기업적 생활관계에 특유한 사법이라고 하겠다. 이를 세밀히 풀이하면 다음과 같다.

(1) 상법은 기업(enterprise, Unternehmung)에 관한 법이다

기업이란 상인적 설비와 방법에 의하여 일정한 계획에 따라 계속적 의도로써 영리활동을 실현하는 경제적 조직체이다. 그러나 기업에 관한 법의 전

부가 상법인 것은 아니다. 즉 상법은 경제주체, 즉 기업간의 경제적 이익의 조정을 목적으로 하는 법이므로 기업의 이익을 초월한 경제 전체의 이익을 위하여 기업에 대하여 조정 · 감독 · 통제를 정하는 법(경제법 혹은 경제통제법)은 상법이 아니며, 또한 기업근로자의 이익을 보장하기 위한 법(노동법)도 상법이 아니다.

(2) 상법은 기업에 관한 사법이다

자본주의경제에 있어서 기업간의 관계는 원칙적으로 자유경쟁관계이므로 각 기업의 사법상의 권리의무와 같은 사법적 규정이 기업관계를 규율하는 상법의 본질적인 내용이다. 물론 여기에는 벌칙 등과 같은 공법적 규정도 있으나, 이것은 기업에 대한 국가의 후견적 기능으로서 기업간의 경제적 이익의 조정을 보다 확실하게 실현하기 위한 규정일 따름이다. 따라서 이러한 공법적 규정도 아울러 고찰함으로써 사법으로서의 상법을 보다 잘 이해할 수 있음은 물론이다.

(3) 상법은 기업에 특유한 법이다

상법은 인간의 경제생활 일반을 규율하는 민법과는 달리 경제생활 중에서 특히 기업을 중심으로 한 생활관계를 규율하는 특별사법으로서 일반법인 민법을 보충하고 변경한다. 그러나 일반사법으로서의 민법과 특별사법으로서의 상법의 구별은 확정부동의 것이 아니라 경제생활의 발달에 따라 유동적이다. 즉 상법상의 규정 · 제도가 일반화하여 민법에 규정되거나 민법상의 제도나 규정이 상법에 채택되는 경향이 있다. 이를 민법의 상법화라고 한다. 그러나 민법의 규정에는 상법에는 없는 친족상속에 관한 규정이 있을 뿐만 아니라 또한 상법은 끊임없이 변화 · 발전하는 경제생활에 적응하여 새로운 기술 및 제도를 창조하고 있다. 따라서 일반법과 특별법인 민법과 상법은 서로 함께 존재하면서 항상 지배영역을 변동시키고 있다.

2. 형식적 의의의 상법

형식적 의의의 상법이란 성문의 형태로 존재하는 상법전을 말한다. 우리나라의 현행 상법전은 1962년 1월 20일 법률 제1000호로서 제정 · 공포되어 1963년 1월 1일부터 시행되어 수차례에 걸쳐 개정되었다. 그 내용은 제1편 총칙, 제2편 상행위, 제3편 회사, 제4편 보험, 제5편 해상으로 전문 874조와 부칙 12조로 구성되어 있다.

3. 실질적 의미의 상법과 형식적 의미의 상법

실질적 의미의 상법과 형식적 의미의 상법은 반드시 일치하는 것은 아니다. 왜냐하면 실질적 의미의 상법에는 상법전 이외에도 신탁업법·은행법·담보부사채신탁법과 같은 상사특별법령과 상사조약·상관습법 등이 포함되며, 또한 형식적 의미의 상법에는 공법적 규정이 포함되어 있기 때문이다.

Ⅱ. 상법의 이념과 특색

종래의 상법의 이념은 기업의 유지·강화라든가, 거래의 안전·신속성 등과 같은 주로 상인의 편의를 위한 이념을 들 수 있었으나, 최근에 이르러 상법을 사회 전체의 입장에서 공동성과 도덕성이 강조되고 있으며, 또한 일반소비자 또는 이용자의 보호가 절실히 요구되고 있다.

1. 공 공 성

현대사회의 상법은 공공성을 첫째 이념으로 하고 있다. 헌법에서 재산권의 행사는 공공복리에 적합하도록 하여야 한다든가, 민법에서 권리의 행사와 의무의 이행은 신의에 좇아 성실히 하여야 한다는 소위 권리의 사회성은 상법에 있어서도 기본이념으로 강조되고 있으며, 이는 상법의 사회적 수요를 중시하는 까닭이다. 상법의 공공성은 현행법규의 증가·벌칙의 강화 등으로 나타나고 있다.

2. 도 덕 성

종래 상법은 기술적인 특질을 가지는 것이므로 윤리적 요소가 희박하다고 말해 왔다. 그러나 상법의 기술성은 반드시 도덕성을 배제하는 것은 아니다. 보험계약은 고도의 기술을 기초로 하면서도 최고선의를 요소로 하고 있으며, 각종 은행법규에 있어서도 이와 같은 것을 찾아볼 수 있다. 특히 상법의 해석에 있어 도덕성은 중요한 지침이 되고 있다.

3. 소비자의 보호

오늘날 대기업의 소비자 또는 이용자에 대한 횡포는 나날이 심해져 가고 있다. 기업은 이익의 추구를 목적으로 하고 있지만, 이로 인하여 일반소비자나 이용자의 과대한 희생을 강요할 수는 없다. 기업의 사회성이 강조되고 각종 상사특별법령의 입법목적에 소비자 보호의 이념이 나타나 있는 것은 현대 상법의 특색의 하나이다.

4. 자본의 조달과 집중

기업은 물적 기초로서 많은 자본을 필요로 하므로 자본조달을 용이하게 하는 제도를 가지고 있다. 즉 소규모의 기업을 위해서는 익명조합, 대규모의 자본형성을 위해서는 회사제도를 두고 있다.

5. 기업의 유지·강화

기업은 일반국민의 방대한 재산을 흡수·축적하고 있으며, 국민 다수에게 노동의 기회를 부여하고, 국민의 생활재를 공급하는 국민경제적인 요소를 지니고 있다. 기업이 이처럼 중요한 기능과 지위를 가진다고 할 때, 기업의 형성을 용이하게 하고 그 유지발전을 도모하지 않으면 안 된다. 그러므로 상법은 영리성의 보장·자본집중의 보장·노동력의 보충·위험부담의 완화·독립성의 보장 등 기업의 유지·강화를 구체화하고 있다.

6. 기 술 성

인적·물적 설비를 가지고 영리활동을 하는 경제적 조직체인 기업을 합리적으로 운영하기 위하여는 고도의 기술성이 필요하게 된다. 그러므로 기업법의 성격을 지니고 있는 상법은 기업생활을 합리적으로 규율하여야 하기 때문에 기술적·전문적 성격을 가지게 된다.

7. 반복성·집단성

상법은 반복적·집단적 행위에 관한 법이라고도 할 수 있다. 영리의 목적을 달성하기 위하여는 수많은 거래를 반복적·집단적으로 행할 필요가 있으며, 이것이 계속됨으로써 기업이윤의 획득이 가능하게 된다. 상법의 이러한 특색은 기업활동 면으로는 행위의 정형화로서 나타나고, 기업조직 면으로는 집단적 설비로서 나타난다.

8. 외관주의(금반언의 원리)

상법은 행위의 외관을 중요시하며 이것을 외관주의라 한다. 상법 이념의 하나로서 거래의 안전과 신속성을 필요로 하며, 이것과 관련하여 상법은 행위의 외관에 의하여 효력을 결정하게 되며, 당사자의 내심의 의사를 무시하는 경우가 허다하다. 이것은 상대방의 보호나 거래의 원활과 확실화를 위하여 불가피한 일이다.

9. 선 도 성

상법은 진보와 발전의 속도가 빠른 성질을 가지고, 따라서 선도적 성질을 가지는 법이다. 상법의 기반인 기업활동 또는 이와 유사한 사실은 매우 기술적인 것이므로 기술과 경제의 발전에 상응하여 빠른 속도로 변천해 간다. 그러므로 이를 규정하는 상법도 진보와 발전이 빨라질 수밖에 없으며, 다른 법역에 앞서 새로운 제도를 창출하고 선도하게 되는 것이니 이를 상법의 선도적 성질이라 하며, 이 성질은 해상법에서 특히 현저하다.

10. 통 일 성

상법은 세계적 통일성을 가지는 법이다. 공법이라든가 사법 가운데의 물권법 · 친족법 · 상속법 등은 그 나라 특유의 정치제도 · 사회제도와 밀접한 관계가 있기 때문에 각기 특색을 가지고 있으나, 영리를 목적으로 하는 기업거래의 경제법칙은 국가를 초월하여 전 인류에게 공통되는 것이고, 이러한 기업생활관계를 규율하는 상법은 합리적으로 이루어지기 때문에 세계적 통일성을 가지게 된다.

Ⅲ. 상법의 법원

상법의 법원이란 실질적 의의에 속하는 각종의 법규를 말한다. 상법의 법원으로서 중요한 것은 물론 상법전이지만, 그 밖에 상사특별법령 · 상사조약 · 상사자치법 · 상관습법 등도 상법의 법원으로 된다.

이러한 법원은 특별법우선주의에 의해 상사자치법 · 상사특별법령 · 상사조약 · 상법전의 순서로 적용되고, 또한 이러한 상사에 관한 법은 제정법우선주의에 의해 상관습법에 우선해서 적용된다. 그런데 상관습법과 민법전 사이에는 특별법우선주의에 의해 상관습법이 먼저 적용된다(상법 제1조).

제 2 절 총 칙

상법총칙에는 기업의 주체인 상인·상인의 보조기관·상인의 영업소·상호·상업장부·상업등기 등 기업에 공통되는 사항에 관하여 규정하고 있다.

Ⅰ. 상 인

상인이란 기업의 주체이다. 상법은 영업상의 상행위를 기본으로 하는 당연상인과 상행위와 관계 없이 기업의 형식만에 의하여 상인으로 되는 의제상인과 소상인에 관하여 규정하고 있다.

1. 당연상인(고유상인)

당연상인이란 '자기의 명의로 상행위를 하는 자'이다(상법 제4조). 여기에서 자기의 명의란 법률상 권리의무의 주체가 된다는 것이며, 상행위란 상법 제46조에 열거된 21종의 기본적 상행위를 말한다.

그런데 기본적 상행위는 영업으로서 하는 행위이므로, 일정한 행위를 영리의 목적으로 계속적·집단적으로 해야 비로소 그 행위자가 당연상인으로 되는 것이다.

2. 의제상인

당연상인만을 상인으로 한다면, 당연상인의 기초가 되는 기본적 상행위가 제한적으로 열거되어 있어 끊임 없이 발전하는 경제생활관계의 수요에 응할 수 없게 된다. 그리하여 상법은 당연상인은 아니지만 일정한 요건을 갖추고 있는 자를 상인으로 의제하여 이 의제상인에 상법을 적용하고 있다.

(1) 설비상인

상행위를 하지 않아도 '점포 기타 유사한 설비에 의하여 상인적 방법으로 영업을 하는 자'를 상인으로 본다(상법 제5조 제1항). 점포 기타 유사한 설비란 일반

공중과 계속적으로 거래하기 위하여 개설한 장소적 설비를 말하고 상인적 방법으로 영업을 한다는 것은 상인적 설비 내지 경영조직, 이를테면 장부조직을 갖춘 문서·영업분과의 분립·영업보조자의 사용 등으로써 영업을 경영하는 자를 말한다.

(2) 민사회사

다같이 상법에 의하여 설립된 회사라도 상행위를 목적으로 설립된 것은 상사회사라 하고, 상행위 이외의 영리를 목적으로 설립된 회사를 민사회사라 한다. 민사회사는 상행위를 목적으로 하지 아니하나, 영리를 목적으로 기업경영조직과 상인적 설비를 갖추고 있으므로 이를 상인으로 보는 것이다.

3. 소 상 인

소상인이란 당연상인이나 의제상인의 요건을 구비하였더라도 영업의 규모가 근소하고 기업성이 미약한 상인을 말한다. 즉 자본금액 1천만원 미만의 상인으로서 회사가 아닌 자를 소상인이라고 한다(상시규정 제2조). 이 소상인에 대해서는 상법상의 지배인·상호·상업장부·상업등기에 관한 제규정을 적용하지 않는다(이러한 규정을 적용하지 않는 이유는 소상인을 완전상인에게 요구되는 부담을 덜게 하여 보호·육성하려는 데 있다).

Ⅱ. 상업사용인

1. 의 의

상업사용인이란 특정한 상인에게 종속하여 그 대외적인 경영상의 업무를 보조하는 자를 말한다. 특정한 상인에게 종속한다는 점에서 독립한 상인인 대리상이나 회사의 기관은 상인이 아니며, 대외적인 경영상의 업무를 보조하여 대리권을 가지는 점에서 순전히 기업 내부의 영업상의 노무에 종사할 뿐 대리권을 가지지 않는 직공·수위 등과는 구별된다. 이러한 상법사용인은 상인본인(영업주)의 보호를 위하여 경업피지의무와 충실의무를 부담한다(상법 제17조).

2. 종 류

상업사용인은 그 대리권의 범위를 표준으로 하여 지배인, 부분적 포괄대리권을 가지는 사용인, 물건판매점포의 사용인으로 나눌 수 있다.

(1) 지 배 인

지배인이란 상인의 영업주에 갈음하여 그 영업소의 영업에 관한 재판상 또는 재판 외의 모든 행위를 할 수 있는 권한을 가진 상업사용인을 말한다. 지배인은 최고급의 보조경영자로서 보통 지배인·지점장·출장소장 등의 명칭을 사용한다. 그러나 이러한 명칭을 사용하고 있더라도 대리권이 없으면 지배인이 될 수 없다. 다만 이 경우 선의의 제3자는 뜻밖의 손해를 입게 되므로 이러한 명칭을 사용하는 자는 실질적으로 대리권이 없더라도 재판 외의 행위에 대하여는 본점 또는 지점의 지배인과 동일한 권한이 있는 것으로 본다(상법 제14조).

지배인의 선임과 해임은 등기하여야 한다(상법 제13조). 지배인의 대리권은 포괄적인 정형성을 가지고 있으므로, 이에 대한 제한은 선의의 제3자에 대항하지 못한다(상법 제11조).

(2) 부분적 포괄대리권을 가진 사용인

이는 영업의 특정한 종류 또는 특정한 사항에 대하여 대리권을 가지는 상업사용인으로서 지배인 다음가는 경영보조자이다. 보통 부장·과장·계장·주임 등의 명칭을 사용한다.

이러한 상업사용인은 위임된 특정한 종류 또는 사항에 대하여 모든 재판 외의 행위를 할 수 있는 집단적·포괄적 대리권을 가진다(상법 제15조 제1항). 이러한 대리권에 가한 제한도 선의의 제3자에게 대항하지 못한다(상법 제15조 제2항).

(3) 물건판매점포의 사용인

물건을 판매하는 점포의 사용인은 그 판매에 관한 모든 권한이 있는 것으로 본다(상법 제16조). 즉 실제로는 물건판매의 위임을 받지 않아 판매의 대리권이 없더라도 선의의 거래자에 대하여는 판매의 권한이 있는 것으로 본다.

Ⅲ. 상호·상업장부·상업등기

1. 상　호

상호는 상인이 영업상 자기를 표창하기 위하여 사용하는 명칭이다. 상호는 명칭이므로 문자로 표시할 수 있고 호칭할 수 있는 것이라야 한다. 상호는 상인인 자기를 표창하는 명칭이므로 상품을 표창하는 명칭인 상표와는 다른 것이다. 또한 상호는 영업상의 명칭이므로 영업상의 명칭이 아닌 성명·

아호·별명·통칭과는 구별되어야 한다.

상호의 선정은 자유이나(상호자유주의), 회사의 상호에는 회사의 종류를 명시하는 문자를 사용하여야 한다. 상호의 수는 회사에 있어서는 1개라야 하고, 개인상인에 있어서는 1개의 영업에 1개의 상호를 원칙적으로 한다(상호단일의 원칙). 상호를 사용하는 자는 타인의 방해를 받지 아니하고 이를 사용할 수 있는 권리(상호사용권)가 있으나, 그 상호를 등기하면 동일한 서울특별시·광역시·시·군에서 타인이 이와 동일 또는 유사한 상호를 등기하는 것을 배척할 수 있고, 또 그 사용자에 대하여 폐지나 손해배상을 청구할 수 있는 권리(상호전용권)가 있다. 또한 상호를 부정하게 사용하면 200만원 이하의 과태료의 처벌을 받는다(상법 第28조). 상호는 재산권으로서의 성격을 지니므로 그 양도도 허용되나 원칙적으로 영업과 함께 해야 한다.

2. 상업장부(기업회계)

상업장부란 상인이 영업상의 재산상태와 손익의 상황을 명확하게 하기 위하여 상법상의 의무로서 작성하는 장부이다. 상업장부는 상인이 작성하는 장부이므로 상인이 아닌 상호보험회사나 협동조합이 작성하는 장부는 상업장부가 아니다. 또한 상업장부는 영업활동과 영업재산의 상태를 명백히 하기 위하여 작성하는 것이므로 주주명부나 사채원부 같은 것은 상업장부가 아니다. 그리고 상업장부는 상법상 의무로서 작성하는 것이므로 상인이 임의로 작성한 것이나 소상인이 작성한 것은 상업장부가 아니다.

이러한 상업장부로서는 회계장부·대차대조표가 있다(상법 제29조 제1항·제30조 제1항). 회계장부는 거래와 기타 영업상의 재산에 영향 있는 사항을 기재한 동태적 장부이며, 대차대조표는 일정한 시점에 있어서 기업의 총재산은 자산·부채·자본의 항목으로 분류하여 기업재산의 구성상태를 알리고 손익의 결과를 명시하는 영업의 정태적 장부이다. 상인은 상업장부를 그 폐쇄일부터 10년간 보존해야 하며 마이크로필름 기타의 전산정보처리조직에 의하여 이를 보존할 수 있다.

3. 상업등기

상업등기란 상법의 규정에 의하여 상업등기부에 법정사항을 그의 절차에 따라 등기하는 것을 말한다. 이 상업등기제도는 영업에 있어서 법률관계의 성립·변경·소멸에 관한 사항을 일반에게 공시함으로써 상인의 신용을 유지하고 거래의 안전을 기하기 위하여 인정된 제도이다.

상업등기부로서는 상호등기부·지배인등기부·무능력자등기부·법정대리인등기부·합명회사등기부·합자회사등기부·주식회사등기부·유한회사등기부·외국회사등기부에 관한 9종이 있다.

1995년의 개정상법에 의하여 상업등기의 공고제도가 폐지되었으므로 상업등기는 상업등기부에의 기재만에 의하여 완전한 효력이 생기고 선의의 제3자에게도 대항할 수 있다(적극적 공시원칙). 물론 악의의 제3자에 대하여는 등기 전이나 공고 전에도 대항할 수 있다(소극적 공시원칙).

4. 영업양도

영업의 양도란 양도인이 양수인으로 하여금 영업의 경영자인 자기의 지위에 있게 하기 위하여 영업을 일괄하여 양도하는 것을 말한다. 영업을 양도할 경우 당사자간에 다른 약정이 없으면 10년간, 동종영업을 하지 아니할 것을 특약한 경우에 있어서는 20년을 넘지 않는 범위 내에서 양도인은 동일한 특별시·광역시·시·군과 인접 특별시·광역시·시·군에서 동종 영업을 하지 못한다(경업피지의무).

제3절 상 행 위

Ⅰ. 상행위의 의의 및 종류

1. 상행위의 의의

상행위란 실질적으로는 상인의 영리행위(기업활동)를 말하고, 형식적으로는 상법 및 특별법에서 상행위로 규정된 행위를 말한다. 그런데 입법상 상행위개념을 정함에 있어서 행위의 주체에 불구하고 오로지 행위의 객관적 성질 자체에 의하여 상행위를 정하는 객관주의, 먼저 상인의 개념을 정하고 그 상인의 영업상의 행위를 상행위로 하는 주관주의, 이 두 주의를 병용하는 절충주의의 3입법주의가 있는데, 현행상법은 절대적 상행위를 없앤 점으로 보아 주관주의에 따라 상행위 개념을 정한 것이라 본다.

2. 상행위의 종류

상법 제46조에 열거된 21종의 행위를 '영업으로' 할 때에(상법 제46조) 이것을 영업적 상행위라 한다. 이 영업적 상행위는 상인의 개념을 정하는 데 있어서 기초가 되므로, 이를 기본적 상행위라고도 한다. 이에 대하여 상인이 영업을 위하여 하는 행위(상법 제47조), 즉 영업 본래의 목적활동과 관련되는 행위를 보조적 상행위라고 한다.

그리고 소매상과 도매상에서와 같이 당사자 쌍방에게 상행위가 되는 행위를 쌍방적 상행위라 하고, 소매상과 일반인의 거래와 같이 당사자 일방에게만 상행위가 되는 행위를 일방적 상행위라고 한다. 쌍방적 상행위는 물론 일방적 상행위에 대하여서도 상법을 적용한다.

Ⅱ. 총칙적 규정

1. 상행위 일반에 관한 특칙

상법은 영리성·신속성·안전성·자유성 등의 상거래의 수요에 따라 민법에 대한 많은 특칙을 두고 있다. 그 중 주요한 것을 들면, 민법상의 채권의 소멸시효기간이 10년인 것을 5년으로 하고, 민법상 연 5분의 법정이율을 연 6분으로 하고, 유치권에 관하여 민법에서는 물건과 채권 간에 구체적인 견련성을 요구하고 있는데 이를 요하지 아니하고, 유질계약을 민법은 허용치 않는데 이를 허용하며, 대리의 방식에 관하여 민법은 현명주의를 요구하는데 비현명주의로 하고, 수인이 채무를 부담할 때에 민법은 분할책임을 원칙으로 하는 데 대하여 연대책임으로 하고 있다. 또한 소비대차에 있어서 민법은 특약이 없는 한 이자를 붙일 수 없는데, 상인간에는 특약이 없어도 법정이자를 받을 수 있다.

2. 매매에 관한 특칙

상법은 상거래의 신속·안전과 매도인의 보호를 위해, (i) 매수인이 목적물의 수령을 거절하거나 수령할 수 없는 때에는 매도인은 그 물건을 공탁하거나 경매할 권리를 가지는 것은 민법의 규정과 같다. 그러나 공탁의 경우는 매수인에 대하여 그 사유의 통지를 발송하면 되는 점(발신주의)이 민법과 다르다. 경매권에 관하여는 민법상의 경매의 요건은 전부 생략되고 최고 후 경매할 수 있도록 하지만, 매수인에게 최고를 할 수 없거나 목적물이 멸실·훼손될 염려가 있는 때에는 최고까지도 필요없도록 하고, (ii) 매수인이 목적물을 수령한 때에는 지체 없이 이를 검사하여야 하고, 그에 하자나 수량부족을 발견할 때에는 즉시 매도인에게 그 통지를 발송하여야 하며(매수인의 검사 및 통지의무), 이를 해태한 경우 매수인은 계약해제·대금감액·손해배상의 청구를 할 수 없는 것으로 하였다.

3. 상호계산

상호계산은 상인간 또는 상인과 비상인간에 계속적 거래관계가 있는 경우에 일정기간의 거래로 인한 채권변동의 총액에 관하여 상계하고, 그 잔액만을 지급할 것을 약정하는 계약이다. 상호계산에 계입된 채권은 그 개별적 행사가 정지되어 지급이 유예되고 이행청구나 양도를 할 수 없게 된다(상호계산불가분의 원칙).

4. 익명조합

익명조합은 자본가와 유능한 경영자가 결탁하여 형성한 기업형태, 즉 당사자의 일방(익명조합원)이 상대방(영업자)의 영업을 위하여 출자를 하고, 상대방은 영업으로 인한 이익을 분배할 것을 약정하는 계약이다. 익명조합원은 영업자에 대하여 출자를 할 의무와 이익배당을 받을 권리를 가진다. 법률관계에 있어서는 영업자만이 권리의무의 주체로 된다.

Ⅲ. 각칙적 규정

1. 대 리 상

대리상이란 영업사용인이 아니면서 일정한 상인(위탁자)을 위하여 상시 그 영업부류에 속하는 거래의 대리 또는 중개를 영업으로 하는 자를 말한다.

거래의 대리를 하는 대리상을 체약대리상, 거래의 중개를 하는 대리상을 중개대리상이라고 한다. 대리상은 상업사용인이 아니고 독립한 상인이다. 상업사용인에게는 봉급적인 보수가 지급되어야 하나 대리상에게는 성립시킨 거래에 대한 수수료가 지급된다. 그리고 대리상은 거래의 성립시마다 본인에게 통지해야 할 통지의무와 본인의 영업부류에 속하는 거래를 해서는 아니되고, 또 동종 영업을 목적으로 하는 회사의 무한책임사원이나 이사가 되어서는 아니되는 경업피지의무가 있다.

2. 중 개 업

중개업이란 타인간의 상행위의 중개를 영업으로 하는 것이며, 이러한 영업을 하는 자를 중개인이라 한다. 여기에서 중개란 타인간의 법률행위의 성립을 알선하는 사실행위이다. 따라서 중개인은 자기의 명의 또는 타인의 대리인으로서 법률행위를 하는 자가 아니다. 중개인은 견품을 받은 경우, 이를 보관해야 할 견품보관 의무와 당사자 간에 계약이 성립한 경우에 계약서를 각 당사자에게 교부해야 할 계약서 교부의무, 그리고 당사자 일방이 자신의 이익을 위하여 그 성명 또는 상호를 상대방에게 표시하지 않을 것을 요구한 때에는 성명묵비 의무를 부담하고, 또한 각 당사자에게 보수의 균분액을 청구할 수 있는 보수청구권이 있다.

3. 위탁매매업

위탁매매업이란 자기의 명의로써 타인(위탁자)의 계산으로 물건 또는 유가증권의 판매 또는 매입을 영업으로 하는 것을 말하며, 이러한 영업을 하는 자를 위탁매매인이라 한다. 위탁매매인은 자기명의로써 하는 자이므로 위탁매매인 자신이 매매계약의 당사자가 되나 위탁자의 계산으로 하므로 거래에서 발생한 모든 손익이 위탁자에게 귀속한다. 위탁매매인은 위탁자가 지정한 가액을 준수해야 하고, 매매를 한 경우에는 지체 없이 이를 위탁자에게 통지해야 하고, 계산서를 제출해야 하며, 또한 상대방이 채무를 이행하지 않는 경우에는 위탁자에 대하여 그 채무를 이행할 담보책임을 진다. 물론 위탁매매인은 보수청구권과 비용상환청구권을 가진다. 또한 물건의 매매로 인하여 생긴 채권에 대하여 유치권을 행사할 수 있고 개입권도 있다.

4. 운송주선업

자기의 명의로 물건운송에 관한 주선을 영업으로 하는 것을 말하며, 이러한 영업을 하는 자를 운송주선인이라 한다. 운송주선인은 주선의 목적이 물건운송이라는 점을 제외하고는 위탁매매업과 같다.

5. 운 송 업

운송업이란 육상 또는 호천·항만에서 물건 또는 여객의 운송을 영업으로 하는 것을 말하며, 이러한 영업을 하는 자를 운송인이라 한다. 육상운송에 관해서는 상법 제2편(상행위법)에서 규정하고, 해상운송에 관해서는 제5편(해상법)에서 별도로 규정하고 있으나 공중운송에 관해서는 특별법으로 항공법 등이 있으나, 이는 사법규정이 아니므로 성질상 공중운송약관을 적용하는 이외에 해상운송 또는 육상운송에 관한 규정을 유추적용하여야 할 것이다. 운송인은 운송계약의 본지에 따라 물건을 수취·보관·인도·운송할 의무와 운송물의 멸실·훼손·연착에 대한 책임을 진다. 이 때 손해배상의 경우에 민법의 원칙과는 달리 정액배상주의에 의하며(다만 물건운송의 경우에 한함), 고가물에 대해서도 특칙을 두어 그 종류와 가액을 명시하지 않고 운송을 위탁한 경우에는 운송인은 책임을 지지 아니한다. 물론 운송인은 송하인에 대하여 운임을 청구할 수 있다. 송하인의 청구에 의해 운송인이 화물상환증(운송물인도청구권을 표창하는 유가증권)을 발행한 때에는, 운송계약당사자 이외의 자(수하인 기타 증권을 소지하게 된 자)와의 관계에서는 운송에 관한 사항은 화물상환증에 의해 결정된다(문언증권성). 뿐만 아니라 화물상환증의 인도는 물건의 인도와 동일한 효력이 있다(인도증권성). 따라서 운송물에 관한 처분은 이 증권으로써 하며(처분증권성), 이 증권과 상환하지 않고는 운송물의 인도를 청구할 수 없다(상환증권성).

6. 공중접객업

공중접객업이란 극장·여관·음식점·목욕탕·이발관·다방·당구장 기타 객의 집래를 위한 시설에 의하여 거래하는 영업을 말하며, 이러한 영업을 하는 자를 공중접객업자라 한다. 공중접객업자가 객으로부터 임치받은 물건을 멸실 또는 훼손한 경우에 그것이 불가항력으로 인한 것임을 증명하지 않는 한 손해배상의 책임을 면하지 못한다. 공중접객업자가 객으로부터 임치받지 않은 물건이라도 공중접객업자나 그 사용인의 과실로 이를 멸실·훼손한 때에는 손해배상의 책임을 진다. 고가물에 관하여는 객이 그 종류나 가액을 명시하여 공중접객업자에게 임치한 경우에 한하여 그 멸실·훼손에 대한 손해배상의 책임을 진다.

7. 창 고 업

창고업은 타인(임치인)을 위하여 창고에 물건을 보관하는 영업을 말하며, 이러한 영업을 하는 자를 창고업자라 한다. 창고업자는 임치물에 대하여 선량한 관리자의 주의로 보관하여야 하고, 또 자기나 사용인이 임치물의 보관에 관하여 주의를 해태하지 아니했음을 증명하지 않는 한 임치물의 멸실·훼손에 대하여 손해배상의 책임을 면하지 못한다. 창고업무는 임치인의 청구가 있으면 창고증권을 교부하여야 한다. 또한 창고업자는 보관료 기타의 비용과 체당금의 지급을 청구할 수 있다.

제 4 절 회 사

Ⅰ. 회사법 통칙

1. 회사의 의의

회사는 상행위 기타 영리를 목적으로 설립된 사단법인이다. 회사는 영리를 목적으로 하므로 영리사단법인이며, 이 점에 있어서 민법상의 법인이 영리를 목적으로 하지 않는 비영리법인인 것과 다르다. 회사는 개인기업과 비교할 때 많은 이익을 올릴 수 있으며, 경쟁력이 강하고 손실이 다수인에게 분담되며, 또한 법인격이 있기 때문에 특정인의 사망 등에 의하여 기업이 해체되지 않는다는 잇점이 있는 공동기업형태이다. 즉 회사는 '노력의 보충,' '자본의 조달과 결합,' '위험 및 손실의 분산,' '기업의 유지' 등의 특질을 가진 공동기업형태이다. 이러한 공동기업형태로서는 민법상의 조합을 비롯하여 익명조합·선박공유 등이 있으나 가장 규모가 크고 전형적인 것이 회사이다.

2. 회사의 설립

회사의 설립이라 함은 회사라는 법인을 창설하는, 즉 회사라는 하나의 단체를 형성하며, 이에 법률상의 인격자로서 존재하기에 이르는 절차를 말한다.

회사의 설립에는 자유설립주의·특허주의·허가주의 및 준칙주의 등이 있으나, 현재 우리 나라에 있어서는 준칙주의를 취하고 있다. 준칙주의는 법률에서 회사설립에 필요한 일정한 요건을 정하고, 이 요건이 구비되면 법률상 인격을 취득하게 하는 주의이다.

Ⅱ. 회사의 종류

보통 회사라고 할 때 학설상의 회사와 상법상의 회사가 있다.

학설상 회사를 인적 회사와 물적 회사로 분류하고 있는데, 사원의 수가 비교적 적고 그 개성이 농후하며 사원의 인적 신용이 회사의 신용의 기초가 되는 회사를 인적 회사라 하는데 합명회사·합자회사가 이에 속하고, 이와 반대로 사원수가 많고 사원의 개성이 희박하며 회사재산이 회사신용의 기초가 되는 회사를 물적 회사라 하는데, 주식회사·유한회사가 이에 해당된다.

상법이 규정하는 회사에는 합명회사·합자회사·주식회사·유한회사의 네 종류가 있다.

1. 합명회사

합명회사는 2인 이상의 무한책임사원으로 조직되는 회사이다. 무한책임사원이라 함은 회사가 채무를 부담하여 회사재산으로서는 이 채무를 변제할 수 없을 때, 그 채무에 관하여 직접·연대·무한의 책임을 부담하는 동시에 정관에 별도의 규정이 없는 한 각자가 회사의 업무를 집행하고 또한 회사를 대표할 권한을 가지는 사원을 말한다. 사원의 출자는 자유로워서 금전·현물·노무·신용의 어느 것으로도 가능하다.

경제적으로 볼 때 사원은 회사기업의 소유자인 동시에 그 경영자로서 회사의 운영에 관여하며, 회사의 영업은 사원의 영업이고 회사를 위한 활동은 사원의 활동인 관계에 있으니, 즉 개인기업의 공동경영체와 같다.

2. 합자회사

합자회사는 무한책임사원과 유한책임사원으로 조직되는 회사이다. 무한책임사원은 위에서 말한 합명회사의 사원과 같으며, 유한책임사원은 회사채무에 관하여 직접 채권자에 대하여 책임을 지게 되지만, 그 책임은 자기가 출자한 한도 내에서 그친다. 사원의 출자는 무한책임사원은 금전 · 현물 · 노무 · 신용 등 자유롭지만, 유한책임사원은 재산으로만 할 수 있다. 합자회사에 있어서는 회사의 경영과 대표권은 무한책임사원이 갖게 되고, 유한책임사원은 업무집행에 대한 감독만을 할 수 있다. 즉 유한책임사원은 영업연도말에 있어서 영업시간 내에 한하여 회사의 회계장부 · 대차대조표 기타의 서류를 열람할 수 있고, 회사의 업무와 재산상태를 검사할 수 있다(상법 제277조).

경제적으로 볼 때, 합자회사는 무한책임사원이 경영하는 사업에 유한책임사원이 자본을 제공하여 그 사업에서 생기는 이익에 참여하는 회사이다.

3. 주식회사

주식회사는 사원인 주주의 출자와 권리의무의 단위로서의 주식으로 나누어진 일정한 자본을 가지고, 전 사원은 그 주식의 인수가액을 한도로 하는 출자의무를 부담할 뿐 회사의 채무에 관하여 아무런 책임을 지지 않는 회사이다. 따라서 주식회사의 특색은 자본 · 주식 · 주주의 유한책임이라는 세 가지 점에 있다. 주식회사의 자본은 5천만원 이상이어야 하는데, 자본확정의 원칙(회사설립시에 발행하는 주식의 총수가 총발행주식의 1/4 이상이 되어야 함) · 자본충실(자본유지)의 원칙 · 자본불변의 원칙의 3원칙에 의하여 항상 자본에 상당하는 현실적인 재산을 회사가 보유하도록 한다. 또한 자본은 주식으로 분할하는데, 주식의 금액은 균일하여야 하며 1주의 금액은 100원 이상이어야 한다(개정상법 제329조 제4항).

주식회사의 자본은 많은 주식으로 나누어져 있기 때문에 이를 널리 일반대중으로부터 모집할 수 있으므로 대자본을 요구하는 현대기업에 가장 적합한 회사형태라고 할 수 있다.

4. 유한회사

유한회사는 1인 이상 50인 이하의 사원으로 구성되며, 각 사원은 그들의 균등액의 출자를 자본으로 형성하여 사원 전원이 자본에 대한 출자의무를 부담할 뿐 회사의 채권자에 대하여는 아무런 책임을 지지 않는 회사이다.

유한회사는 전 사원의 책임이 소위 간접유한책임이라는 점에 있어서 합명회사와 다르며, 지분의 양도가 부자유라는 점이 주식회사와 다르다.

대체적으로 본다면 합명회사와 주식회사의 중간형태이면서도 주식회사에 가깝다. 또한 유한회사는 사원의 수가 50인을 초과할 수 없는 것이 원칙으로 중소기업에 적합한 회사이다.

제5절 보 험

Ⅰ. 보험과 보험법

우리들의 생활주변에는 여러 가지의 재난과 사고가 끊임없이 발생하고 있다. 즉 태풍·홍수·해일·사람의 생사 등과 같은 자연적 재난과 사고 뿐만 아니라 재해·도난과 같은 인위적 재난과 사고와 실업·공황 등의 사회적 사고가 있다. 이러한 재난과 사고로 손해를 입은 경우 일반시민은 그들 개인의 경제력으로 이를 타개할 만큼 여유가 없다. 바로 이점에 착안하여 발생한 것이 보험제도이다. 즉 보험이란 뜻하지 않은 재난에 대한 구제대책의 하나로서 경제생활의 불안정을 제거하기 위하여 많은 사람이 미리 일정한 금전(보험료)을 각출하여 공동준비재산을 형성하고, 이 공동준비재산으로부터 현실로 재난을 당한 자가 재산적 급여(보험금)를 받는 제도이다.

보험에는 동일한 위험에 직면한 자들 사이에 직접 형성되는 상호보험과 보험업자가 영리를 목적으로 타인과 보험계약을 체결함으로써 형성되는 영리보험이 있다. 그러나 개인이 단독으로 위험에 대비하여 준비금을 적립하는 자가보험은 보험이 아니다.

보험법은 넓은 의미에서는 보험에 관한 특유한 법규의 전체를 가리킨다. 상법이 규율하는 보험법은 이상의 것을 제외한 보험계약법, 즉 협의의 보험법이다. 이러한 보험계약법은 그 중심 요소인 보험계약이 대중의 이해와 깊은 관계에 있고, 보험이 사회성·단체성·기술성을 가져 보험계약법도 그 성격상 특수한 사회적 성질(예 : 보통계약약관에 의한 부합계약)·기술적 성질(예 : 보험료 불가분의 원칙, 고지의무제도)·단체적 성질(예 : 대수의 법칙)을 가지며, 그리하여 상법 가운데에서도 독특한 지위를 가지고 있다.

Ⅱ. 보험의 종류

보험을 원하는 자가 직접 공동위험단체를 만드는 경우와 보험자에 의해 공동위험단체가 형성되는 경우가 있는데, 전자를 상호보험이라 하고 후자를 영리보험이라 한다. 또한 보험에는 보험자가 재산상의 손해를 전보할 것을 내용으로 하는 손해보험과 사람의 생명·신체에 관한 보험사고가 생긴 경우 보험자가 재산적 급여를 하는 인보험이 있다.

1. 손해보험

손해보험계약은 손해의 전보를 그 내용으로 하므로, 이에는 사고가 없었더라면 가졌을 이익, 즉 피보험이익이 있어야 한다. 이 피보험이익의 손실로 손해의 전보를 받을 사람을 피보험자라 한다. 피보험자와 보험계약자는 보통 일치하나, 그렇지 않은 경우에는 타인을 위한 보험으로 된다. 손해보험에는 화재로 인하여 생긴 손해를 전보하는 화재보험, 육상운송에 있어서 운송물의 운송에 관한 사고로 생긴 손해를 전보하는 운송보험, 항해상의 사고에서 생긴 손해를 전보하는 해상보험, 피보험자가 제3자에게 손해배상책임을 지는 경우 그 손해를 전보하는 책임보험 등이 있다.

2. 인 보 험

인보험에는 생명보험과 상해보험 두 가지가 있다. 생명보험계약은 당사자의 일방이 상대방이나 제3자의 생명에 관한 보험사고가 생긴 경우에 보험수익자에게 일정한 재산적 급여를 하고, 상대방이 일정한 보험료를 지급할 것을 약정하는 계약이다. 이것은 손해의 유무나 다소에 관계 없는 정액보험이다. 손해보험에서는 손해의 전보를 받을 자를 피보험자라 하나, 생명보험에서는 특정인의 생명에 관한 사고가 보험사고로 되는 경우 그 특정인을 피보험자라 한다. 보험계약자가 자기를 피보험자로 하지 않고 제3자를 피보험자로 할 때에 이를 타인의 생명보험이라 한다. 또한 보험계약자가 자기를 보험수익자로 하지 않고 제3자를 보험수익자로 할 때에 이를 타인을 위한 생명보험이라 한다. 상해보험의 경우에 보험자가 지급하는 급부는 치료의 실비인 경우도 있고(부정액보험), 상해의 태양에 따라 일정한 금액일 수도 있다(정액보험).

제6절 해 상

Ⅰ. 해상기업의 의의

상법전의 해상편은 해상기업에 관한 규정으로 해상기업은 육상기업과는 달리 직접 바다를 무대로 하여 선박에 의하여 활동하는 기업이며, 그 대표적인 것이 해상운송기업이다.

해상기업은 바다를 무대로 하는 선박에 의한 기업이므로 육상기업에 비하여, (i) 바다에서 선박을 이용하는 기술적인 특이성, (ii) 해상위험에서 오는 특이성, (iii) 국제성에서 오는 특이성을 가지고 있다.

해상기업의 이러한 특이성으로 인하여 해상법은, (i) 해상기업 보호책의 하나로서 선박소유자의 유한책임제도를 두고 있으며, 해상운송에 수반되는 기술적 법규가 많으며, (ii) 해상업거래에 수반되는 해상항행이라는 사실과 관련된 해손해난구조 등의 규정을 마련하고 있으며, (iii) 바다를 통한 국제성으로 인하여 국제적 통일을 목적으로 하는 국제통일조약이 채택되어 있는 등의 특이성을 찾아볼 수 있다.

Ⅱ. 해상기업의 조직

해상기업의 인적 조직은 해상기업주체와 해상기업보조자가 있다. 해상기업주체는 선박소유자·선박공유자·선박임차인 등이 있고, 해상기업보조자에는 선장과 해원이 있다.

선박소유자는 그 기업상의 채무에 관하여 무한책임을 져야 할 것이나, 해상기업의 특수성과 해상기업의 보호를 고려하여 물적 손해에 대하여는 그 선박의 톤수에 따라 상법에 정한 바에 의하여 매 톤당 다르게 계산된 금액으로 책임을 지고, 여객의 사망 또는 신체의 상태로 인한 채권에 대한 인적 책임의 한도액은 그 선박의 선박검사증서에 기재된 여객의 정원에 4만6천6백6십6 계산단위를 곱하여 얻은 금액과 2천5백만 계산단위에 상당하는 금액

중 적은 금액으로 책임을 지도록 하였다. 여객 이외의 사람의 사망 또는 신체의 상해로 인한 손해에 대한 책임의 한도액은 그 선박의 총톤수의 증가에 비례하여 책임한도액이 증가하는 비례방식을 취하되, 톤수의 증가에 따라서 증가하는 책임한도액의 증가비율이 점차 감소하는 체감방식을 병용하고 있다.

선장은 선박에 승선하여 그 선박을 지휘하고, 또 선박소유자의 대리인으로서 법정의 권한을 가지며, 그 밖에 공법상 직무권한을 가지는 자이다. 즉 선장은 항해에 필요한 재판상·재판 외의 모든 행위를 할 대리권을 가지며, 또한 감항능력 조사의무, 항해 중의 출생이나 사망의 신고의무, 선박서류 비치의무, 선량한 관리자의 주의의무로 적하를 운송할 의무 등을 부담한다.

Ⅲ. 해상운송

해상운송에는 해상운송인이 선박의 전부나 그 일부를 제공하여 물건의 운송을 인수하는 용선계약과 개개의 물건의 운송을 인수하는 개품운송계약이 있다. 해상운송인은 선박의 안전항행을 위한 감항능력 주의의무, 운송물을 선량한 관리자의 주의로 보관할 의무, 부득이한 경우 이외는 예정항로를 변경하지 아니하고 항행해야 하는 직항의무 등이 있다.

또한 해상운송인은 용선자나 송하인의 청구가 있으면 선하증권을 발행하여야 하며, 이 경우에 운송물의 인도 및 처분은 선하증권으로 하여야 한다.

Ⅳ. 해상기업의 위험

1. 공동해손

공동해손이란 선박과 적하의 공동위험을 면하기 위하여 선장이 피난·투하 등의 선박이나 적하에 대한 처분을 하는 경우에 생기는 손해 또는 비용을 말한다. 공동해손은 그 위험을 면한 선박의 가액·적하의 가액·운임의 반액과 공동해손의 액과의 비율에 따라 각 이해관계인이 분담한다.

2. 선박충돌

선박충돌이란 2척 이상의 선박이 해상 또는 내수에서 접촉하여 손해를 일으키는 것을 말한다. 선박충돌이 불가항력으로 발생하거나 충돌원인이 명백하지 않는 때에는 피해자는 그 손해의 배상을 청구하지 못한다.

그러나 충돌이 일방의 선원의 과실로 발생한 때에는 그 선박소유자가 손해를 배상할 책임을 진다. 충돌이 쌍방 선원의 과실로 생긴 경우에는 쌍방의 과실의 경중에 따라 각 선박소유자가 손해배상의 책임을 부담한다.

3. 해난구조

해난구조란 해난에 조우한 선박 또는 적하를 의무 없이 구조하는 것을 말한다. 이 경우 구조자는 당연히 구조료청구권을 가진다. 구조료에 관해 합의가 있는 경우에는 그에 의할 것이나, 합의가 없는 경우에는 법원이 당사자의 청구에 의해 그 위험정도·구조노력·구조비용·구조효과 등을 참작하여 그 액을 정한다.

제 7 절 유가증권(어음·수표)

Ⅰ. 어음·수표의 개념

유가증권은 재산권을 표시하는 증권으로서 권리의 발생·행사·이전의 전부 또는 일부가 증권에 의하여 이루어지는 것을 말한다. 유가증권은 紙片 그 자체에 가치가 있는 것이 아니라, 지편 위에 문서로 표시된 권리와 결합됨으로써 가치가 부여되는 것이다. 이와 같이 권리와 증권이 밀접하게 결합되어 증권의 점유가 권리행사의 조건이 되어 있는 상태를 가리켜 권리가 증권에 화체되어 있다고 한다.

유가증권에는 어음·수표·화물상환증·선하증권·창고증권·주권 등이 있는데, 이 가운데 증권의 소지와 권리와의 관계가 가장 밀접한 것이 어음과 수표이며, 이것을 특히 완전유가증권이라 하고 기타의 증권을 불완전유가증권이라 한다. 증거증권과 면책증권은 유가증권이 아니다. 증거증권은 영수증과 차용증서와 같이 일정한 사실을 증명하는 증서이며, 재산권을 표시하는 것이 아니므로 유가증권이 아니다. 또 면책증권은 소지품을 보관시킬 때 받는 보관표와 같은 것으로서 권리를 표시하는 것이 아니라, 이러한 것을 소지하고 있는 자에게 보관물을 인도하면 그 소지인이 정당한 권리자인가 아닌가에 관계 없이 인도의 효력이 발생하는 것이므로 유가증권이 아니다.

Ⅱ. 환 어 음

1. 발 행

환어음은 발행인이 제3자(지급인)에 대하여 일정한 금액의 지급을 위탁하는 형식의 어음이다. 환어음의 발행이란 발행인이 환어음에 법정사항을 기재하고 기명·날인하여 이를 수취인에게 교부하는 것이다. 법정기재사항에는 환어음임을 표시하는 문자·일정금액의 지급의 위탁·지급인의 명칭·만기의 표시·지급지·발행일·발행지 등의 어음요건과 이자에 관한 기재, 인수무담보문구·배서금지문구 등의 유의적 기재사항이 있다. 만기에는 확정일을 만기로 하는 확정일출급, 지급을 위하여 어음을 제시한 날을 만기로 하는 일람출급, 발행일자로부터 어음에 기재한 일정기간을 경과한 날을 만기로 하는 발행일자후정기출급, 인수를 위하여 제시한 후 일정한 기간을 경과한 날을 만기로 하는 일람후정기출급의 4종이 있다.

2. 배 서

발행인으로부터 어음을 교부받은 수취인은 어음의 지급을 청구하거나 또는 어음에 배서하여 이를 다른 사람에게 양도할 수 있다. 배서에 의하여 수취인은 그 지위를 피배서인에게 양도하고 또 그 피배서인은 그 지위를 다른 사람에게 양도하여(배서의 이전적 효력) 어음이 전전유통하게 된다. 어음의 유통 중에 항변사유가 존재한다고 해도 그 주장은 일정한 경우 제한을 받는다(인적 항변의 절단).

배서는 배서인이 어음의 원본이나 등본 또는 보전에 법정사항을 기재하여 기명·날인하고 피배서인에게 교부함으로써 성립한다. 배서를 함에 있어서 피배서인을 지정하는 것이 기명배서이고, 피배서인을 지정하지 않는 것이 백지식배서이며, 피배서인의 지정 없이 단순히 소지인에게 지급하도록 한 것이 소지인출급식배서이다. 수취인이 자기를 제1배서인으로 하여 배서하고, 다시 제1배서인이 제2배서인으로서 배서하여 현재의 소지인에 이르기까지 배서가 간단 없이 계속되면 이를 '배서의 연속'이라고 한다. 배서의 연속이 있는 어음을 소지한 자는 권리자로 추정되며(배서의 자격수여적 효력), 따라서 이러한 어음의 소지인으로부터 배서를 받은 자는 양도인이 무권리자일지라도 그 취득에 있어서 선의이고 중대한 과실이 없는 한 유효하게 어음을 취득한다(선의취득). 배서인은 자기 이후의 모든 피배서인에 대하여 인수와 지급에 관한 담보책임을 진다(배서의 담보적 효력).

3. 인 수

지급인은 단순히 어음상에 지급인으로 기재되어 있는 것만으로 어음상의 채무를 부담하게 되는 것이 아니고, 어음상에 '인수'라는 문구를 기재해서 기명·날인하여야 비로소 어음채무자로 되는 것이다. 어음소지인은 어음발행시부터 만기에 이르기까지 언제든지, 또 일람후정기출급어음에 있어서는 발행일로부터 1년 내에 지급인에게 인수를 위하여 어음을 제시하여야 한다(인수제시).

4. 지 급

어음소지인이 어음상의 권리를 행사하기 위한 지급제시기간은 만기의 날로부터 3년간이다. 그러나 소구권보전을 위해서는 어음소지인은 지급을 할 날 또는 이에 이은 2거래일 내에, 또 일람출급어음의 경우에는 발행일로부터 1년 내에 인수인이나 지급인에게 어음금액의 지급을 위하여 어음을 제시하여야 한다(지급제시). 이 경우 어음금액을 지급한 자는 배서가 연속되어 있는 한 그 어음소지인이 무권리자일지라도 책임을 면한다.

5. 소구(상환청구)

인수가 거절되거나 지급이 거절되는 경우에 어음소지인은 인수거절증서 또는 지급거절증서를 작성하여 그 전자에게 어음금액 기타 비용의 변제를 청구할 수 있다. 이를 소구 또는 상환청구라고 한다. 소구 또는 상환의무를 이행하고 어음을 환수한 자는 자기의 전자에 대하여 다시 소구(재소구)할 수 있다.

Ⅲ. 약속어음

약속어음은 신용증권이라는 점에서 환어음과 유사하므로 다른 규정이 없는 한 환어음에 관한 규정이 이에 준용된다. 약속어음은 발행인 자신이 일정금액의 지급을 약속하는 증권이므로, 이에는 지급인이 없고 발행인과 수취인의 두 당사자만 있다. 따라서 약속어음에는 인수제도도 없고 또 인수거절로 인한 소구의 문제도 없다.

Ⅳ. 수 표

수표는 발행인이 지급인(은행)에 대하여 수취인 기타 정당한 소지자에게 일정한 금액의 지급을 위탁하는 형식의 유가증권이다. 따라서 발행인 자신이 일정금액의 지급을 약속하는 약속어음과 다르며 제3자에게 지급을 위탁하는 점에서 환어음과 비슷하다. 그러나 환어음은 주로 신용의 용구인 데 비하여, 수표는 지급의 수단으로 이용되는 점이 다르다. 그러므로 수표에는 인수라는 것이 없으며, 그 대신 지급보증제도가 있다. 수표는 지급증권이므로 법률상 당연히 일람출급식으로 되어 있어 발행 후 언제든지 지급제시를 할 수 있다. 어음과 달리 만기라는 것이 없고, 이에 위반되는 모든 기재는 기재하지 아니한 것으로 본다. 수표의 지급제시기간은 내국수표의 경우에는 발행 후 10일이고, 외국수표는 발행지와 지급지가 동일 주에 있는 경우에는 20일이며, 다른 주에 있는 경우에는 70일이다.

제 5 장

형　　법

제 1 절　서　　설

Ⅰ. 형법의 의의 및 기능

1. 형법의 의의

형법은 범죄라는 일정한 행위에 대하여 법률효과로써 형벌을 과하는 법규범의 총체를 말한다.

사람이 사회라는 집단생활을 영위하고 있는 이상 여기에는 사회평화를 교란하는 각종의 범죄행위가 발생하게 된다. 이러한 범죄행위를 그대로 방치해 둔다면, 우리들의 사회생활의 안전은 도저히 보장될 수 없다. 그러므로 국가는 사회의 필연적 산물이라고 할 수 있는 범죄에 대하여 형벌이라는 수단으로써 사회의 평화와 이익을 확보하고자 한다. 이러한 국가와 범인과의 관계를 규율하는 법적 질서, 즉 일정한 범죄가 발생한 경우에 이에 대하여 일정한 형벌을 과할 것을 규정한 법이 형법이다.

2. 형법의 기능

형법은 범죄라는 행위에 대하여 형벌이라는 제재를 과함으로써 개인의 이익을 보호하고 사회의 평화와 질서를 유지하며, 또한 범인에 대한 응보와 일반예방이라는 형법의 목적에 봉사한다. 이러한 형법의 기능을 살펴보면 다음과 같다.

(1) 보장적 기능

형법의 보장적 기능이란 범죄될 사실을 미리 형법에 규정함으로써 국가의 형벌권이 그 실현과정에서 국민의 자유와 이익을 위하여 제한되고, 그럼으로써 국민의 자유와 이익을 보장한다는 기능이다. 따라서 국민은 형법이 범죄로 규정하고 있는 행위를 하지 않는 한 자유를 가진다. 나아가 형법의 보장적 기능은 범죄를 범한 자라도 형법이 그 범죄에 대한 제재로써 규정하고 있는 형벌 이외에는 받지 않는다는 것도 포함한다(범죄인의 Magna Charta).

(2) 보호적 기능

형법은 범죄라는 일정한 침해행위에 대하여 형벌을 과함으로써 범죄라는 침해행위 또는 위협으로부터 특정한 법익을 보호하는 기능을 가진다. 형법 이외의 다른 국법도 역시 법익을 보호하는 기능을 가지나 형법은 형벌이라는 특수한 제재수단으로써 법익을 보호하는 특수성이 있다. 형법상 인정된 보호법익을 크게 나누면, 국가적 법익·사회적 법익·개인적 법익이 있다.

(3) 규범적 기능

형법은 일정한 행위를 범죄로 규정하고, 이에 대하여 형벌을 과하는 가언적 판단형식(예 : ~하면 ~에 처한다)을 취함으로써 개인으로 하여금 이에 따라 자신의 행위의 마땅함과 마땅치 않음을 판단하고 의사결정을 하여 행동하도록 한다. 뿐만 아니라 법관에게 제재의 기준이 될 규범을 제공하는 기능을 가진다. 이를 형법의 규범적 기능이라고 하며, 개인의 범죄행위를 미리 예방하여 범죄로부터 국가사회의 공동생활의 질서를 유지·보전하려는 것이다.

Ⅱ. 형사법사상의 변천

1. 고대의 형사법사상

고대 원시사회의 생활규범은 주로 관습이었다. 당시 이들 관습은 대체로 원시종교적 색채가 짙은 것이었으므로 그 재판도 추방하거나 살해한 후 신의 제물로 제공하는 등 신의 의사에 합당한 방법으로 집행되었다. 또한 원시사회에는 사적 제재로서의 복수가 허용되었다.

당초 복수는 무제한하게 허용되었으나, 후에 가해와 복수의 균형을 취하여 '눈에는 눈,' '이에는 이'(An eye for an eye, a tooth for a tooth)로 응보하는 동해보복(Lex talionis)의 사상으로 복수를 제한하였다.

그리고 이 때에 와서는 피해자가 복수를 가하는 대신 가해자가 가축이나 농산물 등을 제공함으로써 용서를 받고 죄를 면하는 이른바 배상적 속죄를 할 수 있었다. 이도 처음에는 피해자가 복수를 하든 속죄물을 요구하든 피해자의 자유선택에 맡겨 두었으나, 후에는 복수를 금하고 배상적 속죄를 하도록 하였다.

2. 봉건시대의 형사법사상

중세 봉건사회는 영주와 영민이 엄격한 주종관계로 결합되어 있어, 영민은 영주의 절대적 권위에 무조건 복종하지 않으면 안 되었다. 따라서 범죄의 유무와 과형은 국왕이나 재판관의 자의에 의하여 결정되었고(죄형전단주의), 재판절차도 피해자나 기타 소추권자의 소추를 기다리지 않고 개시되었다(규문주의). 또한 고문이 무제한 허용되었고, 형벌도 가혹하여 독살죄에는 차륜살, 방화범에는 화소살, 국사범에는 사열살, 강도·절도죄에는 참수살 등을 과하였다(위하형주의). 봉건제도가 붕괴되고 통일국가가 형성되자 각국의 국왕은 국부의 축적을 위해 대외적으로 보호무역정책을 시행하면서 대내적으로는 내국의 산업에 적극 간섭을 가하였다(중상주의). 이에 민중의 반항이 싹트자 국왕은 민중을 경찰력으로 무자비하게 탄압하였고(경찰국가), 따라서 재판도 직권주의·규문주의·비밀주의화하였으며, 죄형은 법관의 전단에 의하였고 고문이 널리 성행하였다.

3. 계몽적 형사법사상

17세기에 이르러 경찰국가의 탄압정책과 신교도에 대한 로마교회의 압박에 대항하여, 각처에서는 차츰 개인의 자유를 각성시키고자 하는 계몽운동이 일어났다. 이 계몽운동은 인간의 자유와 평등을 천부인권이라고 주장하는 자연법사상과 각자는 이러한 천부인권을 보장받기 위하여 계약으로 국가를 설립한 것이라고 하는 사회계약설에 그 기초를 두고 있다. 따라서 국가는 공공복리를 위하는 것 외에는 개인의 자유와 권리를 제한할 수 없고, 또 고문제도와 신체형을 과할 수 없다고 하였다. 그리하여 경찰국가시대의 죄형전단주의와 위하형에 대한 항의로서 죄형법정주의와 형벌의 완화가 요구되거나, 또는 탄핵주의와 공개재판주의가 주장되었다.

4. 프랑스 혁명과 형사법

프랑스 혁명의 인권선언은 인간은 태어날 때부터 자유·평등하고(동 제1조), 국가의 목적은 천부인권을 보장함에 있다고 하며, 형벌의 완화와 죄형법정주의의 실현을 약속하였다. 그리하여 1791년의 혁명형법에는 범죄의 종류와 사형에 처할 범죄수가 감소되었으며, 또 죄형법정주의가 관철되고 법관의 유추해석과 자유재량이 금지되었다.

그리고 1808년의 신형사소송법은 소추는 국가기관인 검사만이 하도록 하는 국가소추주의와 증거의 증명력은 법관의 자유판단에 일임하는 자유심증주의를 확립하였으며, 또 공개주의와 구술주의를 채택하였다.

Ⅲ. 형법이론

1. 형법에 있어서의 구파와 신파

형법에 있어서는 오래 전부터 구파와 신파가 서로 대립되고 있다.

구파는 18세기 개인주의 및 자유주의를 기반으로 하는 개인본위의 형법이론이며, 응보형주의와 객관주의를 기초로 하고 있다. 이 학파는 근대형법에 통일적인 이론체계를 부여하고 범죄를 분석·해부하여 여러 제도에 대하여 그 정의를 명확하게 한 점에 있어서 그 공적이 크다.

신파는 19세기 중엽에 급속하게 발달한 자연과학과 사회과학에 의존하여 목적형주의와 주관주의를 채택함으로써 사회본위주의를 기초로 하고 있다. 이 학파는 과학을 토대로 하여 실증적으로 형법을 연구함으로써 개인 및 사회적 원인에서 범죄의 본질을 구명하고 형사정책의 발전에 기여한 공적이 크다.

2. 응보형주의와 목적형주의

범죄에 대하여 형벌을 과하는 이유가 무엇인가에 대하여 응보형주의와 목적형주의가 있다.

응보형주의에 의하면 형벌의 목적은 범죄라고 하는 과거의 사실에 대하여 응보를 하는 데 있다고 한다. 응보 이외에는 아무런 목적이 없기 때문에 이를 절대설이라고도 한다. 이 설에 의하면 응보를 바로 정의와 동일시하고 있다.

목적형주의에 의하면 형벌은 범죄라고 하는 침해적 사실에 대하여 공동생활의 안전을 확보하는 데 있다고 주장한다. 형벌을 범죄에 대한 사회방위의 수단으로 보기 때문에 사회방위설이라고도 하며, 이 주장은 결국 형벌에 의한 사회방위는 범죄인을 교육하여 선량한 사회인으로 만드는 것이 가장 좋은 방법이라고 보기 때문에 종국적으로 교육형론에 도달하게 된다.

3. 객관주의와 주관주의

형벌의 대상은 범죄의 침해적 사실인가 또는 범인의 침해적 인격인가, 다시 말하면 벌을 주는 형법적 평가의 중점이 행위(범죄)인가 행위자(범죄인)인가에 관하여 객관주의와 주관주의의 대립이 있다.

객관주의에 의하면 범죄는 자유의사에 의한 법익침해이며, 자유의사는 개개인이 평등하게 구비하고 있으므로 형벌은 범죄라고 하는 외부에 나타난 행위, 즉 객관적 사실의 대소에 의하여 결정되어야 한다고 한다.

주관주의는 형벌의 근거를 범죄라는 객관적 사실에서가 아니라 범죄인의 성격에서 찾으려고 한다. 즉 형벌은 이미 발생한 침해 또는 위험에 대한 것이 아니라 행위자인 범죄인의 반사회적 성격을 대상으로 하여야 한다고 하며, 따라서 형벌의 대상과 경중은 행위자의 내부적·주관적 사실에 따라 결정되어야 한다고 주장한다.

4. 일반예방주의와 특별예방주의

형벌의 효과의 중점을 사회일반인과 범죄인 중 어느 쪽에 둘 것인가 하는 문제에 있어서 일반예방주의와 특별예방주의가 있다.

일반예방주의에 의하면 형벌은 범인 이외의 사회 일반인이 범죄행위를 하지 않도록 미리 예방하는 수단이라고 보며, 특별예방주의에 의하면 형벌은 범인 자신이 다시 범죄행위를 하지 않도록 예방하는 수단이라고 주장한다.

일반예방주의에 있어서 형벌의 작용은 일반사회를 위하 또는 경계함으로써 범죄를 널리 예방하는 데 있다고 보기 때문에 자연적으로 범죄필벌과 엄벌형을 주장하게 되지만, 특별예방주의에 있어서는 범인을 교육하고 개선하는 것이 형벌의 작용이라고 하며, 범인의 연령·환경 기타 개인적인 사정을 고려하는 등 소위 형벌의 개별화를 주장하게 된다.

Ⅳ. 죄형법정주의

죄형법정주의란 "법률이 없으면 범죄도 없고, 법률이 없으면 형벌도 없다"(Nullum crimen sine lege, nulla poena sine lege)는 표어로 표현되고 있는 바와 같이, 모든 범죄와 형벌은 반드시 법률로 정하여야 한다는 것이다.

즉 어떠한 행위가 범죄로 되고 그 범죄에 어떠한 형을 과할 것인가에 관하여 미리 성문의 법률로써 규정해야 한다는 것이다. 이 죄형법정주의는 범죄와 형벌을 법률로 규정함으로써 국가의 형벌권 행사의 한계를 미리 정하고 그 형벌권 행사의 남용을 방지하여 개인의 자유와 권리를 보장하고자 하는 것으로서, 이는 18, 9세기의 개인주의적 자유주의사상에 연유한 것이다.

우리 나라에서도 헌법 제12조 제1항에 「모든 국민은 신체의 자유를 가진다. 누구든지 법률에 의하지 아니하고는 체포·구금·압수·수색·심문·처벌과 보안처분을 받지 아니한다」고 규정하고, 또 형법 제1조 제1항에 「범죄의 성립과 처벌은 행위시의 법률에 의한다」고 규정함으로써 죄형법정주의를 채택하고 있다.

죄형법정주의는 범죄의 종류와 형벌의 정도를 성문화된 법률에 정하여서 이를 한정하려고 하는 원칙이므로 관습법이라든지 조리는 여기에서 제외되며(관습법 배제의 원칙), 또 유추해석으로 법률에 정하여져 있지 않은 행위가 범죄로 되어서는 안 될 것이므로 유추해석을 금지하며(유추해석 금지의 원칙), 행위 당시의 법률에 정하여져 있는 범죄와 형벌을 전제로 해야 하므로 행위 당시의 법률로는 범죄로 되지 않던 행위가 행위 후에 제정된 법률에 의해 범죄로 되거나 형이 가중된 경우에는 이의 소급적용을 금지한다(소급효 금지의 원칙). 그리고 범인에게 선고할 형은 정기형이며 부정기형은 금한다는 원칙이다(부정기형 금지의 원칙). 그러나 죄형법정주의는 개인의 자유를 보장하기 위한 제도로 발전하여 온 것이므로, 비록 행위시의 법률에는 범죄로 되어 있었더라도 행위 후의 법률에 의해 범죄로 되지 않거나 형이 감경된 경우에는 이의 소급적용을 허용하고 피고인에 유리한 유추해석도 허용하며, 소년범 등에 상대적 부정기형을 규정할 수 있다고 함으로써 죄형법정주의의 고전적 의미와 내용이 변하였다.

그러나 국가권력이 비대해지고 인권침해의 위험이 상존하는 한 죄형법정주의는 영원히 존중되어야 하는 것이다.

제2절 범 죄 론

Ⅰ. 범죄의 개념

범죄는 실질적으로는 사회공공의 안전과 이익을 해치는 일체의 행위, 즉 반사회적 행위(실질적 의의)를 말하고, 형식적으로는 형법에 의하여 규정되고 그에 대하여 형벌이 과하여지는 행위(형식적 의의)를 말한다.

범죄가 성립하기 위해서는 범죄자의 행위가 우선 형법전에 규정된 구성요건에 해당하여야 하며, 구성요건에 해당하는 행위는 일단 위법성이 있다고 추정된다. 그러나 구성요건에 해당하고 위법한 행위라고 하더라도 그 행위가 특수한 사정 아래 행하여진 것이기 때문에 법률상 용납될 수 있는 경우(위법성조각사유)에는 처벌되지 않는다. 다시 말하면, 구성요건에 해당하는 행위는 위법성조각사유가 존재하지 않는 한 위법성이 인정된다. 또한 구성요건에 해당하는 위법한 행위라 할지라도 그것이 사회적으로 비난을 받을 만한 심리상태에 있어서 행한 것이 아니면 처벌되지 않으므로 구성요건에 해당하는 위법한 행위가 사회적으로 비난가능성이 있는 유책한 행위라야 한다. 그러므로 형식적 의의의 범죄는, (i) 구성요건에 해당하는, (ii) 위법, (iii) 유책한 행위를 말한다.

Ⅱ. 범죄의 성립요건

범죄의 성립요건이란 범죄가 법률적으로 성립하기 위한 요건으로서 구성요건해당성(Tatbestandsmässigkeit)·위법성(Rechtswidrigkeit)·책임(Schuldhaftigkeit)을 말한다. 그러나 여기서는 편의상 구성요건의 기저로서의 행위를 별개로 설명하기로 한다.

범죄의 성립요건이 갖추어지면 범죄가 성립하고, 동시에 형벌권도 발생한다. 그러나 특별한 경우에는 범죄가 성립하더라도 처벌조건과 소추조건이 구비되어야 형벌권이 발생한다. 범죄의 처벌요건에는 일정한 객관적 사실이 성취된 때에 처벌할 수 있는 객관적 처벌조건, 일정한 신분관계로 인하여 처벌되지 않고 그 사유가 없어야만 처벌할 수 있는 인적 처벌조각사유가 있다. 범죄의 소추요건에는 친고죄에 있어서의 고소와 재정범의 고발 등이 있다.

1. 구성요건해당성

(1) 의 의

구성요건이란 형법 각 본조 기타 형벌법규에 규정된 범죄에 대하여 형벌을 과하는 근거로서 추상적·개념적으로 규정된 위법행위의 형태를 말한다. 다시 말하면 국가가 국민에게 현실적으로 금지 내지 요구하고 있는 행위가 어떠한 것인지를 구체화하여 그 금지 또는 요구의 내용을 실질적·대상적으로 규정해 놓은 것이다. 이와 같이 구성요건은 행위의 객체·행위의 주체·행위의 태양과 같은 객관적 구성요건요소와 고의·과실과 같은 주관적 구성요건요소로 구성된다. 예를 들면 형법 제250조의 살인죄에 있어서 '사람'이란 행위의 객체이며, '살해한 자'는 행위의 주체, '살해'는 행위의 태양을 의미한다. 그리고 살인죄는 고의범이므로 고의라는 주관적 구성요건요소가 있어야 한다. 행위가 이와 같은 구성요건을 완전히 충족시키는 경우 범죄는 기수로 되지만, 구성요건을 충족시킬 고의로 행위를 시작하였지만, 완성하지 못한 경우에는 미수범이 성립한다. 미수범은 일률적으로 처벌되는 것이 아니라 처벌규정이 있는 경우에만 처벌된다.

이와 같이 구성요건은 범죄성립의 제1의 요건으로서 그 실체는 위법행위의 유형이다. 즉 어떤 행위가 구성요건에 해당한다면 그 행위는 일단 위법성을 가진 것으로 추정(위법성의 인식근거)될 뿐 아니라 나아가 위법성을 조각하는 사유가 없는 한 위법인 행위(위법성의 존재근거)이다.

그리하여 구성요건에는 객관적 요소와 주관적 요소 이외에 기술적 요소와 규범적인 요소도 존재한다.

(2) 행 위

범죄는 사람의 행위에 의하여 이루어진다. 따라서 구성요건은 일정한 행위를 요구하고 있다. 그런데 사람의 행위는 적극적 동작인 작위와 소극적 태도인 부작위의 2가지가 있다. 형법법규는 대체로 구성요건이 작위의 형식 즉, '사람을 살해한 자…'라든지 '재물을 절취한 자…' 등으로 규정된 작위범이 대부분이다. 그러나 '해산명령을 받고 해산하지 아니한 자…'(다중불해산죄)라든지 '의무가 있는 자가 유기한 때에…'(유기죄)등과 같이 구성요건이 부작위의 형식으로 규정되어 있는 범죄도 있다. 이를 진정부작위범이라 한다. 그러나 원래 구성요건이 작위의 형식으로 규정되어 있는 데도 이를 부작위의 방법으로 실현하는 경우, 예컨대 모친이 수유하지 않음으로써 유아를 아사케 하는 경우를 부진정부작위범이라 하여 처벌하고 있다.

이와 같이 모든 구성요건은 일정한 행위를 요구하고 있는데, 이에는 일정한 행위만 있으면 기수범으로 되는 형식범(예 : 주거침입죄)과 또 일정한 행위와 그로부터 범죄의 결과가 발생하여야 기수범으로 되는 결과범(예 : 살인죄)이 있다. 결과범에는 일정한 행위와 그로부터 발생하는 범죄와의 관계, 즉 행위와 범죄 간에 원인과 결과의 관계가 있어야 한다. 이를 인과관계라 한다.

결과범의 성립에는 행위와 결과 간에 인과관계가 있어야 하나, 인과관계의 범위를 어떻게 결정할 것인가가 문제이다. 이에 관하여 그 행위가 없었더라면 그 결과도 발생하지 않았으리라는 관계가 있으면 양자간에 인과관계가 있다고 보는 조건설과, 그 행위로부터 그 결과가 발생하는 것(조건설의 인과관계)이 사회경험상으로 미루어 보아 상당하다고 인정되는 경우에 비로소 인과관계가 있다고 보는 상당인과관계설이 있다.

오늘날 후설이 통설로 되어 있다. 하지만 최근 인과관계의 문제를 인과관계와 객관적 귀속으로 구별하여 해결하려는 소위 "인과관계와 객관적 귀속이론"이 유력하게 주장되고 있다. 이 이론은 원인과 결과 사이에 합법칙성만 인정되면 일단 인과관계가 있다고 보고, 인과관계가 인정된 행위를 행위자에게 귀속시킬지 여부를 다시 판단하는 것이다.

(3) 고의 · 과실

고의와 과실은 주관적 구성요건요소인 동시에 책임요소로서의 이중적 기능을 하는 것으로 본다.

1) 고 의 고의란 범죄사실의 인식을 말한다. 고의는 죄의 성립요소인 '사실〔범죄사실〕'을 인식하고, 이러한 사실이 결과로서 나타날 것을 '의욕'하였을 때 성립한다. 예를 들어 권총을 발사하면 상대방이 살해되리라는 것을 알고〔인식〕, 그 상대방을 죽이기 위하여〔의욕〕 발사함으로써 고의는 성립한다.

2) 과 실 과실은 자기의 행위로 인하여 범죄사실이 발생하는 것

을 부주의로 말미암아 인식하지 못함을 말한다. 즉 범죄사실의 인식이 없고, 따라서 사실의 발생에 대한 의욕도 없지만 부주의로 인하여 결과를 발생케 하였을 때 성립한다. 예컨대 운전자가 부주의로 인하여 행인을 치어 죽인 경우인데, 이 때 살해의 고의는 없으나 부주의로 인하여 살해하는 결과가 발생하였으므로 업무상과실치사죄가 성립한다.

2. 위 법 성

(1) 개 념

범죄는 구성요건에 해당하는 위법한 행위이다. 따라서 어떠한 행위가 형법 각 본조의 구성요건에 해당하더라도 위법성조각사유가 존재하는 한 위법성이 부정되며 범죄는 성립하지 않는다. 예컨대 의사의 수술행위는 정당행위로서 위법성을 가지지 않는다. 따라서 상해죄의 구성요건해당성은 있으나 위법성이 조각되어 상해죄가 성립하지 않는다.

이와 같이 위법성은 구성요건과 더불어 또 하나의 범죄성립요건이며 그것은 행위가 법적인 견지에서 허용되지 아니한다는 성질, 즉 행위가 국가적 사회공동생활을 규율하는 법규의 목적에 위반하여 법질서 전체의 입장에서의 부정적 가치판단을 받는 것을 말한다. 이와 같이 위법성은 형식적으로는 어떤 행위가 법률의 금지 또는 명령규범에 위반하는 것을 말하며 실제적으로는 법질서 전체의 입장에서 어떤 행위가 국가적으로 승인된 사회공동생활의 목적에 위반되는 것, 즉 공서양속의 위반을 말한다. 우리 형법 제20조가 위법성의 판단 기준으로서 들고 있는 '사회상규'도 공서양속과 대체로 동일한 의미이다.

행위의 위법성은 행위자의 능력과 인식(행위자의 주관)을 기초로 하여 판단할 것인가 또는 행위자의 능력과 인식에 관계없이 객관적으로 판단할 것인가가 문제된다. 전자는 주관적 위법성론으로서 법을 명령 내지 의사결정규범으로 이해하여 그 명령의 의미를 이해할 수 있는 자의 행위만이 위법이 될 수 있다고 한다. 후자는 객관적 위법성론으로서 법을 평가규범으로 이해하여 행위자의 주관적 조건과는 관계없이 그 행위가 객관적인 법질서에 위반하는 한 위법이 된다고 한다.

그러나 '위법성은 객관적으로, 책임성은 주관적으로'라는 명제와 같이 위법성은 행위자의 주관적인 조건을 버리고 객관적으로 결정하여야 할 것이며, 또한 이 객관적 위법성론이 현재의 통설이다.

(2) 위법성조각사유

범죄가 성립함에 있어서는 형법 각 본조에 규정한 구성요건에 해당하는 위법한 행위임을 필요로 한다. 그리고 구성요건에 해당하는 행위는 동시에 위법한 것이 보통이다. 그러나 일정한 행위가 구성요건에 해당하더라도 그 행위의 위법성을 배제하고 적법으로 되는 예외적인 특별사유가 있다.

이를 위법성이 조각된 행위라 한다. 형법상 위법성조각사유로서는 다음과 같은 것이 있다.

1) **정당행위** 공무집행행위 · 징계행위 · 현행범인체포행위 · 정신병자감호행위 · 근로자의 쟁의행위 등과 같은 '법령에 의한 행위'와 변호사의 변론과 같은 '업무로 인한 행위' 및 군인의 적병살상행위라든가, 우생학적 단종 · 자손행위와 같은 '사회상규에 위배되지 않는 행위'등은 정당한 행위로서 위법성이 조각된다(형법 제20조)

2) **정당방위** 자기 또는 타인의 법익에 대한 현재의 부당한 침해를 방위하기 위한 행위로서 상당한 이유가 있는 경우에는 이를 정당방위라 하여 위법성이 조각되어 처벌되지 않는다(형법 제21조 제1항).

정당방위가 성립하기 위하여는 그 침해가 '현재'의 부당한 침해이어야 하며 동시에 자기 또는 타인의 법익을 방위하기 위한 행위일 것, 상당성 등이 요구된다. 예컨대 권총을 발사하는 강도를 반격하여 살해하는 행위는 정당방위라 할 수 있지만, 단순한 날치기를 뒤쫓아 가면서 권총으로 사살하는 것은 현재의 부당한 침해에 대한 방위로서 상당한 이유가 있는 행위라고는 할 수 없다. 또한 정당방위는 부당한 침해를 반격한다는 면에 있어서 '부정 대 정' (Unrecht und Recht)의 관계이다. 그리고 방위행위가 그 '정도'를 초과한 경우에는 이를 과잉방위라 하여 형을 감경 또는 면제할 수 있다(형법 제21조 제2항).

3) **긴급피난** 자기 또는 타인의 법익에 대한 현재의 위난을 피하기 위한 행위는 상당한 이유가 있는 때에는 이를 긴급피난이라 하여 처벌하지 아니한다(형법 제22조 제1항). 예컨대 폭주하는 자동차를 피하려다 이웃집 유리창을 깨뜨린다든가, 광견이 사람을 물어 뜯을려고 할 때 이를 타살하는 경우 등이다.

긴급피난에 있어서 위난을 발생하게 하는 원인은 사람의 행위이든 자연현상이든 관계 없다. 또한 침해는 '부당'한 것임을 요하지 않으며, 위법하지 않는 침해에 대하여 일정한 한도 내에서 피난하는 것을 법이 허용하는 것이므로 보호하려는 권리와 상대방 또는 제3자에 반격하여 생긴 손해와의 사이에 균형성이 있는 경우에만 위법성이 조각된다. 이는 긴급피난이 정당방위와 같은 부정 대 정의 관계가 아니라 '정 대 정'(Recht und Recht)의 관계이기 때문이다.

4) **자구행위** 법정절차에 의하여 청구권을 보전하기 불능한 경우에 그 청구권의 실행불능 또는 현저한 실행곤란을 피하기 위한 행위는 상당한 이유가 있는 때에는 이를 자구행위라 하여 위법성이 조각된다(형법 제23조 제1항). 가령 절도범인을 추적하여 장물을 탈환하는 경우에 폭행·협박을 하더라도 폭행죄나 협박죄가 성립하지 않는 것과 같다.

어떤 권리가 침해되었을 때에는 반드시 법에 의한 일정한 절차를 밟아 침해를 배제하지 않으면 안 된다. 그러나 속담에 "법은 멀고 주먹은 가깝다"는 말이 있는 것과 같이 일정한 시간의 경과를 요하는 법의 절차를 밟게 한다면, 권리의 확보가 불가능하든가 매우 어려운 경우에 자력으로써 권리를 실현할 수 있도록 하는 것이 이상적이다. 이러한 이유에서 형법은 일정한 경우에 자력구제를 위법성조각사유로 하고 있다.

5) **피해자의 승낙** 처분할 수 있는 자의 승낙에 의하여 그 법익을 훼손하였을 경우에는 위법성이 조각된다(형법 제24조). 예컨대 병자에게 수혈하기 위하여 건강한 사람의 승낙을 얻어 그의 피를 뽑는 행위가 상해죄가 성립하지 않으며, 상대방의 승낙 아래 이루어진 간음행위가 강간죄를 구성하지 않는 것과 같다. 피해자의 승낙에 의해 위법성이 조각되는 경우는 피해자의 승낙이 없거나 그의 의사에 반하는 행위만이 어떠한 범죄의 구성요건에 해당하는 경우이다. 그러므로 승낙을 얻어서 한 행위가 범죄의 구성요건에 해당할 때에는 그 승낙을 얻어서 한 행위가 바로 범죄를 구성한다. 가령 임부의 승낙을 얻고 낙태시키는 경우가 바로 낙태죄를 구성하는데 이 낙태죄가 여기에 속한다.

3. 책 임

(1) 책임의 개념·근거·본질

어떤 행위가 구성요건에 해당하고 또 위법하더라도 그 행위자에게 책임이 없을 때에는 범죄가 성립되지 않는다. 여기에서 책임이란 행위자에게 형벌을 과하기에 필요한 행위자의 주관적 요건, 즉 행위자의 정신능력과 의사상태를 말한다. 즉 행위자에게 책임이 있다는 것은 행위자에게 일정한 정신능력이 있고, 또 그 행위가 일정한 의사상태하에서 행하여진 것임을 말한다. 형법은 책임능력에 관하여 소극적으로 책임무능력자와 한정책임능력자를 규정하고, 또 책임조건에 해당하고 위법하더라고 책임능력 있는 자가 고의나 과실로서 범죄를 범한 것이 아니면 그에 형벌을 과할 수 없는 것이다.

책임의 근거에 관하여 도의적 책임론·사회적 책임론·규범적 책임론이 대립해 있다. 도의적 책임론은 사람은 의사의 자유를 가진다는 것을 전제로 하여 의사의 자유에 의해 적법한 도의적 행위를 할 수 있는 데도 임의로 비도의적 행위를 선택하였으므로 도의적 비난인 책임이 있는 것이라고 한다. 따라서 이에 의하면 의사의 자유가 없는 자, 즉 책임무능력자의 행위는 도의적으로 비난할 수 없으므로 책임이 없고 범죄가 되지 않는다고 한다. 이에 대하여 사회적 책임론은 사회방위를 전제로 하여 책임은 사회가 반사회적 성격의 소유자에게 사회방위의 처분, 즉 교화·개선 내지 보안처분을 과할 수 있는 요건이라고 한다. 이에 의하면 반사회적 성격의 소유자 중에서 교화·개선이 적합한 자에게는 형벌을 과할 것이나, 그렇지 아니한 자에게는 보안처분을 과하여야 한다고 한다. 그리고 규범적 책임론은 책임의 실체가 법적 비난인 점에 착안하여 적법행위에 대한 기대가 가능함에도 불구하고 의무에 위반하여 비적법행위를 한 점에서 책임의 본질을 찾는다. 규범적 책임론이 오늘날의 통설로 되었다.

(2) 책임능력

책임능력이란 사물의 시비선악을 식별할 수 있는 변별능력 또는 그 의사결정에 따라 행동할 수 있는 정도의 능력, 즉 의사결정능력을 요한다. 형법은 책임능력에 관하여 적극적인 규정을 두지 않고 소극적으로 책임무능력자와 한정책임능력자를 규정하고 있다.

즉 형법은 14세 미만인 자(형사미성년자)나 심신장애로 인하여 사물의 식별능력이 없거나 의사결정의 능력이 없는 자(심신장애자)는 책임무능력자로서 이들의 행위는 벌하지 아니하며(형법 제9조·제10조 제1항), 또한 일반인보다 능력이 박약하나 심신장애의 정도에까지 이르지 아니한 자(심신미약자) 또는 청각기능과 발언기능이 모두 결여된 자(농아자)는 한정책임자로서 이들의 행위에 대하여는 형을 경감한다(형법 제10조 제2항 · 제11조). 그러나 행위자 스스로 책임무능력상태를 야기하여 범죄를 실현할 경우(원인에 있어서의 자유로운 행위)에는 처벌을 면치 못한다.

(3) 책임조건

1) **위법성의 인식** 책임이 인정되기 위해서는 위법성의 인식이 요구되는데, 위법성의 인식이란 행위자의 행위가 공동사회의 질서에 반하고 법적으로 금지되어 있다는 것을 인식하는 것을 말한다.

우리 형법 제16조는 「자기의 행위가 법령에 의하여 죄가 되지 아니하는 것으로 오인한 행위는 그 오인에 정당한 이유가 있는 때에는 벌하지 아니한다」고 규정하고 있고, 이를 위법성의 착오에 관한 규정으로 해석하는 것이 일반적 견해이다.

2) **기대가능성** 기대가능성이란 행위자에게 적법행위를 기대할 수 있는 적법행위의 기대가능성을 말하는 것으로 책임능력, 위법성의 인식과 함께 책임을 구성하는 요소이다. 기대가능성은 책임조각사유이므로 기대가능성이 없으면 책임이 조각된다고 보는 것이 현재 우리의 다수설이다.

Ⅲ. 범죄의 형태

1. 미 수 범

기수범은 구성요건의 내용을 충족하여 범죄가 완성한 것인 데 대하여, 미수범은 범죄의 실행에 착수하였으나 구성요건의 내용을 충족하지 못하여 범죄가 완성하지 못한 경우이다.

미수범에는 절도가 금품을 물색 중 발각되어 도망한 경우와 같이 범죄의 실행에 착수하였으나 외부적 원인으로 완성하지 못한 장애미수와 또 절도가 금품을 물색 중 양심의 가책을 받고 도망한 경우와 같이 범죄의 실행에 착수하였으나 자의로 범행을 중지함으로써 범죄를 완성하지 못한 중지미수가 있다. 미수범은 형법법규에 처벌규정이 있는 경우에 한하여 처벌하며, 또한 장애미수는 기수범의 형보다 경감할 수 있고(임의적 감경), 중지미수는 기수범의 형보다 경감 또는 면제한다(필요적 감면).

2. 불 능 범

불능범은 범죄의 실행에 착수하였으나 그 행위가 범죄실현의 위험성이 없어 미수범으로서도 처벌할 수 없는 경우를 말한다. 불능범도 고의가 있고 실행에 착수하였으나 결과가 발생하지 아니하였다는 점에서 미수범과 같으나 결과발생의 위험성이 없다는 점에서 미수범과 구별된다. 형법은 불능범을 「실행의 수단 또는 대상의 착오로 결과의 발생이 불가능한 때…」(형법 제27조)라고 하고 있는데, 여기에서 실행의 수단의 착오란 저주와 같은 미신적 방법으로 사람을 죽이려고 하는 경우이고, 대상의 착오란 사체를 산사람으로 오인하고 살해하려는 경우이다. 이러한 불능범은 처벌하지 않는다. 형법 제27조는 그 표제를 불능범이라고 하고 있지만 불가벌적인 불능범을 규정하고 있는 것이 아니라 위험성이 있기 때문에 처벌되는 미수를 규정하고 있는 것이다.

원래 불능범은 결과를 발생케 한 기수범을 원칙으로 처벌하고 그렇지 않은 행위를 예외로 처벌하며, 또 후자의 경우에 있어서도 결과발생의 위험성이 있는 행위를 미수범으로 처벌하고 그렇지 않은 행위를 불능범으로 하여 이를 처벌하지 않겠다는 객관주의 이론에 기인한 것이다.

3. 공 범

범죄는 1인에 의하여 행하여지는 것이 보통이지만, 2인 이상의 협력에 의하여 행하여지는 경우도 있다. 전자의 경우를 단독범이라 하고, 후자의 경우를 공범이라고 한다. 공범에는 내란죄·소요죄·뇌물죄·도박죄 등과 같이 구성요건이 2인 이상의 협력에 의한 행위를 요구하고 있는 필요적 공범과 1인에 의하여서도 행할 수 있는 범죄를 2인 이상이 협력하여 행하는 임의적 공범이 있다. 임의적 공범에는 공동정범·교사범 및 종범의 세 가지가 있다.

(1) 공동정범

공동정범은 「2인 이상이 공동하여 범죄를 실현하는 경우」를 말한다(형법 제30조). 여기에서 공동이란 2인 이상의 상호간의 의사의 연락이 있어야 한다는 것(주관적 요건)을 말하고, 죄를 범한다는 것은 2인 이상이 상호협력하여 범죄를 실행하는 것(객관적 요건)을 말한다. 문제는 무엇을 공동으로 행하느냐인데, 이에 대해서 객관주의와 주관주의의 대립이 투영되어 범죄공동설과 행위공동설이 대립되어 있다. 전자는 공범을 수인이 공동하여 특정한 범죄를 행하는 것으로 이해하고, 후자는 수인이 행위를 공동으로 하여 각자의 범죄를 수행하는 것이라고 해석한다. 이러한 학설의 대립은 승계적 공동정범을 인정할 것인가, 과실의 공동정범을 인정할 것인가, 공모공동정범을 인정할 것인가와도 관련되어 있다. 현재 우리나라의 통설은 범죄공동설, 판례는 행위공동설의 입장을 취하고 있다. 공동정범의 경우 각자를 그 범죄의 정범으로 처벌한다.

(2) 교사범과 종범

타인을 교사하여 범죄를 실행하게 하는 경우를 교사범이라 한다. 여기서 교사란 고의 없는 자에 대하여 고의를 갖게 하는 것, 환언하면 고의가 없는 자에게 일정한 범죄의 실행을 결의하도록 하는 것을 말한다. 교사의 방법은 명시적이든 위하적이든 또는 촉탁이든 불문한다.

종범은 타인의 범죄의 실행을 방조한 자이다. 여기에서 방조란 타인의 범죄행위를 원조함으로써 범죄의 실행을 용이하게 하는 행위이다. 방조의 방법은 작위이든 부작위이든 불문하며, 또 그 시기도 정범의 실행 이전에 하든 그 실행 중에 하든 불문한다. 종범의 형은 정범의 형보다 감경한다.

공범 중에서 교사범과 종범을 특히 협의의 공범이라고 한다. 이들 협의의 공범에 관하여 종속성설과 독립성설이 대립해 있다. 종속성설은 객관주의이론에 입각하여 교사행위·방조행위 그 자체만으로는 교사죄·방조죄가 성립하지도 또 그로 인해 처벌되지도 않고, 피교사자·피방조자의 범죄의 실행이 있어야 비로소 교사죄·방조죄가 성립하고 또 그로 인해 처벌되는 것이다. 이에 대하여 독립성설은 주관주의이론에 입각하여 교사행위·방조행위 그 자체만으로도 교사자·방조자의 반사회적 성격이 충분히 외부에 징표된 것이므로 피교사자·피방조자의 범죄실행의 여부와는 관계없이 교사자·방조자의 행위가 교사죄·방조죄로 되고 또 그로써 처벌된다는 것이다. 현재 우리의 통설과 판례는 공범종속성설의 입장을 취하고 있다.

4. 공범과 신분

신분관계로 인하여 성립될 범죄에 가담한 행위는 신분관계가 없는 자에게도 공동정범·교사범·종범에 관한 규정이 적용된다. 다만 신분관계로 인하여 형의 경중이 있는 경우에는 중한 형으로 벌하지 않는다(형법 제33조).

Ⅳ. 죄 수

1. 상상적 경합

상상적 경합이란 하나의 행위가 여러 가지 죄에 해당하는 경우, 예컨대 한 발의 탄환으로 여러 사람을 살해하거나 또는 한 발의 탄환으로 사람을 살해하고 동시에 타인의 재물손괴를 한 경우를 말한다. 이러한 때에는 흡수주의를 채택하여 여러 죄 중 가장 중한 죄에 정한 형으로 처벌한다(형법 제40조). 상상적 경합은 실질상으로는 여러 죄이나 처분상 하나의 죄로 취급한다. 이 점에서 법조경합과 비슷하나 법조경합의 경우에는 하나의 법이 적용되면 다른 법의 적용이 배제된다. 따라서 처분상 하나의 죄인 상상적 경합과 다르다.

2. 실체적 경합

경합범이란 판결이 확정되지 아니한 여러 개의 죄 또는 판결이 확정된 죄와 그 판결확정 전에 범한 죄를 말한다(형법 제37조). 예컨대 갑·을·병·정의 죄를 범한 경우, 이들 모두가 아직 판결이 확정되지 않는 경우에는 이들 전부가 경합범의 관계에 있고, 갑 죄만이 판결이 확정되고 나머지 죄가 같이 갑 죄의 판결 전에 범하였을 때에는 전부가 경합범 관계에 있으며, 을 죄에 대하여 판결의 확정이 있는 경우에 갑 죄는 을 죄의 판결확정 전에, 병·정 죄는 을 죄의 판결확정 후에 범한 때에는 갑과 을이 경합범의 관계에 있고 또한 병과 정도 또 다른 경합범의 관계에 있게 된다.

경합범의 처벌에는 흡수주의(형법 제38조 제1항 제1호)·병과주의(형법 제38조 제1항 제3호)·가중주의(형법 제38조 제1항 제2호 본문)가 있으나, 우리 형법은 가중주의를 원칙으로 하여 흡수주의·병과주의를 가미하고 있다.

3. 누 범

누범이란 금고 이상의 형을 받아 그 집행을 종료하거나 면제를 받은 후 3년 내에 금고 이상의 형에 해당하는 죄를 범한 경우를 말한다(형법 제35조 제1항). 누범은 이미 한번 이상 형에 처한 자가 개전하지 못하고 다시 죄를 범한다는 점에서 반사회적 위험성이 크므로 비난성이 강하고, 따라서 책임을 가중하고 있다. 형법도 누범의 형을 그 죄에 정한 형의 장기의 2배까지 가중한다고 규정하고 있다(형법 제35조 제2항).

제3절 형 벌 론

Ⅰ. 형벌의 의의 및 기능

형벌의 본질 내지 기능에 대해서는 이미 형법이론을 설명하면서 언급한 바 있다. 따라서 여기서는 형벌의 형식적 의의 및 현실적인 기능에 대하여 설명하고자 한다.

형벌이란 국가가 범죄에 대한 법률적 효과로서 범죄자에 대하여 과하는 법익의 박탈이라고 할 수 있다. 즉 (i) 형벌에 있어서 형벌권의 주체는 국가이고 공형벌인 점에서 손해배상과 같이 민사상의 개인관계인 사적 제재와 다르며, (ii) 형벌은 범죄, 즉 국가사회의 질서를 파괴할 것에 대한 제재인 점에서 행정상 의무위반에 대한 제재인 행정벌과 다르고, (iii) 형벌은 범죄자의 법익의 박탈인 점에서 집회의 해산과 같은 경찰권의 발동과는 다르다.

이러한 형벌은 범인의 반사회성을 교화·개선하여 건전한 국민의 일원으로서 사회에 복귀시키는 특별예방적 기능을 가진다. 일반인에 대해서는 형벌의 예고에 의하여 일반인의 범죄적 경향을 억제하는 일반예방적 기능을, 피해자에 대하여는 범인을 형벌에 처함으로써 그에게 복수심을 충족시키는 기능을 가지고 있다.

Ⅱ. 형벌의 종류

형법이 정하는 형벌의 종류에는 (i) 사형, (ii) 징역, (iii) 금고, (iv) 자격상실, (v) 자격정지, (vi) 벌금, (vii) 구류, (viii) 과료, (ix) 몰수 등 9종이 있다.

이 가운데 사형은 수형자의 생명을 박탈하는 것이므로 생명형이라고도 하며, 징역·금고·구류는 구금을 함으로써 범죄인의 신체적 자유를 박탈하는 것이므로 자유형이라 하며, 자격상실·자격정지는 범인의 일정한 명예를 박탈하므로 이를 명예형이라고도 하며, 벌금·과료·몰수는 일정한 재산의 박탈을 내용으로 하기 때문에 재산형이라고도 한다.

또한 형을 주형과 부가형으로 구분할 수 있는데, 주형은 독립적으로 그 것만을 과하는 형이고, 부가형은 주형에 부수하여 과하는 형이다. 현행 형법상의 부가형은 몰수형 하나밖에 없지만, 행위자에 유죄의 재판을 아니할 때에도 몰수의 요건이 있을 때에는 몰수만을 선고할 수 있으므로 주형과 부가형의 구별은 절대적인 것은 아니다.

Ⅲ. 형의 선고유예

형의 선고유예제도는 범정이 경미한 범인에 대하여 일정한 기간 형의 선고를 유예하고 그 기간을 무사히 경과하였을 때, 그 죄를 불문에 붙이는 제도이다. 이 제도는 다음에서 말하는 집행유예제도와 함께 한편에 있어서는 단기자유형의 폐단, 즉 범인의 자포자기와 다른 죄수들로부터의 나쁜 감화를 예방하고, 다른 한편에 있어서는 범인의 자수에 의하여 형벌을 집행하지 않고 집행한 것과 동일한 효과를 거두려는 데 그 목적이 있다.

현행형법은, (i) 1년 이하의 징역이나 금고·자격정지 또는 벌금의 형을 선고할 경우에, (ii) 범인의 연령·성행·지능과 환경, 피해자에 대한 관계, 범행의 동기·수단과 결과, 범행 후의 정황 등을 참작하여, (iii) 개전의 정이 현저한 때에는 선고를 유예할 수 있다고 규정하고 있다(형법 제59조).

형의 선고유예를 받은 날로부터 2년을 무사히 경과한 때에는 면소된 것으로 본다.

Ⅳ. 형의 집행유예

집행유예제도는 유죄판결에 의하여 형을 선고하고, 다만 일정한 조건으로 그 집행을 유예하였다가 무사하게 유예기간을 경과함으로써 형의 선고가 전혀 없었던 것과 동일한 효과를 발생하게 한다든가(조건부 유죄판결주의), 그 형을 사면하는(조건부 특사주의) 제도이다.

현행형법은, (i) 3년 이하의 징역 또는 금고의 형을 선고할 경우에, (ii) 선고유예의 경우와 같은 사항을 참작하여 1년 이상 5년 이하의 기간형의 집행을 유예할 수 있다고 규정(형법 제62조)하고 있으며, 유예기간을 무사히 경과한 때에는 선고의 효력이 없었던 것으로 보는 조건부 유죄판결주의를 채택하고 있다.

Ⅴ. 가 석 방

가석방은 재판에 의하여 선고된 자유형(징역 또는 금고)의 집행이 종료되지 않았으나 행상이 양호하여 개전의 정이 현저한 때에는 형기만료전이라도 우선 그 집행을 정지하고 그 후 일정한 기간을 무사히 경과할 때에는 형의 집행이 종료된 것으로 보는 제도이다.

현행형법은, (i) 징역 또는 금고형의 집행 중에 있는 자가, (ii) 개전의 정이 현저한 때에, (iii) 무기에 있어서는 10년, 유기에 있어서는 형기의 3분의 1을 경과하였을 때 행정처분으로 가석방을 할 수 있도록 규정하고 있다(형법 제72조).

제 4 절 범죄각론

Ⅰ. 국가적 법익에 대한 죄

1. 국가존립에 대한 죄

(1) 내란의 죄

국가조직의 기본제도를 다중의 폭력에 의하여 변혁하는 범죄이다. 본죄는 국토를 참절하거나 국헌을 문란할 목적으로 폭동을 하는 것을 내용으로 하는 범죄이다.

(2) 외환의 죄

외국과 통모하여 대한민국에 대하여 전단을 열게 하거나 외국인과 통모하여 대한민국에 항적하는 외환유치죄를 비롯하여 여적죄, 모병이적죄, 시설제공이적죄, 간첩죄 등이 있다.

(3) 국교에 관한 죄

대한민국에 체재하는 외국 원수에 대하여 폭행·협박 또는 모욕을 가하거나 명예를 훼손하는 죄를 비롯하여 외교사절에 대한 폭행 등의 죄, 외국의 국기·국장에 대한 죄 등이 있다.

2. 국가의 권위 및 기능에 대한 죄

(1) 국기에 관한 죄

대한민국을 모욕할 목적으로 국기 또는 국장을 손상·제거 또는 모욕함으로써 성립하는 범죄이다.

(2) 공무원의 직무에 관한 죄

공무원이 그 직무의 신성과 존엄을 모독함으로써 국가의 위신·권위를 손상시키는 행위를 말하며, 직무유기죄를 비롯하여 직권남용죄·피의사실공표죄·뇌물죄 등이 있다.

(3) 공무방해에 관한 죄

공무원의 직무집행에 의하여 실현되는 국가 또는 공공단체의 기능을 방해함을 내용으로 하는 범죄이며, 공무집행방해죄를 비롯하여 공무상 비밀투표무효죄, 공용물파괴죄, 법정·국회회의장 모욕죄 등이 있다.

(4) 도주와 범인은닉의 죄

법률에 의하여 체포 또는 구금된 자가 도주함으로써 성립하는 단순도주죄를 비롯하여 특수도주죄·도주원조죄 및 벌금 이상의 형에 해당하는 죄를 범한 자를 은닉 또는 도피케 하는 범인은닉죄 등이 있다.

(5) 위증과 증거인멸죄

법률에 의하여 선서한 증인·감정인·통역인·번역인이 허위의 증언·감정·통역·번역을 함으로써 성립하는 위증죄를 비롯하여 모해위증죄 및 타인의 형사사건 또는 징계사건에 관한 증거를 인멸·은닉·위조 또는 변조하거나 증인을 은닉 또는 도주하게 하는 증거인멸죄 등이 있다.

(6) 무 고 죄

국가의 심판작용이 공정을 침해하는 것을 내용으로 하는 범죄이며, 타인으로 하여금 형사처분 또는 징계처분을 받게 할 목적으로 공무소 또는 공무원에 대하여 허위의 사실을 신고함으로써 성립한다.

Ⅱ. 사회적 법익에 대한 죄

1. 공공의 위험에 대한 죄

(1) 공안을 해하는 죄

사회공공생활의 평화·평온을 침해하는 행위를 내용으로 하는 범죄이다. 따라서 본죄는 공공의 안전을 보호법익으로 한다. 이에는 범죄를 목적으로 하는 단체를 조직하거나 이에 가입하는 범죄단체조직죄, 다중이 집합하여 폭동·협박 또는 손괴의 행위를 하는 소요죄, 폭행·협박 또는 손괴의 행위를 할 목적으로 다중이 집합하여 단속권한 있는 공무원으로부터 3회 이상 해산명령을 받고도 해산하지 아니하는 다중불해산죄 등이 있다. 범죄단체조직죄는 목적범이고, 소요죄는 집합적 범죄이며(필요적 공범) 위태범이다. 소요죄는 위태범이므로 현실로 구체적 결과가 발생함을 요하지 않는다. 다중불해산죄는 목적범이고 진정부작위범이다.

(2) 방화와 실화의 죄

고의 또는 과실로 인해 불을 놓아 사회 공공의 평온을 침해하는 행위를 내용으로 하는 범죄이다. 본죄는 방화와 실화로 개인의 재산을 침해하는 측면도 있으나, 그보다 공중의 생명·신체·재산에 불측의 손해를 발생케 할 위험성이 있는 범죄라는 데 그 특질이 있다. 따라서 본죄는 일수에 관한 죄 및 교통방해의 죄와 같이 공공위험죄에 속한다. 이에는 방화죄·실화죄·업무상실화죄·중실화죄 등이 있다.

(3) 일수의 죄와 수리방해죄

일수의 죄는 물을 범람케 하여 공공의 평온을 침해하는 행위를 내용으로 하는 범죄이고, 수리방해죄는 수리권의 행사를 침해하는 행위를 내용으로 하는 범죄이다. 따라서 일수의 죄는 공공의 안전을, 수리방해죄는 수리권을 그 보호법익으로 한다. 일수의 죄에는 일수죄·방수방해죄·과실일수죄 등이 있다.

(4) 교통방해의 죄

공중의 교통안전을 방해하는 행위를 내용으로 하는 범죄이다. 본죄의 보호법익은 1차적으로는 사회공중의 교통의 안전이지만, 2차적으로는 불특정다수인의 생명·신체·재산의 안전이다. 이에는 일반교통방해죄·車·船 등 교통방해죄 등이 있다.

2. 공공의 신용에 대한 죄

(1) 통화에 관한 죄

통화의 진정에 대한 공공의 신용을 침해하는 행위를 내용으로 하는 범죄이다. 여기서 통화란 국가의 강제력에 의하여 적용되는 화폐·지폐·은행권을 말한다. 본죄에는 내국통화 위조·변조죄, 외국통화 위조·변조죄, 위조·변조통화 행사죄 등이 있다.

(2) 유가증권·우표와 인지에 관한 죄

유가증권·우표·인지 등의 진정에 대한 공공의 신용을 침해하는 행위를 내용으로 하는 범죄이다. 여기서 유가증권이란 재산권이 화체되어 있고, 그 행사·이전에 그 소유가 필요한 증권을 말한다. 이에는 유가증권위조변조죄, 자격모용에 의한 유가증권작성죄, 우표·인지위조·변조죄, 소인말소죄 등이 있다.

(3) 문서에 관한 죄

문서의 진정에 대한 공공의 신용을 침해하는 행위를 내용으로 하는 범죄이다. 본죄의 성립의 객체인 문서는 사람의 사상이 화체되어 표현되어 있는 것으로 사회생활상의 중요한 사항을 증명하는 기능을 가져야 한다. 본죄에는 공문서위조·변조죄, 자격모용공문서작성죄, 허위문서작성죄 등이 있다. 위의 죄는 모두 목적범이다. 또한 이외에 위조·변조공문서 행사죄, 사문서 위조·변조죄 등이 있다. 사문서의 경우에는 그 내용의 허위(무형위조)는 벌하지 않음이 원칙이다(예외로 허위진단서 작성).

(4) 인장에 관한 죄

행사의 목적으로 타인의 인장·서명·기호 등의 진정을 침해하는 행위를 내용으로 하는 범죄이다. 인장·서명·기호 등은 특정인의 인격을 표시하는 것으로서 이를 문서나 기타 물건에 사용하면 증명력이 발생하게 된다. 따라서 인장·서명·기호 등의 진정을 침해하는 결과가 된다. 본죄에는 공인위조·부정사용죄, 사인위조·부정사용죄 등이 있다.

3. 공중의 위생에 대한 죄

(1) 음용수에 관한 죄

공중의 일상 음용에 공하는 음용수의 사용과 그 안전을 저해하는 행위를 내용으로 하는 범죄이다. 음용수는 사람의 생활 및 건강위생에 필요불가결한 요소이므로, 본죄는 음용수를 해하는 행위를 처벌하고 공중의 건강을 보호하려고 하는 것이다. 본죄는 공공위험죄의 일종이며, 공중의 위생을 그 보호법익으로 한다.

본죄에는 음용수사용방해죄, 음용수유독물혼입죄 및 수도불통죄 등이 있다.

(2) 아편에 관한 죄

아편의 흡식이나 몰핀의 주사 기타 이와 관련된 행위를 내용으로 하는 범죄이다. 원래 아편이나 몰핀은 마약의 일종으로서 이를 계속하면 습벽으로 되어 심한 중독증상을 일으켜 건강을 해하고 생활력을 감퇴케 하며 또한 사회풍속을 해하게 된다. 그러므로 본죄는 아편·몰핀 또는 그 화합물에 관한 행위를 금지하고자 하는 것이다. 본죄의 보호법익은 공중의 보건·위생이다. 본죄에는 아편등제조판매소지죄·아편흡식기구등 제조죄·아편흡식, 동 장소제공죄 등이 있다.

4. 사회도덕에 대한 죄

(1) 성풍속에 관한 죄

사회의 선량한 성풍속을 해하는 행위를 내용으로 하는 범죄이다. 성생활의 질서가 문란하게 되면 가정생활의 안전을 파괴하고 또 사회풍속을 해하게 되므로, 본죄는 선량한 풍속에 반하는 성행위를 금하고 있는 것이다. 본죄에는 간통죄·음행매개죄·공연음란죄 등이 있다.

(2) 도박과 복표에 관한 죄

도박은 2인 이상의 자가 우연한 승부에 의하여 재물의 득실을 다루는 행위이며, 복표는 다수인에게 어떤 표시를 해 놓은 표를 매각하고 추첨으로 매수인의 일부에게 이익을 취득케 하는 행위이다. 어느 것이나 우연한 원인에 의하여 재물의 득실을 결정하는 것으로서, 이는 국민의 투기심을 조장하고 건전한 노동관념을 마비시켜 공공의 미풍량속을 해하는 것이다. 따라서 본죄는 단순도박죄·상습도박죄·도박개장죄·복표발매죄·복표취득죄 등으로 도박과 복표에 관한 행위를 처벌하고 있다.

(3) 신앙에 관한 죄

종교생활에 관한 선량한 풍속과 사회일반의 건전한 종교적 감정을 해하는 행위를 내용으로 하는 범죄이다. 본죄에는 장례식등방해죄 · 사체등모욕죄 · 분묘발굴죄 등이 있다.

Ⅲ. 개인적 법익에 대한 죄

1. 생명과 신체에 관한 죄

(1) 살인의 죄

사람을 살해함으로써 성립하는 죄이며, 이에는 단순히 보통 사람을 살해하는 보통살인죄를 비롯하여 존속살해죄, 영아살해죄, 촉탁 · 승낙에 의한 살인죄, 자살관여죄, 위계 · 위력에 의한 살인죄 등이 있다.

(2) 상해와 폭행의 죄

본죄는 신체의 안전성을 보호법익으로 하며, 타인의 신체를 상해하는 단순상해죄를 비롯하여 존속상해죄 · 중상해죄 · 존속중상해죄 · 상해치사죄 · 존속상해치사죄와 타인의 신체에 대하여 폭행을 가하는 폭행죄 및 특수폭행죄 등이 있다.

(3) 과실치사상의 죄

과실로 인하여 타인을 사상에 이르게 함으로써 성립하며, 과실로 인하여 타인을 상해하는 과실치상죄를 비롯하여 과실치사상죄 · 업무상 과실치사상죄 · 중과실치사상죄 등이 있다.

(4) 낙태의 죄

본죄는 모체로부터 자연의 분만기 전에 태아를 분리하는 행위에 의하여 성립한다. 포태한 부녀 자신이 약물을 사용하거나 기타 방법으로 낙태하는 자기낙태죄를 비롯하여 동의낙태죄 · 부동의낙태죄 · 업무상낙태죄 · 낙태치사상죄 등이 이에 속한다.

(5) 유기의 죄

보호의무 있는 자가 부조를 요하는 자에 대하여 장소를 이전 · 격리하거나 생존에 필요한 보호를 하지 않음으로써 그 생명 · 신체를 위험한 상태에 빠지게 하는 행위이며, 이에는 노유 · 질병 기타 사정으로 인하여 부조를 요하는 자를 보호할 법률상 또는 계약상의 의무가 있는 자가 유기하는 단순유기죄를 비롯하여 존속유기죄 · 영아유기죄 · 단순학대죄 · 존속학대죄 · 아동혹사죄 등이 있다.

2. 자유와 안전에 대한 죄

(1) 체포와 감금의 죄

타인을 체포 또는 감금함으로써 신체적 활동의 자유를 침해하는 행위이며, 단순히 사람을 체포·감금하는 단순체포감금죄를 비롯하여 존속체포감금죄·특수체포감금죄·체포감금치사상죄 등이 있다.

(2) 협박의 죄

사람을 협박, 즉 공포심을 일으키게 하는 해악을 통고하여 개인의 법적 안전성을 해치는 죄이다. 단순히 타인을 협박하는 단순협박죄를 비롯하여 존속협박죄·특수협박죄 등이 있다.

(3) 약취와 유인의 죄

타인을 현재 보호하고 있는 생활환경에서 이탈시켜 자기 또는 제3자의 실력적 지배 내에 옮김으로써 성립하는 범죄이다. 이에는 미성년자를 약취·유인하는 미성년자 약취유인죄를 비롯하여 영리목적약취유인죄·부녀매매죄·약취유인매매죄·국외이송죄·결혼목적약취유인죄·인질강요죄 등이 있다.

(4) 정조에 관한 죄

폭행·협박·위계·위력 등으로 간음 또는 추행을 하여 개인의 성생활의 자유를 침해하는 죄이다. 이에는 폭행 또는 협박으로 부녀를 강간하는 강간죄를 비롯하여 준강간죄·강제추행죄·강간추행치사상죄·미성년자등간음추행죄·업무상위력등간음죄 등이 있다.

3. 평온생활에 관한 죄

(1) 주거침입의 죄

사람의 주거·관리하는 건조물, 선박이나 항공기 또는 점유하는 방실에 침입하는 주거침입죄를 비롯하여 퇴거불응죄·특수주거침입죄 등이 있다.

(2) 비밀침해의 죄

봉함, 기타 비밀장치한 타인의 편지·문서 또는 도화를 개봉함으로써 성립하는 비밀침해죄를 비롯하여 업무상 비밀누설죄 등이 있다.

4. 명예 · 신용 · 업무 · 경매에 관한 죄

(1) 명예에 관한 죄

공연히 사실 또는 허위의 사실을 적시하여 타인의 명예를 훼손하는 명예훼손죄를 비롯하여 출판물에 의한 명예훼손죄 · 모욕죄 등이 있다.

(2) 신용 · 업무와 경매에 관한 죄

사람의 경제적 생활의 안전을 침해하는 죄이며, 이에는 허위의 사실을 유포하거나 기타 위계로써 사람의 신용을 훼손하는 신용훼손죄를 비롯하여 업무방해죄 · 경매입찰방해죄 등이 있다.

5. 권리행사를 방해하는 죄

타인의 점유 또는 권리의 목적이 된 자기의 물건에 대하여 타인의 권리행사를 방해하거나 강제집행을 면할 목적으로 재산을 은닉하거나 기타 방법으로 채권자를 해하는 행위를 하거나 또는 일반적으로 타인의 권리행사를 방해하는 것을 내용으로 하는 범죄이다. 이에는 단순권리행사방해죄를 비롯하여 강요죄 · 점유강취죄 · 강제집행면탈죄 등이 있다.

6. 재산에 관한 죄

(1) 절도의 죄

타인의 재물을 절취하는 것을 내용으로 하는 범죄이며, 이에는 단순절도죄를 비롯하여 야간주거침입절도죄 · 특수절도죄 등이 있다.

(2) 강도의 죄

폭행 또는 협박으로 타인의 재물을 강취하거나 기타 재산상의 이익을 취득하거나 제3자로 하여금 취득하게 하는 단순강도죄를 비롯하여 특수강도죄 · 강도상해치사상죄 · 강도살인죄 · 강도강간죄 등이 있다.

(3) 사기의 죄

사람을 기망하여 재물의 교부를 받거나 재산상의 이익을 얻거나 또는 제3자로 하여금 재물의 교부를 받게 하거나 재산상의 이익을 얻게 하는 사기죄를 비롯하여 컴퓨터 등 사용사기죄 · 준사기죄 · 편의시설부정이용죄 · 부당이득죄 등이 있다.

(4) 공갈의 죄

타인을 공갈하여 재물의 교부를 받거나 재산상의 이익을 얻거나 또는 제3자로 하여금 재물의 교부를 받게 하거나 재산상의 이익을 얻게 하는 죄이다.

(5) 횡령과 배임의 죄

타인의 재물을 보관하는 자가 그 재물을 횡령하거나 그 반환을 거부하는 단순횡령죄를 비롯하여 업무상 횡령죄·점유이탈물횡령죄 그리고 타인의 사무를 처리하는 자가 그 임무에 위배하여 재산상의 이익을 얻거나 제3자로 하여금 얻게 하여 본인에게 손해를 가하는 단순배임죄와 업무상배임죄·배임수증죄 등이 있다.

(6) 장물에 관한 죄

재산죄에 의하여 불법으로 영득한 재물을 취득·양도·운반·보관 또는 알선함으로써 성립하는 범죄이다. 장물은 재산죄에 의하여 영득한 재물로서 피해자가 법률상 이를 회복·추구할 수 있는 것을 말한다.

(7) 손괴의 죄

손괴 또는 은닉 기타의 방법으로 타인의 재물에 대한 효용을 해하는 행위에 의하여 성립하며, 이에는 타인의 재물·문서·전자기록 등 특수매체기록을 손괴 또는 은닉 기타 방법으로 효용을 해하는 재물·문서손괴죄를 비롯하여 공익건조물파괴죄·특수손괴죄·중손괴죄·경계침범죄 등이 있다.

제 6 장

소 송 법

제 1 절 서 설

Ⅰ. 소송법의 개념

소송법이란 소송을 규율하는 법규의 전체를 말하며, 소송이란 국가사법기관인 법원이 법규의 구체적 실현을 목적으로 하여 대립하여 이해관계인을 관여시켜서 분쟁을 해결하는 법적 절차이다.

첫째, 소송법은 공법이다. 소송법은 사인 상호간의 관계를 규율하는 법이 아니라 소송의 본질상 국가기관인 법원과 소송당사자의 관계를 규율하는 법이므로 공법인 것이다.

둘째, 소송법은 사법법이다. 국법은 법률을 제정하는 입법법, 법을 집행하는 합목적성에 의하여 규율되는 행정법 및 법을 해석·적용하고 법적 안정성을 지향하는 사법법으로 나누어 볼 때, 소송법은 법관이 재판을 함에 있어서 기준이 되는 사법법이다.

셋째, 소송법은 절차법이다. 재판에 있어서 사건의 심리와 판결 및 그 방법은 일정한 법에 의하지 않으면 안 된다. 이와 같이 실체법을 실현하기 위한 재판에 관한 구체적인 절차를 규정한 법이 소송법이다. 따라서 소송법은 고도의 소송진행상의 기술성이 요구되며 자기목적적이 아니다.

Ⅱ. 소송법의 목적

근대국가의 법은 국민의 자유와 권리를 보장함을 최고의 이념으로 하고 있다. 국민의 자유와 권리의 보장은 각종의 기본권을 국가가 승인함으로써 법률에 의하지 아니하고는 이들 기본권이 침해당하지 않도록 하지 않으면 안 된다. 이리하여 근대국가는 국민의 기본권을 보장하고 이를 실현하기 위하여 여러 가지의 법률을 제정하고 있다. 민법 · 상법 등의 사법은 개인의 재산권을 비롯한 사권의 성질과 범위를 정함으로써 경제생활의 안전을 도모하고 있으며, 인권보장과 사회질서를 유지 · 보호하기 위하여 형법을 마련하였고, 각종 행정법규는 국가와 국민 사이의 권력지배관계를 규정하고 있다.

이와 같은 법률의 제정은 개인의 권리와 의무의 범위 또는 한계를 명백히 함으로써 각자의 공법생활과 사법생활의 안전을 확보하는 데 있다.

그러나 개인의 권리보장이나 생활의 안전은 권리와 의무와 실체를 규정하는 것만으로써는 확보될 수 없다. 이러한 실체법들이 있음에도 불구하고 개인의 권리가 침해되고 신체의 안전이 위협을 받게 되며, 부당한 권력지배관계가 형성되는 등의 현상은 얼마든지 일어날 가능성이 있는 것이다. 그러므로 이러한 경우에 사권을 보호하고, 자유를 보장하며, 부당한 권력지배관계를 해제하는 등의 적극적인 조치가 강구되지 않으면 안 된다.

이리하여 근대국가는 각종 실체법에 의하여 인정된 국민의 기본권이 침해되었을 때 이를 구제함으로써 개인상호간의 사법상의 질서유지와 인권의 보장을 도모하고, 나아가서는 국민생활의 안전과 사회질서를 확보하기 위하여 실체법의 실효성을 실현하기 위한 절차법을 마련하고 있으니 이것이 바로 소송법이다.

제 2 절 민사소송법

Ⅰ. 민사소송법의 의의

민사소송법의 의의에 관하여는 일반적으로 형식적 의의와 실질적 의의의 두 가지 측면에서 고찰된다. 형식적 의의의 민사소송법은 1960년 법률 제547호로 제정 · 공포된 민사소송법전을 말한다.

실질적 의의의 민사소송법은 민사소송의 제도 전체를 규율하는 법규의 총체를 의미한다. 여기에서 민사소송이란 사인간의 생활관계에서 발생하는 분쟁이나 이해관계의 충돌을 국가의 재판권에 의하여 법률적 또는 강제적으로 해결·조정하는 절차이다. 즉 국가의 사법기관인 법원이 사법상의 권리나 기타의 법률관계의 존재 내지 부존재를 확정하고, 또 필요한 경우에는 이를 강제적으로 실현하는 절차를 말한다.

이 실질적 의의의 민사소송법은 민사소송법전 이외에 법원의 조직과 권한을 정한 법원조직법, 가사관계절차를 규정한 가사소송법, 소액사건심판법, 민사집행법, 파산관계를 규정한 채무자 회생 및 파산에 관한 법률, 민법 제269조(공유물분할의 방법)·제389조(채무의 강제이행), 상법 제184조 내지 제194조(회사설립무효의 소송) 등을 포함하며, 또한 형식적 의의의 민사소송법인 민사소송법전도 민사소송법 제98조(소송비용부담의 원칙)·제215조(가집행에 기한 손해배상) 등의 규정과 같이 민사소송에 관한 규정이 아닌 실체법적 규정을 그 속에 포함하고 있다. 그러므로 실질적 의의의 민사소송법과 형식적 의의의 민사소송법은 반드시 그 범위를 같이 하는 것이 아니다.

민사소송법은 민사재판의 적정·공정·신속·경제의 4대목적을 그 이상으로 하고 철저하게 그 조화의 구현을 기하고 있다. 따라서 민사소송법의 법규는 대체로 민족의 전통이나 도덕 또는 관습 등과는 관계없이 합목적성을 토대로 한 기술적 법규이다. 그러므로 각국의 민사소송법은 대체로 그 법규의 공통성이 많이 있음을 알 수 있다.

우리 나라의 민사소송법은 1960년 4월 4일 법률 제547호로 제정공포되어 1960년 7월 1일부터 시행되었다. 그 뒤 세 차례나 부분적인 개정이 있었으나 민사소송절차의 간이화를 통한 소송진행촉진과 피해자의 신속한 구제 등을 실현하는데 부족함이 많았다. 그리하여 정부에서는 오랜 심의와 토론을 거쳐 2002년 1월 26일 민사소송법 개정법률을 공포하고, 2002년 7월 1일부터 이를 시행하였다. 또한 민사소송법 가운데 강제집행편을 분리하여 단일법으로 민사집행법을 제정함으로써 대폭적이고 근본적인 개혁을 단행하였다.

Ⅱ. 민사소송의 주체

민사소송의 주체는 법원과 당사자 및 그 대리인이다.

1. 법 원

국가의 사법기관인 법원은 민사소송의 주체가 된다. 법원에는 최고법원인 대법원과 하급법원인 고등법원·지방법원 및 가정법원이 있다. 지방법원의 사무의 일부를 처리하기 위하여 그 관할구역 내에 지원을 두고 있으며, 가정법원의 사무의 일부를 처리하기 위하여 그 관할구역 내에 지원을 두고 있다.

대법원의 심판은 대법관 전원의 3분의 2 이상의 합의체에서 행하고, 고등법원의 심판은 판사 3인으로 구성되는 합의부에서 행하며, 지방법원과 지방법원지원 및 가정법원지원의 심판은 1인 판사가 단독으로 행하며, 합의를 요할 때에는 판사 3인으로 구성되는 합의부에서 행한다.

민사재판은 형사재판과 같이 3심제로 되어 있다. 제1심사건은 지방법원 및 지방법원지원이 심판하며, 제1심판결에 대한 상소인 항소사건에 대하여는 그 판결이 단독판사에 의한 경우에는 지방법원 본원합의부가, 지방법원 합의부에 의한 경우에는 고등법원이 심판한다. 제2심인 항소심의 판결에 대한 상소인 상고사건에 대하여는 대법원이 심판한다.

2. 소송당사자

소송당사자는 법원에 대하여 자기에 대한 재판권의 행사를 요구하는 자(원고)와 그 상대방으로서 이에 대한 재판권의 행사가 요구되는 자(피고)를 가리킨다.

당사자는 서로 대립하는 관계에 있으므로 당사자의 일방은 다른 일방의 당사자가 될 수 없으니 이를 2당사자주의라 한다. 당사자의 칭호는 소송절차에 따라 같지 않다. 즉 제1심에서 소를 제기하는 능동적인 당사자를 원고, 그 상대방인 수동적인 당사자를 피고라 하며, 제2심에서 능동적인 당사자를 항소인, 수동적인 당사자를 피항소인이라 하며, 제3심에서는 각각 상고인, 피고인이라 한다. 또한 독촉절차·강제집행절차·가압류·가처분절차에 있어서는 신청인을 채권자, 피신청인을 채무자라 한다.

3. 소송대리인

소송당사자에 대신하여 당사자의 이름으로 소송행위를 하는 자를 소송대리인이라 한다.

소송대리인에는 법정대리인과 임의대리인이 있으며, 법정대리인은 소송능력이 없는 미성년자·한정치산자·금치산자를 대리하는 자이며, 임의대리인은 소송당사자로부터 위임을 받은 변호사와 같은 직업적 대리인을 말한다.

Ⅲ. 소송절차

1. 제1심

제1심의 소송절차는 원고가 소장을 관할 지방법원에 제출함으로써 개시된다. 이것은 소의 제기라 한다.

소장에는 당사자·법정대리인·청구의 취지와 원인을 기재하여야 한다. 소송이 개시되면 법원이 지정하는 기일에 쌍방 당사자의 변론이 열리고 증거조사가 행해지며, 증인신문·감정·검증을 거쳐 소송자료가 당해 사건에 대한 판결을 함에 충분할 정도로 수집된 때에는 법원은 변론을 종결하고 2주일 이내에 종국판결의 선고를 하여야 하며, 번잡한 사건이나 기타 특별한 사정이 있는 때에도 변론종결의 날로부터 4주일을 초과하지 못한다. 판결은 선고로 인하여 효력을 발생하고, 판결의 송달이 있는 날로부터 2주일 이내에 상소의 신청이 없으면 확정되어 기판력이 발생한다.

2. 상 소 심

재판에 대한 불복신청 방법이며, 판결이 확정되기 전에 판결에 대하여 불복하는 당사자가 상급법원에 그 판결의 당부를 심사하여 다시 심판해 줄 것을 요구하는 소송행위이다. 상소에는 항소·상고·항고가 있다.

(1) 항 소

항소는 제1심법원이 선고한 종국판결에 대한 상소이다. 즉 항소는 제1심법원의 판결에 대하여 불복하는 당사자의 일방이 그 판결이 확정되기 전인, 즉 판결의 송달을 받을 날로부터 2주일 이내에 항소장을 원심법원에 제출함으로써 제1심의 변론을 갱신·속행하여 사건에 대하여 다시 심판할 것을 요구하는 상소이다. 항소심의 절차도 제1심에 준하며 종국판결에 있어서는 제1심의 판결을 인용할 수 있다.

항소인은 항소심이 종국판결이 있기 전에 항소를 취하할 수 있다.

(2) 상 고

상고는 고등법원이 제2심 또는 제1심으로 선고한 종국판결과 지방법원 본원합의부가 제2심으로서 선고한 종국판결에 대한 상소이다.

상고는 항소와는 달리 소송절차의 위반, 법률적용의 착오 기타 헌법 또는 법률의 명백한 위반이 있는 경우에만 할 수 있다.

상고법원은 상고를 이유 있다고 인정한 때에는, (i) 원심판결을 파기하여 그 사건을 원심법원에 환송 또는 동등한 다른 법원에 이송하여 다시 심판하게 하거나, (ii) 특별한 경우에는 환송이나 이송하지 않고 그 사건에 대하여 직접 심판을 한다.

(3) 항 고

항고는 판결 이외의 재판, 즉 결정 또는 명령에 대한 상소이다.

3. 재 심

확정판결에 의하여 이미 종료한 사건에 관하여 당사자로부터 하자 있음을 이유로 하여 그 판결을 취소하고 소송을 판결 전의 원상으로 회복케 하여 다시 변론을 개시하고 재판을 할 것을 요구하는 절차를 재심이라 한다. 재심관할법원은 그 사건을 판결한 판결법원이다. 재심의 제소기간은 당사자가 판결확정 후 재심의 사유를 안 날로부터 30일 이내에 제기하여야 한다. 그러나 판결확정 후 5년이 경과하면 재심의 소를 제기할 수 없다. 심리의 결과 원심판결이 부당하다고 인정되면 불복의 주장의 한도 내에서 이를 취소하고 이에 대신하는 판결을 한다.

Ⅳ. 강제집행절차의 분리

1. 민사소송법개정과 민사집행법

2002년 1월 26일 민사송법을 전문개정하여 502개의 조문으로 구성된 소송절차에 관한 법을 재정비하고, 민사소송법 가운데 강제집행편을 떼어내 312개의 조문을 가진 민사집행법을 2002년 1월 26일 제정하고 2002년 7월 1일부터 시행하고 있다. 이 법은 강제집행, 담보권실행을 위한 경매, 민법, 상법, 그 밖의 법률규정에 의한 경매 및 보전처분의 절차를 규정함을 목적으로 한다. 특히 일반인의 법원경매 참여 문턱을 낮추고, 경매물건의 채권자나 임차인 모두 항고할 때 낙찰대금의 10%에 해당하는 보증금을 공탁케하고 만약 항고가 기각되면 보증금을 반환받지 못하게 하여 무리한 항고를 방지하는 것을 골자로 한다. 민사집행법은 민사소송의 제도 전체를 규율하는 법규의 총체인 실질적 의의의 민사소송법에 속한다.

2. 강제집행의 의의

민사소송에 있어서는 먼저 판결절차에 의하여 법규를 구체적 사실에 적용하여 권리의무의 존부를 확정시키지만, 이렇게 하여 확정된 채무를 채무자가 자발적으로 이행하지 않는다면 채권자의 권리는 확보될 수 없다. 그러므로 채권자의 권리를 확보하기 위하여 채무자의 의무이행을 강제하는 방법이 강구되지 않으면 안 된다. 그러므로 국가는 채권자의 자력구제를 금하고 국가권력에 의하여 채무의 이행을 강제하고 있으니, 이것이 곧 강제집행이다. 판결절차를 공권적 판단에 의하여 추상적인 사법법규를 구체화하는 절차라고 한다면, 강제집행절차는 사법이 명하는 의무의 내용을 국가권력에 의하여 사실로써 실현하는 절차이다. 즉 강제집행은 채권자의 신청에 의하여 채무자의 사법상의 급부의무를 국가권력에 의하여 강제적으로 실현하기 위하여 국가집행기관이 행하는 민사집행절차의 하나이다.

강제집행은 급부판결의 경우에만 행하여지며 확인판결·형성판결과 같은 집행력이 없는 경우에는 강제집행은 있을 수 없다.

3. 강제집행의 방법

강제집행의 방법은 집행의 내용이 금전채권이냐 또는 금전 이외의 채권이냐에 따라 다르다.

(1) 금전채권에 관한 강제집행

금전채권이란 금전, 즉 화폐의 지급을 목적으로 하는 채권을 말한다.

이 경우의 집행방법은 채무자의 재산을 압류하여 경매 기타의 방법에 의하여 이를 환가, 즉 금전화하여 채권자에게 변제하는 것이다.

(2) 금전 이외의 채권에 관한 강제집행

동산·부동산과 같은 유체물의 인도를 목적으로 하는 채권의 경우에는 집행관이 직접 채무자로부터 그 목적물의 점유를 빼앗아 채권자에게 인도하는 직접강제의 방법에 의하고, 채무자의 작위 또는 부작위를 목적으로 하는 경우에는 대집행 또는 간접강제의 방법에 의한다.

제 3 절 형사소송법

Ⅰ. 형사소송법의 의의

범죄가 발생한 경우 이에 관하여 형법이 있기는 하나 형법은 범죄와 그에 대한 형벌을 규정하고 있을 뿐이므로, 구체적인 범죄의 수사·심판 및 형벌의 집행을 위하여서는 따로 이 국가형벌권의 행사, 즉 형사소송의 절차에 관한 규정이 필요하다. 이러한 형사소송의 절차에 관한 규정의 법체계를 형사소송법(실질적 의의의 형사소송법)이라 한다.

형사소송법의 법원으로는 형사소송법전(형식적 의의의 형사소송법)과 헌법 중의 형사소송에 관한 규정·법원조직법·검찰청법·변호사법·소년법·형사보상법·조세범처벌법 등이 있다.

형사소송법은 범죄를 사회적인 것으로 파악하여 형사절차의 개시를 私人에게 맡기지 않고 국가기관인 검사로 하여금 원고로서 소추케 하고 있다(국가소추주의). 그리고 형사소송은 범인의 신속한 수사·체포 등 공익적 성질이 강한 분야로서 실체적 진실의 발견이 그 궁극적 목표이므로 당사자의 처분이 허용되지 아니하고 법원의 직권행사를 허용하는 범위가 민사소송의 경우보다 훨씬 넓다.

Ⅱ. 형사소송의 주체

형사소송절차는 공소권을 행사하여 형벌을 청구하는 원고인 검사와 이를 방어하는 자인 피고인이 대립하고, 이에 대하여 제3자인 법원이 심판하는 소송구조를 이루고 있다. 즉 이 3자가 형사소송의 주체가 된다.

1. 법 원

(1) 법원의 의의와 종류

형사사건에 관하여 재판권을 행사하는 법원에 최고법원인 대법원과 하급법원인 고등법원과 지방법원이 있고, 지방법원의 사무의 일부를 처리하기 위하여 그 관할구역 내에 지방법원의 지원이 있으며, 이 밖에 특별법원으로서 군사법원이 있다. 법원의 구성은 단독제와 합의제가 있는데, 단독제는 1인의 법관으로 구성되고 합의제는 2인 이상(대법원을 제외하고는 보통 3인)으로 구성되는데, 이 가운데 한 사람이 재판장이 된다.

(2) 관 할

하나의 법원이 전국의 모든 사건을 심판할 수는 없으므로 특정법원이 특정사건에 대하여 재판할 수 있도록 법률이 규정하고 있는데, 이를 법원의 관할 또는 관할권이라고 한다. 따라서 전국에 설치된 각 법원은 자기 법원에 관할권이 없으면 재판할 수 없고, 검사도 관할권이 있는 법원에 형사재판을 청구, 즉 기소하여야 하며, 관할권이 없는 법원에 기소한 경우 법원은 관할위반의 판결을 하게 된다. 관할은 원칙적으로 법률의 규정에 따라야 하나 심리의 편의와 피고인의 이익을 위하여 탄력적으로 운용된다.

(i) 사물관할 : 형사사건을 제일 먼저 재판하는 전국의 제1심 법원간의 관할권을 사건의 경중에 따라 분배한 것이다. 즉 중한 사건은 판사 3인으로 구성된 합의부에서, 경한 사건은 단독판사가 재판하도록 하였다. 분배의 기준은 법정형이 사형, 무기 또는 단기 1년 이상의 징역이나 금고에 해당하는 사건은 합의부관할이고, 단기 1년 이하의 징역이나 금고에 해당하는 사건은 단독판사의 관할이다.

(ii) 토지관할 : 법원의 관할구역 내에 범죄지, 피고인의 주소·거소·현재지가 있는 사건을 그 법원이 재판하도록 한 것이다. "각급법원의 설치와 관할구역에 관한 법률"이라는 법률이 법원이 관할하는 행정구역을 정해 놓았다.

(iii) 심급관할 : 상소사건을 어느 법원이 재판할 것인가를 정한 것이다. 지방법원과 지방법원지원의 단독판사의 판결에 대한 상소사건(제2심 판결)은 지방법원본원 합의부에서, 지방법원 합의부의 판결에 대해서는 고등법원이 관할하며, 대법원은 지방법원본원 합의부 및 고등법원의 제2심 판결에 대한 상고사건을 최종적으로 관할하도록 되어 있다.

(3) 법관의 제척·기피·회피

제척·기피·회피제도는 공평한 법원의 구성을 구체적으로 보장하기 위하여 마련된 제도로 구체적 사건에서 불공평한 재판을 할 염려가 있는 법관을 법원의 구성에서 배제하여 공정한 재판을 보장하는 것이다.

제척이란 불공평한 재판을 할 우려가 있는 사유를 미리 정해 놓고 이 사유에 해당되면 판사를 당연히 그 직무로부터 배제시키는 것으로, 그 사유로는 법관이 피해자인 때, 피고인 또는 피해자의 친족이거나 이러한 관계가 있었던 때 등이다(형소법 제17조). 이러한 법정사유가 있으면 사유에 해당되는 판사는 해당 사건의 진행(심리·판결)을 할 수 없다. 이에 위반되면 그 재판은 절대적인 항소이유나 상고이유가 되어 상급심에서 파기하게 된다. 또 판사 자신도 이러한 사유가 있으면 스스로 소속법원에 해당 사건을 진행할 수 없으니 다른 판사로 하여금 재판하게 해달라는 회피절차를 밟게 된다.

기피는 판사에게 제척의 사유가 있는데도 법관이 해당 사건을 진행하는 경우와 제척의 사유는 없으나 판사가 불공정한 재판을 할 염려가 있는 경우에는 소송당사자 쌍방, 즉 검사나 피고인(또는 변호인)이 당해 판사의 기피를 신청할 수 있다(형소법 제18조 제1항). 기피신청을 할 수 있는 시기는 당해 절차의 변론이 종결되기 전까지 해야 하며, 반드시 서면으로 해야 하는 것은 아니고 법정에서는 구두로도 할 수 있다.

2. 검 사

검사는 검찰권을 행사하는 국가기관이다. 검찰권을 행사하기 위하여 형사소송상 당사자의 일방인 원고의 지위에 있으며, 공익의 대표자로서 (i) 범죄수사·공소제기와 그 유지에 필요한 행위, (ii) 범죄수사에 관하여 사법경찰관에 대한 지휘·감독, (iii) 법원에 대하여 법령의 정당한 적용의 청구, (iv) 재판의 집행에 관한 지휘·감독하는 직무와 권한을 가진다.

검사의 직무를 통괄하는 기관으로서 검찰청이 있으며, 검찰청에는 대검찰청·고등검찰청·지방검찰청이 있고, 각각 대법원·고등법원·지방법원에 이를 대치한다. 지방법원지원 설치구역에는 그에 대응하여 지방검찰청지청이 있다.

3. 피 고 인

피고인은 형사소송에서 검사에 의하여 공소가 제기된 수동적 당사자이다. 공소가 제기되기 전에는 피의자라 부르며, 공소제기 후에 비로소 피고인이 된다. 형사소송에 있어서는 원고인 검사와 피고인이 평등한 지위에서 대립하여 서로가 대등한 공격방어의 수단과 기회를 가지게 되는데, 이를 당사자평등의 원칙 또는 당사자대등주의라 한다. 그러나 실제에 있어서 피고인에게 검사와 맞설 수 있는 방어력을 기대할 수 없기 때문에 직업적인 변호사가 피고인의 방어력을 보충 또는 보조한다.

4. 변 호 인

피고인 또는 피의자의 방어력을 보충함을 임무로 하는 보조자로 사선변호인과 국선변호인이 있다. 사선변호인은 피고인·피의자 또는 그와 일정한 관계가 있는 사인이 선임한 변호인을 말하며, 국선변호인은 법원에 의하여 선정된 변호인으로 사선변호인제도를 보충하기 위한 제도이다. 국선변호인 선정사유는 피고인이 구속된 때, 미성년자인 때, 70세 이상의 자인 때, 농아자인 때, 심신장애의 의심이 있는 자인 때, 사형·무기 또는 단기 3년 이상의 징역이나 금고에 해당하는 사건으로 기소된 때(형소법 제33조 제1항)이며, 그 밖에 피고인이 빈곤 등의 사유로 변호인을 선임할 수 없는 경우에 피고인의 청구가 있는 때에는 변호인을 선정하여야 한다(형소법 제33조 제2항).

변호인은 피의자와 피고인의 이익을 최대한 보호할 의무가 있으므로 피의자나 피고인에게 불리한 증거를 제출하거나 불리한 주장을 할 수 없다. 이러한 지위를 변호인의 보호자의 지위라고 한다. 변호인은 피의자·피고인의 이익을 보호하여야 하는 지위에 있지만, 그 이익은 보호받아야 할 정당한 이익에 국한된다. 따라서 변호인의 지위를 악용하여 진실발견을 방해해서는 안된다. 예를 들어 증인에게 위증을 부추기거나 위조된 문서를 알면서도 증거로 제출해서는 안 된다는 것이다. 이와 같은 지위를 변호인의 공익적 지위라고 한다. 그런데 경우에 따라서는 변호인의 보호자의 지위와 공익적 지위라 충돌하는 경우가 있는데, 이러한 때에는 보호자의 지위가 우선된다. 따라서 변호인이 변호과정에서 피고인이 유죄라는 확신을 갖게 된 경우에도 무죄의 변론이 가능하게 된다. 그 밖에 변호인에게는 피고인·피의자와의 접견교통권이 보장되는데, 피고인·피의자의 변호인과의 접견교통권은 법률이나 결정에 의하여 제한될 수 없으며 접견과 대화의 내용에 대한 비밀도 보장된다.

Ⅲ. 소송절차

검사·피고인·법원은 판결을 목표로 수사·공소제기·제1심 공판절차·

상소절차 등의 단계를 거쳐 소송을 진전시킨다. 이러한 일련의 단계를 거쳐 소송이 연쇄적으로 발전하게 되는 절차를 소송절차라 한다.

1. 수 사

검사는 범죄의 혐의가 있다고 인정되는 때에는 범인·범죄사실·증거 등을 수사하여야 한다. 수사는 공소를 제기하고 수행하기 위하여 범인과 증거를 발견하고 수집하는 절차이다. 따라서 수사는 공소제기 전에만 행하는 것이 아니고, 이미 제기된 공소를 유지하고 수행하기 위하여서도 행한다.

수사의 주체는 검사이고, 사법경찰관리는 그 지휘를 받아 수사를 보조하는 자이다. 수사의 개시사유(수사의 단서)는 변사자의 검시·현행범 또는 준현행범인의 체포·경찰관의 불심검문 등 수사기관 자신의 체험에 의하는 경우도 있고, 또 고소·고발·자수 등 타인의 체험에 의하는 경우도 있다.

수사의 절차에는 수사를 받는 자의 승낙을 전제로 수사하는 임의수사와 강제처분에 의하여 수사하는 강제수사가 있다. 강제수사는 형사소송법에 특별한 규정이 없으면 할 수 없으므로, 형사소송법은 임의수사를 원칙으로 하고 있는 것이라고 하겠다. 검사나 사법경찰관이 행하는 강제처분에는 체포·구속, 압수·수색 등이 있다. 체포·구속, 압수·수색에는 법관이 발부한 체포·구속영장 또는 압수·수색영장이 있어야 한다. 구속은 죄를 범하였다고 의심할 만한 상당한 이유가 있고 또 주거부정이나 증거인멸의 염려 또는 도망의 염려가 있는 때에 한하여 구속영장으로 집행한다. 구속기간은 피의자나 피고인에 따라 다르다. 피의자의 구속에 관하여는 검사가 10일, 사법경찰관이 10일인데, 검사는 부득이한 경우에 한하여 법원의 허가를 받아 10일을 더 연장할 수 있다. 피고인의 구속에 관해서는 2개월이지만, 필요한 경우에는 심급마다 2차에 한해 2개월 연장·갱신할 수 있고, 상소심은 부득이한 사정이 있는 경우에는 3차에 한하여 갱신이 가능하다. 그리고 피의자가 현행범 또는 준현행범(현행범인의 체포)이거나 사형·무기 또는 장기 3년 이상의 징역이나 금고에 해당하는 죄를 범했다고 의심할 만한 상당한 이유가 있고, 또 증거인멸이나 도망 또는 도망의 염려가 있는 경우에 긴급을 요하여 체포영장을 받을 수 없을 때에는 그 사유를 고하고 영장없이 체포할 수 있다(긴급체포).

2. 수사의 종결

(1) 공소제기

검사가 사법경찰관으로부터 송치받은 사건이나 자신이 직접 수사한 사건을 조사한 결과 범죄혐의가 충분하고 소송조건을 구비하여(예컨대 친고죄에 있어서 고소) 유죄판결을 받아낼 수 있다고 인정되면 공소를 제기한다. 공소제기는 검사가 공소장을 관할법원에 제출함으로써 이루어진다. 이렇게 공판청구(정식기소)가 이루어지면 피고인은 공판절차에 의하여 재판을 받게 된다. 그러나 검사는 벌금, 과료 또는 몰수에 처할 수 있는 사건에 대해서는 법원에 약식명령을 청구할 수 있다(약식기소). 약식명령청구에 의한 절차를 약식절차라고 부르는데, 이러한 약식절차에서 법원은 피고인을 출석시키지 않고 검사가 제출한 서류와 증거물만을 기초로 재판함으로써 피고인에게 벌금, 과료 또는 몰수를 과하게 된다.

이와 같은 공소제기의 권한은 국가기관인 검사가 독점하게 되며(국가소추주의, 기소독점주의), 공소제기 여부도 전적으로 검사의 재량이다(기소편의주의).

(2) 불기소처분

검사가 사건을 수사한 결과 피의자에 대해서 기소하지 않는 것이 합당하다고 판단한 때에는 공소제기(정식기소 또는 약식기소)를 하지 않고 수사를 종결하게 되는데, 이를 불기소처분이라고 한다. 불기소처분에는 혐의 없음, 죄가 안 됨, 공소권 없음 등을 포함하는 협의의 불기소처분과 기소유예, 기소중지가 있다.

혐의 없음은 충분한 객관적 혐의가 없는 경우를 말하며, 죄가 안 됨은 범죄성립의 조각사유가 있는 경우, 그리고 공소권 없음은 소송조건이 결여된 경우를 말한다. 기소유예는 피의사건에 관하여 범죄혐의가 인정되고 소송조건이 구비되어 공소제기가 가능하지만 피의자의 연령, 성행, 지능과 환경, 피해자에 대한 관계, 범행동기나 수단 및 결과, 범행 후의 정황 등을 참작하여 기소하지 않고 수사를 종결하는 경우이며, 기소중지는 피의자의 소재불명 등의 사유로 수사를 종결할 수 없는 경우에 그 사유가 해소될 때까지 하는 처분으로 엄밀한 의미에서 수사의 종결이 아니라 수사중지처분에 해당한다. 이러한 검사의 불기소처분에 대하여 고소인은 그 검사가 속해 있는 검찰청을 경유하여 직근상급검찰청의 장에게 항고할 수 있다. 항고가 기각되면 다시 그 직근상급검찰청의 장에게 재항고할 수 있다. 또한 고소인이나 고발인은 고등법원에 그 당부에 관하여 재정신청을 할 수 있다.

3. 공판절차

공소제기로부터 판결선고에까지 이르는 모든 절차를 공판절차라 한다. 공판절차는 개인의 인권보장과 실체적 진실의 발견에 소홀함이 있어서는 안 될 것이므로 재판은 원칙으로 공개하도록 하였고(공개주의), 또한 재판은 당사자의 구두에 의한 공격방어를 그 근거로 하도록 하였다(구두변론주의). 그리고 모든 소송자료를 공판에 집중시켜 공판에서 형성된 심증으로써 재판을 하도록 하고(공판중심주의), 또한 법원은 공판정에서 직접 조사한 증거만으로써 유죄의 자료로 해야 하고, 그 밖에 수사기관이 작성한 증거서류 등은 그 자료로 할 수 없는 것으로 하였다(직접심리주의).

공판절차는 공판준비·공판심리·공판종결의 3절차로 대별할 수 있다. 즉 먼저 수소법원·재판장·수명법관 또는 수탁판사가 공판기일에 있어서 심리를 원활·신속하게 진행하기 위하여 공판기일 외에서 공소장부본의 송달·공판기일의 지정과 통지·피고인의 소환·증거조사 등의 공판준비절차를 행한다.

다음으로 법원은 공판기일에 법정에서 모두절차, 사실심리절차, 판결선고절차의 순으로 공판절차를 진행한다. 먼저 모두절차는 피고인에게 불이익한 사실의 진술을 거부할 수 있음을 알려 주는 진술거부권의 고지, 피고인을 확인하는 인정신문, 검사가 기소요지를 진술하는 검사의 모두진술, 그리고 피고인의 모두진술, 재판장의 쟁점 정리 및 검사·변호인의 증거관계에 대한 진술의 순으로 진행된다.

다음으로 사실심리절차는 증거조사, 피고인신문, 검사와 피고인·변호인의 최종변론과 같은 순서로 진행된다.

증거조사는 당사자의 신청에 의하는 것을 원칙으로 하고, 법원은 다만 보충적으로 직권에 의하여 증거조사를 할 수 있다. 증거조사에 관한 당사자의 신청이 있으면 법원은 먼저 증거조사를 할 것인지 아니면 그 신청을 각하할 것인지에 관하여 결정을 하고(증거결정), 증거조사를 하는 경우 그 방식은 증인·감정인·통역인에 관해서는 신문을 하고, 증거서류이면 그 요지를 고지하고, 또한 증거물이면 이를 제시하여야 한다. 그리고 모든 증거는 원칙으로 증거능력이 있는 것으로 인정되나, 고문·폭행·협박·구속 또는 기망에 의한 자백(임의성 없는 자백)은 증거능력이 없고 또 체험자로부터 그 체험을 전해 들은 제2자의 진술(전문증거)도 증거능력이 없다. 그러나 피고인의 자백 있는 단독사건은 간이공판절차에 넘기고, 또 전문증거도 전문법칙의 예외규정에 해당하거나 당사자의 증거동의가 있으면 증거능력이 있다. 이와 같이 증거능력, 즉 증거의 자격은 법정되어 있으나 증거의 실질적 평가, 즉 증명력은 법관의 자유판단에 의한다(자유심증주의).

피고인신문은 검사와 변호인이 순차로 피고인에게 필요한 사항을 직접 신문하고, 이들의 신문이 끝나면 법원도 피고인을 신문할 수 있으며, 증인신문에 관한 규정이 준용된다.

피고인신문이 끝나면 당사자는 변론을 행한다. 즉 검사는 사실과 법률적용 및 형의 양정에 관하여 의견을 진술하고(논고) 또 피고인이나 변호인도 최후진술을 할 수 있다.

이상의 공판심리절차가 끝나면 법원은 당해 소송사건에 법률을 적용해서 그 심급에서 소송절차가 종결하는 종국재판을 하여야 한다. 종국재판에는 공소기각의 재판·관할위반의 재판 등의 소송절차를 대상으로 하는 형식적 종국재판과 유죄판결(형의 선고·형의 선고유예·형의 면제 등) 및 무죄판결 등의 실체적 종국재판이 있다. 실체적 종국재판이 확정되면 그 재판은 기판력이 생겨 다시 동일한 사건에 대하여 실체적 재판을 할 수 없게 된다(일사부재리의 원칙).

4. 상 소

상급법원에 대하여 미확정재판의 취소 또는 변경을 청구하는 불복신청을 상소라 한다. 상소는 판결에 대한 항소·상고와 결정에 대하여 하는 항고가 있다. 상소할 수 있는 자(상소권자)는 검사, 피고인, 피고인의 법정대리인, 변호인, 피고인의 배우자, 직계친족·형제자매 등이다. 상소권자에 의하여 상소가 제기되면, 소송계속은 원심법원에서 상소법원으로 이전하게 되고(이심의 효력), 원심법원의 재판의 확정과 집행이 정지된다(정지의 효력).

(1) 항 소

제1심판결에 대하여 불복이 있으면 지방법원 단독판사가 선고한 사건에 관해서는 지방법원 합의부에 항소하고, 또 지방법원 합의부가 선고한 사건에 관해서는 고등법원에 항소한다. 항소심은 제1심의 판결을 무시하고 새로이 심판하는 복심이 아니고, 제1심의 심리를 토대로 항소심의 심리를 속행하는 속심이다. 항소를 제기함에는 선고일로부터 7일 이내에 원심법원에 항소장을 제출하여야 한다. 항소가 피고인에 의하여 또는 피고인의 이익을 위하여 제기되는 경우에 항소심은 원심판결보다 중한 형을 선고하지 못한다(불이익변경금지의 원칙).

(2) 상 고

항소심의 판결에 대하여 불복이 있으면 대법원에 상고한다. 상고심은 사후심이고 법률심으로 법령해석의 통일을 주된 기능으로 하고 있다. 상고를 제기함에는 선고일로 부터 7일 이내에 상고장을 원심법원에 제출하여야 한다. 원래 상고는 항소심판결에 대하는 것이나, 제1심판결이 법령을 적용하지 않았거나 법령의 적용에 착오가 있는 경우에는 항소심을 거치지 않고 직접 대법원에 상고할 수 있다(비약적 상고).

(3) 항 고

결정은 절차상의 사항에 관한 재판이므로 그 불복은 판결에서와는 달리 항고에 의한다. 보통항고에는 기한의 제한이 없으나, 즉시항고는 고지일로부터 3일 이내에 항고장을 원심법원에 제출하여야 한다. 항고를 제기하면 보통항고는 집행정지의 효력이 생기지 않으나, 즉시항고는 집행정지의 효력이 생긴다. 그리고 항고법원의 결정이나 고등법원의 결정에 대하여는 원칙으로 항고할 수 없으나, 그 결정이 헌법·법률·명령 또는 규칙에 위반한 것인 때는 특별항고로서 대법원에 즉시항고를 할 수 있다.

5. 약식절차

약식절차는 지방법원의 관할에 속하는 사건에 관하여 공판절차에 의하지 아니하고 서면심리에 의하여 벌금·과료 또는 몰수를 과하는 절차이다. 지방법원은 그 관할에 속하는 사건에 관하여 검사의 청구가 있을 때에는 공판절차를 거치지 않고 피고인에 대하여 벌금·과료 또는 몰수에 처할 수 있다. 검사의 약식명령청구가 있을 때에도 법원은 반드시 이에 구애되지 않으며, 약식명령이 부적당하다든가 또는 할 수 없는 경우에는 공판절차에 의하여 심판한다. 검사 또는 피고인은 약식명령의 고지를 받은 날로부터 7일 이내에 정식재판을 청구할 수 있다. 약식명령의 청구기간이 경과하거나 그 청구의 취하 또는 기각의 결정이 확정된 때에는 확정판결과 동일한 효력이 있다.

Ⅳ. 배심원제도

1. 의 의

국민의 형사재판 참여에 관한 법률에 의하여 2008.1.1부터 배심원제도가 시행되었으며, 배심원이 참여하는 형사재판을 국민참여재판이라고 한다(국민의 형사재판참여에 관한 법률 제1조 제2호). 배심원제도는 국민 중에서 선정된 배심원이 형사재판에 참여하여 사실인정과 형의 양정에 관한 의견을 제시하게 함으로써 사법의 민주적 정당성과 이에 대한 국민의 신뢰성을 높이기 위하여 도입되었다.

2. 국민참여재판의 대상사건

국민참여재판은 살인죄·교통방해치사죄·유기치사죄 등 형법상 중죄사건 및 특정범죄가중처벌 등에 관한 법률·특정경제범죄가중처벌 등에 관한 법률·성폭력범죄의 처벌 및 피해자 보호 등에 관한 법률에 규정된 일정한 범죄를 그 대상으로 하고 있다(동법 제5조 제1항). 그러나 피고인이 국민참여재판을 원하지 아니하거나 법원의 배제결정이 있는 경우에는 피고사건이 국민참여재판 대상사건에 해당하더라도 국민참여재판을 하지 않도록 하고 있다(동법 제5조 제2항).

3. 배심원의 지위 및 선임

(1) 배심원의 지위

배심원은 국민참여재판을 하는 사건에 관하여 사실의 인정, 법령의 적용 및 형의 양정에 관한 의견을 제시할 권한을 가지며(동법 제12조 제1항), 법령을 준수하고 독립하여 성실히 직무를 수행하여야 하며, 직무상 알게 된 비밀을 누설하거나 재판의 공정을 해하는 행위를 하여서는 안 된다(동법 제12조 제2항, 제3항).

배심원의 수는 법정형이 사형·무기징역 또는 무기금고에 해당하는 대상사건은 9인, 그 이외의 대상사건은 7인, 피고인 또는 변호인이 공판준비절차에서 공소사실의 주요 내용을 인정한 때에는 5인으로 하고 있다(동법 제13조 제1항).

(2) 배심원의 자격

배심원은 만 20세 이상의 대한민국 국민 중에서 무작위의 방법으로 선정된다(동법 제16조). 그러나 법이 정한 일정한 결격사유에 해당하는 자(동법 제17조)와 대통령·국회의원·법관·검사·변호사 및 법무사 등 직업에 의한 제외사유에 해당하는 자(동법 제18조) 및 불공평한 재판을 할 우려가 있는 자(동법 제19조)는 배심원으로 선정될 수 없다. 또한 만 70세 이상인 사람, 법령에 의하여 체포 또는 구금되어 있는 사람, 중병·상해 또는 장애로 인하여 법원에 출석하기 곤란한 사람 등 기타 부득이한 사유로 배심원의 직무를 수행하기 어려운 사람에 대하여는 배심원직무의 수행을 면제할 수 있다(동법 제20조).

제 7 장

국 제 법

제 1 절 서 설

Ⅰ. 국제법의 개념

1. 국제법의 의의

국제법이란 국제사회의 법을 말한다. 세계의 많은 국가들은 고립한 상태에서 각각 존립하고 있는 것이 아니고, 정치적·경제적·문화적으로 밀접한 관계를 맺어 상호 교통·의존·협력의 공동생활을 영위하고 있다. 이것이 이른바 국제사회이다. 이러한 국제사회도 사회이므로 필연코 그 사회의 존립유지에 필요불가결한 숱한 사회규범을 그 속에 가지게 되는데, 그 많은 규범 가운데서 특히 강제를 본질적 요소로 하는 법규범이 여기에서 말하는 국제법인 것이다.

이러한 국제법에 관하여 종래의 통설은 국가간의 관계를 규율하고 국가의 권리와 의무를 규정하는 것이라고만 생각하였다. 그러나 국제연합에 관한 제규범, 이를테면 국제연합의 기구라든지 그 직능에 관한 법규 등은 국제법의 중요한 부분으로 되어 있고, 또한 제2차대전 후의 전쟁범죄인의 처벌이라든지 1948년 제3차 국제연합총회에서 채택된 세계인권선언 등은 개인에게도 국제법상의 권리와 의무가 있음을 뜻하는 것이다. 그리하여 비록 국제법규의 대부분은 국가에 관한 것이긴 하지만, 반드시 국가에 관하여서만 규정하고 있는 것이 아니고 국제조직과 개인에 관하여서도 규정하고 있는 것이라고 이해해야 할 것이다. 그러므로 여기에서 국제법이란 국가·국제조직·개인에 관하여 규정하고 있는 국제사회의 법이라고 하는 것이 타당하겠다.

2. 국제법의 법적 성질

국제법은 진정한 의미에서 법이라고 할 수 있는가, 또 국제법이 과연 법으로서의 구속력을 갖추고 있는가에 관한 이른바 국제법의 법적 성질에 관한 논쟁은 이미 300년 전 국제법이라는 용어가 나왔을 때부터 시작된 것이다. 이에 관하여는 부정설과 긍정설이 대립되어 있다.

(1) 국제법부정설

국제법은 법으로서의 본질(구속력)을 갖추고 있지 않으므로 법이 아니라는 설이다. 이 견해는 그 이유로 국제법은 침해되는 경우가 많고, 성립에 있어서 통일적 입법기관의 결여, 적용에 있어서 통일적 사법기관의 결여, 국제법을 강제하는 집행기관의 결여, 강제성의 결여 등을 들고 있으나, 오늘날 국제법을 부정하는 학자는 거의 없다.

(2) 국제법긍정설

국제법도 다른 법과 마찬가지로 법으로서의 본질(구속력)을 갖고 있다는 설이다. 이 견해는 부정설에 대한 비판과 아울러 국제법의 법적 성질을 부정하는 것은 실제에 있어서 불편이 있고, 세계 각국의 관행이 항상 국제법의 제문제를 법률문제로 취급하여 왔으며, 현대 대부분의 입헌국가가 그 헌법에 국제법을 국내법으로 수용하고 있으며, 또한 국제법적 사건은 국제법정에서 법률문제로 처리되고 있다는 이유로 국제법의 법적 성질을 긍정한다.

Ⅱ. 국제법과 국내법

국제법은 주로 국가상호간의 관계를 규율하며 다수국가의 공동승인을 받은 것이고, 국내법은 당해 국가가 단독으로 제정한 것으로서 원칙적으로 그 국가 내에서만 효력을 가진다. 그런데 동일 사항에 대해 국제법과 국내법이 서로 저촉하는 경우에 어느 쪽이 우선하느냐 하는 문제가 생긴다.

이 문제에 관하여는 여러 가지 학설이 나누어져 있으나 대별하여 이원론과 일원론이 있다.

이원론은 국제법과 국내법은 그 법적 근거를 달리하며, 별개의 법체계라는 설이다. 법의 연원에 있어서나 그 적용되는 영역에 있어서도 서로 다르므로 국제법과 국내법은 서로 독립하여 효력을 가진다고 생각하는 것이다.

일원론은 국제법과 국내법은 통일적인 하나의 법체계를 형성하는 것이고, 다만 상대적인 구별이 있음에 불과하다는 견해이다. 이러한 일원론을 취하는 입장에서도 국제법과 국내법의 어느 것이 우위에 있는가를 주장하는 데 따라 국제법우위설과 국내법우위설의 두 가지 견해가 대립되고 있다.

국내법우위설은 통일적인 법체계 내에 있어서 국내법이 우위에 있고 국제법은 그 하위에 있다는 이론이다. 이에 의하면 양법 모두 국가의사에 기초를 두고 있지만, 국내법은 국민에 의하여 나타난 대내적 국가의사이고, 국제법은 타국가와의 관계에서 나타난 대외적인 국가의사에 불과하다는 것이다. 또한 국제법은 국내법에 의하여 비로소 그 타당성이 부여되기 때문에 국내법의 일부를 구성한다고 한다.

이에 반하여 국제법우위설에 위하면, 국내법은 일국가의 영역과 국민에 대하여서만 효력을 가지지만, 국제법은 여러 국가에 대하여 효력을 가지며 국가도 이의 적용을 받기 때문에 국내법보다도 효력에 있어서 우위에 있다고 한다. 이 설은 국제법이 세계법으로까지 발전할 경우에 타당할 수 있다고 생각되지만 세계평화를 위하여 국제법질서가 강조되는 현재의 국제사회의 실정으로 보아 점차적으로 유력한 설이 되어가고 있다.

Ⅲ. 국제법의 법원

법원이란 법의 존재 내지 성립의 형식으로서 법의 연원이라고도 한다. 국제법의 존재형식인 법원에는 조약과 국제관습법이 있다.

1. 조 약

조약이란 국가 또는 국제기구간의 문서에 의한 명시적인 합의로서 이에 가입한 국가만 구속한다. 조약에는 2국간의 조약(양자조약)과 다수국간 조약(다자조약) 그리고 보편조약(모든 국가가 가입한 조약)과 일반조약(대부분의 국가가 가입한 조약)등이 있다. 좁은 의미로는 보편적이고 일반적인 조약만이 국제법의 법원이 되고, 넓은 의미로는 양자조약 및 폐쇄조약도 국제법의 법원이 된다.

2. 국제관습법

국제관습법이란 국제사회에서 일반적으로 승인된 관행으로서 통일적 입법기관이 없는 현재의 국제사회에서는 국제법의 중요한 법원이 된다.

국제관습법이 국제법의 법원으로 되기 위해서는 그 관행이 국가간에 규칙적·반복적인 것이어야 하고, 또한 그 관행의 준수가 의무라고 하는 법적 신념에 도달하여야 한다. 즉 국제법의 법원으로서 관습은 '법으로 인정된 일반적 관행'을 말한다.

3. 법의 일반원칙

국제사법재판소(International Court of Justice : ICJ) 규정 제38조 제1항은 재판소가 적용할 재판준칙으로서 조약과 관습 다음의 제2순위에 '문명국가에 의하여 인정된 "법의 일반원칙"'(general principles of law)을 들고 있다. 그러나 이러한 '법의 일반원칙'을 국제법의 법원으로 볼 수 있느냐가 문제된다. 이에 대하여 이 규정을 근거로 법원성을 인정하는 견해도 있으나, 재판의 준칙이 반드시 국제법이 아님은 ICJ규정 제38조 제2항이 형평과 선에 의하여 재판할 수 있다고 규정한 점에서 명백하다.

또한 법의 일반원칙은 국내법상 인정된 것으로서 ICJ규정이 이를 규정함은 국제법규의 흠결로 인한 재판불능을 방지하기 위한 것이다. 따라서 '법의 일반원칙'은 재판의 기준은 되나 국제법의 법원이 되지는 못한다.

제 2 절 국제법의 주체

오늘날 국제법의 주체로는 주권국가가 대표적이나, 그 밖에도 국제연합과 같은 국제조직, 로마교황청·국제적십자위원회 등이 일정한 범위에서 국제법의 주체로 된다. 그리고 종전의 위임통치지역이나 오늘날의 신탁통치지역 그리고 피보호국·예속국·연방의 구성국 등도 제한된 범위에서 국제법의 주체로 되며, 또 기술한 바와 같이 개인도 국제법의 주체로 된다. 여기에서는 국제법의 주체로서 가장 중요한 지위를 차지하고 있는 국가와 제2차세계대전 후 국제평화와 안전의 유지를 목적으로 새로이 발족한 국제연합에 관하여 설명하고, 아울러 개인에 관하여 간략히 논급하고자 한다.

Ⅰ. 국 가

1. 국가의 승인

신국가가 국제법상의 주체, 즉 국제법상의 인격자가 되기 위해서는 국제사회의 기존국가에 의하여 승인을 받아야 한다. 신국가가 승인을 받으려면 실효적·영속적·자주적인 국가권력을 확립하고 또 국제법을 준수할 의사와 능력을 갖추고 있어야 한다. 이러한 요건을 갖추고 있으면 기존국가가 신국가를 승인하게 되는데, 승인의 효력은 다만 승인국과 피승인국간에서만 발생하게 되어 피승인국은 승인국과의 관계에서만 국제법상의 주체로 되는 것이다.

국가의 승인에 있어서 그 방법에는 제한이 없다. 따라서 선언이나 통지 등의 명시적 방법에 의하는 승인(명시적 승인)이든 외교사절의 교환이나 조약의 체결 등의 묵시적 방법에 의하여 승인(묵시적 승인)이든 불문한다.

그리고 각 국가가 개별적으로 승인을 하든 다수의 국가가 공동으로 승인을 하든 상관이 없다.

승인은 보통 정식승인, 즉 법률상의 승인을 의미한다. 그러나 피승인국이 아직 요건을 갖추지 못하였거나 기타의 정치적 이유로 정식승인을 하기 전에 잠정적인 가승인을 하는 경우가 있는데, 이를 사실상의 승인이라고 한다.

국가의 승인과 구별해야 할 것으로서 정부의 승인이 있다. 정부의 승인이란 정부의 변경이 있을 때에 타국가가 신정부를 그 국가의 대외적 대표기관으로서 인정하는 의사표시를 말한다. 신국가가 국내법상 합법적으로 성립된 경우에는 물론 승인을 요하지 않는다. 그러나 신 정부가 쿠테타나 혁명에 의하여 성립된 경우에는 타국가에 의하여 승인을 받아야 국가를 대표하는 것으로 되는 것이다.

2. 국가의 기본적 권리·의무

국가의 권리·의무 중 비교적 중요한 것을 골라 이를 국가의 기본적 권리·의무라고 한다. 그러나 구체적으로 어떠한 권리·의무가 국가의 기본적 권리·의무인가에 관하여는 학자에 따라 일정하지 않다. 보통 다음과 같은 것을 국가의 기본적 권리·의무로 들고 있다.

(1) 주 권

주권이란 개념은 역사적 산물이기 때문에 여러 의미로 사용되고 있으므로 일의적으로 말할 수는 없으나, 국제법상 주권이란 보통 '최고·독립의 국가권력'을 말하는 것으로 이해되고 있다. 여기에서 '최고'라는 개념은 국내에서 최고권력을 갖고 인민과 영역을 지배할 수 있다는 뜻이며(영토고권), '독립'이라는 개념은 국가가 타국 또는 국제적 권력하에 놓이지 않고 그것들로부터 독립해 있다는 것을 뜻한다(대외고권).

(2) 평 등 권

평등권이란 각국의 영토·인구·세력·문화·부강의 정도에 따라 차이가 있음에도 불구하고, 모든 국가는 국제법상 평등한 권리·의무를 가지며 법률상의 차별을 받지 않는다는 것이다.

(3) 자 위 권

자위권이란 국가가 자국민이나 자국에 대한 급박한 위해에 대하여 실력으로 방위할 수 있는 권리를 말한다. 이 자위권에는 급박부정의 위해를 실력으로써 방위하는 정당방위와 단순히 급박한 위해를 피하기 위하여 행하는 긴급피난이 있는데, 보통 자위권이라고 할 때에는 전자만을 말한다. 자위권에 관하여서는 부전조약에서 합법적인 권리로서 인정하였고, 또 국제연합헌장에서도 이를 허용되고 있다.

(4) 국내문제불간섭의 의무

국가가 타국의 국내문제에 관하여 간섭할 수 없는 의무를 국내문제불간섭의 의무라고 한다. 국내문제란 국가가 단독·임의로 처리할 수 있는 사항으로서, 이에는 정부형태·행정조직·경제체제·예산편성·국가 대 국민간의 관계 등의 일반적인 문제와 이민문제·관세문제 등도 포함된다. 그리고 간섭이란 국가가 자기의 의사를 타국가에 강제하는 것으로서 무력적인 방법에 의하는 것은 물론 무력적인 방법에 의하지 않더라도 타국가에 강제효과를 미치는 것은 모두 간섭으로 된다.

이와 같이 국내문제에 대한 간섭은 원칙으로 금지되지만, 자위를 위한 간섭이라든지 불법한 간섭을 배제하기 위한 반대간섭 또는 국가의 국내 문제에 관한 조치가 국제평화에 위협을 주기 때문에 국제연합이 취하는 강제조치

등은 국제법상 합법적인 간섭으로 허용된다.

3. 국가의 책임

국가책임이란 국가가 행한 국제법 위반행위에 대해 부담하는 국제법상의 책임을 말한다. 원래 국가책임은 재외국민의 보호에 대한 국제법의 반면의 표현으로서, 역사상 약소국에 대한 무기로 사용된 경우가 많으므로 제국주의 역사의 일단면이라고 할 수 있다.

그러나 근년에 와서 약소국에 대한 보호면에서도 어느 정도의 유효성을 발휘하고 있다는 점에 유의해야 한다.

이러한 국가책임이 성립하기 위해서는 국가의 행위, 고의 또는 과실, 국제의무의 위반, 손해의 발생 등의 요건이 필요하며, 이를 해제하기 위해서는 위반행위를 한 국가가 피해국가에 대하여 원상회복이나 손해배상·진사·관계자의 처벌 등 일정한 조치를 취함으로써 국제의무 위반에 대한 구제를 해 주어야만 한다.

4. 국가의 소멸

국가의 소멸이란 국가가 국제법의 주체로서의 자격을 상실하는 것을 말한다. 그런데 국가의 국제법상의 주체성은 국가로서의 사실상의 존재를 전제로 하는 것이므로, 국가가 국가로서의 사실상의 존재를 상실하게 되면 국제법상의 주체로서의 자격을 상실하게 된다. 따라서 국가는 합병·병합·분열·분할·정복 등으로 국가로서의 사실상의 존재를 상실하면 소멸하게 된다.

Ⅱ. 국제연합

1. 성 립

국제평화기구로서의 국제연합은 국제연합헌장(Charter of the United Nations)에 기초하여 제2차대전 후에 설립되었다.

국제연합 설립의 태동은 제2차대전이 진행 중인 1943년 10월에 미국·영국·소련의 3개국이 공동선언을 발표하여 전후 새로운 평화기구의 설치를 명백히 함으로써 비롯되었다.

이 선언의 취지에 입각하여 1944년 8월에 워싱턴 교외 덤바턴 오크스(Dumbarton Oaks)에서 전기 3개국 외 중국을 포함한 4개국의 회의가 개최되어 여기서 국제연합헌장의 원안이 작성되었다. 이 원안은 1945년 4월에서 6월까지 걸쳐 개최된 샌프란시스코회의에 제출되어 약간의 수정을 거친 후에 정식으로 조약화되었다. 이 회의에는 50개국의 연합국이 참석하였다. 조약화된 국제연합헌장은 그 후 5대국과 그 밖의 24개국의 비준을 얻어 1945년 10월 24일 정식으로 발효하였으며, 1946년 1월 10일 런던 제1차 국제연합총회일로부터 국제연합은 정식으로 활동을 개시하였다.

2. 목적과 원칙

국제연합의 목적은 헌장의 전문과 제1조에서 다음의 4가지로 규정되어 있다.

첫째, 국제평화와 안전을 유지하는 것이며, 이를 위하여 유효한 집단적 조치를 취할 것, 둘째, 제국가간의 우호관계의 촉진 기타 평화강화를 위한 조치를 취하는 것, 셋째, 경제·사회·문화·인도 등의 국제적 문제의 해결에 있어서 국제협력의 달성, 넷째, 이와 같은 목적달성을 위한 제국활동의 조화를 형성하는 것 등이다.

이와 같은 목적을 달성함에 있어서 지켜야 할 기본원칙에 대해서는 헌장 제2조가 규정을 두고 있다. 그 내용을 보면 첫째, 주권의 평등, 둘째, 헌장의무의 성실한 이행, 셋째, 국제분쟁의 평화적 해결, 넷째, 무력에 의한 위협 또는 무력행사의 제한, 다섯째, 국제연합의 행동에 대한 원조, 여섯째, 비가맹국의 협력의 확보, 일곱째, 국내문제에 대한 불간섭과 같은 것이다.

3. 기　관

국제연합은 주요 기관으로서 총회·안전보장이사회·경제사회이사회·신탁통치이사회·국제사법재판소·사무국 등이 있다. 이 주요기관 이외에 필요한 때에는 보조기관을 설치할 수 있다. 국제연합의 기관이 아닌 자주적인 국제기관으로서 국제연합과 제휴관계에 있는 전문기관으로는 국제노동기구(ILO), 국제연합식량농업기구(FAO), 국제통화기금(IMF), 국제부흥개발은행(IBRD), 국제금융공사(IFC), 세계보건기구(WHO), 국제연합교육과학문화기구(UNESCO), 만국우편연합(UPU), 세계무역기구(WTO) 등이 있다.

(1) 총 회

총회는 형식상으로 국제연합의 최고기관이며 모든 가맹국으로 구성된다. 총회는 매년 1회 정기총회(9월 제3화요일)를 개최하고, 필요한 경우에는 임시로 특별회의(임시총회)를 사무총장이 소집한다. 총회는 헌장의 범위 내에 있는 모든 사항에 관하여 토의하며, 가맹국과 안전보장이사회에 권고할 수 있다. 그러나 구속력 있는 결정이나 집행은 안전보장이사회가 행한다.

각 회원국은 1개의 표결권을 가지며, 총회의 결의는 국제평화 및 안전의 유지에 관한 권고, 국제연합 가입 및 제명 등의 '중요문제'(유엔헌장 제18조 제2항)에 대해서는 '출석하고 또한 표결한' 가맹국의 3분의 2의 다수결로써 행한다. 그 밖의 사항에 대해서는 '출석하고 표결한' 국가의 과반수로써 행한다. 총회의 결의는 내부적 사항에 대해서는 구속력을 가지나 총회의 실질적 기능에 관한 결의 및 직접 가맹국에서 행해진 결의는 원칙적으로 권고적 효력을 갖는 데 그친다.

(2) 안전보장이사회

안전보장이사회는 실질적으로 국제연합의 최고기관이며, 미·영·중·프랑스·러시아의 5개의 상임이사국과 10개의 비상임이사국으로 구성된다. 비상임이사국의 임기는 2년으로 총회에서 선출하며 매년 5개국씩 개선된다.

안전보장이사회는 국제평화와 안전의 유지에 관하여 주요한(1차적) 책임을 지며 회원국을 대신하여 행동한다(유엔헌장 제24조 제1항). 이사국의 권한 중 특히 중요한 것은 분쟁의 평화적 해결(유엔헌장 제6장)과 평화에 대한 위협·파괴·침략행위에 관한(유엔헌장 제7장) 사항이다.

이사회는 표결에 있어서 각 1표를 가지며 절차상의 문제에 관한 결의는 단순 9개 이사국의 찬성으로 행하고, 그 밖의 모든 중요문제에 대한 결의는 상임이사국 전부를 포함한 9개 이사국의 찬성이 있어야 한다. 절차사항 이외의 결의에 있어서는 상임이사국 중의 1국이라도 거부를 한다면 결의는 성립하지 않는다. 그리하여 이를 강대국의 거부권(veto power)이라고 한다. 이사회의 결의는 절차적 사항에 대해서는 구속력을 가진다. 그러나 '분쟁의 평화적 해결'에 관한 결의는 원칙적으로 권고적 효력을 가지며, '강제조치'에 관한 결정은 모든 회원국을 구속한다(유엔헌장 제24조 제1항·제25조).

(3) 경제사회이사회

경제사회이사회는 국제적인 경제·사회·문화·교육·보건의 관계사항을 연구·보고하며 권고를 행하는 기관이다. 총회에서 선출된 54개의 이사국으로 구성된다. 이사국의 임기는 3년이며 매년 정기총회에서 18개국씩 개선된다. 이사국의 결의는 출석·투표하는 이사국의 과반수로 성립하고, 원칙적으로 권고의 효력을 가진다.

(4) 신탁통치이사회

신탁통치이사회는 신탁통치에 관한 사항을 처리하는 기관으로써 신탁통치국, 신탁통치국이 아닌 안전보장이사회의 상임이사국, 총회에서 3년 임기로 선출된 국가로써 구성된다.

이 경우 신탁통치국의 수와 비신탁통치국의 수는 같게 해야 한다. 결의와 그 효력은 경제사회이사회와 같다.

(5) 국제사법재판소

국제사법재판소는 국제연합의 주요한 사법기관으로서 그 구성·권한·절차에 관해서는 국제사법재판소규정에 규정되어 있다. 동 규정은 국제연합헌장과 나눌 수 없는 일부를 형성하며, 국제연합의 모든 회원국은 당연히 국제사법재판소규정의 당사자가 된다. 소송의 당사국이 된 회원국은 재판소의 판결에 복종하여야 한다. 재판소는 총회 등의 요청에 의하여 권고적 의견을 제시할 수 있다.

(6) 사 무 국

사무국은 국제연합의 일체의 사무의 준비와 집행을 담당하는 기관으로서 사무총장과 필요한 직원으로 구성된다.

사무총장은 안전보장이사회의 추천으로 총회에서 선출된다. 사무국의 직원은 총회가 정하는 규칙에 따라서 사무총장이 임명한다.

Ⅲ. 개　　인

종래의 통설은 개인은 국제법상 아무런 지위를 가지지 못하며 권리·의무의 주체가 될 수 없다고 생각하였고, 비록 개인의 권리·의무가 국제법에 규정된 경우일지라도 국가를 통하여 개인에게 귀속하는 것으로 해석하였다. 그러나 개인을 기초로 하지 않고서는 국가나 사회를 생각할 수 없고, 따라서 국제법을 이해할 수 없다. 국제법이 국가의 권리·의무를 정한다고 하지만, 국가 그 자체의 행위는 있을 수 없고 실제로 행위를 하는 자는 국가의 기관을 구성하고 있는 개인이다. 개인의 행위로 인하여 국가에 권리·의무가 귀속된다고 한다면, 그 사람 자신에게도 권리·의무가 귀속될 수밖에 없다. 이러한 의미에서 개인도 국제법상의 주체가 되는 것이다.

특히 제2차 세계대전 후 국제법 위반행위에 대하여 국제적 책임을 추궁함에 있어서 전쟁범죄인을 처벌한 것은 개인을 국제법상의 주체가 될 수 있다는 것을 시인한 예라 할 것이다. 그 밖에 국가영역 변경시에 주권을 선정할 권리, 개인의 국제소송권, 범죄인인도에 대한 특정인의 지위, 선박나포와 관련된 특정개인의 지위, 해적행위·봉쇄침파·전시금제품수송·군사원조를 하지 아니할 의무 등 그 예가 많은바, 적어도 이러한 경우 국제법상의 권리 의무가 귀속함으로 이 범위 안에서 개인도 국제법상의 주체가 되는 것이다. 더욱이 제2차 대전 후 국제연합헌장을 비롯한 여러 조약에서 개인의 기본적 인권을 국제적으로 보장하고 있는 것은 개인의 국제적인 지위가 점차적으로 커지고 있다는 것을 시사하고 있다.

제 3 절 국가영역과 공해

Ⅰ. 국가영역

국가영역이란 국가가 국제법에 의하여 제한되지 않는 범위 내에서 자유로이(배타적으로) 통치(지배)할 수 있는 공간을 말한다. 영역은 일정한 토지를 중심으로 하여 그 주변의 일정한 범위의 해역과 그 상방의 공간으로 이루어진다. 그 토지를 영토, 그 해역을 영해, 그 상방의 공간을 영공이라고 한다. 영해와 영공은 불가분적으로 통합되어 있어 영토가 변경되면 영해와 영공도 따라서 변경된다.

1. 영 토

영토란 육지와 그 육지 내에 있는 하천·운하·호수 등으로 구성된다. 이는 국가가 국권을 발동할 수 있는 법률적 범위이므로 각국은 보통 그 헌법에 영토의 범위를 규정하고 있다. 영토는 국제법상 할양·병합·정복·선점 등에 의하여 변경된다.

2. 영 해

영해는 연안해 · 만 · 내해 · 해협 · 항구 등으로 구성된다. 영해 가운데 연안해를 특히 협의의 영해라고 한다. 이 연안해는 영토와 공해와의 중간 수역의 부분이다. 연안해의 범위를 정함에 있어서 영토를 연안해의 한계선이라고 하고, 이 기선에서 공해까지 이르는 거리를 영해의 폭이라고 한다.

기선에는 통상기선과 직선기선이 있는데, 보통 연안의 최저조선인 통상기선을 원칙으로 하고, 다만 연안선의 굴곡이 심하든지 연안의 근거리에 섬이 있는 경우에는 적당한 제점을 직선으로 그은 직선기선을 측정의 기준으로 삼는다. 영해의 폭에 관하여 종래 3해리설이 가장 유력한 학설이었지만, 근래에 와서는 4해리설 · 6해리설 또는 12해리설 · 200해리설 등으로 폭이 확장되었는데, 현재 국제해양법은 영해의 폭이 12해리를 넘지 않도록 명시하고 있다.

영해는 영토와 동일한 국권이 미치는 영역이므로, 연안국은 영해 내에 있어서의 경찰 · 관세 · 위생 · 항행 · 안전에 관한 제원칙을 제정하여 이를 외국 선박에 적용할 수 있다. 그러나 외국 선박에 대하여서는 무해항행의 권리가 일반적으로 인정되어 있다.

3. 영 공

영공은 영토와 영해의 상공, 즉 영토와 영해의 한계선으로부터 수직으로 세운 상부공역을 말한다. 이의 상부한계에 관하여는 무한히 이를 인정해야 한다는 영공무제한설도 있으나, 대기권(air space)까지를 그 한도로 해야 한다는 것이 통설이다. 물론 영공에 있어서도 외국항공기의 무해항공이 인정되고 있으나, 영해에 있어서의 무해항행과 같이 일반국제법상 확정되어 있는 것은 아니다.

Ⅱ. 공 해

공해는 영해를 제외한 해양이며 국제법상 어느 국가의 영역에도 속하지 않는다. 공해가 어느 국가의 주권이나 관할권에도 속하지 아니하고 각국이 공동으로 이용할 수 있는 것을 공해자유의 원칙이라 하는데, 이 원칙은 국제교통의 자유를 확보하고자 하는 것과 공해에 있어서의 해산물이 무진장이라는 데서 확립된 것이다. 공해자유의 원칙의 결과로서 나타난 것이 공해사용의 자유이다. 그 내용은 (i) 항행의 자유, (ii) 어업의 자유, (iii) 해저전선과 송유관 부설의 자유, (iv) 공해상의 비행의 자유 등이다.

공해에 대하여 예외적으로 국가의 관할권이 미치는 경우가 있는데, 그 중요한 것으로는 해적선박·국기남용선박·어업규칙 위반선박 등의 포획, 해저전선 파괴선박의 단속·자국선박 보호를 위한 조치 및 법 위반 선박에 대한 추적 등이다.

Ⅲ. 특정수역

근래에 이르러 연안국은 영역의 범위에 만족하지 아니하고 자국의 이익을 보호하기 위하여 인접공해에서의 이권을 주장하게 되어 공해자유의 원칙에 대한 제한의 현상이 나타났다. 그 결과 1958년 제네바 해양법회의에서 '영해 및 접속수역에 관한 협약', '공해에 관한 협약', '대륙붕에 관한 협약' '어업과 공해의 생물자원 보존에 관한 협약' 등의 채택으로 국제법상 새로운 규칙이 성립하게 되었다.

1. 접속수역

접속수역(contiguous zone)은 영해에 접속한 공해의 일정한 해양으로서 연안국이 필요한 통제를 할 수 있는 수역이며, 이를 인접수역·보충수역이라고도 한다. 접속수역은 연안국의 영토 또는 영해 내에서 발생한 관세·재정·출입국관리·위생 등의 법규위반을 방지 또는 단속하기 위하여 접속수역까지의 관리권을 인정하려는 데 있으며, 그 범위는 영해측정기선으로부터 24해리이다.

2. 배타적 경제수역

배타적 경제수역(exclusive economic zone)은 영해에 접속된 특수수역(영해측정기선으로부터 200해리까지)으로서 연안국이 당해 수역의 상부수역·해저 및 하층토에 있는 천연자원(생물·비생물자원)의 탐사·개발 및 보존에 관한 주권적 권리와 당해 수역에서의 인공도·시설의 설치·사용, 해양환경의 보호·보존 및 과학적 조사의 규제에 대한 배타적 관할권을 행사하는 수역을 말한다. 이 수역 내에서 연안국은 타국선박의 항행이나 항공기의 상공비행을 방해해서는 안되며, 또한 타국의 해저전선 및 관선부설의 자유를 저해하지 못한다.

3. 대 륙 붕

대륙붕(continental shelf)은 영해를 넘어서 육지토괴의 자연적 연장을 통하여 접속된 대륙변계의 외측한계까지의 해저와 하층토를 말하며, 만일 대륙변계의 외측한계가 영해측정기선으로부터 200해리의 거리에 미달하는 경우에는 200해리의 거리까지의 해저와 하층토를 말한다. 연안국은 대륙붕에 대하여 천연자원의 탐사·개발권, 인공도·시설의 설치 및 안전수역의 설정권, 시추·굴착권, 해양환경의 보호·보존권 및 해양과학조사권을 가진다. 반면에, 연안국은 대륙붕상부수역에서의 타국선박의 항행이나 항공기의 상공비행을 방해해서는 안되며, 또한 타국의 해저전선 및 관선부설의 자유를 저해하지 못한다.

제 4 절 국가의 교섭기관

Ⅰ. 외교사절

1. 외교사절의 의의

외교사절이란 국가를 대표하여 외교교섭을 위해 외국에 파견되는 국가기관을 말한다. 원래 외교사절은 특정한 사항의 외교교섭을 위해 임시로 외국에 파견되는 임시외교사절을 말한 것이었으나, 17세기 후반에 일정한 기간동안 접수국에 상주하는 상주외교사절이 보편화되었다.

2. 외교사절의 계급

외교사절의 계급에 관해서 1815년 비엔나회의에서는 대사·공사·대리공사의 3계급으로 결정하였고, 다시 1818년에 엑스 라 샤펠르(Aix-la-Chapelle)회의에서는 공사와 대리공사 사이에 변리공사를 두기로 하였다. 그런데 제1차대전 후에는 변리공사는 거의 파견되고 있지 않기 때문에 1961년의 비엔나 회의에서는 다음 3계급만을 인정하고 있다. 즉 (i) 국가원수에게 파견되는 대사 또는 로마 교황청대사 및 이들과 동등한 지위를 갖는 기타 사절단의 장, (ii) 국가원수에게 파견되는 공사 및 로마 교황청공사, (iii) 외무부장관에게 파견되는 대리공사만을 인정한다. 이들 각종 계급의 외교사절은 다만 석차와 의례에 관해서만 문제가 되고, 직무나 특권·면제 등에 있어서는 아무런 차이가 없다.

3. 외교사절의 파견 및 접수

양국간에 외교사절의 교환에 관하여 합의가 된 경우에는 파견국이 특정인을 외교사절로 파견하기 전에 그의 성명·인물·경력 등을 미리 접수국에 통고하여 동의를 얻는 것이 국제관행으로 되어 있다. 이 때에 접수국이 그 외교사절의 파견에 동의하는 것을 아그레망(agrément)이라고 한다. 접수국이 아그레망을 주면 파견국은 비로소 그를 외교사절로 임명하게 되는데, 그 외교사절이 정식으로 직무를 수행하는 것은 접수국이 외교사절의 신임장을 접수한 때부터이다.

4. 외교사절의 직무 및 특권

외교사절은 접수국과 외교교섭을 하며 자국에 관계 있는 접수국의 정치·경제·군사·여론 기타 필요한 사항을 관찰해서 본국에 보고한다. 이러한 직무를 수행할 수 있도록 하기 위해 외교사절에게 치외법권과 불가침권을 부여하고 있다.

치외법권은 접수국의 형사·민사재판권, 경찰권, 과세권으로부터 면제되는 특권을 말하며, 불가침권은 접수국이 외교사절의 신체·명예·문서·통신 및 관사에 대하여 침해하지 않도록 특별한 주의를 해야 하고, 만일 침해된 경우에는 구제를 위한 적절한 조치를 해야 하는 것을 말한다.

Ⅱ. 영　사

영사란 주재국에서의 본국의 통상에 관한 사무와 주재국에 있는 본국 국민의 보호감독의 사무를 담당하는 국가기관이다. 영사는 외교사절과 달라서 국가를 대표하는 기관이 아니다.

영사에는 주재국에 파견되어 오로지 영사의 직무에만 종사하는 직무영사(또는 전임영사)와 주재국에 거주하는 사람 중에서 선임되어 영사의 사무를 담당하는 명예영사(또는 선임영사)가 있다.

영사의 계급에 관해서는 현재 확정된 국제관례가 있지 않기 때문에 때로는 각국 법이나 개별조약에 의해 정하고 있는데, 이는 보통 총영사·영사·부영사로 구분한다.

영사를 파견할 때에는 파견국이 특정인을 영사로 임명한다는 취지의 위임장을 발행하고, 접수국이 이를 수리해서 인가장을 부여하면 그 영사가 정식으로 접수된 것으로 본다.

영사의 주요한 직무로는 통상과 항해에 관한 사항을 관찰해서 보고하고, 또 그 관할구역 내에 있는 자국민을 보호하고 감독하는 일이다.

영사의 특권에 관해서는 일반국제법상 확립된 원칙이 없다. 따라서 영사의 특권은 개별조약에 의해 정할 수밖에 없는데, 보통 영사협약에서 이를 인정하고 있으며, 또 일정한 범위의 영사특권을 인정하는 것이 국제관례로 되어 있다.

제 5 절 조 약

Ⅰ. 조약의 개념

조약은 국제법주체간의 문서에 의한 명시적 합의이다. 조약의 당사자는 원칙적으로 국가이지만, 국가 이외의 국제법의 주체인 국제기구도 조약의 당사자가 될 수 있으므로, 결국 조약은 국가간·국가와 국제기구간·국제기구 상호간의 합의라고 할 수 있다.

보통 조약 외에 협약·협정·선언·결정서·의정서·헌장 등 여러 명칭으로 사용되는 경우도 있다. 문서에 의한 합의이면 모두 넓은 뜻의 조약이며 당사국을 구속하는 효력에는 다름이 없다. 국제관행상 협의의 조약(treaty)은 가장 격식을 갖춘 합의를 의미하며, 협약·협정은 그 중요성이 비교적 낮아 격식이 엄하지 않은 합의를 의미한다. 선언은 법을 선언하고 정립하는 합의를 의미한다. 결정서는 정식회의의 결과를 요약한 합의를 의미하고, 의정서는 국제회의에서의 의사록, 격식을 가리지 않는 종류의 합의 및 다른 조약에 대한 보충적·설명적 추가를 의미한다. 헌장·규정·규약은 국제기구를 수립하는 중요한 합의에 사용된다.

Ⅱ. 조약의 체결

조약의 체결은 보통 교섭·서명·비준·교환 혹은 기탁·등록 및 공표 등의 과정을 거친다. 교섭은 국가원수나 또는 원수에 의하여 임명된 전권대사간에 조약의 내용을 합의하고 조약안을 작성하는 과정이다. 서명은 전권대표가 조약내용에 관하여 합의를 증명하는 행위이다. 비준은 각국의 헌법상의 절차에 따라 국회의 동의를 얻어 국가원수(조약체결권자)가 서명한 조약을 확인을 하는 것이다.

조약은 비준서의 교환(2개 국가간의 조약) 또는 기탁(다수국가간의 조약)에 의하여 그 효력이 발생한다. 국제연합회원국이 체결한 조약은 국제연합사무국에 등록하고 사무국은 이를 공표하여야 한다. 미등록조약의 당사국은 국제연합의 모든 기관에 대하여 이것을 수용할 수 없다.

Ⅲ. 조약의 종류

조약은 그 형식상으로 일반조약과 특별조약으로 구분되고 제3국의 가입을 허용하는가의 여부를 기준으로 하여 개방조약과 폐쇄조약으로 구분되며, 내용상으로 보아 동맹조약·안전보장조약·평화조약·중립조약·통상항해조약·범죄인인도조약·어업조약 등으로 나눌 수 있다.

(1) 동맹조약

동맹조약은 제3국에 대한 공격·방위 또는 쌍방의 이유로 원조하는 것을 약속하는 조약이다. 이 동맹은 제3국에 대하여 위협을 주게 되며, 국제평화와 안전을 해치므로 국제연합은 이런 조약의 체결을 금하고 있다.

(2) 안전보장조약

안전보장조약은 국가의 안전과 정치적 독립을 존중하고 침략에 대하여

서로 원조할 것을 약정하는 조약이며, 동맹조약과는 달리 제3국에 위협을 주는 것이 아니고, 국제평화와 안전을 위하여 유해하지 않으며, 국제연합헌장에도 이에 관한 규정을 두고 있다.

(3) 재판조정조약

재판조정조약은 국제분쟁을 재판이나 조정에 부탁할 것을 약정하는 조약이다. 국제평화에 대한 요청이 커짐에 따라 20세기에 와서 많이 체결되고 있다.

(4) 통상조약

통상조약은 주로 통상과 항해에 관한 조약이며, 동시에 국민의 입국과 거주영사의 교환 등도 규정하는 일이 많다. 대개의 경우에 최혜국민조항을 포함한다. 이것은 제3국민에게 부여하는 것과 같은 권리와 이익을 조약의 당사국의 국민에게도 부여할 것을 규정하는 조항이다.

Ⅳ. 조약의 효력

조약은 체결당사자인 국가 또는 국제기구를 구속한다. 즉 조약이 유효하게 성립하면 당사자는 중대한 사정의 변경이 없는 한, 일방적으로 조약을 폐기할 수 없으며, 조약의 내용을 성실하게 준수할 의무를 지게 된다.

조약은 당사자 아닌 제3국에 대하여는 아무런 효력을 미치지 않는 것이 국제법상의 원칙이다. 그러나 제3국이 묵시적·명시적으로 조약을 승인하는 경우 또는 제3국에 권리를 인정하거나 이익을 주는 조약의 경우에는 제3국에도 효력을 미치게 되는 수도 있다.

Ⅴ. 조약의 소멸

조약은 다음과 같은 원인으로 그 효력이 소멸한다.

(1) 조약의 종료

조약이 기간부인 때에는 그 기간의 만료로, 해제조건인 때에는 그 조건의 성취로 종료하며, 조약내용이 이행되면 그 목적달성으로 조약은 소멸한다.

(2) 조약의 폐지

당사국의 합의에 의하여 폐지하는 경우이다.

(3) 조약의 무효

조약이 국제법에 저촉되는 경우, 당사국의 소멸 또는 자격변경·조건내용의 이행불능·전쟁의 개시 등의 사유가 발생한 경우이다.

(4) 조약의 폐기

일방당사국의 의사에 의하여 조약이 소멸하는 경우이다. 이에는 다음과 같은 것이 있다.

1) 고 지　　일방당사국의 통지로 폐기할 수 있음을 규정한 것인데, 그 통지에 의하여 효력이 상실되는 경우이다.

2) 조약의 위반　　조약의 위반이 있는 때에는 상대방 당사국에 폐기권을 발생하고 그 권리행사로 조약의 효력이 상실된다.

3) 사정변경　　조약체결 당시 예측을 못하였고 예측하였더라면 처음부터 조약체결을 하지 아니하였으리라고 인정되는 사정의 변경이 발생한 경우에는 당사국 일방이 조약을 폐기할 수 있다는 원칙이다.

제 6 절　국제분쟁

국제분쟁이란 국가와 국가 간의 어떠한 구체적 문제에 관하여 의견을 달리하고, 서로 양보하지 않음으로써 발생하는 국가간의 분쟁이다. 이러한 분쟁을 해결하는 방법에는 평화적 또는 강제적인 것이 있다.

Ⅰ. 국제분쟁의 평화적 해결

국제평화와 안전의 유지를 위하여 국제분쟁은 평화적 방법에 의하여 처리되어야 한다는 것이 오늘날 국제법에 있어서 확립된 하나의 원칙이다. 국가는 어떤 경우에라도 실력의 행사를 금하고 자국의 무력에 의하여 타국의 분쟁을 해결하는 것은 국제법상 불법시되고 있으며, 국가간의 분쟁은 반드시 평화적으로 처리되어야 한다는 것이 현대 국제사회의 최대과제의 하나가 되어 있다. 평화적 처리의 방법에는 다음과 같은 것이 있다.

1. 직접교섭

분쟁 당사국이 직접 외교교섭에 의하여 분쟁을 해결하는 방법이며 외교적 해결이라고 말할 수 있다. 직접교섭은 가장 초보적이기는 하나 최선의 분쟁해결방법이라고 볼 수 있으며, 국제연합헌장에서도 국가간에 분쟁이 발생하면 우선 이 방법에 의하여 해결하도록 규정하고 있다. 그러나 당사국간의 세력관계에서 현실적인 해결의 길을 모색하기 어려운 경우가 많다.

2. 주선과 중개

분쟁 당사국 사이에 제3국이 개입하여 분쟁을 평화적으로 해결하려고 하는 점에서는 주선이나 중개는 동일하다. 그러나 주선은 분쟁 당사국에 대하여 직접교섭을 권유하거나 회담장소를 알선하는 등 제3국이 외부에서 당사국간에 직접교섭을 하도록 편의를 제공하여 줄 뿐이고 분쟁의 내용에는 관여하지 않는 것이다. 이에 대하여 중개는 당사국간의 교섭내용에 있어서 그 의견을 조정한다든지, 해결안을 제시한다든지 하여 분쟁의 내용에까지 직접 관여하는 것을 말한다.

3. 국제조정

국제조정이란 독립적 지위에 있는 국제기관이 분쟁사실을 심사하고 해결안을 작성하여 이를 분쟁 당사국에게 권고함으로써 분쟁을 해결하려는 것이다.

국제조정을 위한 국제기구로서는 국제심사위원회 · 국제조정위원회 · 국제연합 등이 있다. 이 조정자의 결정은 다만 권고적 성질을 가짐에 불과하고 법적 구속력이 없다. 따라서 분쟁 당사국이 그 해결안을 수락하지 않는 경우에는 이 방법에 의해 분쟁을 해결할 수 없게 된다.

4. 국제재판

국제재판은 국제재판소가 국제법에 의하여 국제분쟁을 해결하는 것이다. 국제재판소의 판결은 법적 구속력이 있으므로 분쟁 당사국은 국제재판소의 판결을 수락해야 할 법적 의무가 있다. 그러므로 국제재판은 오늘날 국제분쟁의 해결방법 중에서 가장 진보적인 방법이라 하겠다.

국제재판에는 중재재판과 사법재판의 두 가지가 있다. 중재재판은 중재재판소에 의한 재판으로서 그 중재재판소는 개별(특별)중재재판소와 상설중재재판소의 두 종류가 있다. 개별(특별)중재재판소는 국가간에 분쟁이 발생하였을 때에 임시로 설치하는 재판소이다. 상설중재재판소는 1901년 헤이그협약에 의해 설치된 상설의 중재재판소를 말한다. 어느 재판소에 의하든 재판관의 일부가 분쟁 당사국에 의하여 선임되므로 중재재판은 판결의 공평을 기하기 어렵다는 단점을 지니고 있다.

사법재판은 국제사법재판소에 의한 재판이다. 국제사법재판소는 국제연합의 사법기관으로 설치되었으며, 또 그 재판관은 국제연합의 총회와 안전보장이사회에서 선임되므로 국제사법재판소는 국제성을 띠고 있다. 그리고 국제사법재판소는 9년 임기를 가진 15명의 재판관으로 구성되어 있어 언제든지 재판을 개시할 수 있으므로 상설성을 갖추고 있다. 이와 같이 국제사법재판소는 국제성과 상설성을 갖추고 있으므로 그에 의한 사법재판은 중재재판소에 의한 중재재판보다 훨씬 진보된 제도이다.

Ⅱ. 국제분쟁의 강제적 해결

1. 보 복

보복은 타국의 부당한 행위가 있을 때에 이를 중지시키기 위하여 그와 동일 또는 유사한 행위를 그 타국가에 가하는 것이다. 예컨대 타국가가 자국의 국민에 대하여 부당하게 차별대우를 하거나 자국의 화물에 대하여 특별히 과중한 관세를 과하는 경우에 이를 저지하기 위하여 그와 동일 또는 유사한 행위로 응수하는 것이다.

2. 복 구

복구란 타국의 위법행위가 있을 때에 피해국이 이를 중지시키거나 구제를 받기 위해 상대국에게 그와 동일 또는 유사한 가해행위를 하는 것이다. 복구도 원래는 위법행위인 것이지만, 상대국의 위법행위에 대한 자력구제로서 가하는 행위이므로 그 위법성이 조각되어 합법적인 행위로 인정된 것이다. 복구로서는 조약의 이행정지, 상대국 국민이나 화물의 억류, 상대국 선박의 억류, 상대국 영토의 점령, 상대국 항구·해안의 봉쇄 등을 그 예로 들 수 있다.

3. 전 쟁

전쟁은 국가간 또는 국가와 교전단체간의 무력에 의한 투쟁관계이다.

종래에는 전쟁도 국제분쟁의 강제적 해결방법으로서 인정되었다. 그러나 국제연맹규약·로카르노조약·부전조약·국제연합헌장 등은 개별적·집단적인 자위전쟁과 국제제재로서의 전쟁만을 인정하고, 그 밖의 분쟁해결을 위한 전쟁이나 침략전쟁은 모두 금지하고 있다.

제 7 절 전쟁과 중립

Ⅰ. 전 쟁

1. 전쟁의 금지 및 범죄화

전쟁은 국제분쟁의 강제적 처리수단으로서 전통적인 국제법상에서는 그 합법성이 인정되고 있었다. 그러나 제1차 세계대전 후 국제연맹의 출현을 계기로 전쟁의 합법성을 제한하는 국제법규가 나타났고, 최근에는 전쟁은 금지되어 위법화 또는 범죄화되기에 이르렀다. 특히 침략전쟁은 그 해악이 중대하므로 제2차 세계대전 후로는 침략전쟁을 감행하는 자를 전쟁범죄인으로 처벌하게 되었다.

2. 전쟁의 개시 및 종료

전쟁은 선언·최후통첩·적대행위 등에 의하여 개시된다. 개전의 효과로는 외교관계의 단절, 조약효력의 상실 또는 정지, 통상의 금지, 적국민의 재산에 대한 강제조치 등을 들 수 있다.

전쟁의 종료는 보통 강화에 의하여 성립하는데, 강화가 있기 전에 휴전을 하는 것이 일반적 현상이다. 강화는 강화조약의 체결로서 성립하고 이로서 평화가 회복되고 외교관계도 개시된다.

Ⅱ. 중 립

1. 중립의 의의

중립은 전쟁에 참가하지 아니한 국가가 교전국 쌍방에 대하여 공평한 태도를 취하며, 원조를 하지 아니하는 국제법상의 지위를 말한다. 중립은 이와 같이 공평과 무원조를 원칙으로 하고 있으나, 현대국제법에 있어서 많은 비판을 받고 있으며, 국제연합하에서는 이론상 중립을 인정하지 않고 있다. 특히 안전보장이사회에 의한 강제조치의 경우는 모든 가맹국은 공동으로 상호원조를 제공할 의무가 있다.

2. 중립국의 권리 및 의무

중립국은 교전국에 의하여 침해를 받지 아니할 권리, 교전국과 자유로이 교통할 수 있는 교통의 권리 등이 있다.

중립국의 의무로서는 (i) 중립국의 영토 내에서 하는 교전국의 전쟁목적을 위한 행동을 적극적으로 방지하여야 할 방지의 의무, (ii) 직접·간접을 불문하고 교전국에 대하여 일체의 원조를 하지 아니할 회피의 의무, (iii) 중립국의 국민이 전시금제품의 수송봉쇄침파 또는 군사적 원조를 하는 경우에 교전국이 그 중립국의 국민에 대하여 일정한 제재를 가하는 것을 묵인하여야 할 묵인의 의무 등이 있다.

제 8 장

국제사법

제 1 절 국제사법의 의의 및 본질

Ⅰ. 국제사법의 의의

한국에서 한국인간에 계약을 체결한다든지, 미국에서 어떤 미국인이 다른 미국인을 양자로 한다든지, 또는 일본에서 일본인간에 혼인을 한다든지 하는 것은 국내적인 생활관계이므로 각각 그 나라의 법률, 즉 한국법 · 미국법 · 일본법에 의해 규율된다. 그러나 과학과 기술의 진보로 국제적 교통이 빈번해지자 각 국민간의 생활관계에 많은 국제적 사법생활관계가 일어나게 되었다. 즉 한국상인과 미국상인 간에 계약을 체결한다든지, 또한 한국남자와 일본여자 간에 혼인을 하는 것은 오늘날 흔히 있는 일로 되었다. 이러한 국제적인 사법생활관계도 국내적인 사법생활관계와 마찬가지로 법에 의해 그 안전이 보장되어야 한다는 것은 두말할 나위가 없다.

그러나 이러한 국제적인 사법생활관계에서 생기는 법률관계(국제적 사법관계)에 어떤 법을 적용하여 이를 해결할 것인가는 참으로 어려운 문제이다. 만일 세계의 모든 사법을 통일하여 각국이 동일한 내용의 사법을 갖게 하거나 또는 내용이 다른 각국의 사법을 그대로 두고 이와 병행하여 국제적 사법관계에만 적용할 제2의 사법을 설정하여 이를 세계 각국으로 하여금 적용토록 한다면, 국제적 사법관계를 해결하는 데 있어서 가장 이상적인 방법이 될 것이다. 그러나 이러한 방법들은 그 이론이나 실천에 있어서 많은 곤란이 있어 그 완전한 실현이란 거의 기대할 수 없는 것이다. 그러므로 여기에 차선의 방법으로 내용이 상이한 각국의 사법의 병존을 그대로 인정하면서 동시에 문제된 국제적 사법관계에 관련이 있는 여러 내외의 사법 중에서 이 법률관계와 가장 밀접한 관계를 가지고 있는 나라의 법률을 하나 선택하여 이것을 그 문제된 법률관계에 적용함으로써 국제적인 사법적 생활관계의 안전을 보장하려고 한다.

이와 같이 국제적 사법생활관계의 안전을 보장하기 위하여 내용이 각각 다른 각국의 사법 가운데서 그 어느 것을 문제된 국제적 사법관계에 적용할 것인가를 정하는 법을 국제사법(conflict of law, Internationales Privatrecht)이라고 한다. 그런데 국제적 사법관계에 적용할 사법을 준거법이라고 하므로 국제사법이란 준거법을 지정하는 법이라고도 할 수 있다. 그리고 여기에서 준거법은 내국법인 경우도 있고 외국법인 경우도 있으므로, 국제사법은 또한 내외사법의 적용범위를 정하는 법이라고도 할 수가 있는 것이다.

우리 나라의 국제사법은 국제민법 · 국제상법 · 국제어음수표법 등의 국제사법에 관한 모든 규정을 통합 · 규정하고 있다.

Ⅱ. 국제사법의 본질

1. 국제법설과 국내법설

국제사법은 국제법이냐 또는 국내법이냐 하는 데 관해서 의견이 대립되고 있는데, 이에 관한 논리적 근거제시는 학자에 따라서 다르다. 대표적인 두 견해 중 국제법설에 의하면 국제사법은 사법관계에 대한 국가간의 입법관할을 배분하는 법이므로 국제법이라 하고, 국내법설에 의하면 국제사법은 국가의 개인에 대한 명령이라는 것과 법률정립의 형식 · 당사자 · 구제방법 등에 있어서의 차이를 근거로 하고 있다. 오늘날에 있어서는 국내법설이 지배적이다.

2. 공법설과 사법설

국제사법은 국내법으로서 공법이냐 또는 사법이냐 하는 것이 문제된다. 국제사법은 입법권의 활동범위를 정하는 법이라는 것을 이유로 또는 법관에 대한 법률적용의 명령이라는 이유로 공법설을 주장하는 사람이 있는가 하면, 국제사법상의 법률관계의 주체는 사인이라는 이유에서 또는 간접적으로 사인간의 법률관계를 정하는 법률이라는 이유에서 사법설을 주장하는 사람도 있다. 그러나 오늘날에 있어서는 사법설이 일반적이다.

제 2 절 총론적 과제

섭외적 사건을 해결하기 위해서는 법률관계의 성질결정 · 연결점의 확정 · 준거법의 적용이라는 세 절차를 밟게 된다.

Ⅰ. 법률관계의 성질결정

법률관계의 성질결정이란 문제되어 있는 섭외적 법률관계가 국제사법상 어떠한 성질을 가지는가를 결정하는 것이다. 따라서 섭외적 법률관계가 법정에서 문제되면 법관은 먼저 그것이 어떠한 성질의 것인가를 결정하지 않으면 안 된다. 예를 들면 국제사법 제19조 제1항은 "동산 및 부동산에 관한 물권 기타 등기하여야 할 권리는 그 목적물의 소재지법에 의한다"고 규정하고 있는데, 동일한 법률관계가 각국의 입법 여하에 따라서 물권이 되는 수도 있고 채권이 되는 수도 있기 때문에 동 조문을 적용하기 위해서는 법정에서 문제된 법률관계가 물권에 관한 것인가 아닌가를 우선 결정하지 않으면 안 된다.

이와 같은 문제해결에 관해서는 여러 가지 견해가 대립되고 있다. 법률관계의 성질은 법정지의 실질법(민상법)에 의해서 결정하여야 한다는 법정지실질법설, 공서에 관한 것을 제외하고 법정지의 저촉규정이 준거법으로 지정하는 나라의 실질법이 그 기준이 되어야 한다는 준거법설, 그리고 법정지의 국제사법 자체의 입장에서 행해져야 한다는 국제사법자체설 등이 있다. 그러나 국제사법규정에 대한 관계에서는 법정지실질법과 외국실질법은 동등한 지위에 놓여 있는 것이므로 법정지법설에 의하는 경우에는 왜 법정지법에 의하여야 할 것인가 그 이유가 분명치 않고, 법률관계에 적용될 실질법인 준거법은 법률관계의 성질이 결정된 후라야 알 수 있는 것이므로 준거법설은 논리적으로 전혀 불가능하다. 따라서 법률관계의 성질결정은 국제사법 입장에서 해결하여야 하며, 이 국제사법자체설이 오늘날 가장 유력하다.

Ⅱ. 연결점의 확정

1. 연결점의 의의

문제된 국제적 사법사건의 법률관계의 성질이 능력의 문제이면 본국법을 그 준거법으로 적용하고(국제사법 제11조), 또 그 법률관계의 성질이 물권관계이면 목적물의 소재지법을 그 준거법으로 적용한다(국제사법 제19조). 국제사법상 법률관계에 적용할 준거법은 본국(국적소속국)·주소·행위지·소재지·법정지·당사자의 의사·서명지·발행지·지급지 등 그 법률관계를 구성하고 있는 어떤 요소를 매개로 하여 본국법·주소지법·행위지법·소재지법·법정지법 등으로 지정된다. 이와 같이 국제사법상 준거법을 지정하는 데 있어서 그 표시가 되는 요소, 즉 국적·주소·행위지·소재지·법정지 등을 연결점이라 부른다.

이러한 연결점 가운데는 물건의 소재지·법정지 등과 같이 단순한 사실성의 개념인 것도 있고, 또 국적·주소·행위지 등과 같이 사실상의 개념이 아니고 법적으로 그 개념이 규정되어야 할 것도 있다. 후자, 즉 법률상의 개념에 속하는 연결점을 특히 '연결개념'이라고 부른다.

2. 연결개념의 결정

국적·주소·행위지 등과 같은 연결점의 법률개념, 즉 연결개념은 각국에 따라 그 내용이 다르므로 이 연결개념을 어떤 나라의 법에 의해서 정할 것인지 문제이다. 이를테면 「사람의 능력은 그 본국법에 의하여 이를 정한다」(국제사법 제11조)고 하는 규정에 있어서, 본국이라는 연결개념을 어느 나라의 법에 의해서 정할 것인가 하는 문제가 이른바 '연결개념'의 결정의 문제이다.

생각컨대 이 연결개념의 결정의 문제는 법정지의 국제사법규정의 해석문제인 것이다. 그러므로 연결개념은 법정지의 국제사법 자체의 입장에서 결정되어야 할 것이다. 즉 연결개념은 법정지의 국제사법의 규정과 국제사법의 정신·목적에 비추어 해석·결정해야 할 것이다.

3. 연결점의 결정

연결점에 적합한 사실이 어느 한 나라에만 존재하는 경우에는 그 나라의 법이 바로 준거법으로 될 것이므로 별로 문제될 것이 없다. 그러나 이와 같은 사실이 여러 나라에 존재하고 있거나 어느 나라에도 존재하지 않을 경우에는 준거법을 결정할 수 없게 된다. 예컨대 본국법을 준거법으로 적용할 경우에 그 사람에게 여러 개의 국적이 있거나 국적이 전혀 없으면 본국법을 결정할 수 없게 된다. 이러한 경우에 그 사람의 국적을 어떻게 결정할 것인가 하는 문제가 여기에서 말하는 이른바 연결점의 결정 문제이다. 이 연결점의 결정의 문제는 주로 국적 또는 주소의 적극적 또는 소극적 저촉의 해결문제로서 논의되는 것이지만, 다른 연결점, 즉 이법지역자간의 법률행위의 행위지에 관해서도 일어난다.

이 연결점의 결정의 문제도 역시 법정지의 국제사법규정의 해석문제이다. 그러므로 국제사법 제3조 제1항(본국법)·제3조 제2항(상거소지법)·제3조 제3항(이법지역자간의 법률행위)와 같이 법정지의 국제사법상의 연결점의 결정에 관한 해석규정이 있는 경우에는 그에 따라 결정해야 할 것이고, 그와 같은 규정이 없는 경우에는 법정지의 국제사법의 정신·목적에 비추어서 이를 해석·결정토록 해야 할 것이다.

Ⅲ. 준거법의 적용

국제사법에 의하여 섭외적 법률관계에 적용될 내외국의 실질법을 준거법이라고 하는데, 이 준거법은 각 실제문제에 대하여 법률효과의 존부를 판정하는 법률이기 때문에 이것을 효과법이라고도 한다. 우리 나라 국제사법상에서 쓰이는 준거법으로는 본국법·상거소지법·행위지법·소재지법·사실발생지법·혼인거행지법·서명지법·계약지법·이행지법·불법행위지법·법정지법 등이 있다.

현행 우리 나라 국제사법은 각 법률관계에 대해서 대개 다음과 같이 준거법을 적용하도록 하고 있다.

국제사법상에는 권리능력에 관해서는 그의 본국법에 의하도록 하고 있으며(국제사법 제11조), 행위능력의 유무도 당사자의 주소지법에 의하도록 하는 영미법계와 행위지법에 의하도록 하는 미국과는 달리 독일·프랑스 등 대륙법계의 입법례를 따라 당사자의 본국법에 의하도록 하고 있다(국제사법 제11조).

법률행위의 방식은 그 행위의 준거법에 의한다(국제사법 제17조).

동산 및 부동산에 관한 물권은 세계적인 입법례에 따라 그 목적물의 소재지법에 의한다(동법 제19조).

사무관리·부당이익 또는 불법행위로 인한 법정채권의 성립 및 효력은 그 원인이 된 사실이 발생한 곳의 법, 즉 원인사실발생지법에 의하게 하고 있다(동법 제30조·제31조·제32조).

친족·상속 등 당사자의 신분에 관해서 영법계통에서는 당사자의 주소지법을 따르도록 하고 있으나, 우리 나라에서는 대륙법계통의 입법례를 따라서 혼인의 성립요건과 효력·부부재산제·이혼·친자관계·입양 및 파양·부양의무·상속·후견·유언 등에 관해서 본국법주의를 원칙으로 삼고 있다(동법 제36조 내지 제50조).

Ⅳ. 반 정

국제사법의 원칙은 보편타당한 것이어야 할 것이다. 그러나 오늘날 세계 각국의 국제사법규정은 그 내용을 각각 달리하고 있어서, 동일한 법률관계라 할지라도 법정지 여하에 따라서 그 준거법이 다른 결과가 생긴다.

예컨대 A국의 국제사법에 의하면 A국법이 적용되지만, B국의 국제사법에 의하면 B국법이 적용된다든가, 또는 A국의 국제사법에 의하면 B국법이 적용되지만 B국의 국제사법에 의하면 A국법이나 C국법이 적용되는 경우 등과 같다. 보통 전자의 경우를 국제사법의 적극적 저촉이라 하고, 후자의 경우를 국제사법의 소극적 저촉이라고 한다. 무릇 국제사법상에 이러한 국제사법의 저촉이 존재하고 있는 한 국제적 사법관계의 법적 안정성의 보장이란 도저히 기대할 수 없는 것이다.

그런데 이 국제사법의 저촉 가운데 적극적 저촉의 경우에는 A·B양국의 국제사법규정을 통일하는 외에 조화시킬 방법이 없다. 그러나 소극적 저촉의 경우에는 A국법 또는 C국법을 그 법률관계에 적용함으로써 어느 정도 그 조화를 기할 수도 있다. 이 소극적 저촉의 조화를 인정한 것이 이른바 반정의 원칙이다. 즉 반정(renvoi)이란 법정지의 국제사법규정이 어떤 법률관계에 관해서 외국법을 적용할 것을 규정하고 있는 경우에, 그 외국법 소속국의 국제사법규정에 의하면 동일한 법률관계에 관해서 법정지법 또는 제3국법을 적용할 것을 규정하고 있을 때에 그 법정지법 또는 제3국법을 준거법으로 적용할 것을 인정하는 원칙을 말하는 것이다.

이 반정 가운데 특히 법정지의 법률을 적용하는 경우를 협의의 반정이라 하고, 제3국의 법률을 적용하는 경우를 전정이라고 한다. 국제사법에서는 원칙으로 협의의 반정만을 인정하나(국제사법 제19조), 어음·수표의 행위능력에 관해서는 협의의 반정뿐만 아니라 전정도 인정하고 있다(국제사법 제51조 단서).

Ⅴ. 공 서 법

국제사법규정에 의해 외국법이 준거법으로 지정된 경우에, 그 외국법을 적용한 결과가 경우에 따라서는 내국의 선량한 풍속이나 기타 사회질서를 해치는 수도 있을 것이다.

예컨대 국제사법상 혼인의 성립요건에 관하여 본국법주의를 채택하고 있는데(국제사법 제36조), 당사자의 본국법에서는 일부다처제를 인정하고 있어 그 외국법을 준거법으로 적용한다면 이는 우리 나라의 선량한 풍속 기타 사회질서를 해치는 결과가 된다.

이와 같이 외국법을 적용한 결과가 내국의 사회질서를 해칠 염려가 있는 경우에는 그 외국법의 적용을 배척하는데(국제사법 제10조), 이러한 외국법의 적용을 배척하는 문제를 '공서론'이라 하고, 또 외국법의 적용을 배척하는 내국법을 '공서법'이라 하며, 외국법의 적용의 배척을 인정하고 있는 국제사법규정을 '배척조항'(유보조항)이라고 한다.

그러나 이와 같이 외국법의 적용을 배척한 경우에는 이를 어떻게 처리해야 할 것인가가 문제이다.

이에 관하여 외국법 적용의 배척은 그 외국법질서 일반을 배척하는 것이 아니므로 그 외국법 가운데서 보충규정을 찾아 처리해야 한다고 하는 '외국법보충설'과 이는 내국의 사회질서를 유지하기 위하여 외국법의 적용을 배척하는 것이므로 내국의 실질법으로써 보충해야 한다는 '내국법보충설'이 있다. 후설이 현재 통설로 되어 있다.

제 9 장

사 회 법

제 1 절 근대사회와 사회법의 발생

Ⅰ. 시민법원리

근대사회는 중세의 신분과 계급의 구속으로부터 해방되어 자유로운 시민의 자각적 의사에 의하여 형성되었으며, 그 본질적인 사회관계는 개인의 자유와 평등을 기초로 하고 있었다. 다시 말하면, 근대사회는 봉건사회의 군주·귀족·영주·농민 등의 불합리한 사회조직을 타파한 계급 없는 사회, 즉 시민사회이었던 것이다.

이와 같은 계급 없는 사회인 시민사회에서는 사회를 개인으로 해체하여 모든 개인은 필연적으로 자유로우며 평등한 인격자로 인정하였다. 그와 더불어 그 당시 성립한 자본주의의 경제대원칙인 개인주의·영리주의·자유주의는 자유·평등한 인격자인 개인의 자유로운 경제활동을 보장해 주기 위하여 새로운 법원리를 요구하였다. 이것이 바로 소유권절대의 원칙·계약자유의 원칙·과실책임의 원칙으로 표현되는 시민법의 원리이다.

이상 두 개의 원리, 즉 경제원리와 법원리의 결합에 의하여 개인은 그의 시민경제생활에 있어서 국가권력의 간섭이 없이 스스로 그의 능력에 따라 결정하고 행동하며, 그에 대하여 책임을 짐으로써 자유로이 활동할 수 있었다. 모든 개인은 인격자이기 때문에 그렇게 자신의 판단에 따라 행동하도록 하는 것이 가장 완전한 자유요, 평등이라고 생각되었던 것이다.

그리하여 개인은 그의 경제생활을 그의 개인사상, 특히 타인과의 관계에서는 주로 계약에 의하여 영위하게 되었다.

이러한 근대사회의 변화를 메인(H. Maine, 1822~1888)은 '신분에서 계약으로(from status to contract)'라고 간단히 표현하였다.

Ⅱ. 사회법의 의의

사회법(social law : Sozialrecht)은 노동자 계급으로 형성되는 사회집단에 대한 권리의무를 규율할 목적으로 하는 법률이다. 즉 생존권의 위협을 받고 있는 노동자 집단의 생활사실을 시정하여 생존권의 확립을 보장하려는 사회작용에 입각한 규범원리가 요청된다. 이에 대한 적당한 임무를 수행할 수 있는 것이 사회법인 것이다.

사회법은 그 주체와 객체가 되는 노동자계급을 중심으로 한 사회집단인 노동대중을 대상으로 하며, 또한 근대법(시민법)이 지닌 규범원리(제원칙)에 의하여 자연발생하는 근로대중인 사회집단을 대상으로 한 문제를 중심 논제로 해야 할 것이다. 그것은 자유방임의 경제체제 내에서 발생한 독점을 시정하지 않으면 이 사회집단의 생존권을 박탈당할 것이기 때문이다.

그리고 사회법은 이러한 사회집단뿐만 아니라 국가 자체의 존립을 위협하는 모순을 방지하기 위하여 경제정책의 규범원리를 경제법 영역 내에서 수립해야 할 것이다. 이것은 통제경제를 바탕으로 한 경제적 민주주의를 그 목적으로 하는 것이기 때문에 사회법의 영역 안에서 해결될 것이다.

Ⅲ. 사회법의 특성

자본주의가 초기자본주의에서 독점자본주의로 급격히 진전됨에 따라 근대시민법은 점차 노동대중의 사회집단에 의하여 강한 저항을 받고 필연적으로 수정이 가해지게 되었다. 이것은 사실상 현대법으로의 전향을 의미하는 것으로서 새로이 사회법이라는 영역을 개척·형성하게 되었다.

그러므로 사회법의 특질을 논함에 있어서는 시민법과의 비교에 의해서 더욱 명확하게 나타낼 수 있을 것이다.

첫째, 시민법이 근대시민사회의 법임에 대하여 사회법은 현대사회의 법이다.

둘째, 시민법이 초기자본주의 또는 근대자본주의의 법임에 대하여, 사회법은 고도자본주의 또는 현대자본주의의 법이다.

셋째, 시민법이 시민계급 또는 유산계급의 법임에 대하여, 사회법은 노동자계급 또는 무산계급의 법이다.

넷째, 시민법의 지도원리가 '소유권절대의 원칙,' '계약자유의 원칙,' '과실책임의 원칙'인 데 대하여 사회법의 지도원리는 '제한적 소유권의 원칙,' '계약구속의 원칙,' '무과실책임의 원칙' 그리고 덧붙여 '권리남용금지의 원칙,' '공서양속과 공정의 원칙'인 것이다.

여기서 주의할 점은 시민법이 사회법으로 전향했다고 하여 현대에 있어서 시민법의 원리와 사상이 모두 없어진 것이 아니라, 오히려 법적인 발전을 이루어 현대사회에서 사회법과 함께 공존하며 사회생활을 규율하고 있다는 것이다.

제2절 노 동 법

Ⅰ. 노동법의 성립

18세기에 있어서 각종 기계의 개량·발명과 동력의 사용은 종래 가내공업으로만 행하여지던 상품의 생산을 공장제생산형태로 변화시키는 산업혁명을 낳았다. 이러한 산업혁명은 종래 독립적 지위를 가지지 않았던 근로자에게 노동력이라는 상품을 가진 독립적 지위를 부여하게 되었다. 또한 근로자의 노동력 이외에 동력·기계·자본과 같은 생산요소를 필요로 하여 여기서 대규모의 공장제공업, 즉 자본주의의 시초를 이루게 하였다.

1) 이렇게 하여 형성된 자본주의사회에는 자본의 소유자로서의 자본가와 자본을 가지지 못한, 즉 노동력만을 가진 근로자가 따로 존재하게 된다. 또한 근대자본주의사회는 중세봉건사회의 계급과 신분의 구속을 타파하고 생겨난 시민사회로서, 모든 개인을 법상 인격자이며 자유롭고 평등한 존재로 보았다. 즉 자본가나 근로자를 불문하고 모든 개인은 그의 권리를 자유로이 행사할 수 있다.

또한 봉건사회에서와 같은 지배자로부터의 보호 등을 받지 않으며 오직 자기자신에 의하여 생활하고 보호한다. 그리하여 노동력 이외에는 아무런 생활수단을 가지지 않는 근로자는 그의 노동력을 자본가에게 제공함으로써 생활이 가능하였던 것이다. 이를 다른 각도에서 살펴본다면, 자본주의사회의 경제조직은 모든 재화를 상품화하고 있다는 점을 알 수 있다. 그리고 상품화된 재화의 법적 관계는 재화에 대한 지배권을 바탕으로 하여 시민사회의 법원리인 소유권절대의 원칙·계약자유의 원칙·과실책임의 원칙에 의하여 결정된다. 따라서 노동력도 근로자와 고용주가 다같이 법 앞에 평등하다는 전제 하에 고용계약이라는 이름으로 노동시장에서 계약자유의 원칙에 의하여 상품으로서 거래되었다.

2) 그러나 여기에 문제가 있다. 자본주의가 발달하면서 빈부의 차가 생겨 사회적 존재로서의 구체적인 개인은 결코 평등하지 않기 때문이다. 또한 자본주의사회에 있어서 자본가는 최소의 비용으로 최대의 이익을 얻으려고 하기 때문에 임금·노동시간 기타의 노동조건은 근로자에게 매우 불리하며, 자본가에 의하여 거의 일방적으로 결정된다. 계약자유의 원칙에 의한 노동력의 공정한 거래는 공허한 이념일 뿐이다.

그러나 노동조건이 근로자에게 불리하다고 하여 근로자는 노동력을 제공하지 않을 수 없다. 근로자는 노동력이 유일한 생활의 수단이며, 또한 노동력이라는 상품은 다른 상품과는 달리 근로자와는 분리할 수 없고 그 가치를 보존할 수 없기 때문이다. 뿐만 아니라 자본가는 노동시장에서 항상 풍부히 있는 노동력을 자유로이 선택할 수 있다. 이상에서 본 바와 같이 자본가와 근로자는 법적·형식적으로는 자유·평등하나 경제적·실질적으로는 매우 불평등하다. 이와 같은 양자 사이의 불평등은 결국 노동문제를 낳게 되어 사회의 불안을 일으키게 된다.

3) 따라서 이러한 사회불안을 일으키는 노동문제를 해결하기 위하여 국가는 계약자유의 원칙의 일부에 대하여 제한을 하는 법규를 제정하고, 이를 강행법규로 하여 근로자와 사용자 모두 이를 지키게 하고 있다. 이와 같이 경제적 약자인 근로자를 보호하기 위하여 노동조건 기타에 관하여 제정한 법규가 바로 노동법이다. 그러나 이러한 노동법은 처음에는 다분히 자혜적인 색채를 띠고 있었으나 그 후 근로자의 권리로 인정되었으며, 오늘날 국제노동기구(ILO)와 같은 국제기관에 의하여 노동조건의 향상을 세계적으로 추진하려는 운동이 일어나고 있다.

Ⅱ. 노동법의 개념

보통 노동법이라고 함은, 법규칙의 대상면에 있어서는 자본주의사회에 있어서의 종속노동관계를 규율하는 법이며, 법 이념에서 볼 때에 근로자의 생활의 확보를 목적으로 하는 법이다. 그러므로 노동법은 (i) 종속노동관계를 규율하는 법이며, (ii) 근로자의 생활의 확보를 목적으로 하는 법이며, (iii) 자본주의사회를 전제로 하는 법이다.

1. 종속노동관계를 규율하는 법

이미 설명한 바와 같이, 자본주의사회에 있어서는 생산수단을 소유하는 사용자와 자기의 노동력 이외에는 생활의 수단을 가지지 않는 근로자가 존재한다. 사용자는 자기가 소유하는 생산수단에 의하여 생산활동을 하기 위해서는 노동력을 필요로 하며, 근로자는 생계를 유지하기 위하여 노동력을 사용자에게 매도하지 않으면 안 된다. 이와 같은 노동력의 수급관계는 시민법상으로는 자유·평등자간의 고용계약이라고 설명되고 있다. 그러나 현실적으로 볼 때 사용자와 노동자의 관계는 결코 평등자간의 관계가 아니라 종속관계를 나타낸다. 즉 일단 고용된 근로자는 사용자의 계획 아래 조직적·통일적으로 편성·정리되어 그 지휘와 명령을 받아 노동을 수행하지 않으면 안 된다. 다시 말하면 근로자는 노동계약을 통하여 사용자와 노동관계를 설정하고, 그 노동력의 처분은 사용자에게 사실상 일임하지 않을 수 없는 지위에 있는 것이다. 노동법은 이와 같이 종속근로관계에서 발생하는 부자유·불평등을 시정·조정하려는 법이다.

노동법은 이와 같이 종속노동력을 대상으로 하고 있기 때문이 종속노동자의 생활관계를 규율하는 법이라고도 할 수 있다.

2. 근로자의 생활의 확보를 위한 법

노동법은 노동의 제공자 내지 담당자인 근로자의 생존의 확보, 다시 말하면 '노동인격의 보호'를 목적으로 하는 법이다. 근대시민사회에 있어서 근로자로서의 존재가 실질적으로 승인되는 이상, 근로자가 근로자로서의 인격의 완성을 갖추도록 한다는 것은 당연한 사회적인 요청이라고 하지 않을 수 없다.

이와 같이 근로자의 생존확보의 실질적인 내용은 그 사회의 경제적인 실정에 따라 정도가 다를 수 있으며, 또한 제약을 받지 않을 수 없다. 그러나 사회정책적인 입장에서 볼 때 근로자의 생존확보는 실현되어야 하며, 또한 항상 기대되어야 한다는 점에 있어서 근대적인 자본주의 법질서의 존재가치와 그 특징을 찾아볼 수 있다. 이와 같은 의미에서 노동법을 노동인격의 자각에서부터 탄생하여 노동인격의 보호를 목적으로 하는 법이라고 할 수 있을 것이다.

3. 자본주의사회를 전제로 하는 법

노동법은 자본주의 경제질서 내지 법질서를 전제로 하는 법이다. 자본주의 경제질서 내지 법질서를 전제로 한다고 하는 것은 자본주의 사회를 긍정하고 자본주의 사회를 '선'의 사회로 인정한다는 뜻이다. 노동법은 기본적으로는 사유재산제도, 특히 생산수단의 사유를 전제로 하여 생산수단을 이용하는 경영자로서의 사용자의 존재와 이에 대하여 노동력을 공급하는 근로자의 존재를 사실상 인정하고, 생산수단과 노동력의 결합을 사용자와 근로자의 자유스러운 의사에 의하여 노동시장을 통하여 자율적으로 개별적인 근로계약이라는 형식으로 이루어진다. 이와 같이 노동시장의 존재를 예정하고 생산수단과 노동력의 결합을 노동력의 수요공급의 원칙에 따라 일정한 대가인 임금을 지불할 것을 약정하여 실현되는 의미에 있어서는 전술한 바와 같이 노동력의 상품성을 승인하고, 동시에 그 노동은 인격자인 인간노동이라는 점을 직시함으로써 노동법의 발생을 보게 되었다.

노동법의 주체는 어디까지나 자본주의사회 자체이며, 따라서 노동법을 '선'의 사회인 자본주의 사회구조를 유지하기 위한 수단으로서의 사회정책적 입법이라고 할 수 있다. 노동법으로 하여금 '자본주의 질서의 현명이 낳은 아들(자)'이라고 하는 말은 바로 이 점을 지적하는 말이다.

제 3 절 노동기본법

18세기에서부터 19세기에 결쳐서 확립된 근대 각국의 헌법은 개인의 자유와 존엄을 보장한다는 기본원리에 입각하여 기본적 인권에 관한 보장규정을 두고 있었다. 그러나 이러한 기본적 인권에 관한 보장 규정 중에는 근로에 관한 조항은 없었으며, 이것이 헌법상의 보장규정으로 실현된 것은 20세기의 헌법에서 처음 볼 수 있었다.

근대헌법이 각종의 기본적 인권보장에 관한 조항을 두지 않았다는 것은 노동문제가 그 때까지 중대한 사회문제로 발전되지 않았다는 점과, 초기의 노동문제는 언론·집회·결사의 자유, 주거·이전의 자유, 법률에 의하지 않고는 체포·감금·심문·처벌을 받지 않는다는 헌법상의 조항을 통하여 근로자에 대한 인신구속과 강제노동 등의 금지가 어느 정도 가능하였기 때문이다. 그러나 20세기에 이르러 자본주의 사회의 급격한 발달에 수반하는 노사간의 대립과 근로자의 사회적인 발언권의 강화에 따라 노동문제는 자본주의 사회에 있어서의 중대한 사회문제로 등장되고, 노동문제에 관한 국가의 기본적인 정책을 이른바 노동기본권이라고 하는 권리로서 헌법으로 보장하기에 이르게 되었다.

우리 나라 헌법 제32조와 제33조는 노동기본권의 헌법상의 보장규정이다.

Ⅰ. 근 로 권

헌법 제32조 제1항에서 「모든 국민은 근로의 권리를 가진다」고 선언함으로써 이른바 근로권을 보장하고 있다. 그런데 이 근로권에 대하여는 두 가지의 견해가 있는데, 하나는 자유권적 기본권으로 보는 견해이고, 다른 하나는 사회권적 기본권으로 보는 견해이다.

자유권적 기본권으로 보는 입장에서는 근로권을 노동의 자유라는 의미로 파악함으로써, 국민은 자기가 원하는 직업에 종사하는 자유, 즉 직업선택의 자유를 보장받는 권리라 한다. 그러나 이 견해는 근세 초기의 봉건적인 인신구속이나 강제노동이 문제가 되던 때에는 의의가 있었으나 봉건적인 구속에서 벗어난 오늘날에는 별로 의미가 없으며, 따라서 타당한 견해라고 할 수 없다. 헌법 제15조에서 직업선택의 자유를 보장하고 있는 것으로 보아 근로권은 이와 같이 해석할 수 없음은 더욱 명백하다.

사회권적 기본권으로 보는 입장에서도 근로권의 성질에 관하여 두 가지의 해석을 함으로써 견해가 대립되어 있다. 즉 하나는 완전한 의미에 있어서의 근로권이고, 다른 하나는 한정된 의미에 있어서의 근로권이다. 전자에 있어서는 근로의 능력과 의사가 있는 자는 언제든지 국가에 대하여 근로의 기회를 제공받을 권리가 있다는 뜻이며, 후자에 있어서는 근로의 능력과 의사가 있는 자가 취업의 기회를 얻지 못한 때에는 국가에 대하여 근로의 기회의 제공을 요구할 수 있으며, 이것이 불가능한 때에는 필요한 생활비의 지급을 청구할 수 있는 권리라고 해석하고 있다.

근로의 능력과 의사가 있는 자가 취업의 기회를 상실한 경우에 국가가 취업을 보장한다는 것은 이상적인 사회체제라고 할 수 있으나, 사기업의 자유를 보장하고 있는 자본주의 사회에 있어서는 근로의 기회의 보장은 국가의 힘에 의하여도 불가능하다. 그러므로 완전한 의미에 있어서의 근로권은 자본제사회에 있어서는 그 현실이 불가능한 개념이라 하지 않을 수 없다.

한정된 의미에 있어서의 근로권은 궁극적으로 생활비의 지급을 청구할 수 있는 권리이기 때문에 완전한 의미에 있어서의 근로권에 비하여 실제적이며 또한 실효적인 개념이라고 할 수 있다.

그러나 이 경우에 국가에 대하여 취업기회의 보장 내지 생활비의 지급을 청구할 수 있는 구체적 권리라고 보기에는 현행 헌법상의 근로권은 너무나 추상적이며, 또한 이의 실현을 위한 보장규정이 없는 것으로 보아 구체적인 권리로서 보장한 것이라고는 볼 수 없다.

이와 같이 헌법상의 근로권은 완전한 의미에 있어서의 근로권은 물론 아니며, 한정된 의미에 있어서의 근로권, 즉 국가가 법률상의 의무를 부담하는 근로자의 권리로서 보장한 것도 아니다. 이 규정은 국가가 국민의 완전고용을 실현하기 위한 사회정책을 실천하고 실업자에 대하여 생활보장비의 지급을 정치적인 책무로 한다는 정치적 프로그램에 불과한 것이다.

Ⅱ. 근로 3 권

헌법 제33조 제1항에서 「근로자는 근로조건의 향상을 위하여 자주적인 단결권·단체교섭권 및 단체행동권을 가진다」고 함으로써 이른바 노동3권 또는 근로 3 권을 보장하고 있다.

근로 3 권은 서로 관련되는 일련의 권리관념이다. 즉 단결권의 보장 없이 단체교섭권과 단체행동권을 생각할 수 없으며, 단체행동권을 보장하지 않고서는 단체교섭권은 그 실효를 거둘 수가 없다. 이와 같이 헌법에서 단결권을 비롯한 근로3권을 보장하고 있는 것은 자유와 평등을 실질적인 면에서 근로자에게 확보시키고자 하는 데 있다.

헌법에서 근로3권을 보장하고 있는 이상 실정노동관계법은 항상 헌법과의 관계에서 그 타당성의 여부가 검토되어야 하며, 국가는 국가안전보장·질서유지 또는 공공복리를 위하여 필요한 경우에 한하여 법률로써 근로3권을 제한할 수 있을 따름이다(헌법 제37조 제2항).

1. 단 결 권

단결권은 근로자의 단결권, 즉 노동조합을 조직하거나 또는 노동조합에 가입하는 자유를 보장하는 권리이다. 근로자는 단결을 함으로써만이 사용자와 대등한 지위에서 근로조건 등에 관하여 집단적인 교섭을 할 수 있으며, 따라서 그들의 복지증진과 경제적·사회적 지위를 향상시킬 수 있다.

단결권에 관하여 단결하지 않을 자유, 즉 소극적 단결권도 포함하느냐에 대하여는 견해의 대립이 있으나, 통설은 단결하는 자유, 즉 적극적 단결권만을 보장하며 소극적 단결권은 포함하지 않는다고 한다. 이것은 모든 단결권, 즉 노동조합으로부터 이탈된 근로자에 대하여 일정한 불이익처분을 한 경우에 헌법상의 단결권에 대한 침해가 되느냐 하는 문제와 관련된다. 노동조합 및 노동관계조정법 제81조 제2호 단서에서 노동조합이 당해 사업장 근로자 3분의 2 이상을 대표하고 있으면 근로자가 조합원이 될 것을 고용조건으로 하는 단체협약체결이 부당노동행위에 해당되지 않는다고 하여 단결강제의 한 유형인 유니언 샵 협정을 인정하고 있다. 그러나 단결권은 적극적 단결권만을 의미한다고 하더라도 소위 크로우즈드 샵(closed shop) 내지 유니언 샵(union shop) 협정은 단결선택의 자유, 즉 적극적 단결권을 침해하는 것이므로 그 합헌성을 인정할 수 없다고 본다.

2. 단체교섭권

단체교섭권은 단결권에 의하여 조직한 노동조합을 통하여 근로조건 등에 관하여 사용자 또는 사용자단체와 교섭하는 권리를 말한다. 단결권을 노동조합의 존립에 대한 보장이라고 한다면, 단체교섭권을 노동조합의 목적활동에 대한 보장이라고 할 수 있다.

단체교섭권은 근로 3 권의 중추적인 권리이다. 단결권은 단체교섭을 위한 교섭단체로서의 노동조합의 존립을 보장하는 권리이며, 단체행동권은 유리한 단체교섭을 하도록 뒷받침하는 권리라 할 수 있다. 이와 같이 단체교섭권은 대사용자와의 관계에 있어서 의의를 가지는 권리이므로 사용자는 정당한 사유없이 노동조합측의 단체교섭의 요구를 거부할 수 없으며, 거부할 경우에는 부당노동행위가 성립한다.

3. 단체행동권

단체행동권은 단결의 목적인 단체교섭을 근로자에게 유리하게 전개시키기 위하여 사용자에 대하여 동맹파업·태업 등의 쟁의행위를 할 수 있는 권리이다. 근로조건의 유지·개선은 사용자와의 평화적인 교섭에 의하여 달성되어야 하는 것이 이상적이라 할 수 있으나, 사용자의 강대한 세력으로 말미암아 평화적인 교섭만으로는 근로자측의 요구조건이 실현될 수 없으므로 단결을 배경으로 하는 실력행사를 보장한 것이 단체행동권의 보장이다.

헌법에서 단체행동권을 보장하고 있는 이상, 정당한 단체행동권의 행사는 민사상·형사상의 면책을 받게 된다.

제 4 절 근로기준법

Ⅰ. 근로기준법의 의의와 목적

근로기준법은 헌법에 의거하여 근로조건의 기준을 정함으로써 근로자의 기본적 생활을 보장·향상시키며, 균형 있는 국민경제의 발전을 기함을 목적으로 하는 법이다.

근로기준법을 법적인 면에서 본다면 근로조건에 있어서, 특히 임금과 취업시간과 휴식 등에 대하여 최저기준선을 정함으로써 국가가 근로자에 대한 보호를 획기적으로 쇄신하며, 한편으로는 봉건적 주종성을 배제하고 경제적으로 열악한 지위의 근로자에 대한 국가의 자혜적 조치로서의 국가적 정책을 한 걸음 더 진전시켜서 근로자들이 사회적 생활을 영위함에 있어서 그 지위

향상에 필요한 근로조건을 그들의 당연한 권리로서 주장하도록 보장한 것이다.

헌법 제32조 제2항은 「국가는 근로자의 의무에 대한 내용과 조건은 민주주의원칙에 따라 법률로서 정한다」는 것을 규정하고, 이것에 의하여 임금 및 근로시간·휴식 기타 근로조건에 관한 기준을 정하도록 하였다.

이것은 종래 은혜적으로 취급되고 있었던 근로시간·휴게·휴일 및 휴가 등의 근로조건을 법률로써 노동자에게 권리적 사항으로 이행시키게 한 것이다.

근로기준법을 경제적인 면에서 본다면 근대자본주의 사회에서 불우한 위치에 방치되어 있던 노동자의 문제를 더욱 유동적으로 운영함으로써, 그리고 사회의 경제적 기반을 배경으로 삼은 국가의 경제정책과 사회의 윤리적 요청에 그들의 문제를 적용시킴으로써 노동자들의 현실적 생활문제를 더욱 윤택한 방향으로 발전시키도록 한 것이다.

근로기준법을 이념면에서 본다면, 항상 발전하여 가는 사회의 새로운 이상추구에 따라 근로자의 생활도 그 이상에 맞추어 안정시키고자 하는 노력의 결실인 것이다. 이러한 이념 아래서 발족한 근로조건에 대한 보호규정을 총칭한 것이 근로보호법이며, 그것을 구체적으로 규정한 것이 근로기준법이다.

Ⅱ. 근로기준법의 기본원칙

근로관계의 내용은 원칙적으로 사용자와 근로자가 개별적으로 정하는 것이 원칙이다. 그러나 근래 노동법은 개별근로계약을 불신하고 점차 이를 제한하는 방향으로 성숙하여 왔기 때문에 오늘날 그 내용은 단체협약이나 취업규칙에 의하여 정하는 것이 보통이나, 이 때에도 그 최저기준은 근로기준법에서 규정하고 있다. 그러므로 근로관계의 기본적인 내용은 근로기준법을 살펴봄으로써 족할 것이다.

(1) 근로조건결정의 원칙

근로기준법은 근로조건이 근로자와 사용자가 동등한 지위에서 자유의사에 의하여 결정되도록 규정하고 있다(근로기준법 제4조). 또한 근로기준법은 근로자와 사용자가 단체협약·취업규칙과 근로계약을 준수하여야 하며, 각자가 이를 성실히 이행하여야 한다고 규정하고 있다(동법 제5조).

(2) 균등대우의 원칙

근로기준법은 사용자는 근로자에 대하여 남녀의 차별적 대우를 하지 못하며, 국적·신앙 또는 사회적 신분을 이유로 근로조건에 대한 차별적 처우를 하지 못하게 규정하고 있다(동법 제6조). 이는 헌법 제11조의 「모든 국민은 법 앞에 평등하다」를 사용자와 근로자 간의 관계에 대해서 구체적으로 실현한 것이다.

(3) 강제근로의 금지

근로기준법은 사용자는 폭행·협박·감금 기타 정신상 또는 신체상의 자유를 부당하게 구속하는 수단으로써 근로자의 자유의사에 어긋나는 근로를 강요하지 못한다고 규정하고 있다(근로기준법 제7조). 이는 헌법 제12조 제1항의 강제노역을 받지 않을 권리에 대한 규정이 근로관계에 구체화된 것이라고 볼 수 있다.

강제근로와 관련하여 위약의 예정(근로기준법 제20조)·전차금상계(근로기준법 제21조)·강제저금(근로기준법 제22조) 등이 문제가 된다.

(4) 폭행의 금지

근로기준법은 사용자는 사고발생이나 그 밖에 어떠한 이유로도 근로자에게 폭행을 하지 못한다고 규정하고 있다(근로기준법 제8조). 이 규정은 동법 제7조의 강제근로의 금지와 함께 당연한 것이다. 근로자의 고의·과실로 인한 손해의 발생은 근로계약·취업규칙 또는 민법상의 불법행위의 규정에 따라 책임을 물으면 될 것이다.

(5) 중간착취의 배제

근로기준법은 누구든지 법률에 따르지 아니하고는 영리로 다른 사람의 취업에 개입하거나 중간인으로서 이득을 취득하지 못한다고 규정하고 있다(근로기준법 제9조). 이 제도의 취지는 중간착취로 인하여 근로자의 취업이 곤란하게 되는 것을 방지하려는 점에 있다.

(6) 공민권행사의 보장

근로기준법은 사용자는 근로자가 근로시간 중에 선거권 그 밖의 공민권 행사 또는 공의 직무를 집행하기 위하여 필요한 시간을 청구하면 거부하지 못한다. 다만, 그 권리행사나 공의 직무를 수행하는 데 지장이 없으면 청구한 시간을 변경할 수 있다고 규정하고 있다(동법 제10조). 이것은 근로자가 공민권의 행사 또는 공의 직무집행을 위하여 직장을 떠날 수 있도록 보장한 것이며,

사용자에 의한 방해를 금지한 것이다.

Ⅲ. 정리해고제와 파견근로자제도 도입

근로기준법 개정(1998년 2월 20일)으로 긴박한 경영상의 필요가 있는 경우, 경영악화의 방지를 위한 사업의 양도·인수·합병의 경우 등에는 정리해고가 가능하게 되었다. 해고하고자 하는 날로부터 50일 전까지 근로자대표에게 해고기준 등을 통보하고 협의해야 하며, 해고 대상 선정에서 남녀의 성이 기준이 되어서는 안 된다. 일정규모 이상의 인원을 해고하려면 노동부장관에게 신고해야 한다. 해고한 날부터 3년 이내에 해고된 근로자가 해고 당시 담당하였던 업무와 같은 업무를 할 근로자를 채용하고자 할 때에는 해고된 근로자가 원하면 그 근로자를 우선적으로 고용하여야 한다.

파견근로자보호 등에 관한 법률의 제정(1998년 2월 15일)으로 제조업의 직접생산 공정업무를 제외하고 전문지식·기술·경험 또는 업무의 성질 등을 고려하여 적합하다고 판단되는 업무를 대상으로 근로자파견제도를 도입할 수 있게 되었다. 근로자파견이라 함은 파견사업주(근로자 파견사업을 행하는 자)가 근로자를 고용한 후 그 고용관계를 유지하면서 근로자파견계약의 내용에 따라 사용사업주(근로자파견계약에 의하여 파견근로자를 사용하는 자)의 지휘·명령을 받아 사용사업주를 위한 근로에 종사하게 하는 것을 말한다. 근로자파견계약은 파견사업주와 사용사업주 간에 체결된다. 근로자파견 기간은 원칙적으로 1년을 초과하지 못하며, 1회에 한하여 그 기간을 연장할 수 있으나, 그 연장기간은 1년을 초과하지 못한다.

Ⅳ. 근로기준법의 적용범위

1. 적용사업

근로기준법은 거의 모든 사업에 동법을 적용하도록 하였다. 근로기준법 제11조는「이 법은 상시 5인 이상의 근로자를 사용하는 모든 사업 또는 사업장에 적용한다. 다만, 동거의 친족만을 사용하는 사업 또는 사업장과 가사사용인에 대해서는 적용하지 아니한다」라고 규정하고 있다. 대통령령으로써 정하는 사업 또는 사업장은 상시 4인 이하의 근로자를 사용하는 사업 또는 사업장을 말하는 것이다(근로기준법 시행령 제7조).

2. 근 로 자

근로기준법 제2조 제1호는「근로자란 직업의 종류와 관계 없이 임금을 목적으로 사업 또는 사업장에서 근로를 제공하는 자를 말한다」고 규정하고 있어 실업자를 제외시키고 있다. 이는 노동조합 및 노동관계조정법 제2조 제1호가 '근로자란 직업의 종류를 불문하고 임금·급료 기타 이에 준하는 수입에 의하여 생활하는 자'라고 하여 실업자를 포함하고 있는 경우와 다른 점에 주의해야 한다.

3. 사 용 자

근로기준법에서 말하는 사용자란 '사업주 또는 사업경영담당자 그 밖에 근로자에게 관한 사항에 대하여 사업주를 위하여 행위하는 자'를 말한다(근로기준법 제2조 제2호). 여기서 사용자는 개별적 종속근로관계의 일방당사자로서 근로기준법준수의 의무를 지며, 그 위반에 대해서는 처벌을 받는 책임자이며, 근로자에 대하여 지휘·명령 또는 감독을 행하는 자로서 사용자의 대리인·종업원까지도 포함된다.

제 5 절 노동조합 및 노동관계조정법

Ⅰ. 노동조합

자본주의사회의 하나의 특색은 모든 물건은 상품화한다는 것이다. 근로자의 노동력 역시 하나의 상품으로 근로시장에서 사용자와의 사이에서 거래된다. 그러나 그 거래는 근로자와 사용자의 힘의 차이에 의하여 결코 대등하게 이루어질 수 없다. 이러한 사정하에서 노동력을 통제하여 사용자와 대등한 지위에서 거래하기 위하여 생겨난 것이 노동조합이다. 따라서 집단적 근로관계를 규율하는 노동조합 및 노동관계조정법은 헌법에 의하여 보장된 근로기본권을 기초로 근로자들의 경제적·사회적 지위의 향상과 국민경제의 발전에 기여함을 목적으로 한다(노동조합 및 노동관계조정법 제1조).

1. 노동조합의 요건

노동조합이란 '근로자가 주체가 되어 자주적으로 단결하여 근로조건의 유지·개선 기타 근로자의 경제적·사회적 지위의 향상을 도모함을 목적으로 조직하는 단체 또는 그 연합단체(동법 제2조 제4호)'를 말한다.

노동조합의 성립에는 노동조합 및 노동관계조정법상의 법적 요건을 갖추어야 한다. 노동조합이 대외적 자주성을 확보하기 위한 실질적 요건과 규약을 첨부하여 행정관청에 설립신고를 하는 형식적 요건이 그것이다. 이러한 요건을 갖추지 못한 근로자의 단체는 법외노동조합(outsider union)이라고 하여 노동쟁의의 조정·부당노동행위의 구제신청 등이 있어서 노동법상의 보호를 받지 못한다.

노동조합의 실질적 요건에는 적극적 요건과 소극적 요건이 있다.

(1) 적극적 요건으로는 (i) 근로자가 주체가 되어야 한다. 이것은 노동조합 구성원은 근로자이어야 한다는 것을 의미한다. (ii) 자주적으로 조직되어야 한다. 자주적이라는 것은 외부로부터의 개입이 없어야 한다는 것이다. (iii) 근로조건의 유지·개선 기타 경제적·사회적 지위의 향상을 도모함을 목적으로 하여야 한다. 따라서 정치활동·사회사업·회원 상호간의 친목을 위한 목적을 가진 근로자의 단체는 노동조합이 아니다.

(2) 소극적 요건이란 이러한 요건에 해당하면 노동조합의 자격을 가질 수 없는 요건으로서 (i) 사용자 또는 항상 그의 이익을 대표하여 행동하는 자의 참가를 허용하는 경우, (ii) 경비의 주된 부분을 사용자로부터 원조를 받는 경우, (iii) 공제·수양 기타 복리사업만을 목적으로 하는 경우, (iv) 근로자가 아닌 자의 가입을 허용하는 경우, (v) 주로 정치운동을 목적으로 하는 경우가 있다.

2. 노동조합의 유형

노동조합은 먼저 그 단위조직형태에 의하여 직종별(기능별) 조합·산업별 조합·기업별 조합으로 나눌 수 있다. 직종별조합이란 동일한 직종(예 : 전기공·인쇄공)에 속하는 근로자로 구성되는 조합으로서 가장 일찍 성립하였으며(예 : 길드), 비교적 소수의 숙련근로자로서 구성된다. 노동력의 통제가 용이하여 효과적인 근로조건의 향상을 기할 수 있다는 장점이 있으나, 아울러 배타적이고 독점적이어서 근로자 전체의 생활향상을 기하지 못한다는 단점이 있다.

반면 산업별조합은 숙련·미숙련 직종과 기업을 초월하여 같은 종류의 산업(예 : 철강업·석탄업 등)에 종사한 근로자로 구성되는 조합이다. 직종별조합의 결함을 보완할 수는 있으나 조합원 상호간의 유기적 연락이 곤란하여 자칫 형식적 집합체로 흐르기 쉽다.

이에 대하여 기업별조합은 일정한 기업에서 사용되는 근로자로서 구성되는 조합으로서 근로조건을 종합적으로 정할 수 있는 장점이 있으나, 각종의 근로자로 구성되므로 단결력이 약하여 사용자에게 매수될 우려가 있다.

다음에 노동조합은 그 결합방식에 따라 단위노동조합과 연합체조합으로 나눌 수 있다. 전자는 개인이 직접 그 조합의 구성원이 되는 조합으로서 지역별로 지부 또는 분회를 두는 조합의 조직형태를 말하며, 후자는 각 지역별 또는 기업별 조합이 독립한 조합원 자격으로 가입하는 조합을 말한다.

Ⅱ. 단체협약

1. 단체협약의 의의

단체협약은 노동조합과 사용자 또는 사용자 단체를 당사자로 하여 이들 사이에 개개 근로계약의 내용에 관한 일반적 기준의 설정, 단체적인 채권·채무관계 및 노사의 기본적 조직관계의 설정을 목적으로 하는 계약이다. 이는 서면으로 작성하여 당사자 쌍방이 서명·날인한 뒤 단체협약체결일로부터 15일 이내에 행정관청에 신고함으로써 성립한다(노동조합 및 노동관계조정법 제31조).

노동조합은 그들의 임금·근로시간 등 근로조건의 향상을 위하여 부단히 노력한다. 이러한 목적을 달성하기 위하여 노동조합은 그들의 대표자로 하여금 사용자와 평화적으로 교섭하게 하기도 하나, 만약 이 교섭이 실패하는 경우에는 파업 등의 쟁의행위로 나오게 된다. 그러나 이렇게 하여 확보된 근로조건은 언제 어떻게 사용자에 의하여 불리한 조치를 당하게 될지 모른다. 이러한 불안을 피하기 위하여 단체협약에 의하여 일정기간 동안 근로조건 등에 관하여 일정한 기준을 설정해 두게 된다. 그럼으로써 그 기간 내에 무의미한 분쟁을 피할 수 있고, 또 그 기준의 유지를 위하여 노사가 서로 협약내용을 준수할 의무를 지게 되어 효과적인 것이다.

2. 단체협약의 내용 및 효력

단체협약의 내용은 그것이 강행법규나 공서양속에 위반되지 않는 한 법적 제한이 없다. 그러나 단체협약의 성질에 따라 대체로 (i) 근로조건 기타 근로자의 대우에 관한 기준을 정하는 부분으로서 임금·근로시간·휴식 및 휴일 등 노사간에 체결되는 개개 근로계약의 규범을 정하는 규범적 부분, (ii) 노사협의회·징계위원회와 같은 분쟁처리기관의 구성과 운영에 관한 조직적 부분, (iii) 협약당사자의 평화의무, shop협정에 기한 의무와 같은 채권·채무에 관한 채무적 부분으로 나눌 수 있다.

단체협약의 효력에도 그 위반에 대하여 강제이행·손해배상청구·협약의 해제를 할 수 있는 채무적 효력 및 단체협약에 위반된 개개 근로계약을 무효로 하는 규범적 효력이 있다. 그 밖에 단체협약의 효력확장으로 일반적 구속력(노동조합 및 노동관계 조정법 제33조)·지역적 구속력(동법 제36조)이 있다.

단체협약은 변동하는 사회사정에 대처할 수 있도록 그 유효기간을 2년으로 하고 있다. 단체협약에 유효기간을 정하지 아니하거나 2년을 초과하여 정한 경우 그 유효기간은 2년으로 한다.

Ⅲ. 부당노동행위

1. 부당노동행위제도의 의의

자본주의사회에 있어서 근로자와 사용자는 그 본질상 항상 대립관계에 있다. 그리하여 사용자는 가능한 한, 노동조합의 활동에 대하여 방해하려고 한다. 그런데 헌법이 단결권을 보장하고 있으므로 이에 대한 방해는 위법한 것으로 되며, 이에 대하여 민법상 손해배상을 청구할 수 있다. 그러나 그 구제는 거의 실효력이 적으므로 여기서 노사간의 교섭력의 불평등의 회복, 즉 근로자의 보호를 목적으로 부당노동행위제도가 생겨나게 되었다.

2. 부당노동행위의 내용

현행 노동조합 및 노동관계조정법 제81조는 사용자에 의한 5가지의 부당노동행위를 규정하고 이를 금지하고 있다. 즉 (i) 근로자가 노동조합에 가입 또는 가입하려고 하였거나 노동조합을 조직하려고 하였거나 기타 노동조합의 업무를 위한 정당한 행위를 한 것을 이유로 그 근로자를 해고하거나 그 근로자에게 불이익을 주는 행위, (ii) 근로자가 어느 노동조합에 가입하지 아니할 것 또는 탈퇴할 것을 고용조건으로 하거나 특정 노동조합의 조합원이 될 것을 고용조건으로 하는 이른바 황견계약(yellow dog contract)을 체결하는 행위, (iii) 노동조합의 대표자 또는 노동조합으로부터 위임을 받은 자와의 단체협약체결 기타 단체교섭을 정당한 이유 없이 거부하거나 해태하는 행위, (iv) 근로자가 노동조합을 조직 또는 운영하는 것을 지배하거나 이에 개입하는 행위와 노동조합의 전임자에게 급여를 지원하거나 노동조합의 운영비를 원조하는 행위, (v) 근로자가 정당한 단체행위, 즉 쟁의행위에 참가한 것을 이유로 하거나 또는 노동위원회에 대하여 사용자가 이 조의 규정에 위반한 것을 신고하거나 그에 관한 증언을 하거나 기타 행정관청에 증거를 제출한 것을 이유로 그 근로자를 해고하거나 그 근로자에게 불이익을 주는 행위 등이다.

이와 같이 부당노동행위는 사용자에 의해서만 성립하고 근로자의 부당노동행위는 인정되지 아니한다. 구노동조합법은 미국의 태프트 하틀리법(Taft-Hartley Act, 1947)에 따라 근로자의 부당노동행위를 인정하였으나, 구 노동조합법개정(1963) 때 와그너법(Wagner Act, 1935)에 따라 이를 삭제하였다. 노동조합의 세력이 강하지 못한 우리 나라의 현실에 비추어 타당한 입법이라 하겠다.

3. 부당노동행위에 대한 구제

사용자의 부당노동행위로 권리를 침해당한 자는 노동위원회에 의한 행정적 구제나 법원에 의한 사법적 구제를 받을 수 있다. 법원에 의한 구제에는 행정소송에 의한 방법과 민사소송절차에 의한 방법이 있다. 부당노동행위에 대한 구제는 손해의 배상이 아닌 정상적인 노사관계의 회복에 그 주목적이 있으므로 노동위원회의 구제명령에 의한 원상회복주의를 원칙으로 하고 있다(노동조합 및 노동관계조정법 제84조).

Ⅳ. 노동쟁의조정

노동조합 및 노동관계조정법은 노동관계의 공정한 조정을 도모하고 노동쟁의를 예방 또는 해결함으로써 산업평화의 유지와 국민경제발전에 기여함을 목적으로 한다.

조정의 방식에는 노사의 자주적 해결원리에 의한 사적 조정방식과 노동조합 및 노동관계조정법의 규정에 의한 국가의 조정방법이 있다. 양자의 관계에서는 사적 조정에 관한 노사 당사자의 합의가 있는 경우에는 그 조정절차가 먼저 적용된다. 사적 조정에 있어서는 노동조합 및 노동관계조정법에 규정된 내용이나 절차와 다른 조정 또는 중재방법을 채택할 수 있다(노동조합 및 노동관계조정법 제52조 제1항). 사적 조정절차에 의하여 조정 또는 중재가 이루어진 경우에 그 내용은 단체협약과 동일한 효력을 가진다(동법 제52조 제4항). 다만, 당사자 사이에 사적조정에 관한 합의가 없을 때에는 노동조합 및 노동관계조정법상의 소정의 절차가 적용된다. 동법이 규정하고 있는 조정의 종류는 조정·중재 및 긴급조정이 있다.

1. 노동쟁의와 쟁의행위

노동쟁의란 노동조합과 사용자 또는 사용자단체간에 임금·근로시간·복지·해고 기타 대우 등 근로조건의 결정에 관한 주장의 불일치로 인하여 발생한 분쟁상태를 말하며(노동조합 및 노동관계조정법 제2조 제5호), 쟁의행위란 파업·태업·직장폐쇄 기타 노동관계 당사자가 그 주장을 관철할 목적으로 행하는 행위와 이에 해당하는 행위로서 업무의 정상적인 운영을 저해하는 행위를 말한다(동법 제2조 제6호).

노동조합 및 노동관계조정법 제3조는 「사용자는 이 법에 의한 쟁의행위로 인하여 손해를 입은 경우에 노동조합 또는 근로자에 대하여 그 배상을 청구할 수 없다」고 규정하고, 제39조는 「근로자는 쟁의행위기간 중에는 현행범 외에는 이 법 위반을 이유로 구속되지 아니한다」고 하여 헌법에서 보장하고 있는 쟁의권을 구체화하고 있다.

2. 노동쟁의의 조정

(1) 조 정

조정은 당사자의 신청에 의하여 노동위원회 내의 조정위원회가 관계당사자의 의견을 들어 조정안을 작성하여 노사의 수락을 권고하는 형태를 취한다. 권고가 강제가 아니라는 점에서 조정은 노사의 자주적 해결을 기초로 하고 있는 것이다. 그러나 일단 수락된 조정서의 내용은 단체협약과 동일한 효력을 갖는다(노동조합 및 노동관계조정법 제61조 제2항).

(2) 중 재

중재는 당사자 일방 또는 쌍방이 협약규정에 따라 중재신청을 한 때에 노동위원회에 설치된 중재위원회에 의하여 행하여진다. 이 중재는 당사자를 구속하나 원칙적으로 임의중재에 한하고 강제중재는 공익사업에 한정된다. 중재재정에 대하여는 재심신청이나 행정소송이 인정된다. 확정중재재정은 단체협약과 동일한 효력이 있다(노동조합 및 노동관계 조정법 제70조 제1항).

(3) 긴급조정

긴급조정은 쟁의행위가 공익사업·대규모 내지 특수사업으로서 그것이 국민경제나 일상생활을 위태롭게 할 때 노동부장관의 결정통고에 의하여 중앙노동위원회가 행한다(노동조합 및 노동관계 조정법 제76조). 중앙노동위원회는 긴급조정통고를 받은 때에는 지체없이 조정을 개시해야 하며, 조정 성립의 가망이 없다고 인정한 때에는 통고를 받은 날부터 15일 이내에 중재회부의 여부를 결정해야 한다. 관계당사자는 긴급조정의 결정이 공표된 때에는 즉시 쟁의행위를 중지해야 하며, 공표일로부터 30일이 경과되지 아니하면 쟁의행위를 재개할 수 없다. 중앙노동위원회는 당사자 쌍방 또는 일방의 중재신청이 있거나 중재회부결정이 있는 때에는 지체없이 중재를 행하여야 한다(동법 제80조).

3. 쟁의행위의 제한·금지

쟁의행위는 폭력이나 파괴행위를 행할 수 없으며, 직장의 안전시설의 정상적 운영을 방해하는 행위를 행할 수 없다.

관계당사자는 조정을 개시한 날부터 일반사업에 있어서는 10일, 공익사업에 있어서는 15일이 경과하지 아니하면 쟁의행위를 할 수 없다(동법 제52조 제3항 제1호).

제 6 절 노동위원회법

Ⅰ. 노동위원회의 임무와 조직

노동위원회법 제1조에서 동법의 입법목적을 밝히고 있는데, 「노동관계에 있어서 판정 및 조정업무의 신속·공정한 수행을 위하여 그 운영에 관한 사항을 규정함으로써 노동관계의 안전과 발전에 이바지함을 목적으로 한다」고

제시하고 있다. 이미 지적한 바와 같이 노사간의 제문제는 노사의 자주적인 노력에 의하여 해결되어야 하지만, 이것을 꼭 기대할 수는 없다. 그러므로 노사문제의 사회에 미치는 영향을 고려하여 국가의 개입에 의하여 노사문제의 공정한 조절이 실현되지 않으면 안 된다.

이와 같은 목적에 의하여 노동위원회법이 제정되어 있으며, 이 목적을 달성하기 위한 기구가 노동위원회이다.

노동위원회에는 지방노동위원회·중앙노동위원회 및 특별노동위원회가 있다. 노동위원회에는 근로자를 대표하는 근로자위원·사용자를 대표하는 사용자위원은 각 10인 이상 50인 이하 및 공익을 대표하는 공익위원은 10인 이상 70인 이하의 범위 안에서 구성되고, 특별노동위원회의 위원회의 근로자위원·사용자위원·공익위원의 수는 법률에서 달리 정할 수 있도록 하고 있다.

노동위원회의 근로자위원은 노동조합에서, 사용자위원은 사용자단체에서 추천한 자 중에서 중앙노동위원회의 경우는 대통령이, 지방노동위원회의 경우는 중앙노동위원회 위원장이 각각 위촉한다. 그리고 공익위원은 중앙노동위원회의 위원은 대통령이, 지방노동위원회의 위원은 중앙노동위원회 위원장이 각각 위촉한다.

Ⅱ. 노동위원회의 권한

노동위원회의 권한에는 판정적 권한과 조정의 권한으로 나눌 수 있다. 판정적 권한에는 다시 노동조합및노동관계조정법상의 판정적 권한과 근로기준법상의 판정적 권한이 있는데, 전자는 (i) 노동조합규약과 결의가 법령에 위반하거나 공익을 해하지 않는가를 심사·의결하는 권한, (ii) 노동조합의 대표자가 총회 또는 대의원회의 소집을 기피·해태하였는가의 여부를 심사·의결하는 권한, (iii) 노동조합이 노동관계법령에 위반하였는지 여부를 심사·의결하는 권한, (iv) 단체협약의 내용이 위법·부당하는지의 여부를 심사·의결하는 권한, (v) 단체협약의 지역적 구속력의 부여 여부에 관한 의결, (vi) 부당노동행위의 처리 등이며, 후자는 (i) 근로조건위반에 대한 근로자측의 손해배상청구에 관한 처리, (ii) 해고통고의 예외인정에 있어서의 근로자의 '귀속사유' 존부에 관한 인정, (iii) 최저임금결정에 대한 동의권, (iv) 휴업지불을 않기 위한 '부득이한 사유'의 심사 · 승인, (v) 휴업보상 및 장해배상의 예외가 되는 근로자의 '중대한 과실' 여부의 심사 · 인정 등이다.

그리고 조정의 권한으로는 노동조합 및 노동관계조정법상의 조정 · 중재 및 긴급조정의 권한 등이며, 이 밖에 재해보상에 관하여 당사자의 이의가 있는 경우의 심사 · 중재의 권한을 들 수 있다.

제 7 절 경 제 법

Ⅰ. 경제법의 의의

근로자와 사용자를 동일한 조건으로 자유로운 활동을 허용한다면 근로자뿐만 아니라 중소기업자 그리고 소비자의 생활은 커다란 위협을 받는다. 그래서 경제적 자유주의를 지양하고 기업의 조직과 활동에 대하여 국가의 사회적 · 단체적인 통제를 부여하려는 것이 경제법(economic law : Wirtschaftrecht)인 것이다. 우리 나라에서 시행되고 있는 경제법에는 독점규제 및 공정거래에 관한 법률, 농지법과 양곡관리법 · 상공회의소법 · 수산업법 등 많은 법령이 있다.

사회법으로서의 경제법이 생성되게 된 것은 세계 제1차대전 후 자본주의의 일반적 위기가 닥쳐옴과 더불어 생산력과 생산관계와의 모순에 기인한 실업으로 인하여 생활고에 허덕이는 사회집단이 속출하게 되었다. 그리하여 자본주의경제는 더 이상 자유경제체제를 그대로 방임해 둘 수 없게 되었다. 이에 국가는 빈곤에 허덕이는 사회집단을 국가와 연관시켜서 파악할 것이 요구되었다.

앞의 것이 노동법으로 형성되고 뒤의 것이 경제법으로 형성된 것이다.

Ⅱ. 경제법의 특성

경제법은 그 내용상 특별한 성질로서 다음의 몇 가지를 들 수 있다.

첫째, 경제법은 경제생활 · 기업활동을 대상으로 하는 경제성을 띤 공권력의 작용을 규율하는 법이며, 둘째, 경제의 성질상 기술적이고 합리적 성격을 가진 법이며, 셋째, 경제관계를 규율하기 때문에 변동성이 강하며, 넷째, 국민경제의 이익을 위하는 법이므로 공공성을 띠고 있다. 다섯째, 다른 법률은 그 규율하는 대상의 변화에 따라 변하기도 하지만, 경제법은 그 제정의 목적에서도 알 수 있듯이 국민경제의 기업활동을 사회집단적으로 통제하기 위한 것이기 때문에 그 규율대상을 지도하고 조정·통제하는 지도성을 가지고 있다.

경제법은 공법에도 사법에도 속하지 않는 제3분야의 법으로서 민법·상법·노동법 그리고 사회법과의 관계에 대하여 간단히 살펴봄으로써 경제법의 일반적인 특성을 규명해 보고자 한다.

민법은 자본주의사회의 보편적 기초법으로서 자본주의 사회의 기초구조에 대한 법리적 표현임에 반하여, 상법은 산업자본 혹은 영리생활·기업생활관계에 대한 특수한 법으로서 그 체계적·실천적 기능을 발휘함에 있어 역시 자본법적인 역사적 성격을 내포하고 있다. 그런데 경제법은 국가 총자본의 입장에서 국민경제의 수정자본주의적 구조 및 활동에 관한 법질서이므로 상법과는 긴밀한 관계를 가지면서도 양자 사이에 규제분야의 중축에 있어서 차이가 있다.

그리고 경제법과 사회법의 관계에 있어서는 두 법이 모두 민법 및 상법 분야에서 분리된 법체계로서 광의의 사회법을 구성하고 있는데, 보통 사회법이라고 하면 경제법과 노동법의 두 분야로 나눈다. 특히 노동법은 '자본의 법'에 대한 '노동의 법'이며, 노동법의 확충에 따라서 노동의 주체적 지위의 발전은 경제에 있어서 자본의 주체적 지위에 영향을 주게 되는 것이다.

이상의 관계에서 볼 때 경제법은 노동법과 함께 특별법으로서 인정되는 것이다. 이제 경제법의 내용상 특별한 성질을 다음에 구체적으로 밝히고자 한다.

Ⅲ. 경제법의 본질

경제법은 그 대상으로 하는 부면이 다각적이고 다종다양하다. 경제법은 통제생활과 기업활동에 관한 법이므로 상법과 그 대상분야를 같이 하는 것이 많다. 상법은 평등적·대립적 경우에 있어서 기업활동을 규율함에 반하여, 경제법은 개인의 경제활동을 간섭하고 통제를 가하는 공권력의 작용을 규정하는 것이다.

경제법은 기술적·합리적 성격을 가진 법이며, 수리적·과학적 성격을 기초로 하는 법으로서, 인간의 작위적인 것이며 원칙적으로 관습법에 적합할 수 없다. 이 점으로 인하여 상법이 역시 기술성·합리성을 특색으로 할지라도 그것과는 구별되는 것이며, 상법에서처럼 국제성을 가질 수 없는 것이다. 경제법은 경제변동에 따라 신속성을 가져야 하므로 상당히 변동성을 내포하고 있는 법이라 할 수 있다.

그리고 경제법은 명령성을 띠고 있는데 국가정치체제에 따라서 강약의 차가 상당히 다르며, 또 비상시·평상시 여부에 따라서도 매우 다르다. 또한 경제법은 공공이익을 우위로 하는 것을 목적으로 하는 법이다. 여기서 공공이익이란 국가자체의 이익뿐만이 아니고 국민 전체의 이익을 아울러 말하는 것이다. 공공이익이라는 점에서 경제법은 강행성을 가지고 있는데, 이 강행성이라는 것은 위반행위에 있어서 반드시 사법적 효력을 부정하는 것은 아니나 명령법규성에 입각하여 형사적 제재로서 그 강행성 발동을 원칙으로 하는 것이기 때문에 일반사법의 임의성과는 다르다. 경제법은 국민경제·기업활동 등을 지도하고 조직·통제하는 법이다. 이러한 의미에서 법에 대한 경제의 우위성을 인정하는 학설에 반하여 경제에 대한 법의 우위성을 주장할 수 있게 된다. 즉 경제의 자연적 동향에 대하여 변경과 수정작용을 가할 수 있다는 것이다. 이는 경제에 대한 정치의 우위를 인정하는 입장에서 본 것인데, 법은 정치의 소산이기 때문이다.

Ⅳ. 경제법의 지도이념

경제법은 국민경제의 이익을 수호함을 지도이념으로 하기 때문에 그 공공이익의 앞에는 개개인의 경제이익의 욕망을 억제하는 것이 당연한 것이다.

경제법의 지도이념은 윤리적 이념과 민주적 이념이 고조되어야 한다. 개인주의적인 상법에 있어서도 윤리성이 주장됨에 비추어 볼 때, 공공이익을 위주로 하는 경제법은 더욱 그 윤리성이 강조되지 않을 수 없으며, 일층 정치성·지도성까지 강조되는 것이다. 바꾸어 말하면 새로운 정치윤리·경제윤리의 뒷받침이 강하게 인식될 때 경제법의 지도이념은 비로소 확립되어지는 것이다. 이런 점에 근거하여 경제법에 대한 근본태도는 나타나게 되고, 경제법의 해석에 앞서 경제법의 지도원리가 강조되는 것이다. 경제라는 것이 어떠한 윤리적 의의를 가지느냐 하는 경제도덕 또는 경제윤리사상은 강약이나 명·불명의 차는 있을지라도 어떤 사회에 있어서나 항상 존재하였던 것이다. 오늘날의 세계에서도 그 국가사회의 계급적 구성과 경제조직의 차이에 따라서 그 내용이 다양하게 번져 나가고 있다.

요컨대 경제법의 지도원리는 통제에서 오는 경제적 희생의 경우라 할지라도 '공평한 분담'이 고려되어야 하고, 그 피통치자의 인권존중과 민주주의 원칙에 따라 절차와 한계가 철저히 준수되어야 하는 점이 그 핵심인 것이다.

제 8 절 사회복지관계법

Ⅰ. 사회보장·사회복지의 의의

1. 사회보장의 의미

사회보장기본법 제3조 제1호는 사회보장이란 "질병·장애·노령·실업·사망 등의 사회적 위험으로부터 모든 국민을 보호하고 빈곤을 해소하며, 국민생활의 질을 향상시키기 위하여 제공되는 사회보험·공공부조·사회복지서비스 및 관련 사회복지제도"를 말한다고 규정되어 있다. 사회보장(social security)의 의미는 국민이 생활을 영위해 나가는 과정에 있어서 발생하는 소득의 중단이나(생계곤란자) 영구적 상실(신체장애자)에 대해서 최저생활의 보장을 전제로 하는 소득보장을 위하여 국가가 행하는 종합적·체계적 시책 또는 제도의 뜻으로 이해할 수 있다. 따라서 국가는 생계가 곤란한 자 또는 신체장애자에 대한 구호시책 및 제도를 마련하여야 할 의무가 있는 것이다.

2. 사회복지의 의미

사회복지(social welfare)의 의미는 시대와 각국의 실정과 학자에 따라 약간의 다른 의미로 해석되는 경우가 있지만, 대체적으로 좁은 의미의 사회복지(social welfare)는 사회사업(social work)과 사회복지사업(social welfare services)이라는 것과 같은 뜻으로 사용되고 있다.

넓은 의미의 사회복지는 사회사업이나 사회복지사업으로 표현되는 그 내용 외에 사회정책·사회보장과 더 나아가서는 교육·주택·공중위생·비행·범죄관계 등 주로 사회생활을 영위하는 인간의 정신적·도덕적·육체적·생리적·노동적 그리고 경제적 조건에 밀착되는 사회적 시책 또는 제도를 총칭하는 것으로 이해되고 있다.

좁은 의미의 사회복지와 동의어로 볼 수 있는 사회사업에 관하여 시대적 정의의 변화를 살펴보면, 1950년 UN의 요청에 의하여 일본이 제출한 관계 보고서 가운데 사회사업의 정의는 "정상적 일반생활수준에서 탈락된, 또는 그렇게 될 우려성이 있는 불특정의 개인이나 가족에 대해 그 회복·보전을 목적으로 하여 국가·지방공공단체 혹은 개인이 사회보험·공중위생·교육 등의 사회복지 증진을 위한 일반대책과 병행되어, 또는 이것을 보완하거나 혹은 이것에 대신하여 개별적·집단적으로 보호·조장 혹은 조치를 행하는 사회적인 활동이다"라고 표현하고 있으며, 1950년 UN의 보고서에서 볼 수 있는 사회사업의 정의는 '개인·가족·집단의 생활에 영향을 미치는 사회적·경제적 요인과 기타 여러 세력에 관련시켜 이를 관찰하고 또 이에 대해 필요한 원조를 해 주는 것'으로 되어 있다.

또한 1954년 미국사회사업년감(America Social Work Yearbook)에 나타난 사회사업의 정의는 '전문사회적 서비스가 목적하는 바는 사람들이 갖는 특정요구에 대해 그들이 가지고 있는 능력과 지역사회를 서로 조화시켜 개인적으로나 집단적으로 만족스러운 인간관계를 맺게 하고 희망하는 생활수준을 누릴 수 있게 원조하는 것'이라고 밝히고 있다.

그런데 UN에서는 21년이 지난 1971년에 사회사업의 정의를 달리하고 있는데, 사회사업은 '사회과학과 기타의 과학에서 도출되어 사회개발의 훈련 및 조사에 의하여 교육적으로 인정받은 사업에 의해 지지된 지식·방법 및 철학의 체계에 주로 기초를 두는 훈련에 의해서 터득된 사회복지분야에 있어서 인간의 사회적 욕구를 충족시키기 위한 전문적 운영의 방법'이라고 하고, 사회복지는 '개인·집단·지역사회·제도 및 사회적 수준에 있어서의 보다 나은 사회적 기능 또는 사회적 관계를 목표로 한 사회적 서비스 및 인간의 복지를 가능하게 하는 과정'이라 하여 사회사업과 사회복지를 구별하고 있는데, 전자는 지식과 기술이 강조되고 있는 반면 후자는 보다 나은 환경을 전제로 하는 서비스가 거론되고 있는 것이 특색이라 하겠다. 이와 같이 사회복지의 의미는 점차 확대해석하는 경향을 보이고 있는 것이 오늘날 각국의 현실이라 하겠다.

이러한 사회복지의 의미는 사회보장의 의미보다 넓은 개념으로 이해되기 때문에 사회보장은 사회복지의 개념에 포함하는 것으로 봄이 타당할 것이다. 그러나 사회보장제도, 즉 사회적 보호의 일반적 목표는 사회보험과 공적 부조를 주축으로 하여 거기에다 사회복지 서비스와 보호사업 등을 포함한 네 가지 주된 사업을 통하여 달성되는 것으로 이해되고 있다. 따라서 사회복지의 구현은 사회적 보호의 일반적 목표의 실현과 보다 나은 사회적 기능 또는 사회적 관계를 목표로 하는 사회적 서비스 및 인간의 복지를 실현하려는 이상이요 목표라고 할 수 있다.

Ⅱ. 우리 나라의 사회복지관계법

헌법 제34조 제2항은 「국가는 사회보장·사회복지의 증진에 노력할 의무를 진다」고 규정하여 동조 제1항의 인간다운 생활을 할 권리를 확보하려는 국가적 의지를 헌법에 분명히 밝히고 있다.

우리 나라 사회복지관계법으로는 1970년 1월 1일 제정·공포된 사회복지사업법을 비롯하여 장애인고용촉진 및 직업재활법·노인복지법·한부모가족지원법·모자보건법·공중위생관리법·식품위생법 등이 있으며, 사회보장관계법으로는 국민건강보험법·전염병예방법·재해구호법·국민연금법·공무원연금법·군인연금법·국가유공자 등 예우 및 지원에 관한 법률·산업재해보상보험법·고용보험법 등이 있다.

[부 록]

대한민국헌법

(1987. 10. 29. 공포)

전 문

유구한 역사와 전통에 빛나는 우리 대한국민은 3·1운동으로 건립된 대한민국임시정부의 법통과 불의에 항거한 4·19민주이념을 계승하고, 조국의 민주개혁과 평화적 통일의 사명에 입각하여 정의·인도와 동포애로써 민족의 단결을 공고히 하고, 모든 사회적 폐습과 불의를 타파하며, 자율과 조화를 바탕으로 자유민주적 기본질서를 더욱 확고히 하여 정치·경제·사회·문화의 모든 영역에 있어서 각인의 기회를 균등히 하고, 능력을 최고도로 발휘하게 하며, 자유와 권리에 따르는 책임과 의무를 완수하게 하여, 안으로는 국민생활의 균등한 향상을 기하고 밖으로는 항구적인 세계평화와 인류공영에 이바지함으로써 우리들과 우리들의 자손의 안전과 자유와 행복을 영원히 확보할 것을 다짐하면서 1948년 7월 12일에 제정되고 8차에 걸쳐 개정된 헌법을 이제 국회의 의결을 거쳐 국민투표에 의하여 개정한다.

1987년 10월 29일

제 1 장 총 강

제 1 조 ① 대한민국은 민주공화국이다.

② 대한민국의 주권은 국민에게 있고, 모든 권력은 국민으로부터 나온다.

제 2 조 ① 대한민국의 국민이 되는 요건은 법률로 정한다.

② 국가는 법률이 정하는 바에 의하여 재외국민을 보호할 의무를 진다.

제 3 조 대한민국의 영토는 한반도와 그 부속도서로 한다.

제 4 조 대한민국은 통일을 지향하며, 자유민주적 기본질서에 입각한 평화적 통일정책을 수립하고 이를 추진한다.

제 5 조 ① 대한민국은 국제평화의 유지에 노력하고 침략적 전쟁을 부인한다.

② 국군은 국가의 안전보장과 국토방위의 신성한 의무를 수행함을 사명으로 하며, 그 정치적 중립성은 준수된다.

제 6 조 ① 헌법에 의하여 체결·공포된 조약과 일반적으로 승인된 국제법규는 국내법과 같은 효력을 가진다.

② 외국인은 국제법과 조약이 정하는 바에 의하여 그 지위가 보장된다.

제 7 조 ① 공무원은 국민전체에 대한 봉사자이며, 국민에 대하여 책임을 진다.

② 공무원의 신분과 정치적 중립성은 법률이 정하는 바에 의하여 보장된다.

제 8 조 ① 정당의 설립은 자유이며, 복수정당제는 보장된다.
② 정당은 그 목적·조직과 활동이 민주적이어야 하며, 국민의 정치적 의사형성에 참여하는 데 필요한 조직을 가져야 한다.
③ 정당은 법률이 정하는 바에 의하여 국가의 보호를 받으며, 국가는 법률이 정하는 바에 의하여 정당운영에 필요한 자금을 보조할 수 있다.
④ 정당의 목적이나 활동이 민주적 기본질서에 위배될 때에는 정부는 헌법재판소에 그 해산을 제소할 수 있고, 정당은 헌법재판소의 심판에 의하여 해산된다.

제 9 조 국가는 전통문화의 계승·발전과 민족문화의 창달에 노력하여야 한다.

제 2 장 국민의 권리와 의무

제10조 모든 국민은 인간으로서의 존엄과 가치를 가지며, 행복을 추구할 권리를 가진다. 국가는 개인이 가지는 불가침의 기본적 인권을 확인하고 이를 보장할 의무를 진다.

제11조 ① 모든 국민은 법 앞에 평등하다. 누구든지 성별·종교 또는 사회적 신분에 의하여 정치적·경제적·사회적·문화적 생활의 모든 영역에 있어서 차별을 받지 아니한다.
② 사회적 특수계급의 제도는 인정되지 아니하며, 어떠한 형태로도 이를 창설할 수 없다.
③ 훈장 등의 영전은 이를 받은 자에게만 효력이 있고, 어떠한 특권도 이에 따르지 아니한다.

제12조 ① 모든 국민은 신체의 자유를 가진다. 누구든지 법률에 의하지 아니하고는 체포·구속·압수·수색 또는 심문을 받지 아니하며, 법률과 적법한 절차에 의하지 아니하고는 처벌·보안처분 또는 강제노역을 받지 아니한다.
② 모든 국민은 고문을 받지 아니하며, 형사상 자기에게 불리한 진술을 강요당하지 아니한다.
③ 체포·구속·압수 또는 수색을 할 때에는 적법한 절차에 따라 검사의 신청에 의하여 법관이 발부한 영장을 제시하여야 한다. 다만, 현행범인인 경우와 장기 3년 이상의 형에 해당하는 죄를 범하고 도피 또는 증거인멸의 염려가 있을 때에는 사후에 영장을 청구할 수 있다.
④ 누구든지 체포 또는 구속을 당한 때에는 즉시 변호인의 조력을 받을 권리를 가진다. 다만, 형사피고인이 스스로 변호인을 구할 수 없을 때에는 법률이 정하는 바에 의하여 국가가 변호인을 붙인다.
⑤ 누구든지 체포 또는 구속의 이유와 변호인의 조력을 받을 권리가 있음을 고지받지 아니하고는 체포 또는 구속을 당하지 아니한다. 체포 또는 구속을 당한 자의 가족 등 법률이 정하는 자에게는 그 이유와 일시·장소가 지체없이 통지되어야 한다.
⑥ 누구든지 체포 또는 구속을 당한 때에는 적부의 심사를 법원에 청구할 권리를 가진다.
⑦ 피고인의 자백이 고문·폭행·협박·구속의 부당한 장기화 또는 기망

기타의 방법에 의하여 자의로 진술된 것이 아니라고 인정될 때 또는 정식재판에 있어서 피고인의 자백이 그에게 불리한 유일한 증거일 때에는 이를 유죄의 증거로 삼거나 이를 이유로 벌할 수 없다.

제13조 ① 모든 국민은 행위시의 법률에 의하여 범죄를 구성하지 아니하는 행위로 소추되지 아니하며, 동일한 범죄에 대하여 거듭 처벌받지 아니한다.

② 모든 국민은 소급입법에 의하여 참정권의 제한을 받거나 재산권을 박탈당하지 아니한다.

③ 모든 국민은 자기의 행위가 아닌 친족의 행위로 인하여 불이익한 처우를 받지 아니한다.

제14조 모든 국민은 거주·이전의 자유를 가진다.

제15조 모든 국민은 직업선택의 자유를 가진다.

제16조 모든 국민은 주거의 자유를 침해받지 아니한다. 주거에 대한 압수나 수색을 할 때에는 검사의 신청에 의하여 법관이 발부한 영장을 제시하여야 한다.

제17조 모든 국민은 사생활의 비밀과 자유를 침해받지 아니한다.

제18조 모든 국민은 통신의 비밀을 침해받지 아니한다.

제19조 모든 국민은 양심의 자유를 가진다.

제20조 ① 모든 국민은 종교의 자유를 가진다.

② 국교는 인정되지 아니하며, 종교와 정치는 분리된다.

제21조 ① 모든 국민은 언론·출판의 자유와 집회·결사의 자유를 가진다.

② 언론·출판에 대한 허가나 검열과 집회결사에 대한 허가는 인정되지 아니한다.

③ 통신·방송의 시설기준과 신문의 기능을 보장하기 위하여 필요한 사항은 법률로 정한다.

④ 언론·출판은 타인의 명예나 권리 또는 공중도덕이나 사회윤리를 침해하여서는 아니된다. 언론·출판이 타인의 명예나 권리를 침해한 때에는 피해자는 이에 대한 피해의 배상을 청구할 수 있다.

제22조 ① 모든 국민은 학문과 예술의 자유를 가진다.

② 저작자·발명가·과학기술자와 예술가의 권리는 법률로써 보호한다.

제23조 ① 모든 국민의 재산권은 보장된다. 그 내용과 한계는 법률로 정한다.

② 재산권의 행사는 공공복리에 적합하도록 하여야 한다.

③ 공공필요에 의한 재산권의 수용·사용 또는 제한 및 그에 대한 보상은 법률로써 하되, 정당한 보상을 지급하여야 한다.

제24조 모든 국민은 법률이 정하는 바에 의하여 선거권을 가진다.

제25조 모든 국민은 법률이 정하는 바에 의하여 공무담임권을 가진다.

제26조 ① 모든 국민은 법률이 정하는 바에 의하여 국가기관에 문서로 청원할 권리를 가진다.

② 국가는 청원에 대하여 심사할 의무를 진다.

제27조 ① 모든 국민은 헌법과 법률이 정한 법관에 의하여 법률에 의한 재판을 받을 권리를 가진다.
② 군인 또는 군무원이 아닌 국민은 대한민국의 영역 안에서는 중대한 군사상 기밀·초병·초소·유독음식물공급·포로·군용물에 관한 죄 중 법률이 정한 경우와 비상계엄이 선포된 경우를 제외하고는 군사법원의 재판을 받지 아니한다.
③ 모든 국민은 신속한 재판을 받을 권리를 가진다. 형사피고인은 상당한 이유가 없는 한 지체없이 공개재판을 받을 권리를 가진다.
④ 형사피고인은 유죄의 판결이 확정될 때까지는 무죄로 추정된다.
⑤ 형사피해자는 법률이 정하는 바에 의하여 당해 사건의 재판절차에서 진술할 수 있다.

제28조 형사피의자 또는 형사피고인으로서 구금되었던 자가 법률이 정하는 불기소처분을 받거나 무죄판결을 받은 때에는 법률이 정하는 바에 의하여 국가에 정당한 보상을 청구할 수 있다.

제29조 ① 공무원의 직무상 불법행위로 손해를 받은 국민은 법률이 정하는 바에 의하여 국가 또는 공공단체에 정당한 배상을 청구할 수 있다. 이 경우 공무원 자신의 책임은 면제되지 아니한다.
② 군인·군무원·경찰공무원 기타 법률이 정하는 자가 전투·훈련 등 직무집행과 관련하여 받은 손해에 대하여는 법률이 정하는 보상 외에 국가 또는 공공단체에 공무원의 직무상 불법행위로 인한 배상은 청구할 수 없다.

제30조 타인의 범죄행위로 인하여 생명·신체에 대한 피해를 받은 국민은 법률이 정하는 바에 의하여 국가로부터 구조를 받을 수 있다.

제31조 ① 모든 국민은 능력에 따라 균등하게 교육을 받을 권리를 가진다.
② 모든 국민은 그 보호하는 자녀에게 적어도 초등교육과 법률이 정하는 교육을 받게 할 의무를 진다.
③ 의무교육은 무상으로 한다.
④ 교육의 자주성·전문성·정치적 중립성 및 대학의 자율성은 법률이 정하는 바에 의하여 보장된다.
⑤ 국가는 평생교육을 진흥하여야 한다.
⑥ 학교교육 및 평생교육을 포함한 교육제도와 그 운영, 교육재정 및 교원의 지위에 관한 기본적인 사항은 법률로 정한다.

제32조 ① 모든 국민은 근로의 권리를 가진다. 국가는 사회적·경제적 방법으로 근로자의 고용의 증진과 적정임금의 보장에 노력하여야 하며, 법률이 정하는 바에 의하여 최저임금제를 시행하여야 한다.
② 모든 국민은 근로의 의무를 진다. 국가는 근로의 의무의 내용과 조건을 민주주의원칙에 따라 법률로 정한다.
③ 근로조건의 기준은 인간의 존엄성을 보장하도록 법률로 정한다.
④ 여자의 근로는 특별한 보호를 받으며, 고용·임금 및 근로조건에 있어서 부당한 차별을 받지 아니한다.

⑤ 년소자의 근로는 특별한 보호를 받는다.

⑥ 국가유공자·상이군경 및 전몰군경의 유가족은 법률이 정하는 바에 의하여 우선적으로 근로의 기회를 부여받는다.

제33조 ① 근로자는 근로조건의 향상을 위하여 자주적인 단결권·단체교섭권 및 단체행동권을 가진다.

② 공무원인 근로자는 법률이 정하는 자에 한하여 단결권·단체교섭권 및 단체행동권을 가진다.

③ 법률이 정하는 주요방위산업체에 종사하는 근로자의 단체행동권은 법률이 정하는 바에 의하여 이를 제한하거나 인정하지 아니할 수 있다.

제34조 ① 모든 국민은 인간다운 생활을 할 권리를 가진다.

② 국가는 사회보장·사회복지의 증진에 노력할 의무를 가진다.

③ 국가는 여자의 복지와 권익의 향상을 위하여 노력하여야 한다.

④ 국가는 노인과 청소년의 복지향상을 위한 정책을 실시할 의무를 진다.

⑤ 신체장애자 및 질병·노령 기타의 사유로 생활능력이 없는 국민은 법률이 정하는 바에 의하여 국가의 보호를 받는다.

⑥ 국가는 재해를 예방하고 그 위험으로부터 국민을 보호하기 위하여 노력하여야 한다.

제35조 ① 모든 국민은 건강하고 쾌적한 환경에서 생활할 권리를 가지며, 국가와 국민은 환경보전을 위하여 노력하여야 한다.

② 환경권의 내용과 행사에 관하여는 법률로 정한다.

③ 국가는 주택개발정책 등을 통하여 모든 국민이 쾌적한 주거생활을 할 수 있도록 노력하여야 한다.

제36조 ① 혼인과 가족생활은 개인의 존엄과 양성의 평등을 기초로 성립되고 유지되어야 하며, 국가는 이를 보장한다.

② 국가는 모성의 보호를 위하여 노력하여야 한다.

③ 모든 국민은 보건에 관하여 국가의 보호를 받는다.

제37조 ① 국민의 자유와 권리는 헌법에 열거되지 아니한 이유로 경시되지 아니한다.

② 국민의 모든 자유와 권리는 국가안전보장·질서유지 또는 공공복리를 위하여 필요한 경우에 한하여 법률로써 제한할 수 있으며, 제한하는 경우에도 자유와 권리의 본질적인 내용을 침해할 수 없다.

제38조 모든 국민은 법률이 정하는 바에 의하여 납세의 의무를 진다.

제39조 ① 모든 국민은 법률이 정하는 바에 의하여 국방의 의무를 진다.

② 누구든지 병역의무의 이행으로 인하여 불이익한 처우를 받지 아니한다.

제3장 국 회

제40조 입법권은 국회에 속한다.

제41조 ① 국회는 국민의 보통·평등·직접·비밀선거에 의하여 선출된 국회의원으로 구성한다.

② 국회의원의 수는 법률로 정하되, 200인 이상으로 한다.

③ 국회의원의 선거구와 비례대표제 기타 선거에 관한 사항은 법률로 정한다.

제42조 국회의원의 임기는 4년으로 한다.

제43조 국회의원은 법률이 정하는 직을 겸할 수 없다.

제44조 ① 국회의원은 현행범인인 경우를 제외하고는 회기중 국회의 동의없이 체포 또는 구금되지 아니한다.

② 국회의원이 회기 전에 체포 또는 구금된 때에는 현행범인이 아닌 한 국회의 요구가 있으면 회기중 석방된다.

제45조 국회의원은 국회에서 직무상 행한 발언과 표결에 관하여 국회 외에서 책임을 지지 아니한다.

제46조 ① 국회의원은 청렴의 의무가 있다.

② 국회의원은 국가이익을 우선하여 양심에 따라 직무를 행한다.

③ 국회의원은 그 지위를 남용하여 국가·공공단체 또는 기업체와의 계약이나 그 처분에 의하여 재산상의 권리·이익 또는 직위를 취득하거나 타인을 위하여 그 취득을 알선할 수 없다.

제47조 ① 국회의 정기회는 법률이 정하는 바에 의하여 매년 1회 집회되며, 국회의 임시회는 대통령 또는 국회재적의원 4분의 1 이상의 요구에 의하여 집회된다.

② 정기회의 회기는 100일을, 임시회의 회기는 30일을 초과할 수 없다.

③ 대통령이 임시회의 집회를 요구할 때에는 기간과 집회요구의 이유를 명시하여야 한다.

제48조 국회는 의장 1인과 부의장 2인을 선출한다.

제49조 국회는 헌법 또는 법률에 특별한 규정이 없는 한 재적의원 과반수의 출석과 출석의원 과반수의 찬성으로 의결한다. 가부동수인 때에는 부결된 것으로 본다.

제50조 ① 국회의 의회는 공개한다. 다만, 출석의원 과반수의 찬성이 있거나 의장이 국가의 안전보장을 위하여 필요하다고 인정할 때에는 공개하지 아니할 수 있다.

② 공개하지 아니한 회의내용의 공표에 관하여는 법률이 정하는 바에 의한다.

제51조 국회에 제출된 법률안 기타의 의안은 회기중에 의결되지 못한 이유로 폐기되지 아니한다. 다만, 국회의원의 임기가 만료된 때에는 그러하지 아니하다.

제52조 국회의원과 정부는 법률안을 제출할 수 있다.

제53조 ① 국회에서 의결된 법률안은 정부에 이송되어 15일 이내에 대통령이 공포한다.

② 법률안에 이의가 있을 때에는 대통령은 제1항의 기간 내에 이의서를 붙여 국회로 환부하고, 그 재의를 요구할 수 있다. 국회의 폐회중에도 또한 같다.

③ 대통령은 법률안의 일부에 대하여 또는 법률안을 수정하여 재의를 요구할 수 없다.

④ 재의의 요구가 있을 때에는 국회는 재의에 붙이고, 재적의원 과반수

의 출석과 출석의원 3분의 2 이상의 찬성으로 전과 같은 의결을 하면 그 법률안은 법률로서 확정된다.

⑤ 대통령이 제1항의 기간 내에 공포나 재의의 요구를 하지 아니한 때에도 그 법률안은 법률로서 확정된다.

⑥ 대통령은 제4항과 제5항의 규정에 의하여 확정된 법률을 지체없이 공포하여야 한다. 제5항에 의하여 법률이 확정된 후 또는 제4항에 의한 확정법률이 정부에 이송된 후 5일 이내에 대통령이 공포하지 아니할 때에는 국회의장이 이를 공포한다.

⑦ 법률은 특별한 규정이 없는 한 공포한 날로부터 20일을 경과함으로써 효력을 발생한다.

제54조 ① 국회는 국가의 예산안을 심의·확정한다.

② 정부는 회계연도마다 예산안을 편성하여 회계연도 개시 90일 전까지 국회에 제출하고, 국회는 회계연도 개시 30일 전까지 이를 의결하여야 한다.

③ 새로운 회계연도가 개시될 때까지 예산안이 의결되지 못한 때에는 정부는 국회에서 예산안이 의결될 때까지 다음의 목적을 위한 경비는 전년도 예산에 준하여 집행할 수 있다.

1. 헌법이나 법률에 의하여 설치된 기관 또는 시설의 유지·운영
2. 법률상 지출의무의 이행
3. 이미 예산으로 승인된 사업의 계속

제55조 ① 한 회계연도를 넘어 계속하여 지출할 필요가 있을 때에는 정부는 연한을 정하여 계속비로서 국회의 의결을 얻어야 한다.

② 예비비는 총액으로 국회의 의결을 얻어야 한다. 예비비의 지출은 차기 국회의 승인을 얻어야 한다.

제56조 정부는 예산에 변경을 가할 필요가 있을 때에는 추가경정예산안을 편성하여 국회에 제출할 수 있다.

제57조 국회는 정부의 동의 없이 정부가 제출한 지출예산 각항의 금액을 증가하거나 새 비목을 설치할 수 없다.

제58조 국채를 모집하거나 예산 외에 국가의 부담이 될 계약을 체결하려할 때에는 정부는 미리 국회의 의결을 얻어야 한다.

제59조 조세의 종목과 세율은 법률로 정한다.

제60조 ① 국회는 상호원조 또는 안전보장에 관한 조약, 중요한 국제조직에 관한 조약, 우호통상항해조약, 주권의 제약에 관한 조약, 강화조약, 국가나 국민에게 중대한 재정적 부담을 지우는 조약 또는 입법사항에 관한 조약의 체결·비준에 대한 동의권을 가진다.

② 국회는 선전포고, 국군의 외국에의 파견 또는 외국군대의 대한민국 영역 안에서의 주류에 대한 동의권을 가진다.

제61조 ① 국회는 국정을 감사하거나 특정한 국정사안에 대하여 조사할 수 있으며, 이에 필요한 서류의 제출 또는 증인의 출석과 증언이나 의견의 진술을 요구할 수 있다.

② 국정감사 및 조사에 관한 절차 기타 필요한 사항은 법률로 정한다.

제62조 ① 국무총리·국무위원 또는 정부위원은 국회나 그 위원회에 출석하여 국정처리상황을 보고하거나 의견을 진술하고 질문에 응답할 수 있다.
② 국회나 그 위원회의 요구가 있을 때에는 국무총리·국무위원 또는 정부위원은 출석·답변하여야 하며, 국무총리 또는 국무위원이 출석요구를 받은 때에는 국무위원 또는 정부위원으로 하여금 출석·답변하게 할 수 있다.

제63조 ① 국회는 국무총리 또는 국무위원의 해임을 대통령에게 건의할 수 있다.
② 제1항의 해임건의는 국회재적의원 3분의 1 이상의 발의에 의하여 국회재적의원 과반수의 찬성이 있어야 한다.

제64조 ① 국회는 법률에 저촉되지 아니하는 범위 안에서 의사와 내부규율에 관한 규칙을 제정할 수 있다.
② 국회는 의원의 자격을 심사하며, 의원을 징계할 수 있다.
③ 의원을 제명하려면 국회재적의원 3분의 2 이상의 찬성이 있어야 한다.
④ 제2항과 제3항의 처분에 대하여는 법원에 제소할 수 없다.

제65조 ① 대통령·국무총리·국무위원·행정각부의 장·헌법재판소 재판관·법관·중앙선거관리위원회 위원·감사원장·감사위원 기타 법률이 정한 공무원이 그 직무집행에 있어서 헌법이나 법률을 위배한 때에는 국회는 탄핵의 소추를 의결할 수 있다.
② 제1항의 탄핵소추는 국회재적의원 3분의 1 이상의 발의가 있어야 하며, 그 의결은 국회재적의원 과반수의 찬성이 있어야 한다. 다만, 대통령에 대한 탄핵소추는 국회재적의원 과반수의 발의와 국회재적의원 3분의 2 이상의 찬성이 있어야 한다.
③ 탄핵소추의 의결을 받은 자는 탄핵심판이 있을 때까지 그 권한행사가 정지된다.
④ 탄핵결정은 공직으로부터 파면함에 그친다. 그러나 이에 의하여 민사상이나 형사상의 책임이 면제되지는 아니한다.

제4장 정 부

제1절 대통령

제66조 ① 대통령은 국가의 원수이며, 외국에 대하여 국가를 대표한다.
② 대통령은 국가의 독립·영토의 보전·국가의 계속성과 헌법을 수호할 책무를 진다.
③ 대통령은 조국의 평화적 통일을 위한 성실한 의무를 진다.
④ 행정권은 대통령을 수반으로 하는 정부에 속한다.

제67조 ① 대통령은 국민의 보통·평등·직접·비밀선거에 의하여 선출한다.
② 제1항의 선거에 있어서 최고득표자가 2인 이상인 때에는 국회의 재적의원 과반수가 출석한 공개회의에서 다수표를 얻은 자를 당선자로 한다.
③ 대통령후보자가 1인일 때에는 그 득표수가 선거권자 총수의 3분의 1 이상이 아니면 대통령으로 당선될 수 없다.

④ 대통령으로 선거될 수 있는 자는 국회의원의 피선거권이 있고 선거일 현재 40세에 달하여야 한다.

⑤ 대통령의 선거에 관한 사항은 법률로 정한다.

제68조 ① 대통령의 임기가 만료되는 때에는 임기만료 70일 내지 40일 전에 후임자를 선거한다.

② 대통령이 궐위된 때 또는 대통령 당선자가 사망하거나 판결 기타의 사유로 그 자격을 상실한 때에는 60일 이내에 후임자를 선거한다.

제69조 대통령은 취임에 즈음하여 다음의 선서를 한다. "나는 헌법을 준수하고 국가를 보위하며 조국의 평화적 통일과 국민의 자유와 복리의 증진 및 민족문화의 창달에 노력하여 대통령으로서의 직책을 성실히 수행할 것을 국민 앞에 엄숙히 선서합니다."

제70조 대통령의 임기는 5년으로 하며, 중임할 수 없다.

제71조 대통령이 궐위되거나 사고로 인하여 직무를 수행할 수 없을 때에는 국무총리, 법률이 정한 국무위원의 순서로 그 권한을 대행한다.

제72조 대통령은 필요하다고 인정할 때에는 외교·국방·통일 기타 국가안위에 관한 중요정책을 국민투표에 붙일 수 있다.

제73조 대통령은 조약을 체결·비준하고, 외교사절을 신임·접수 또는 파견하며, 선전포고와 강화를 한다.

제74조 ① 대통령은 헌법과 법률이 정하는 바에 의하여 국군을 통수한다.

② 국군의 조직과 편성은 법률로 정한다.

제75조 대통령은 법률에서 구체적으로 범위를 정하여 위임받은 사항과 법률을 집행하기 위하여 필요한 사항에 관하여 대통령령을 발할 수 있다.

제76조 ① 대통령은 내우·외환·천재·지변 또는 중대한 재정·경제상의 위기에 있어서 국가의 안전보장 또는 공공의 안녕질서를 유지하기 위하여 긴급한 조치가 필요하고 국회의 집회를 기다릴 여유가 없을 때에 한하여 최소한으로 필요한 재정·경제상의 처분을 하거나 이에 관하여 법률의 효력을 가지는 명령을 발할 수 있다.

② 대통령은 국가의 안위에 관계되는 중대한 교전상태에 있어서 국가를 보위하기 위하여 긴급한 조치가 필요하고 국회의 집회가 불가능한 때에 한하여 법률의 효력을 가지는 명령을 발할 수 있다.

③ 대통령은 제1항과 제2항의 처분 또는 명령을 한 때에는 지체없이 국회에 보고하여 그 승인을 얻어야 한다.

④ 제3항의 승인을 얻지 못한 때에는 그 처분 또는 명령은 그 때부터 효력을 상실한다. 이 경우 그 명령에 의하여 개정 또는 폐지되었던 법률은 그 명령이 승인을 얻지 못한 때부터 당연히 효력을 회복한다.

⑤ 대통령은 제3항과 제4항의 사유를 지체없이 공포하여야 한다.

제77조 ① 대통령은 전시·사변 또는 이에 준하는 국가비상사태에 있어서 병력으로써 군사상의 필요에 응하거나 공공의 안녕질서를 유지할 필요가

있을 때에는 법률이 정하는 바에 의하여 계엄을 선포할 수 있다.

② 계엄은 비상계엄과 경비계엄으로 한다.

③ 비상계엄이 선포된 때에는 법률이 정하는 바에 의하여 영장제도, 언론·출판·집회·결사의 자유, 정부나 법원의 권한에 관하여 특별한 조치를 할 수 있다.

④ 계엄을 선포한 때에는 대통령은 지체없이 국회에 통고하여야 한다.

⑤ 국회가 재적의원 과반수의 찬성으로 계엄의 해제를 요구한 때에는 대통령은 이를 해제하여야 한다.

第78조 대통령은 헌법과 법률이 정하는 바에 의하여 공무원을 임면한다.

第79조 ① 대통령은 법률이 정하는 바에 의하여 사면·감형 또는 복권을 명할 수 있다.

② 일반사면을 명하려면 국회의 동의를 얻어야 한다.

③ 사면·감형 및 복권에 관한 사항은 법률로 정한다.

第80조 대통령은 법률이 정하는 바에 의하여 훈장 기타의 영전을 수여한다.

第81조 대통령은 국회에 출석하여 발언하거나 서한으로 의견을 표시할 수 있다.

第82조 대통령의 국법상 행위는 문서로써 하며, 이 문서에는 국무총리와 관계 국무위원이 부서한다. 군사에 관한 것도 또한 같다.

第83조 대통령은 국무총리·국무위원·행정각부의 장 기타 법률이 정하는 공사의 직을 겸할 수 없다.

第84조 대통령은 내란 또는 외환의 죄를 범한 경우를 제외하고는 재직중 형사상의 소추를 받지 아니한다.

第85조 전직대통령의 신분과 예우에 관하여는 법률로 정한다.

제2절 행정부

제1관 국무총리와 국무위원

第86조 ① 국무총리는 국회의 동의를 얻어 대통령이 임명한다.

② 국무총리는 대통령을 보좌하며, 행정에 관하여 대통령의 명을 받아 행정각부를 통할한다.

③ 군인은 현역을 면한 후가 아니면 국무총리로 임명될 수 없다.

第87조 ① 국무위원은 국무총리의 제청으로 대통령이 임명한다.

② 국무위원은 국정에 관하여 대통령을 보좌하며, 국무회의의 구성원으로서 국정을 심의한다.

③ 국무총리는 국무위원의 해임을 대통령에게 건의할 수 있다.

④ 군인은 현역을 면한 후가 아니면 국무위원으로 임명될 수 없다.

제2관 국무회의

第88조 ① 국무회의는 정부의 권한에 속하는 중요한 정책을 심의한다.

② 국무회의는 대통령·국무총리와 15인 이상 30인 이하의 국무위원으로 구성한다.

③ 대통령은 국무회의의 의장이 되고, 국무총리는 부의장이 된다.

第89조 다음 사항은 국무회의의 심의를 거쳐야 한다.

1. 국정의 기본계획과 정부의 일반정책
2. 선전·강화 기타 중요한 대외정책
3. 헌법개정안·국민투표안·조약안·법률안 및 대통령령안
4. 예산안·결산·국유재산처분의 기본계획·국가의 부담이 될 계약 기타 재정에 관한 중요사항
5. 대통령의 긴급명령·긴급재정경제처분 및 명령 또는 계엄과 그 해제
6. 군사에 관한 중요사항
7. 국회의 임시회 집회의 요구
8. 영전수여
9. 사면·감형과 복권
10. 행정각부간의 권한의 획정
11. 정부 안의 권한의 위임 또는 배정에 관한 기본계획
12. 국정처리상황의 평가·분석
13. 행정각부의 중요한 정책의 수립과 조정
14. 정당해산의 제소
15. 정부에 제출 또는 회부된 정부의 정책에 관계되는 청원의 심사
16. 검찰총장·합동참모의장·각군참모총장·국립대학교총장·대사 기타 법률이 정한 공무원과 국영기업체관리자의 임명
17. 기타 대통령·국무총리 또는 국무위원이 제출한 사항

제90조 ① 국정의 중요한 사항에 관한 대통령의 자문에 응하기 위하여 국가원로로 구성되는 국가원로자문회의를 둘 수 있다.

② 국가원로자문회의의 의장은 직전대통령이 된다. 다만, 직전대통령이 없을 때에는 대통령이 지명한다.

③ 국가원로자문회의의 조직·직무범위 기타 필요한 사항은 법률로 정한다.

제91조 ① 국가안전보장에 관련되는 대외정책·군사정책과 국내정책의 수립에 관하여 국무회의의 심의에 앞서 대통령의 자문에 응하기 위하여 국가안전보장회의를 둔다.

② 국가안전보장회의는 대통령이 주재한다.

③ 국가안전보장의회의 조직·직무범위 기타 필요한 사항은 법률로 정한다.

제92조 ① 평화통일정책의 수립에 관한 대통령의 자문에 응하기 위하여 민주평화통일자문회의를 둘 수 있다.

② 민주평화통일자문회의의 조직·직무범위 기타 필요한 사항은 법률로 정한다.

제93조 ① 국민경제의 발전을 위한 중요정책의 수립에 관하여 대통령의 자문에 응하기 위하여 국민경제자문회의를 둘 수 있다.

② 국민경제자문회의의 조직·직무범위 기타 필요한 사항은 법률로 정한다.

제3관 행정각부

제94조 행정각부의 장은 국무위원 중에서 국무총리의 제청으로 대통령이 임명한다.

제95조 국무총리 또는 행정각부의 장은 소관사무에 관하여 법률이나 대통령령의 위임 또는 직권으로 총리령 또는 부령을 발할 수 있다.

제96조 행정각부의 설치·조직과 직무

범위는 법률로 정한다.

제4관 감 사 원

제97조 국가의 세입·세출의 결산, 국가 및 법률이 정한 단체의 회계검사와 행정기관 및 공무원의 직무에 관한 감찰을 하기 위하여 대통령 소속하에 감사원을 둔다.

제98조 ① 감사원은 원장을 포함한 5인 이상 11인 이하의 감사위원으로 구성한다.

② 원장은 국회의 동의를 얻어 대통령이 임명하고, 그 임기는 4년으로 하며, 1차에 한하여 중임할 수 있다.

③ 감사위원은 원장의 제청으로 대통령이 임명하고, 그 임기는 4년으로 하며, 1차에 한하여 중임할 수 있다.

제99조 감사원은 세입·세출의 결산을 매년 검사하여 대통령과 차년도국회에 그 결과를 보고하여야 한다.

제100조 감사원의 조직·직무범위·감사위원의 자격·감사대상공무원의 범위 기타 필요한 사항은 법률로 정한다.

제5장 법 원

제101조 ① 사법권은 법관으로 구성된 법원에 속한다.

② 법원은 최고법원인 대법원과 각급법원으로 조직된다.

③ 법관의 자격은 법률로 정한다.

제102조 ① 대법원에 부를 둘 수 있다.

② 대법원에 대법관을 둔다. 다만, 법률이 정하는 바에 의하여 대법관이 아닌 법관을 둘 수 있다.

③ 대법원과 각급법원의 조직은 법률로 정한다.

제103조 법관은 헌법과 법률에 의하여 그 양심에 따라 독립하여 심판한다.

제104조 ① 대법원장은 국회의 동의를 얻어 대통령이 임명한다.

② 대법관은 대법원장의 제청으로 국회의 동의를 얻어 대통령이 임명한다.

③ 대법원장과 대법관이 아닌 법관은 대법관회의의 동의를 얻어 대법원장이 임명한다.

제105조 ① 대법원장의 임기는 6년으로 하며, 중임할 수 없다.

② 대법관의 임기는 6년으로 하며, 법률이 정하는 바에 의하여 연임할 수 있다.

③ 대법원장과 대법관이 아닌 법관의 임기는 10년으로 하며, 법률이 정하는 바에 의하여 연임할 수 있다.

④ 법관의 정년은 법률로 정한다.

제106조 ① 법관은 탄핵 또는 금고 이상의 형의 선고에 의하지 아니하고는 파면되지 아니하며, 징계처분에 의하지 아니하고는 정직·감봉 기타 불리한 처분을 받지 아니한다.

② 법관이 중대한 심신상의 장해로 직무를 수행할 수 없을 때에는 법률이 정하는 바에 의하여 퇴직하게 할 수 있다.

제107조 ① 법률이 헌법에 위반되는 여부가 재판의 전제가 된 경우에는 법원은 헌법재판소에 제청하여 그 심판에 의하여 재판한다.

② 명령·규칙 또는 처분이 헌법이나 법률에 위반되는 여부가 재판의 전제

가 된 경우에는 대법원은 이를 최종적으로 심사할 권한을 가진다.

③ 재판의 전심절차로서 행정심판을 할 수 있다. 행정심판의 절차는 법률로 정하되, 사법절차가 준용되어야 한다.

제108조 대법원은 법률에 저촉되지 아니하는 범위 안에서 소송에 관한 절차, 법원의 내부규율과 사무처리에 관한 규칙을 제정할 수 있다.

제109조 재판의 심리와 판결은 공개한다. 다만, 심리는 국가의 안전보장 또는 안녕질서를 방해하거나 선량한 풍속을 해할 염려가 있을 때에는 법원의 결정으로 공개하지 아니할 수 있다.

제110조 ① 군사재판을 관할하기 위하여 특별법원으로서 군사법원을 둘 수 있다.

② 군사법원의 상고심은 대법원에서 관할한다.

③ 군사법원의 조직·권한 및 재판관의 자격은 법률로 정한다.

④ 비상계엄하의 군사재판은 군인·군무원의 범죄나 군사에 관한 간첩죄의 경우와 초병·초소·유독음식물공급·포로에 관한 죄 중 법률이 정한 경우에 한하여 단심으로 할 수 있다. 다만, 사형을 선고한 경우에는 그러하지 아니하다.

제 6 장 헌법재판소

제111조 ① 헌법재판소는 다음 사항을 관장한다.

1. 법원의 제청에 의한 법률의 위헌여부 심판
2. 탄핵의 심판
3. 정당의 해산 심판
4. 국가기관 상호간, 국가기관과 지방자치단체간 및 지방자치단체 상호간의 권한쟁의에 관한 심판
5. 법률이 정하는 헌법소원에 관한 심판

② 헌법재판소는 법관의 자격을 가진 9인의 재판관으로 구성하며, 재판관은 대통령이 임명한다.

③ 제2항의 재판관 중 3인은 국회에서 선출하는 자를, 3인은 대법원장이 지명하는 자를 임명한다.

④ 헌법재판소의 장은 국회의 동의를 얻어 재판관 중에서 대통령이 임명한다.

제112조 ① 헌법재판소 재판관의 임기는 6년으로 하며, 법률이 정하는 바에 의하여 연임할 수 있다.

② 헌법재판소 재판관은 정당에 가입하거나 정치에 관여할 수 없다.

③ 헌법재판소 재판관은 탄핵 또는 금고 이상의 형의 선고에 의하지 아니하고는 파면되지 아니한다.

제113조 ① 헌법재판소에서 법률의 위헌결정, 탄핵의 결정, 정당해산의 결정 또는 헌법소원에 관한 인용결정을 할 때에는 재판관 6인 이상의 찬성이 있어야 한다.

② 헌법재판소는 법률에 저촉되지 아니하는 범위 안에서 심판에 관한 절차, 내부규율과 사무처리에 관한 규칙을 제정할 수 있다.

③ 헌법재판소의 조직과 운영 기타 필요한 사항은 법률로 정한다.

제7장 선거관리

제114조 ① 선거와 국민투표의 공정한 관리 및 정당에 관한 사무를 처리하기 위하여 선거관리위원회를 둔다.

② 중앙선거관리위원회는 대통령이 임명하는 3인, 국회에서 선출하는 3인과 대법원장이 지명하는 3인의 위원으로 구성한다. 위원장은 위원 중에서 호선한다.

③ 위원의 임기는 6년으로 한다.

④ 위원은 정당에 가입하거나 정치에 관여할 수 없다.

⑤ 위원은 탄핵 또는 금고 이상의 형의 선고에 의하지 아니하고는 파면되지 아니한다.

⑥ 중앙선거관리위원회는 법령의 범위 안에서 선거관리·국민투표관리 또는 정당사무에 관한 규칙을 제정할 수 있으며, 법률에 저촉되지 아니하는 범위 안에서 내부규율에 관한 규칙을 제정할 수 있다.

⑦ 각급 선거관리위원회의 조직·직무범위 기타 필요한 사항은 법률로 정한다.

제115조 ① 각급 선거관리위원회는 선거인명부의 작성 등 선거사무와 국민투표사무에 관하여 관계 행정기관에 필요한 지시를 할 수 있다.

② 제1항의 지시를 받은 당해 행정기관은 이에 응하여야 한다.

제116조 ① 선거운동은 각급 선거관리위원회의 관리하에 법률이 정하는 범위 안에서 하되, 균등한 기회가 보장되어야 한다.

② 선거에 관한 경비는 법률이 정하는 경우를 제외하고는 정당 또는 후보자에게 부담시킬 수 없다.

제8장 지방자치

제117조 ① 지방자치단체는 주민의 복리에 관한 사무를 처리하고 재산을 관리하며, 법령의 범위 안에서 자치에 관한 규정을 제정할 수 있다.

② 지방자치단체의 종류는 법률로 정한다.

제118조 ① 지방자치단체에 의회를 둔다.

② 지방의회의 조직·권한·의원선거와 지방자치단체의 장의 선임방법 기타 지방자치단체의 조직과 운영에 관한 사항은 법률로 정한다.

제9장 경 제

제119조 ① 대한민국의 경제질서는 개인과 기업의 경제상의 자유와 창의를 존중함을 기본으로 한다.

② 국가는 균형 있는 국민경제의 성장 및 안정과 적정한 소득의 분배를 유지하고, 시장의 지배와 경제력의 남용을 방지하며, 경제주체간의 조화를 통한 경제의 민주화를 위하여 경제에 관한 규제와 조정을 할 수 있다.

제120조 ① 광물 기타 중요한 지하자원·수산자원·수력과 경제상 이용할 수 있는 자연력은 법률이 정하는 바에 의하여 일정한 기간 그 채취·개발 또는 이용을 특허할 수 있다.

② 국토와 자원은 국가의 보호를 받으며 국가는 그 균형 있는 개발과 이용을 위하여 필요한 계획을 수립한

다.

제121조 ① 국가는 농지에 관하여 경자유전의 원칙이 달성될 수 있도록 노력하여야 하며, 농지의 소작제도는 금지된다.

② 농업생산성의 제고와 농지의 합리적인 이용을 위하거나 불가피한 사정으로 발생하는 농지의 임대차와 위탁경영은 법률이 정하는 바에 의하여 인정된다.

제122조 국가는 국민 모두의 생산 및 생활의 기반이 되는 국토의 효율적이고 균형 있는 이용·개발과 보전을 위하여 법률이 정하는 바에 의하여 그에 관한 필요한 제한과 의무를 과할 수 있다.

제123조 ① 국가는 농업 및 어업을 보호·육성하기 위하여 농·어촌종합개발과 그 지원 등 필요한 계획을 수립·시행하여야 한다.

② 국가는 지역간의 균형 있는 발전을 위하여 지역경제를 육성할 의무를 진다.

③ 국가는 중소기업을 보호·육성하여야 한다.

④ 국가는 농수산물의 수급균형과 유통구조의 개선에 노력하여 가격안정을 도모함으로써 농·어민의 이익을 보호한다.

⑤ 국가는 농·어민과 중소기업의 자조조직을 육성하여야 하며, 그 자율적 활동과 발전을 보장한다.

제124조 국가는 건전한 소비행위를 계도하고 생산품의 품질향상을 촉구하기 위한 소비자 보호운동을 법률이 정하는 바에 의하여 보장한다.

제125조 국가는 대외무역을 육성하며, 이를 규제·조정할 수 있다.

제126조 국방상 또는 국민경제상 긴절한 필요로 인하여 법률이 정하는 경우를 제외하고는 사영기업을 국유 또는 공유로 이전하거나 그 경영을 통제 또는 관리할 수 없다.

제127조 ① 국가는 과학기술의 혁신과 정보 및 인력의 개발을 통하여 국민경제의 발전에 노력하여야 한다.

② 국가는 국가표준제도를 확립한다.

③ 대통령은 제1항의 목적을 달성하기 위하여 필요한 자문기구를 둘 수 있다.

제10장 헌법개정

제128조 ① 헌법개정은 국회재적의원 과반수 또는 대통령의 발의로 제안된다.

② 대통령의 임기연장 또는 중임변경을 위한 헌법개정은 그 헌법개정제안 당시의 대통령에 대하여는 효력이 없다.

제129조 제안된 헌법개정안은 대통령이 20일 이상의 기간 이를 공고하여야 한다.

제130조 ① 국회는 헌법개정안이 공고된 날로부터 60일 이내에 의결해야 하며, 국회의 의결은 재적의원 3분의 2 이상의 찬성을 얻어야 한다.

② 헌법개정안은 국회가 의결한 후 30일 이내에 국민투표에 붙여 국회의원선거권자 과반수의 투표와 투표자 과반수의 찬성을 얻어야 한다.

③ 헌법개정안이 제2항의 찬성을 얻은 때에는 헌법개정은 확정되며, 대

통령은 즉시 이를 공포하여야 한다.

부 칙

제1조 이 헌법은 1988년 2월 25일부터 시행한다. 다만, 이 헌법을 시행하기 위하여 필요한 법률의 제정·개정과 이 헌법에 의한 대통령 및 국회의원의 선거 기타 이 헌법시행에 관한 준비는 이 헌법시행 전에 할 수 있다.

제2조 ① 이 헌법에 의한 최초의 대통령선거는 이 헌법시행일 40일 전까지 실시한다.

② 이 헌법에 의한 최초의 대통령의 임기는 이 헌법시행일로부터 개시한다.

제3조 ① 이 헌법에 의한 최초의 국회의원선거는 이 헌법공포일부터 6월 이내에 실시하며, 이 헌법에 의하여 선출된 최초의 국회의원의 임기는 국회의원선거 후 이 헌법에 의한 국회의 최초의 집회일로부터 개시한다.

② 이 헌법공포 당시의 국회의원의 임기는 제1항에 의한 국회의 최초의 집회일 전일까지로 한다.

제4조 ① 이 헌법시행 당시의 공무원과 정부가 임명한 기업체의 임원은 이 헌법에 의하여 임명된 것으로 본다. 다만, 이 헌법에 의하여 선임방법이나 임명권자가 변경된 공무원과 대법원장 및 감사원장은 이 헌법에 의하여 후임자가 선임될 때까지 그 직무를 행하며, 이 경우 전임자인 공무원의 임기는 후임자가 선임되는 전일까지로 한다.

② 이 헌법시행 당시의 대법원장과 대법원판사가 아닌 법관은 제1항 단서의 규정에 불구하고 이 헌법에 의하여 임명된 것으로 본다.

③ 이 헌법 중 공무원의 임기 또는 중임제한에 관한 규정은 이 헌법에 의하여 그 공무원이 최초로 선출 또는 임명된 때로부터 적용한다.

제5조 이 헌법시행 당시의 법령과 조약은 이 헌법에 위배되지 아니하는 한 그 효력을 지속한다.

제6조 이 헌법시행 당시에 이 헌법에 의하여 새로 설치될 기관의 권한에 속하는 직무를 행하고 있는 기관은 이 헌법에 의하여 새로운 기관이 설치될 때까지 존속하며 그 직무를 행한다.

색 인

공저자약력

〈육 종 수〉

충남대학교 법과대학 법학과 졸업, 법학사
충남대학교 대학원 법학과(석사·박사과정) 수료
법학석사(헌법전공), 법학박사(공법전공)
충남대학교 법과대학 전임강사·조교수·학생과장·행정학과장
대구대학교 법정대학 부교수·교수
대구대학교 대학원 법학과장·학감·원장
대구대학교 법정대학 학장·사회개발대학원 원장
대구대학교 학생처장·기획관리실장
사법시험, 행정·외무·지방행정고등고시 위원
한국헌법학회 부회장, 한국공법학회 부회장, 한국법학교수회 부회장
(현) 대구대학교 법학부 명예교수

저서 및 논문
신법학개론(공저, 박영사, 1981년)
신헌법학(공저, 청문사, 1982년)
헌법원론(형설출판사, 1984년)
법학원론(박영사, 1985년)
복지행정법체계에 관한 연구(천우출판사, 1985년)
한국헌법원론(형설출판사, 1986년)
신법학원론(박영사, 1988년)
신고한국헌법원론(형설출판사, 1989년)
보정판 신법학원론(박영사, 1991년)
헌법학신론(형설출판사, 1996년)
한국헌법학(형설출판사, 2000년)
"헌법정신과 도덕률의 규범성"(1997년)
"기본권의 본질적 내용"(1998년) 외 다수

〈김 효 진〉

대구대학교 법정대학 법학과 졸업, 법학사
대구대학교 대학원 법학과(석사·박사과정) 수료
법학석사(공법전공), 법학박사(공법전공)
일본 중앙학원대학 지방자치연구センター 연구원
경운대학교 경찰행정학과 전임강사
경운대학교 경찰행정학과 학과장
(현) 경운대학교 경찰행정학부 교수
경운대학교 입학처장
일본 중앙학원대학 사회システム연구소 객원연구원
구미경찰서 경찰발전위원회 위원
경북지방노동위원회 심판담당 공익위원

저서 및 논문
경찰행정법(공저, 한울출판사)
지방자치제도상 주민참가의 활성화를 위한 정보공개에 관한 연구
정보공개와 개인정보의 법적 보호
한국지방정부와 지역주민간의 신뢰성 확보방안
한국의 지역사회경찰활동에 관한 일고찰
한국의 불심검문제도와 인권보장 외 다수

개 정 판
법학기초론

2000년 2월 20일 초판발행
2004년 3월 5일 보정판발행
2010년 3월 15일 개정판발행
2013년 8월 20일 중판발행

공저자 육종수·김효진
발행인 안 종 만
발행처 (주) 박영사
서울특별시 종로구 평동 13-31번지
전화 (733)6771 FAX (736)4818
등록 1959. 3. 11. 제300-1959-1호(倫)

www.pybook.co.kr e-mail: pys@pybook.co.kr

정 가 25,000원 ISBN 978-89-6454-513-3